21世纪经济与管理规划教材
税收系列

U0818755

税务代理

PRACTICE OF TAX AGENT

丁芸/主编　　禹奎　王进/副主编

北京大学出版社
PEKING UNIVERSITY PRESS

图书在版编目(CIP)数据

税务代理/丁芸主编. —北京:北京大学出版社,2010.6
(21世纪经济与管理规划教材·税收系列)
ISBN 978-7-301-16323-8

Ⅰ.税… Ⅱ.丁… Ⅲ.税收管理-代理(经济)-高等学校-教材
Ⅳ.F810.423

中国版本图书馆CIP数据核字(2009)第204459号

书　　名:税务代理
著作责任者:丁　芸　主编
策划编辑:张　燕
责任编辑:徐　冰
标准书号:ISBN 978-7-301-16323-8/F·2355
出版发行:北京大学出版社
地　　址:北京市海淀区成府路205号　100871
网　　址:http://www.pup.cn
电　　话:邮购部62752015　发行部62750672　编辑部62752926　出版部62754962
电子邮箱:em@pup.pku.edu.cn
印 刷 者:三河市北燕印装有限公司
经 销 者:新华书店
730毫米×980毫米　16开本　25.75印张　449千字
2010年6月第1版　2012年4月第2次印刷
印　　数:4001—7000册
定　　价:42.00元

税收系列编委会

总 序

中国税收教育研究会于2007年3月在中央财经大学成立，旨在以中国特色社会主义理论为指导，贯彻新时期治税思想，按照理论联系实际和“外为中用”的原则，开展税收教育研究和学术交流，服务于我国税收教育事业发展，提高税务专业人才培养的质量，为社会主义市场经济建设服务。

研究会成立近三年来，得到了国家税务总局教育中心、全国税务界以及科研院校的关心和支持。研究会一方面十分重视自身的建设与发展，另一方面，通过这个平台，促进了全国各相关高校之间税收教育与教学的交流和相互借鉴，加强了理论研究部门和税务系统之间的信息沟通，构建了税收理论与教学实践相结合的桥梁，增强了研究会的凝聚力和吸引力。而参与和支持学科教材建设，亦是研究会推动国内税收教育与教学的重要形式之一。

目前我国近三十所普通高等院校已经开设了税收专业，在校学生人数近六万人(不包括函授、成人高考等非正规教育学生)，但国内教材市场上尚缺乏一套体系完整、种类齐全，尤其是能反映当前税收理论与实践最新进展的税收专业教材。为推动税收专业高等教育的进一步发展，中国税收教育研究会联合北京大学出版社，组织全国各大财经高等院校编写了“21世纪经济与管理规划教材·税收系列”，力争成为国内领先、品种齐全、内容新颖、具有长期影响力的税收专业教材。

为确保丛书的高质量、高水平，丛书由国内知名教授和税务专家组成编委会，由中国税收教育研究会名誉会长、中国人民大学安体富教授担任主编，与出版社共同遴选作者并认真审查各门教材的内容。丛书的作者均为国内重点财经院校税收学专业的知名教授、学者或骨干教师，他们长期从事本科生的一线教学与研究工作,具有丰富的教学和教材写作经验。其中一些教材已经获批"十一五"国家级规划教材和北京市精品教材立项项目。

与国内同类教材相比,本丛书具有以下几个特色:

第一,内容全面,编写规范,注重创新。在课程设置上,与高校税收专业的开课情况保持一致,突出权威性和全面性。具体到在每本教材的写作上,一方面,要求作者遵循本科生培养目标、培养方案和教学大纲的基本要求;另一方面,考虑到读者的需要和作者的教学所长,尊重作者的独创内容,鼓励作者融入自己的研究成果,有所突破和创新。

第二,体例新颖。丛书在编写体例方面,设计了"资料卡"、"案例分析"、"国际视点"、"相关内容链接"等栏目,以丰富和拓展相关知识。同时,为了便于学生把握重点,养成思考问题的习惯,每章还设计了"学习目标"、"本章小结"、"重要术语"、"思考与练习"等栏目。

第三,核心教材与教辅资料同步开发,以便于教学和推广。丛书将在出版教材的同时,为教师免费提供教学课件和习题解答等资料。

本丛书主要面向国内税收专业的本科生或低年级研究生教材,同时,也可作为函授及成人高等教育教材,以及税务工作人员和企业财务管理人员的学习用书。

在丛书的策划、出版过程中,得到了北京大学出版社及中国税收教育研究会会员单位的大力支持,中央财经大学税务学院的樊勇副教授做了大量的工作,在此一并表示感谢。

由于时间仓促,本系列教材仍存在许多不足之处。我们期望有更多的院校和老师采用这套教材,并欢迎各位同仁提出批评和建议,以利于改进和完善。

中国税收教育研究会

2009 年 12 月 10 日

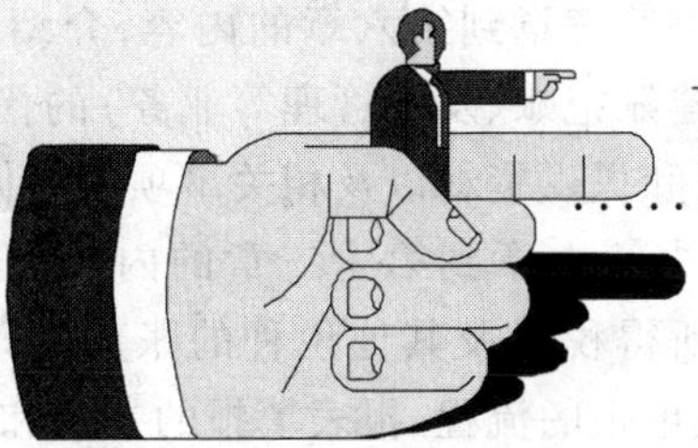

前言

随着经济社会的发展，税务代理业在我国税收征纳过程中发挥着越来越重要的作用，同时征纳双方也对税务代理从业人员提出了更高、更广泛、更严格的需求。有业务需求就有人才需求，越来越多的大学都在财政、税务及相关专业中开设了税务代理课程。为了满足教学的需要，我们编写了这本《税务代理》教材。

税务代理业务的法律依据是国家税收和会计领域的法律、法规、规章和规范性文件。我国当前正处于经济转型时期，税收、会计领域的制度改革和完善正在紧锣密鼓地进行，新政策规定出台的数量和密度都是空前的：税收方面，2007 年国家税务总局下发了《关于清理简并纳税人报送涉税资料有关问题的通知》（国税函[2007]1077 号）；2008 年，新的企业所得税法和条例实施；2009 年，增值税、营业税、消费税新的条例、细则开始运行。会计方面，2007 年新的企业会计准则体系在上市公司范围内全面施行，2008 年中央所属企业及部分地方国有企业开始执行新的准则，在今后几年内，我国大中型企业都将执行新的《企业会计准则》。这些深刻的变化对我国税收征纳提出了新的行为规范，更为税务代理课程的教学和教材提出了新的要求。正是出于及时跟进新制度、新政策的考虑，出于培养和提高业务实际操作能力的考虑，我们编写了这本《税务代理》。可以说，“更新、更全、更实用”，是本书的基本定位。

本书共分五个部分，具体安排十四章：

第一部分包括本书第一、二章，即导论和税务代理执业规范，介绍税务代理的概念、特点和原则，注册税务师、税务师事务所的相关法律规范，我国税务代理的范围与规则，以及税务代理执业文书的种类、基本格式和要求等内容。

第二部分包括本书第三章到第六章的内容，介绍日常征管事项（包括税务登记、税务认定事项、建账记账、发票管理等业务）的代理实务，包括有关事项的办理时限、应填报表格和提供资料以及相关事项的具体操作规范。

第三部分包括本书第七章到第十二章的内容，介绍增值税、消费税、营业税、企业所得税、个人所得税以及其他税种的账务处理，纳税审查的程序、内容和方法，以及代理纳税申报的流程、报表填报的方法和资料报送的规定。

第四部分，本书第十三章，介绍征纳双方发生争议时的行政救济——税务行政复议事项的代理实务的有关内容。

第五部分，本书第十四章，介绍税务代理的业务内容之一——税收筹划的概念、特征、原则和基本方法。

本书每个章节都安排了学习目标、本章小结、本章重要术语和思考练习题，便于学习者领会精神、把握重点。另外，文中还穿插了资料卡、业务分析以及例题和案例，帮助读者记忆、理解和掌握有关知识点。本书适用于高等院校财税专业的教学，同时也可作为企业纳税人、中介机构以及税务机关学习和培训的参考书。

本书由丁芸担任主编、禹奎、王进担任副主编。各章编写者为：第一章、第二章、第十四章由丁芸编写；第三章、第四章、第五章、第六章、第十章、第十一章、第十二章、第十三章由禹奎编写；第七、八、九章由王进编写。全书由丁芸总纂。

由于编者水平所限，疏漏和错误之处在所难免，敬请广大读者批评指正，以便于及时修订，更好地为读者服务。

编　者

2010 年 5 月

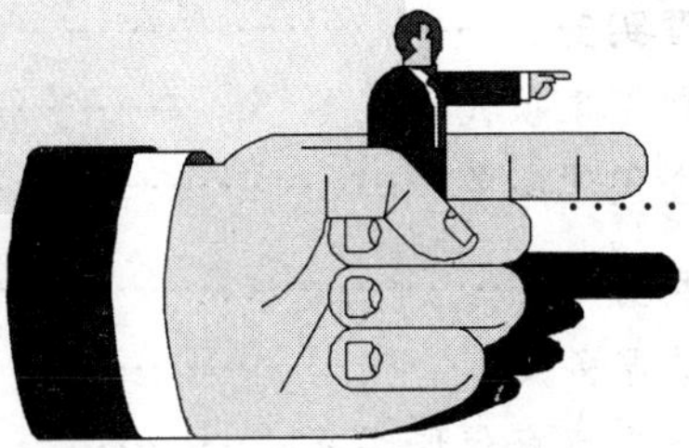

目 录

第一章

导　　论

学习目标

通过本章的学习,读者应该能够:

■ 掌握税务代理的含义、特点及原则;

■ 了解税务代理产生与发展的历史渊源,尤其是税务代理在我国产生与发展的基本历程;

■ 了解税务代理的主体;

■ 明确税务代理的范围;

■ 明确税务代理的法律关系与法律责任。

第一节　税务代理概述

一、代理的内涵

《辞海》中对“代理”一词的解释为：以他人名义，在授权范围内进行直接对被代理人发生法律效力的法律行为。《中华人民共和国民法通则》（以下简称《民法通则》）第六十三条规定：公民、法人可以通过代理人实施民事行为。代理人在代理权限内，以被代理人的名义实施民事法律行为。被代理人对代理人的代理行为，承担民事责任。综合不同法典和法规中对代理一词的不同解释，代理具有以下特点：

（1）代理人必须以被代理人的名义进行活动。根据《民法通则》的规定，代理人必须以被代理人的名义实施法律行为，即进行直接代理。非以被代理人的名义而以自己的名义代替他人实施法律行为，不属于代理行为，如行纪、寄售等受托处分财产的行为。同时，其所设立的权利与义务也只能由代理人自己承受。

委托合同、行纪合同、代理制度三者存在一定的区别，主要表现在以下三个方面：① 代理制度中的代理人必须以“被代理人”的名义与第三人订立合同；② 行纪合同中的行纪人必须以“自己”的名义与第三人订立合同；③ 委托合同中的受托人可以以“委托人”的名义，也可以以“自己”的名义与第三人订立合同。

《民法通则》只规定了直接代理这种形式，没有规定间接代理形式。这一规定与英美法中的代理具有不同的意义，也与我国对外贸易活动中的代理行为不同，原经贸部 1991 年 8 月 29 日颁布实施的《关于对外贸易代理制度的暂行规定》第 15 条规定：受托人根据委托协议以自己的名义与外商签订进出口合同，并应及时将合同的副本送达委托人。委托人与外商修改进出口合同时不得违背委托协议。委托人对外商承担合同义务，享有合同权利，即中国外贸代理制度确立了代理人在其代理权限内，以自己名义与第三人实施民商法律行为的间接代理形式。

（2）代理人必须在被代理人的授权范围内，或法律规定或指定的权限范围内进行民事活动，不得变更或超越代理权限进行代理。否则，事后若代理人不予承认，则代理人所进行的活动是无效的，被代理人对此不承担责任，由此造成的损失由代理人自己承担。

(3) 代理人是以被代理人名义与第三人进行有法律意义的活动。这里包含两个含义:首先,代理所进行的活动必须是法律行为,必须能产生法律上的权利与义务关系,产生法律后果。如代人请朋友吃饭、帮别人传递信息等就不是代理。其次,代理人要通过被代理人与第三人发生法律关系。如代人保管物品不会与第三人发生法律关系,就不是代理行为。

(4) 代理行为的法律后果直接归被代理人承担,即被代理人对代理人的代理行为承担民事责任。尽管代理行为是在代理人与第三人之间进行的,但却在被代理人与第三人之间设立、变更或终止了某种权利义务关系,因此,其法律后果也应由被代理人承担。该法律后果既包括对被代理人有利的法律后果,也包括对被代理人不利的法律后果。

二、税务代理的概念及特点

《民法通则》依照代理产生的根据不同,将代理分为委托代理、法定代理和指定代理。税务代理是代理业的一个组成部分,具有代理的一般共性,是一种专项代理,属于民事代理中委托代理的一种。现在国际上对税务代理还没有一个统一的定义。日本《税理士法》表述为:"税务代理指代理或代办根据有关方面就税务官公署的税法令或行政不服审查法所规定的申报、申请、请求或不服申诉,以及有关这些申报或税务官公署的调查或处分,向税务官公署提出主张或陈述。"根据《中华人民共和国税收征收管理法》第五十七条关于"纳税人、扣缴义务人可以委托税务代理人代办税务事宜"的规定,国家税务总局在《税务代理试行办法》中对税务代理概念作了具体阐述:"税务代理人在法律规定的代理范围内,受纳税人、扣缴义务人的委托,代为办理税务事宜的各项行为的总称。"

税务代理的特点有:

(1) 主体资格的特定性。税务代理行为发生的主体资格是特定的:代理人一方必须是经批准具有税务代理执业资格的注册税务师和税务师事务所,被代理人一方必须是负有纳税义务或扣缴税款义务的纳税人或扣缴义务人。

(2) 法律的约束性。税务代理是负有法律责任的契约行为。注册税务师与被代理人之间的关系是通过代理协议建立起来的,代理人在从事税务代理活动过程中,必须站在客观、公正的立场上行使代理权限,其行为受税法及有关法律的约束。

(3) 内容的确定性。注册税务师的税务代理业务范围,由国家以法律、行政法规和行政规章的形式确定,注册税务师不得超越规定的内容从事代理活动。除税务机关按照法律、行政法规规定委托其代理外,注册税务师不得代理应由税务机关行使的行政职权。

(4) 税收法律责任的不转嫁性。税务代理行为并不能改变纳税人、扣缴义务人对其自身税收法律责任的承担,不能因代理关系而转移征纳关系。但是法律责任的不转嫁性并不意味注册税务师在代理过程中可以对纳税人、扣缴义务人的权益不负责任,不承担代理过错。若因代理人工作过失而导致纳税人、扣缴义务人产生损失的,纳税人、扣缴义务人可以通过民事诉讼程序向代理人提出赔偿要求。

(5) 服务的有偿性。税务代理是我国社会主义市场经济服务体系的一个重要组成部分,也是一个满足企业日益增长的利益需求的很有潜力的中介服务行业。它以服务为宗旨,以社会效益为目的,在获取一定报酬的基础上,及服务于纳税人、扣缴义务人,又间接服务于税务机关,服务于社会。

三、税务代理的原则

税务代理的主体,即注册税务师或税务师事务所在从事税务代理活动中,必须遵循以下原则:

(1) 自愿委托原则。税务代理属于委托代理的范畴,必须依照民法有关代理活动的基本原则,坚持自愿委托原则。代理关系的建立要符合代理双方的共同意愿。纳税人、扣缴义务人有委托或不委托的选择权,也有选择谁为其代理的权力;代理人同样具有选择其所代理对象的自由,也有接受委托或拒绝委托的选择权。代理双方的代理关系是依据合同的契约关系。只有在委托人与代理人双方自愿和合法的基础上订立契约,双方的税收法律关系才能确立。

(2) 依法代理原则。首先,税务代理的机构必须是依法成立的税务师事务所,从事税务代理的专门人员必须是经全国统一考试合格,并在注册税务师管理机构注册登记的具有税务代理执业资格的注册税务师;其次,注册税务师承办的一切代理业务,都要在法律、法规规定的范围内进行。注册税务师制作涉税文书,须符合国家税收实体法律、法规的税收原则,依照税法规定正确计算被代理人应纳或应扣缴的税款。注册税务师的行为还须按照有关税收征管和税务代理的程序性法律、法规的要求进行。

(3) 独立、公正原则。税务代理的独立性是指代理人在其代理权限内,独立行使代理权,不受税务机关控制,不受纳税人、扣缴义务人及社会团体的非法干预,而要按照税法的规定,用自己的知识和能力独立处理受托业务,帮助纳税人、扣缴义务人准确地履行纳税义务,并维护他们的合法权益。客观公正也是税务代理所必须遵循的重要原则,注册税务师在实施税务代理过程中必须站在公正的立场上,为纳税人、扣缴义务人服务,而不能因收取委托人的报酬而偏袒或迁就委托人。

（4）维护国家利益和保护委托人的合法权益的原则。注册税务师在代理活动中应按国家税法规定督促纳税人、扣缴义务人履行纳税和扣缴义务，还应向纳税人、扣缴义务人宣传有关税收政策，以促进纳税人、扣缴义务人知法、懂法、守法，从而提高依法纳税、扣税的自觉性。与此同时，税务代理也应在帮助纳税人、扣缴义务人履行纳税义务的同时，维护他们的权益，避免他们因不知法而导致不必要的处罚，并在合法的基础上进行税收筹划，为纳税人、扣缴义务人节省不必要的税收支出，将损失降到最低。

第二节　税务代理制的产生与发展

一、税务代理制的历史渊源

税务代理制度的起源可以追溯到日本的明治时代。1896 年（明治 29 年），日本政府制定了《营业税法》，确定营业税以工商业者为纳税义务人。随着税收负担的加重，工商业者中的一些人向退职税务官吏及财会方面有造诣的人士寻求“关于税的商谈”和委托代理申报，以求合理纳税。1904 年日俄战争爆发，日本政府为筹措战争经费，采取增收营业税的办法，增加了纳税人计缴税款的难度和工作量，纳税人寻求税务咨询和委托代理申报的业务迅速增加，使专职于这种工作的人员有了较为稳定的市场，并以税务专家的职业固定下来。1911 年，大阪制定了《税务代办监督制度》，这既是日本税务代理的前身，也是现在日本税理士制度形成和发展的基础。

以下介绍各国（地区）税务代理制度的概况。

1. 日本的税务代理制度

日本是世界上最早推行税务代理的国家。在日本，把专门代理或帮助纳税人依法履行纳税义务的税务专家称为税理士，相应的税务代理制度被称为税理士制度。日本政府于 1942 年制定了《税务代理士法》，到 1951 年修订为《税理士法》，以后又经过二十多次的部分修改，建立起当今世界上最为健全和完善的税务代理制度。该法规定了严格资格考试制度、业务范围和使命及收费、免费标准和惩戒税理士的规定。至 1994 年底，全日本有税理士联合会 1 所，税理士会 14 所，税理士支部 500 多个，税理士人员达 6 万多人。其中，税理士联合会是最高层，中层是税理士会，基层是税理士支部，他们之间不是统辖和被统辖的关系，而是指导、监督、联络的关系。在这种制度下，税理士能够站在客观公正的立场上，依法为纳税人进行税务代理，不但取信于纳税人，而且也减轻了税务机关的工作负担，节省了行政开支，对第二次世界大战后日本经济的恢复和发展及政府充分发挥职能作出了贡献。到目前,日本的税理士制度已经成为世界上税务代理的一种成功模式。

2. 韩国的税务代理制度

韩国的税务代理制度已有四十多年的历史,1961 年 9 月 9 日韩国正式制定并颁布了《税务士法》,使税务代理制度以法律形式固定下来,并配套制订了若干专业性准则。《税务士法》已历经 6 次修改,日臻完善。法律和准则详细规定了税务代理人的使命、权利和义务、业务范围、考试、资格取得等。在税务代理行业管理上,韩国实行了行政监督和行业自律管理相结合的办法。行政监督管理负责宏观管理,包括法律和法规的制定、颁布、监督检查等;日常管理工作和具体操作由行业自律组织协会实施。目前在韩国大约 85% 以上的纳税人都通过税务士进行纳税和办理涉税事项。

3. 澳大利亚的税务代理制度

1963 年,澳大利亚制定了税务代理人注册制度,并在所得税法中予以规定。1988 年修改的税法进一步规定税务代理人可以从事周边税收业务。在澳大利亚,原则上任何人都可以从事税务代理业务。但如果所从事的税务代理业务为有偿服务,则税务代理人就必须进行注册登记。税务代理人的注册登记,由律师、注册会计师和国家税务局三部分人员组成的独立于国家和税务局的税务代理人注册委员会负责管理。但税务代理人没有税务诉讼的代理权,只有律师可以从事这项业务。澳大利亚税收协会是以税务相关信息、会员培训为目的的民间组织,由特许会计师、注册会计师、会计师、税务代理人、家庭律师、事务律师等组成。

4. 美国的税务代理制度

因为美国税法种类繁多,且条文多而细,一般纳税人很难弄明白,所以大部分纳税人委托会计师事务所等中介机构代理纳税事宜。因此,美国的社会中介服务业异常发达,且从 1976 年的《税收改革法案》到 1989 年的《改进处罚管理和遵从税收法案》,再到 2002 年的《税收庇护透明法案》,法律、法规不断完善。在美国,纳税人税务代理意识很强,税务代理需求市场发达。从税务代理人看,既有高层次的注册会计师、律师,又有主要以代理申报为主的国家纳税服务,还有一些兼职的税务代理人,满足了纳税人的多样化需求,形成了发达的代理供给市场。

5. 中国香港地区的税务代理制度

香港地区没有专门的税理士制度,法律规定谁都可以从事税收业务,但要正式使用“税务代理人”、“税务顾问”等称谓必须要有香港会计师公会的开业证明书。香港注册会计师可以同时从事审计和税务代理业务。在一些大型会计师事务所，与税务相关的业务额甚至超过了总营业额的30%。同时，香港律师也承担着一部分税务代理业务，尤其是在不动产转让的印花税免税申报业务方面。

6. 中国台湾地区的税务代理制度

台湾地区没有专门的税理士制度，1970年的《所得税事务代理办法》设立了税务代理人制度，但并没有专门的税务代理人职业，所有的注册会计师都具有税务代理人资格。根据台湾地区所得税法规定，资本金超过3 000万的法人营利事业的所得税确定与申报必须委托给注册会计师或其他合法代理人完成，这项业务现在已经成为注册会计师和律师的垄断业务。台湾注册会计师的税务代理业务比重相当高，占所有会计师事务所业务额的39%，占注册会计师业务额的37%，占事务所业务量的35%。

二、我国税务代理制的产生和发展

1983年，中国出现了最早的税务代理，随后税务代理在中国逐步得以发育、试行、推广和完善。但是税务代理制度却是在根据1992年颁布的《中华人民共和国税收征收管理法》及其实施细则规定，制定下发的《税务代理试行办法》后才正式诞生的。回顾这一发展过程，我们可将其大致分为三个阶段：

（一）税务代理产生的初级阶段

20世纪80年代初，我国进行了税制改革，从单一税制改变为复合税制，无论从纳税人、扣缴义务人纳税来说，还是从税务机关征收税款来说，都增大了难度。这样为了帮助纳税人正确纳税，也为了提高税务机关征收的效率，一些地区的离退休税务干部组建了税务咨询机构，为纳税人解答税收方面的问题。这就是税务代理的初级阶段。可以看出，这一阶段没有相关法律、法规的制定，也主要是以税务咨询为主，是税务代理的基础，可以说是咨询业的发展推动了税务代理的起步。

1984年12月，中国税务学会成立，第一届全体大会通过的学会章程中明确了有提供经济、税收信息，进行税务咨询服务，开展税务审核和业务培训的任务。第二届学会章程中又进一步提出开展有关税收的社会服务工作，承接税务部门和纳税单位的委托进行税务咨询、人才培训、建账查账、专题调研等活动。1985年开始，新疆石河子地区最早成立了税务咨询事务所，随后武汉市和各省市也陆续建立了专门的税务代理机构，并逐步扩展到中小城市。当时这些机构开展的税务代理项目也是现在事务所承办的一些业务，包括代纳税人办理税务登记、纳税申报、计算缴纳税款、申请减免退税以及办理税务诉讼等。

（二）税务代理的试点阶段

1988年起，国家税务总局开始在全国进行税收征管改革，辽宁、吉林的一些地区结合征管方式的改变，进行了税务代理的试点，取得了一定的成效，而且引起了各地税务机构的关注。随后，国家税务总局、中国税务学会发出《关于加强税务咨询服务管理的通知》，规定成立的税务机构可以受托对企事业单位进行财产评估、资金验资、查账、审查财务预决算报表，指导企业建账等，1988 年还成立了"七城市税务咨询联合会"，随后联合会成员定期交流经验，从理论和实践上对税务代理的各方面问题进行研究和探讨，为税务代理的发展奠定了一定的理论基础，使税务代理的发展又向前推进了一步。

（三）税务代理制的正式实施

1993 年国家实施的《中华人民共和国税收征收管理法》第 57 条明确规定，纳税人、扣缴义务人可以委托税务代理人代为办理税务事宜，并授权国家税务总局制定具体办法。这样就为我国实行税务代理制度确立了法律地位。同时，为了加快税务代理制度在全国的推行，保证 1994 年新税制的顺利实施，国家税务总局于 1994 年 9 月公布了《税务代理试行办法》，并随文下发了《关于开展税务代理试点工作的通知》，这标志着税务代理制度在中国正式实施，并要求各地区有步骤地开展税务代理的试点工作。《税务代理试行办法》对税务师的资格认定、税务代理机构、税务代理业务范围、税务代理关系的确定和终止、税务代理的管理、税务代理人的权利和义务及代理责任等都做了详细规定。

（四）税务代理制的发展与完善

1996 年，人事部和国家税务总局联合颁发了《注册税务师资格制度暂行规定》，在税务代理行业全面推行注册税务师制度，严格控制我国税务代理行业的职业准入制度，明确规定实行注册税务师职业垄断代理制度。规定注册会计师、律师必须一起参加注册税务师资格考试，评聘高级职称者可免试部分科目，但至少要参加两个科目的考试，考试合格并经注册登记方能执业。随后，国家税务总局相继制定并下发了《注册税务师执业资格考试实施办法》和《注册税务师注册管理暂行办法》，下发了组建省级注册税务师管理机构的文件，加强了对税务代理行业的管理。但这一阶段的税务代理也存在许多问题，比如：许多税务机关没有严格执行国家税务总局关于"各级税务机关不得设立税务代理机构，在职税务干部不准从事税务代理业务"的规定；一些中介机构也未经批准非法从事税务代理业务。为此，1999 年 8 月 16 日，国家税务总局下发了《清理整顿税务代理行业实施方案》，在全国整顿税务代理行业。2000 年 5 月，针对税务代理业务与会计业务重叠，以及注册会计师在税务代理中占有主导地位的情况，国务院发展研究中心提交了"三师"归类合并的研究方案。2002 年 9 月，《财政部、国家税务总局关于贯彻落实国务院关于注册税务师与注册会计师行业实行"统一领导分行业管理"决定的通知》规定按"统一领导、分行业管理、业务兼容”的原则，促进两行业的协调发展和规范管理。这一时期，随着律师业务中涉税法律事务的频繁出现，税务律师及税务律师事务所开始出现，使得税务代理行业取得了较大发展。

进入新世纪，随着我国经济与世界经济的进一步接轨，尤其是我国加入WTO后，税务代理行业已经进入了成长期，步入了快速发展的轨道，特别是2005年以来，《注册税务师管理暂行办法》、《注册税务师行业自律管理办法（试行）》的颁布实施进一步规范了注册税务师行业的执业管理，明确了注册税务师行业从事涉税服务和涉税鉴证的业务范围，使税务代理行业在为市场经济服务、为税收事业服务、为纳税人服务的过程中，不断发展壮大，进入了黄金发展期。

第三节　注册税务师与税务师事务所

作为税务代理行业的主体，国家对注册税务师的认证与税务师事务所的申请设立都作了严格的规定，以提高税务代理人员的执业素质，促进税务代理行业的健康发展。

注册税务师是在中华人民共和国境内依法取得注册税务师执业资格证书，从事涉税服务和鉴证业务的专业人员。

一、注册税务师资格的取得

（一）注册税务师资格考试制度

1. 参加注册税务师资格考试的条件

凡中华人民共和国公民，遵纪守法并具备下列条件之一者，可以申请参加注册税务师资格考试：

（1）非经济类、法学类大专毕业后，从事经济、法律工作满8年。

（2）经济类、法学类大专毕业后，或非经济类、法学类大学本科毕业后，从事经济、法律工作满6年。

（3）经济类、法学类大学本科毕业后，或非经济、法学类第二学士或研究生班毕业后，从事经济、法律工作满4年。

（4）经济、法学类第二学士或研究生班毕业后，或获非经济、法学类硕士学位后，从事经济、法律工作满2年。

（5）获得经济、法学类硕士学位后，从事经济、法律工作满1年。

（6）获得经济类、法学类博士学位。

（7）在全国实行专业技术资格考试前，按照国家有关规定已评聘了经济、会计、统计、审计和法律中级专业职务或参加全国统一考试取得了经济、会计、统计、审计中级专业技术资格者，从事税务代理业务满 1 年，可报名参加注册税务师全部科目考试。

(8) 已评聘了经济、会计、统计、审计、法律等高级专业技术职务，从事税收工作满 2 年的人员，可以免予部分科目考试。

(9) 人事部和国家税务总局规定的其他条件。

2. 注册税务师资格考试的考务管理

注册税务师资格考试实行全国统一大纲、统一命题、统一组织的考试制度，原则上每年举行一次，具体考试办法由人事部和国家税务总局共同制定。考试科目共分为五科：《税法(Ⅰ)》、《税法(Ⅱ)》、《税务代理实务》、《税收相关法律》和《财务与会计》。

除免予部分考试科目者必须在一个考试年度内通过两个考试科目外，参加全部五个考试科目人员必须在连续三个考试年度(即第一年至第三年为一个考试周期，第二年至第四年为一个考试周期，以此类推)内全部通过五个科目的考试。

(二) 注册税务师的注册备案制度

凡经考试合格取得《中华人民共和国注册税务师执业资格证书》(以下简称资格证书)的人员，必须在取得证书后三个月内到所在省、自治区、直辖市及计划单列市注册税务师管理中心申请办理注册登记手续。省局管理中心审核后，对在税务师事务所执业满两年的，给予执业备案，在证书备注栏加盖“执业备案”章；对在税务师事务所执业不满两年或者暂不执业的，给予非执业备案，在证书备注栏加盖“非执业备案”章。

1. 申请备案登记者，必须同时具备以下条件：

(1) 遵纪守法，恪守职业道德；

(2) 取得中华人民共和国注册税务师资格证书；

(3) 身体健康，能坚持在注册税务师岗位上工作；

(4) 经所在单位考核同意。

2. 有下列情形之一的，不予执业备案：

(1) 无民事行为能力或者限制民事行为能力的；

(2) 受刑事处罚，自处罚执行完毕之日起未满 3 年者；

(3) 被国家机关开除公职，自开除之日起未满 3 年者；

(4) 在从事涉税服务和鉴证业务中有违法行为，自处罚决定之日起未满两年的；

(5) 在从事涉税服务和鉴证业务中有违规行为，自处理决定之日起未满一年的；

(6) 国家税务总局认为其他不具备税务代理资格的情况。

3. 注册税务师有下列情况之一，由国家税务总局或省、自治区、直辖市、计划单列市注册税务师管理中心注销其注册税务师备案：

(1) 同时在两个税务代理机构执业者；

(2) 死亡或失踪者；

(3) 在从事涉税服务和鉴证业务中有违法行为的；

(4) 年检不合格或者拒绝在规定期限内进行年检的；

(5) 违反行业管理规范，连续两年有不良从业记录的；

(6) 国家税务总局认为其他不适合从事税务代理业务的情况。

省局管理中心应当将本地区注册税务师的备案情况上报总局管理中心。执业备案和注销备案的注册税务师应当向社会公告。

二、注册税务师的权利与义务

2006 年 2 月 1 日开始实施的《注册税务师管理暂行办法》对注册税务师的权利与义务作出了如下规定：

1. 注册税务师执业，享有下列权利：

(1) 可以向税务机关查询税收法律、法规、规章和其他规范性文件；

(2) 可以要求委托人提供相关会计、经营等涉税资料(包括电子数据)，以及其他必要的协助；

(3) 可以对税收政策存在的问题向税务机关提出意见和修改建议；可以对税务机关和税务人员的违法、违纪行为提出批评或者向上级主管部门反映。

2. 注册税务师执业由税务师事务所委派，个人不得擅自承接业务。负有以下义务：

(1) 注册税务师应当在对外出具的涉税文书上签字盖章，并对其真实性、合法性负责。

(2) 注册税务师执业中发现委托人有违规行为并可能影响审核报告的公正、诚信时，应当予以劝阻；劝阻无效的，应当中止执业。

(3) 注册税务师对执业中知悉的委托人商业秘密，负有保密义务。

(4) 注册税务师应当对业务助理人员的工作进行指导与审核，并对其工作结果负责。

(5) 注册税务师与委托人有利害关系的，应当回避；委托人有权要求其回避。

(6) 注册税务师应当不断更新执业所需的专业知识，提高执业技能，并按规定接受后续教育培训。

三、税务师事务所

税务师事务所由注册税务师出资设立,是依法设立并承办法律、法规、规章规定的涉税服务和鉴证业务的社会中介机构。税务师事务所的组织形式为有限责任制税务师事务所和合伙制税务师事务所,以及国家税务总局规定的其他形式。

申请设立税务师事务所,应当向省级以上注册税务师管理中心提出书面申请,并报送下列有关资料:

(1) 税务师事务所的名称、组织机构、业务场所;

(2) 税务师事务所主要负责人的姓名、简历及有关证明文件;

(3) 税务师事务所的从业人员情况,包括注册税务师的姓名、简历及有关证明文件;

(4) 税务师事务所章程、合同和协议。

税务师事务所应当就本所注册税务师变动情况,向省局管理中心备案;省局管理中心应当将本地区当年注册税务师变动情况汇总,上报总局管理中心。税务师事务所应当依法纳税,并建立健全内部管理制度,严格财务管理,建立职业风险基金,办理职业保险。税务师事务所承接委托业务,应当与委托人签订书面合同并按照国家价格主管部门的有关规定收取费用。

第四节 税务代理的范围与规则

一、税务代理的范围

税务代理的范围是指按照国家有关法律规定,允许注册税务师所从事的业务内容。2006 年 2 月 1 日开始实行的《注册税务师管理暂行办法》中采用正列举的方式,对税务代理范围进行了确定及规范,其中规定:

注册税务师可以提供代办税务登记、纳税和退税、减免税申报、建账记账,增值税一般纳税人资格认定申请,利用主机共享服务系统为增值税一般纳税人代开增值税专用发票,代为制作涉税文书,以及开展税务咨询(顾问)、税收筹划、涉税培训等涉税服务业务。

注册税务师还可承办下列涉税鉴证业务:

(1) 企业所得税汇算清缴纳税申报的鉴证;

(2) 企业税前弥补亏损和财产损失的鉴证;

(3) 国家税务总局和省税务局规定的其他涉税鉴证业务。

根据现行有关法律的规定,注册税务师不能违反法律、行政法规的规定行使税务机关的行政职能。同时,对税务机关规定必须由纳税人、扣缴义务人自行办理的税务事宜,注册税务师不得代办。

二、税务代理的规则

1. 注册税务师执业时,遇有下列情形之一的,应当拒绝出具有关报告:

(1) 委托人示意其作不实报告或者不当证明的;

(2) 委托人故意不提供有关资料和文件的;

(3) 因委托人有其他不合理要求,致使注册税务师出具的报告不能对涉税的重要事项作出正确表述的。

2. 注册税务师执业,应当按照业务规程确定的工作程序建立工作底稿、出具有关报告。

注册税务师出具报告时,不得有下列行为:

(1) 明知委托人对重要涉税事项的处理与国家税收法律、法规及有关规定相抵触,而不予指明;

(2) 明知委托人对重要涉税事项的处理会损害报告使用人或者其他利害关系人的合法权益,而予以隐瞒或者作不实的报告;

(3) 明知委托人对重要涉税事项的处理会导致报告使用人或者其他利害关系人产生重大误解,而不予指明;

(4) 明知委托人对重要涉税事项的处理有其他不实内容,而不予指明。

3. 注册税务师不得有下列行为:

(1) 执业期间,买卖委托人的股票、债券;

(2) 索取、收受委托合同约定以外的酬金或者其他财物,或者利用执业之便,谋取其他不正当的利益;

(3) 允许他人以本人名义执业;

(4) 向税务机关工作人员行贿或者指使、诱导委托人行贿;

(5) 其他违反法律、行政法规的行为。

第五节 税务代理的法律关系与法律责任

税务代理的法律关系是指纳税人、扣缴义务人委托注册税务师办理纳税事宜而产生的委托方与受委托方之间的权利、义务和责任关系。注册税务师以委托方名义进行代理工作,其代理过程中所产生的法律后果直接归属委托方,税务代理法律关系的确定以委托代理协议书的签订为标志。

一、税务代理的法律关系

（一）税务代理关系的确立

1. 税务代理关系确立的前提

税务代理关系的确立，应当以双方自愿委托和自愿受理为前提，同时还要受代理人资格、代理人范围及委托事项的限制。

（1）委托项目必须符合法律规定。《注册税务师管理暂行办法》第四章明确规定了注册税务师进行税务代理的业务范围，注册税务师不得超越法律规定范围进行代理，并严禁代理偷税、骗税等行为。

（2）委托代理机构及专业人员必须具备一定资格。税务代理的专业性和法律性决定了受托代理机构及从业人员必须取得一定资格。《注册税务师管理暂行办法》第二章明确了注册税务师执业资格以及备案制度，税务代理专业人员必须经过严格的考试取得中华人民共和国注册税务师执业资格证书并经过省、自治区、直辖市及计划单列市注册税务师管理机构注册登记；第五章对税务师事务所作出了规定，按现行规定，从事税务代理的机构职能是经国家税务总局及其授权部门确认批准的负有限责任的税务师事务所和合伙税务师事务所。

（3）注册税务师承办业务必须由所在的税务师事务所统一受理。

（4）签订委托代理协议书。税务代理关系确立必须书面签订委托代理协议书，而不得以口头或其他形式作出委托。未经签订委托代理协议书而擅自开展代理业务的，不受法律保护。委托代理协议书由注册税务师及其所在的税务代理机构与委托方签名盖章。

2. 税务代理关系确立程序及形式

税务代理关系确立包括两个阶段：签约前准备阶段和签约阶段。

（1）签约前准备阶段。税务代理关系确立前代理双方应就委托项目及服务标准进行协商，并明确各方的权利义务，如纳税人、扣缴义务人应提供与委托税务事项有关的可靠准确的数据、资料、证件等。双方也要就代理费的收取进行协商。注册税务师一方在这一阶段也应向委托人阐明业务范围、税务代理责任等，以便双方能够清楚某项代理的各方面内容，同时分清各自的权利与义务。

（2）委托代理协议书签订阶段。在充分地完成准备工作后，即在委托方、受托方就协议内容取得一致意见后，委托方、受托方就可以按照约定签订委托代理协议书了。该协议书应明确载明委托方和受托方的名称、代理事项、代理权限、代理期限以及其他需要明确的事项，并由注册税务师及其所在的税务代理机构与委托方签名盖章，正式生效。

（二）税务代理关系的变更

委托代理协议书签订后，注册税务师及其助理人员应按协议书约定的代理事项进行工作，但遇下列问题之一的，应由协议双方协商对原协议书进行修改和补充。

1. 委托代理事项发生变化

这里分两种情况：第一种是原委托代理事项有了新的发展，代理内容超越了原约定范围，经双方同意增加或减少代理内容的。如原来签订的是单向代理，现改为综合代理。第二种是由于客观原因，委托代理内容发生变化，需要相应修改或补充原协议内容的。

2. 注册税务师发生变化的

3. 由于客观原因，需要延长协议时间的

以上几种情况下，税务代理关系都将发生变化，所以要先修订原委托代理协议书，并经过双方以及注册税务师共同签章后生效，修订后的协议书具有同等法律效力。

（三）税务代理关系的终止

税务代理委托协议约定的代理期限届满或代理事项完成，税务代理关系自然终止。

1. 有下列情形之一的，委托方在代理期限内可单方面终止代理行为：

（1）税务代理人员未按代理协议的约定提供服务；

（2）税务师事务所被注销；

（3）税务师事务所破产、解体或被解散。

2. 有下列情形之一的，税务师事务所在代理期限内可单方面终止代理行为：

（1）委托人死亡或解体、破产；

（2）委托人自行实施或授意税务代理执业人员实施违反国家法律、法规行为，经劝告不停止其违法活动的；委托人提供虚假生产经营情况和财务会计资料，造成代理错误的。

委托关系存续期间，一方如遇特殊情况需终止代理行为的，提出终止一方要及时通知另一方，并向当地主管税务机关报告，终止的事项也应由双方协商解决。

二、税务代理的法律责任

为了加强对税务代理行业的管理，使税务代理事业在法律的轨道上健康发展，维护代理双方的合法权益，我国《民法通则》、《经济合同法》、《征管法》及

《注册税务师管理暂行办法》都明确了税务代理的法律责任。

(一) 委托方的法律责任

根据《中华人民共和国合同法》第一百零七条规定,当事人不履行合同义务或者履行合同义务不符合约定的,应当承担继续履行、采取补救措施或者赔偿损失等违约责任。因此,如果委托方违反代理协议的规定,致使注册税务师不能履行或不能完全履行代理协议,由此而产生法律后果的法律责任应全部由委托方承担,其中,纳税人除了应按规定承担本身承担的税收法律责任以外,还应按规定向受托方支付违约金和赔偿金。

(二) 受托方的法律责任

1.《民法通则》第六十六条规定:代理人不履行职责而给被代理人造成损害的应当承担民事责任。税务代理如因工作失误或未按期完成税务代理事务等未履行税务代理职责,给委托方造成不应有的损失的,应由受托方负责。

2.《中华人民共和国税收征收管理法》实施细则第九十八条规定:税务代理人违反税收法律、行政法规,造成纳税人未缴或者少缴税款的,除由纳税人缴纳或者补缴应纳税款、滞纳金外,对税务代理人处纳税人未缴或者少缴税款50%以上3倍以下的罚款。

3.《注册税务师管理暂行办法》第七章规定:注册税务师有下列行为之一的,由省税务局予以警告或者处1 000元以上5 000元以下罚款,责令其限期改正,限期改正期间不得对外行使注册税务师签字权;逾期不改正或者情节严重的,应当向社会公告。

(1) 执业期间买卖委托人股票、债券的;

(2) 以个人名义承接业务或者收费的;

(3) 泄露委托人商业秘密的;

(4) 允许他人以本人名义执业的;

(5) 利用执业之便,谋取不正当利益的;

(6) 在一个会计年度内违反本办法规定二次以上的。

4. 税务师事务所有下列行为之一的,由省税务局予以警告或者处1 000元以上10 000元以下罚款,责令其限期改正;逾期不改正或者情节严重的,向社会公告。

(1) 未按照本办法规定承办相关业务的;

(2) 未按照协议规定履行义务而收费的;

(3) 未按照财务会计制度核算,内部管理混乱的;

(4) 利用执业之便,谋取不正当利益的;

(5) 采取夸大宣传、诋毁同行、以低于成本价收费等不正当方式承接业务的；

（6）允许他人以本所名义承接相关业务的。

5. 注册税务师和税务师事务所出具虚假涉税文书，但尚未造成委托人未缴或者少缴税款的，由省税务局予以警告并处1 000元以上30 000元以下的罚款，并向社会公告。

6. 注册税务师和税务师事务所违反税收法律、行政法规，造成委托人未缴或者少缴税款的，由省税务局按照税收征收管理法实施细则第九十八条的规定处以罚款；情节严重的，撤销执业备案或者收回执业证，并提请工商行政管理部门吊销税务师事务所的营业执照。

出现上款规定情形的，省局管理中心应当将处罚结果向总局管理中心备案，并向社会公告。

（三）对属于共同法律责任的处理

《民法通则》第六十七条规定：代理人知道被委托代理的事项违法，仍进行代理活动的，或者被代理人的代理行为违法，不表示反对的，由被代理人和代理人负连带责任。注册税务师与被代理人如果互相勾结、偷税抗税、共同违法，应按共同违法论处，双方都要承担法律责任。涉及刑事犯罪的，还要移送司法部门依法处理。

本章小结

本章是税务代理课程的导入知识，涉及很多基本概念、基本制度、基本法律关系等重要知识点。本章第一节介绍了税务代理的内涵，以及税务代理作为一种特殊代理行为所具有的特点及原则。第二节介绍了税务代理在我国的发展历程，同时也展示了税务代理在其他一些国家的发展，通过比较可以看出，我国的税务代理行业历经的时间很短，相关法律制度还有很大的完善空间，同时国际上也有很多成熟经验、做法可以学习和借鉴。第三节和第四节具体介绍了税务代理的主体——注册税务师和税务师事务所，介绍了我国目前的注册税务师的考试制度、备案制度以及注册税务师的权利与义务；以及税务代理的规则与范围。第五节具体阐明了税务代理的法律关系与法律责任，只有做到有法可依、有法必依，税务代理才能在公平、公正的环境下更好地发展与完善。

本章重要术语

代理　直接代理　税务代理　独立公正原则

思考练习题

1. 税务代理应遵循哪些原则？
2. 请解释税收法律责任的不转嫁性。
3. 我国税务代理的业务范围有哪些？
4. 什么是注册税务师的注册备案制度？
5. 简要说明注册税务师有哪些权利和义务。
6. 我国税务代理应遵守哪些基本规则？
7. 在税务代理业务中，双方各自有哪些法律责任？

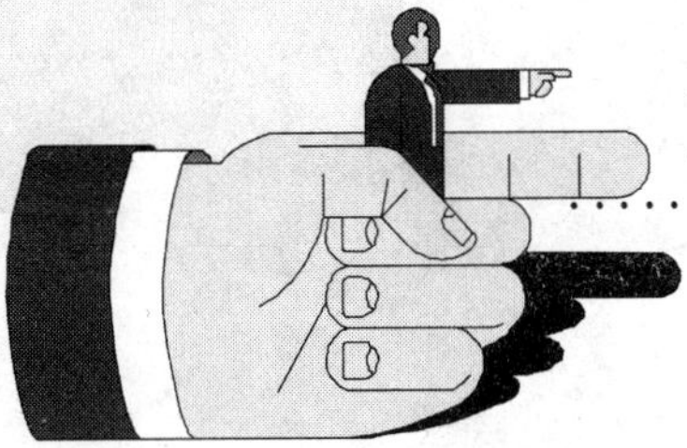

第二章

税务代理执业规范

学习目标

通过本章的学习,读者应该能够:

■ 了解税务代理执业文书的概念、作用和种类;

■ 掌握代理执业文书的基本要求,熟悉各类文书的格式和主要内容;

■ 理解产生税务代理执业风险的因素;

■ 熟悉税务师事务所的质量控制内容和方法。

第一节 税务代理执业文书

一、税务代理执业文书概述

(一) 税务代理执业文书的概念

税务代理执业文书(以下简称执业文书)有狭义和广义之分。广义的执业文书是指注册税务师在执业过程中制作的用于记录工作过程、办理涉税事宜、提出纳税建议和发表鉴证意见的各种书面报告。它一般由注册税务师的工作底稿、执业相关证明材料、依据的政策文件和执业报告等组成。狭义的执业文书即执业报告,它是整个执业文书的核心。本书以广义概念为主来介绍相关内容。

执业文书一般用于记录工作过程、发表鉴证意见、解答咨询问题、提出纳税建议、指导办税方法或程序沟通涉税事宜、界定双方责任等,从而起到备查、鉴证、提示及沟通的作用。

(二) 税务代理执业文书的作用

通过制定执业文书,注册税务师可以直接反映其执业成果和质量,进而发挥如下作用:

1. 利于防范税务代理执业风险

税务代理是一种高智能服务型业务,它涵盖税收、财会、法律及操作技能等,涉及税务机关、纳税人、税务代理机构三方面的利益,必定存在一定的执业风险,防范和规避执业风险对于促进我国税务代理行业健康发展具有重要意义。注册税务师通过详细记录并核实工作底稿、认真撰写税务代理工作报告等,出具规范、详尽的执业文书,反映注册税务师的主张意见、结论和观点,明确注册税务师及其事务所应承担的责任和风险,明确委托、受托双方责任,综合衡量注册税务师及其事务所工作深度和执业质量,有利于防范不必要的执业风险。

2. 利于提高税收征管信息质量

目前,由于多种因素影响,我国税收征管手段较为落后,税收征管收集的信息质量低下,妨碍我国征管水平的提高。注册税务师作为一种专业税务人才,熟悉税收政策和办税流程,因此,在其独立、客观和公正的执业基础上出具的涉税鉴证类文书可以作为税务机关税收管理和审核审批的重要依据,丰富了税收征管信息来源渠道;由其代委托方制作的涉税文书符合填报要求,并具有一定的专业性,保证了税收征管信息的准确和齐全,提高了其质量水平。

3. 利于扩大服务影响范围

口头咨询和辅导服务等仅仅针对财务人员、法定代表人等有限的被服务人员,而出具规范的执业文书作为一种具有专业倾向的规范文体,可以使委托人传递到内部各环节和相关部门,让更多的涉税部门和人员共同依法正确纳税和正确处理涉税事宜;同时,它也可以使委托方根据执业文书所表达的税收政策依据,处理内部相关部门的涉税矛盾,解决与经验对象的涉税纠纷,协调与税务机关的征纳分歧。通过涉税文书的传递,使纳税人意识到税务代理的优势,宣传了税务代理,有效扩大了注册税务师涉税服务的影响范围,进而更加有利于税务代理行业的健康发展。

(三)税务代理执业文书的种类

执业文书是随着注册税务师执业需要逐步形成,因此注册税务师从事业务的广泛性也就决定了执业文书种类繁多以及格式不一。

1. 按注册税务师的业务性质,分为涉税鉴证类执业文书和涉税服务类执业文书

(1) 涉税鉴证类执业文书。涉税鉴证是指税务师事务所及注册税务师对鉴证对象信息实施必要的审核程序,并出具鉴证报告,以增强除责任方之外的预期使用者对鉴证对象信息信任程度的行为和过程。涉税鉴证类执业文书即注册税务师在进行相关涉税鉴证业务时出具的含有鉴证结论或鉴证意见的书面报告。

根据税务师事务所及注册税务师所适用的涉税鉴证类业务需要,我国现行涉税鉴证类执业证书主要包括:企业所得税汇算清缴纳税申报的鉴证报告、企业财产损失所得税税前扣除的鉴证报告、企业所得税税前弥补亏损的鉴证报告、土地增值税清算税款的鉴证报告、房地产企业涉税调整的鉴证报告以及国家税务总局和各省、自治区、直辖市和计划单列市国家税务局、地方税务局规定的其他涉税鉴证业务报告等。

(2) 涉税服务类执业文书。涉税服务是指税务师事务所及注册税务师依据税收相关法律、法规向委托人提供政策咨询、税务顾问、税收筹划及代为办理各类涉税事项的行为和过程。涉税服务类执业文书是指税务师事务所及注册税务师遵照税收相关法律、法规及其有关规定,在实施必要的涉税服务程序基础上,因涉税事项需要向委托方提交的反映其专业意见的书面报告。因涉税服务多种多样,涉税服务类执业文书也有很多不同的文种,具体包括税务咨询答复报告、税收筹划报告、纳税建议报告、办税事宜建议报告、执业过程中有关问题沟通报告以及代理填写或制作的涉税文书等。

2. 按执业文书的出具对象,分为向委托人出具的执业文书、向相关税务机关出具的执业文书以及向其他相关单位或部门出具的执业文书

(1) 向委托人出具的执业文书,主要包括企业所得税汇算清缴纳税申报的

鉴证报告等各种鉴证类执业文书、税务咨询答复报告、税收筹划报告、纳税建议报告、办税事宜建议报告以及执业过程中有关问题沟通报告等。

(2) 向相关税务机关出具的执业文书,主要包括代理填写或制作的涉税文书,将在下文具体阐述。

(3) 向其他相关单位或部门出具的执业文书,是指税务师事务所及注册税务师在进行涉税鉴证或提供涉税服务时,因委托人有关涉税事宜有与客户或相关的部门进行沟通说明的需要而配合支持委托人所出具的一些书面报告。它主要包括提供政策依据并加以揭示说明的执业文书、说明委托人实际情况的执业文书以及提出操作建议的执业文书等。

3. 按注册税务师的执业主张态度不同,分为合理保证的执业文书和有限保证的执业文书

(1) 合理保证的执业文书,是指税务师事务所及注册税务师在严格遵守税收法律、法规及其有关规定前提下,在对委托人或服务对象事实调查清楚、证据充分的条件下,以积极方式所出具的持明确态度或意见、结论的书面文书。

(2) 有限保证的执业文书,是指税务师事务所及注册税务师在执业条件不能满足时,以消极方式出具的无法表达意见或出具否定意见的书面文书。

(四) 税务代理执业文书的基本要求

执业文书作为一种规范化的书面报告,首先应和其他文书一样做到文字清楚、准确,内容详尽,结构合理。其次,它作为一种专业化的书面报告,更有其自身要求:

1. 执业文书记录的情况真实可靠

执业文书是税务师事务所及注册税务师作为中介一方,恪守独立、公正、客观的原则所出具的表达其主张、意见和结论的书面证明文件,通常情况下,它将成为文书使用人根据文书描述情况作出相应处理的重要参考因素。因此,执业文书必须是在注册税务师对报告所反映情况做深入调查、充分了解事实真相的情况下所做出的真实、可靠的记录。同时,税务师事务所及注册税务师应根据执业文书记录相应承担起一定的执业责任,增强执业文书的可信度。

2. 执业文书主张建议符合相关法规

执业文书处理的是涉税事宜,因此税务师事务所及注册税务师应针对所了解的情况,结合相应的税收政策或办税程序提出处理意见,进而符合国家税收政策法规,防范一定的执业风险。

3. 执业文书附件资料完整真实

执业文书通常需要相应的附件资料进一步证实报告表达事实的真实性,因此,附件资料也将成为执业文书中必不可少的一部分。通常情况下,附件资料

应满足两方面的要求:首先,附件资料完整齐全,通过附件资料能反映事实的全貌;其次,附件资料真实详尽,是税务师事务所及注册税务师从相关部门原始资料中收集的。因此,配合以上要求,附件资料应尽量使用原件,确实需要用复印件的,应加上证明材料或签章以示负责。

(五) 税务代理执业文书的特点

1. 格式的规范性

执业文书尽管因业务不同而种类多样,但它作为一种文书,为完成执业目标,保证执业质量,其格式有一定的要求。尤其是代理填写涉税文书,因具有一定法律效力,故通常都拥有固定的规范化的格式,以保证其具体内容的完整性、正确性和有效性。

2. 目的的明确性

涉税鉴证类报告目的是提出鉴证结论或鉴证意见,增加所鉴证的涉税事项的可信度;涉税服务类报告目的是提出专业意见,或明确双方责任,或指导委托人准确纳税,或辅导委托人纳税事宜的相关程序等。因此,执业文书都是具有明确的目的性,是为解决执业中某一具体涉税问题而制作。

3. 时效的有限性

执业文书是为了帮助纳税人解决纳税问题或办理纳税事宜,它必须按照国家税收法律法规、规章及相关规定在一定时效内出具。如纳税期限的确定要求代理制作的涉税文书在纳税期限日之前填报;纳税人涉税情况及税收法规的变动也会引起相应的执业文书的法律效力,一旦执业文书超过期限,将会成为无效文书。

4. 制作的程序性

为保证税法的统一性和严肃性,严格按照税收管理体制规定的权限处理税务事项,一些代理制作的涉税文书需要按照国家税收征管的程序来报送处理涉税事宜;同时,为防范执业风险,保证执业文书的有效性、真实性,注册税务师向委托人出具的执业文书还需要经过必要的复核程序。

(六) 税务代理工作底稿

1. 税务代理工作底稿的概念

税务代理工作底稿是税务代理执业人员在执业过程中所编制的工作纪要、书面工作成果和获取的资料,它既是记录税务代理执业内容的重要资料,也是评价考核工作质量的依据。

2. 税务代理工作底稿的分类

税务代理工作底稿按使用目的的不同,可以分为业务类工作底稿、备查类工作底稿和综合类工作底稿。

(1) 业务类工作底稿,是指执业注册税务师在涉税服务业务实施阶段为执行具体涉税服务程序所形成的内部工作记录。主要包括代理制作的各种涉税文书,计税资料的汇总计算和审核,提供税务咨询、税收筹划等代理项目的工作记录,它是税务代理执业报告的重要支撑材料。

(2) 备查类工作底稿,是指执业注册税务师为形成涉税服务结论所获取、整理的各类备查性质的证据记录。主要包括税务代理协议书、业务约定书(以涉税鉴证业务约定书为例,见示例 2-1)、委托人的税务登记证复印件、工商营业执照副本复印件、公司章程、税务机关对委托人有关纳税事项的鉴定、批准文书等。备查类工作底稿作为税务代理执业文书的基础类备查底稿,应按时间顺序分类排列,予以编号以完善保存。

(3) 综合类工作底稿,是指执业注册税务师为承揽、规划、控制和管理整个涉税服务项目所形成的内部工作记录。

≺示例 2-1≻

涉税鉴证业务约定书

编号:

甲方(委托方):

甲方税务登记号:

乙方(受托方):

乙方税务师事务所执业证编号:

兹有甲方委托乙方提供__________涉税鉴证业务,依据《中华人民共和国合同法》及有关规定,经双方协商,达成以下约定:

一、委托事项

(一) 项目名称:

(二) 具体内容及要求:

(三) 完成时间:

二、甲方的责任与义务

(一) 甲方的责任

1. 根据《中华人民共和国税收征收管理法》及其有关规定,甲方有责任保证会计资料及纳税资料的真实性和完整性。

2. 按照现行税收法律、法规和政策规定依法履行纳税义务是甲方的责任。这种责任还应当包括:

(1) 建立、完善并有效实施与会计核算、纳税申报相关的内部控制;

(2) 符合会计准则及其有关规定;

(3) 严格按照税收规定进行纳税调整。

3. 甲方不得授意乙方人员实施违反国家法律、法规的行为。

4. 基于重要性原则、截止性测试的性质和审核过程中的其他固有限制,以及甲方内部控制的固有局限性,经乙方审核后仍然可能存在未被发现的风险,乙方出具的鉴证报告不能因此减轻甲方应当承担的法律责任。

(二) 甲方的义务

1. 按照乙方要求,及时提供完成委托事项所需的会计资料、纳税资料和其他有关资料,并保证所提供资料的真实性和完整性。

2. 确保乙方不受限制地接触任何与委托事项有关的记录、文件和所需的其他信息,并答复乙方工作人员对有关事项的询问。

3. 委托人为乙方工作人员提供必要的工作条件和协助,主要事项将由乙方于外勤工作开始前提供清单。

4. 委托人按本约定书的约定及时足额支付委托业务费用以及其他相关费用。未按规定时间支付委托费用的,应按约定金额________%的比例支付违约金。

三、乙方的责任和义务

(一) 乙方的责任

1. 乙方应严格按照现行税收相关法律、法规和政策规定以及《注册税务师管理暂行办法》及其有关规定,本着独立、客观、公正的原则,对甲方提供的有关资料进行审核鉴证。

2. 乙方应当制定合理计划和实施能够获取充分、适当证据的审核程序,为甲方的委托事项提供合理保证。

3. 乙方有责任在鉴证报告中指明发现的甲方违反国家法律法规且未按乙方的建议进行调整的事项。

(二) 乙方的义务

1. 乙方应当按照约定时间完成委托事项,并出具真实、合法的鉴证报告。

2. 除下列情况外,乙方应当对执行业务过程中知悉的甲方信息予以保密:

(1) 取得甲方的授权;

(2) 根据法律法规的规定,为法律诉讼准备文件或提供证据;

(3) 监管机构对乙方进行行政处罚所实施的调查、听证、复议等程序。

3. 由于乙方过错导致甲方未按规定履行纳税义务的,乙方应当按照有关法律、法规及相关规定承担相应的法律责任。

4. 属于乙方原因未按约定时限完成委托事项并给甲方造成损失的，应当承担相应的赔偿责任。

四、约定事项的收费

（一）按照注册税务师行业收费的有关规定，完成本委托事项费用为人民币（大写）________元整（￥________）。

（二）上述费用自本约定书生效之日起________日内预付业务费用总额的________%；其余费用按________方式支付。

（三）由于无法预见的原因，导致从事本委托事项完成的实际时间较本约定书签订时预计的时间有明显的增加或减少时，甲乙双方应通过协商，相应调整本约定书第四款第（一）项所述业务费用总额。

（四）由于无法预见的原因，导致乙方人员抵达甲方工作现场后，本约定书项目不再进行，甲方不得要求退还预付的业务费用；如上述情况发生于乙方人员完成现场审核工作之后，甲方应另行向乙方支付人民币________元的补偿费，该补偿费应于甲方收到乙方的收款通知之日起________日内支付。

（五）由于无法预见的原因，发生的与本次委托事项有关的其他费用（包括交通、食宿费等），由双方协商解决。

五、鉴证报告的出具和使用

（一）乙方应当按照国家发布的相关业务准则所规定的格式和类型，出具真实、合法的鉴证报告。

（二）乙方向甲方出具鉴证报告一式________份。

（三）甲方不得修改或删减乙方出具的鉴证报告；不得修改或删除重要的数据、重要的附件和所作的重要说明。

六、约定事项的变更

如果出现不可预见的情形，影响审核鉴证工作如期完成，或需要提前出具审核报告时，甲乙双方均可要求变更约定事项，但应提前通知对方，并由双方协商解决。

七、约定事项的终止

（一）本约定书签订后，双方应当按约履行，不得无故终止。如遇法定情形或特殊原因提出终止的一方应提前通知另一方，并由双方协商解决。

（二）在终止业务约定的情况下，乙方有权就本约定书终止之日前对约定事项所付出的劳动收取合理的费用。

八、适用法律和争议解决

本约定书的所有方面均应适用中华人民共和国的法律进行解释并受其约束。与本约定书有关的任何纠纷或争议，双方均可选择如下一种解决方式：

（一）提交________进行仲裁；

（二）向有管辖权的人民法院提起诉讼。

九、本约定书的法律效力

（一）本约定书经双方法定代表人签字或盖章并加盖单位公章之日起生效,并在双方履行完约定事项后终止。

（二）本约定书一式二份,甲乙方各执一份,具有同等法律效力。

十、其他事项的约定

本约定书未尽事宜,经双方协商另行签订的补充协议,与本约定书具有同等法律效力。

甲方(委托人):	乙方:
(盖章)	(盖章)
法人代表:(签名或盖章)	所长:(签名或盖章)
地址:	地址:
电话:	电话;
联系人:	联系人:
签约日期:	
签约地点:	

3. 税务代理工作底稿的编制

税务代理工作底稿作为执业文书的重要组成部分,是执业报告的重要支撑材料。它的编制需要提供充分适当的记录,作为执业报告的基础;需要提供证据,证明其按照相关制度规定执行了代理业务。因此,编制税务代理工作底稿需要符合税务代理执业规范的要求,具体的编制内容包括:委托人名称、委托业务项目名称、委托业务项目时间或期限、委托业务实施过程记录、委托业务结论或结果、编制者姓名及编制日期、复核者姓名及复核日期、其他说明事项。

4. 税务代理工作底稿的复核

(1) 复核的必要性。税务代理工作底稿一般由税务代理人员独立完成,因此,代理人员在相关的资料引用、税收政策的理解、有关事项的判断等方面有可能出现误差,为防范不必要的执业风险,税务师事务所应建立起工作底稿逐级复核制度。

(2) 复核的作用。对工作底稿进行复核可以做到:及时发现和解决税务代理工作中存在的失误;减少计税资料引用、计算汇总过程中的误差;对税务代理人员的工作质量和工作效果进行监控和业绩考察。其最终目的就是防范税务代理执业风险,提高税务代理执业质量。

(3) 复核的内容及要求。税务师事务所在实行工作底稿逐级复核时需要对有关复核程序、复核人的职责作出明文规定,要求复核人按规定签署姓名和日期,明确相关责任人的具体责任。复核人主要是针对工作底稿中所引用的有关资料是否真实可靠、所作出的结论是否符合税收法律法规和有关政策规定、所作出的记录是否完整详尽等方面进行审核,以使工作底稿应如实反映代理业务的全部过程、所有事项以及专业判断。

在复核人进行复核时,应做好复核记录,对工作底稿中存在的问题和疑点要明确标示出并予以审查,书面写明复核意见并签署复核人姓名和日期;督促编制人员及时修改、完善工作底稿。复核完成后,交由税务师事务所专门负责人做好工作底稿的编号、存档和保管工作,确保工作底稿的安全。

二、涉税鉴证类执业文书

涉税鉴证类执业文书即注册税务师在进行相关涉税鉴证业务时出具的含有鉴证结论或鉴证意见的书面报告。涉税鉴证类执业文书是由鉴证业务约定书、鉴证业务工作底稿、涉税鉴证报告组成。

(一) 鉴证业务约定书

1. 鉴证业务约定书的概念

鉴证业务约定书是指税务师事务所与委托人签订的,用以记录和确认鉴证业务的委托与受托关系、鉴证事项和范围、双方的责任和义务以及报告的出具和使用等事项的书面协议。

2. 鉴证业务约定书的主要内容

(1) 委托事项,包括说明业务性质、具体内容、委托目的、审核的范围及执行涉税鉴证业务的工作安排和出具鉴证报告的时间要求;

(2) 责任方的责任与义务;

(3) 受托方的责任与义务;

(4) 约定事项的收费,包括明确收费的计算基础和收费安排;

(5) 报告的出具和使用;

(6) 约定事项的变更;

(7) 约定事项的终止;

(8) 适用法律和争议解决;

(9) 约定书的法律效力;

(10) 其他事项的约定;

(11) 签约双方法定代表人或其授权代表的签字盖章,以及签约双方加盖的公章。

根据需要，注册税务师应当考虑在涉税鉴证业务约定书中列明下列内容：

（1）在某些方面对利用其他注册税务师和专家工作的安排；

（2）与审核涉及的委托方、责任方工作的协调；

（3）预期向被审核单位提交的其他函件或报告；

（4）在其首次接受审计委托时，对与前任注册税务师沟通的安排；

（5）注册税务师与委托方、责任方之间需要达成进一步协议的事项。

（二）鉴证业务工作底稿

1. 鉴证业务工作底稿的概念

鉴证业务工作底稿是指税务师事务所及注册税务师对制定的鉴证计划、实施的鉴证审核程序、获取的相关证据以及提出的鉴证结论或鉴证意见作出的记录。

2. 制作鉴证业务工作底稿时应考虑的因素

（1）实施审核程序的性质；

（2）已识别的重大错报风险；

（3）在执行鉴证业务和评价审核结果时需要作出判断的范围；

（4）已获取审核证据的重要程度；

（5）已识别的例外事项的性质和范围；

（6）当从已执行的鉴证业务或获取审核证据的记录中不易确定结论或结论的基础时，记录结论或结论的基础的必要性；

（7）使用的审核方法和工具。

3. 鉴证业务工作底稿的主要内容

（1）执行鉴证业务的总体策略及具体审核工作计划安排；

（2）审核过程中有关重大事项概要及其往来信件，重要问题备忘录；

（3）管理层声明书及被审核单位文件记录的摘要或复印件；

（4）与治理层、管理层和其他人员对重大事项的讨论，包括讨论的内容、时间、地点和参加人员；

（5）执行鉴证业务所依据的有关法律法规及其他有关规定的摘要或复印件；

（6）审核过程中涉及的各类表证单书，包括分析表、明细表、核对表、台账、单据、询证函、回函等；

（7）鉴证业务的执行人员、复核人员，以及完成审核工作的日期和复核工作的日期、范围。

4. 鉴证业务工作底稿的保存要求

（1）安全保管鉴证业务工作底稿并对鉴证业务工作底稿保密；

(2) 保证鉴证业务工作底稿的完整性;

(3) 便于对鉴证业务工作底稿的使用和检索;

(4) 按照规定的期限保存鉴证业务工作底稿。税务师事务所应当自出具鉴证报告之日起,对鉴证业务工作底稿至少保存10年。如果注册税务师未能完成鉴证业务,税务师事务所应当自鉴证业务中止之日起,对该项鉴证业务工作底稿至少保存10年。

(三) 涉税鉴证报告

1. 涉税鉴证报告的概念

涉税鉴证报告是指注册税务师依据国家税收法律、法规、规章及其他有关规定,遵循独立、客观、公正原则,按照涉税鉴证的业务流程,在实施必要的调查研究、论证和计算等审核程序的前提下,进行执业推断和客观评判,出具的含有鉴证结论或鉴证依据的书面报告。涉税鉴证报告是涉税鉴证类执业文书的核心。

2. 涉税鉴证报告的基本要素

尽管涉税鉴证项目的内容多种多样,但涉税鉴证报告作为一种具有法律效力的文书,它所包含的基本要素大体是一致的。主要包括:

(1) 标题。鉴证报告的标题应当统一规范为"鉴证事项+鉴证报告"。

(2) 收件人。鉴证报告的收件人是指按照业务约定书的要求致送鉴证报告的对象,一般是指鉴证业务的委托人。鉴证报告应当载明收件人的全称。

(3) 引言段。鉴证报告的引言段应当表明委托人和受托人的责任,说明对委托事项已进行审核鉴证以及审核的原则和依据等。

(4) 审核过程及实施情况。鉴证报告的审核过程及实施情况应当披露以下内容:① 简要评述与鉴证对象信息相关的内部控制及其有效性。② 简要评述获取的鉴证对象信息、各类证据的充分性和适当性。③ 简要陈述鉴证事项进行审核、验证、计算和职业判断的情况。

(5) 提出鉴证结论或鉴证意见。

(6) 注册税务师及税务师事务所所长签名或盖章。

(7) 税务师事务所的名称、地址及盖章。

(8) 报告日期。鉴证报告的日期不应早于注册税务师获取充分、适当的审核证据(包括管理层认可对涉税资料的责任且已批准涉税资料的证据),并在此基础上对涉税鉴证事项提出鉴证结论或鉴证意见的日期。

3. 涉税鉴证报告的类型

鉴证报告分为以下四种类型:

(1) 无保留意见的鉴证报告。如果税务师事务所及注册税务师认为涉税鉴证事项符合下列所有条件,应当出具无保留意见的鉴证报告(见示例2-2),以积极方式提出鉴证结论,对鉴证对象信息提供合理保证:① 鉴证事项完全符合法定性标准,涉及的纳税资料及会计资料遵从了国家法律、法规及税收有关规定;② 注册税务师已经按照本准则及依据本准则制定的有关业务准则的规定,实施了必要的审核程序,审核过程未受到限制;③ 注册税务师获取了鉴证对象信息所需充分、适当的证据,完全可以确认涉税鉴证事项的具体金额。

<示例 2-2>

××鉴证报告

(适用于无保留意见的鉴证报告)

编号:

××公司:

我们接受委托,于××年××月××日至××年××月××日,对贵单位××年度(或期间)的××涉税鉴证事项进行审核。贵单位的责任,对所提供的与××涉税鉴证事项相关的涉税资料、会计资料及证明材料的真实性、合法性和完整性负责。我们的责任是,按照国家法律法规及其有关规定,对所鉴证的××涉税事项税纳税申报表及其有关资料的真实性、合法性和完整性,在进行职业判断和必要的审核程序的基础上,出具真实、合法的鉴证报告。

在审核过程中,我们本着独立、客观、公正的原则,依据国家税收法律、法规及有关政策规定,按照《涉税鉴证基本准则》及《××鉴证业务准则》的要求,实施了包括抽查会计记录等必要的审核程序。现将鉴证结果报告如下:

一、××涉税鉴证事项的审核情况

(一) 简要评述与××涉税鉴证事项有关的内部控制及其有效性。

(二) 简要评述与××涉税鉴证事项有关的各项内部证据和外部证据的相关性和可靠性。

(三) 简要陈述对公司或具有法定资质的机构提供的有关证据、事实及涉税金额进行审核、验证、计算和进行职业推断的情况。

我们认为,我们已按税收法律、法规及有关政策规定实施了必要的审核程序,获取的审核证据是充分的、适当的,为作出鉴证结论提供了依据。

二、鉴证结论

经对××涉税鉴证事项进行审核,审核过程未受到限制,我们认为:

贵公司××涉税事项所有重大方面完全符合法定性标准,涉及的纳税资料及会计资料遵从了税收法律、法规及税收有关规定,完全可以确认涉税鉴证事项的具体金额。鉴证结论如下:

涉税鉴证事项的具体情况及说明详见附件。

本鉴证报告仅供贵公司报送的主管税务机关受理××涉税鉴证事项审批之用，不得作为其他用途。非法律、行政法规规定，鉴证报告的全部内容不得提供给其他任何单位和个人。

税务师事务所所长（签名或盖章）：

中国注册税务师（签名或盖章）：

地址：

税务师事务所（盖章）

年　月　日

(2) 保留意见的鉴证报告。如果税务师事务所及注册税务师认为涉税鉴证事项总体上符合法定性标准，但还存在下列情形之一的，应当出具保留意见的鉴证报告（见示例2-3），以积极方式提出鉴证结论，对鉴证对象信息提供合理保证，并对不能确认具体金额的部分涉税鉴证事项予以说明，提请预期使用者决策：① 涉税鉴证的部分事项因税收法律、法规及其具体政策规定或执行时间不够明确；② 经过咨询或询证，对鉴证事项所涉及的具体税收政策在理解上与税收执法人员存在分歧，需要提请税务机关裁定；③ 部分涉税事项因审核范围受到限制，不能获取充分、适当的证据，虽然影响较大，但不至于出具无法表明意见的鉴证报告。

≺示例2-3≻

××鉴证报告

（适用于保留意见的鉴证报告）

编号：

××公司：

我们接受委托，于××年××月××日至××年××月××日，对贵单位××年度（或期间）的××涉税鉴证事项进行审核。贵单位的责任，对所提供的与××涉税鉴证事项相关的涉税资料、会计资料及证明材料的真实性、合法性和完整性负责。我们的责任是，按照国家法律法规及其有关规定，对所鉴证的××涉税事项税纳税申报表及其有关资料的真实性和准确性，在进行职业判断和必要的审核程序的基础上，出具真实、合法的鉴证报告。

在审核过程中，我们本着独立、客观、公正的原则，依据国家税收法律、法规及有关政策规定，按照《涉税鉴证基本准则》及《××鉴证业务准则》的要求，实施了包括抽查会计记录等必要的审核程序。现将鉴证结果报告如下：

一、××涉税鉴证事项的审核情况

（一）简要评述与××涉税鉴证事项有关的内部控制及其有效性。

（二）简要评述与××涉税鉴证事项有关的各项内部证据和外部证据的相关性和可靠性。

（三）简要陈述对公司或具有法定资质的机构提供的有关证据、事实及涉税金额进行审核、验证、计算和进行职业推断的情况。

我们认为，我们已按税收法律、法规及有关政策规定实施了必要的审核程序，获取的审核证据是充分的、适当的，为作出鉴证结论提供了依据。

二、鉴证结论

（一）对无保留意见审核事项的鉴证结论

经对××涉税鉴证事项进行审核，我们认为：贵公司××涉税鉴证事项总体上符合法定性标准，对××涉税鉴证事项中的××事项的审核过程未受到限制，能够获取充分、适当的证据，可以确认该事项的具体金额。鉴证结论如下：

（二）对保留意见审核事项的说明

经审核，××涉税鉴证事项中的××具体事项，由于下列原因，我们持保留意见，不能确认该事项的具体金额，具体说明如下：（详细说明对该审核事项持保留意见的原因及理据，并对该审核事项确认涉税具体金额提出调整意见或解决方案，供主管税务机关裁定。）

涉税鉴证事项的具体情况及说明详见附件。

本鉴证报告仅供贵公司报送的主管税务机关受理××涉税鉴证事项审批之用，不得作为其他用途。非法律、行政法规规定，鉴证报告的全部内容不得提供给其他任何单位和个人。

税务师事务所所长（签名或盖章）：
中国注册税务师（签名或盖章）：
地址：

税务师事务所（盖章）
年　月　日

(3) 无法表明意见的鉴证报告。如果委托人的审核范围受到限制，对涉税鉴证事项可能产生的影响非常重大和广泛，不能获取充分、适当的证据，以至于无法对涉税事项发表审核意见，税务师事务所及注册税务师应当出具无法表明意见的鉴证报告（见示例2-4）。无法表明意见的鉴证报告，应当以消极方式提出鉴证意见，对鉴证对象信息提供有限保证，并说明涉税鉴证事项无法表明意见的理据。

≮示例2-4≯

××鉴证报告

（适用于无法表明意见的鉴证报告）

编号：

××公司：

我们接受委托，于××年××月××日至××年××月××日，对贵单位××年度（或期间）的××涉税鉴证事项进行审核。贵单位的责任，对所提供的与××涉税鉴证事项相关的涉税资料、会计资料及证明材料的真实性、合法性和完整性负责。我们的责任是，按照国家法律法规及其有关规定，对所鉴证的××涉税事项税纳税申报表及其有关资料的真实性和准确性，在进行职业判断和必要的审核程序的基础上，出具真实、合法的鉴证报告。

在审核过程中，我们本着独立、客观、公正的原则，依据国家税收法律、法规及有关政策规定，按照《涉税鉴证基本准则》及《××鉴证业务准则》的要求，实施了包括抽查会计记录等必要的审核程序。现将鉴证结果报告如下：

一、××涉税鉴证事项的审核情况

（一）简要评述与××涉税鉴证事项有关的内部控制及其有效性。

（二）简要评述与××涉税鉴证事项有关的各项内部证据和外部证据的相关性和可靠性。

（三）简要陈述对公司或具有法定资质的机构提供的有关证据、事实及涉税金额进行审核、验证、计算和进行职业推断的情况。

我们认为，我们已按税收法律、法规及有关政策规定实施了必要的审核程序，获取的审核证据是充分的、适当的，为作出鉴证结论提供了依据。

二、鉴证意见

经对××涉税鉴证事项进行审核，因审核范围受到限制，我们认为，下列事项对确认××涉税鉴证事项的具体金额可能产生的影响非常重大和广泛，不能获取充分、适当的证据，以至于对 ××涉税鉴证事项无法表明意见。（详细说明该审核事项对确认××涉税鉴证事项的具体金额可能产生的非常重大而广泛的影响,并阐述对该事项无法表明意见的理据。)

涉税鉴证事项的具体情况及说明详见附件。

本鉴证报告仅供贵公司报送的主管税务机关受理××涉税鉴证事项审批之用,不得作为其他用途。非法律、行政法规规定,鉴证报告的全部内容不得提供给其他任何单位和个人。

税务师事务所所长(签名或盖章):
中国注册税务师(签名或盖章):
地址:

税务师事务所(盖章)
年　月　日

(4) 否定意见的鉴证报告。如果发现委托人涉税事项总体上没有遵从法定性标准,存在违反税收法律法规或有关规定的情形,经与责任方治理层、管理层沟通或磋商,在所有重大方面未能达成一致,不能真实、合法地反映鉴证结果的,税务师事务所及注册税务师应当出具否定意见的鉴证报告(见示例2-5)。否定意见的鉴证报告,应当以消极方式提出鉴证意见,对鉴证对象信息提供有限保证,并说明持否定意见的理据。

◀示例2-5▶

××鉴证报告

(适用于否定意见的鉴证报告)

编号:

××公司:

我们接受委托,于××年××月××日至××年××月××日,对贵单位××年度(或期间)的××涉税鉴证事项进行审核。贵单位的责任,对所提供的与××涉税鉴证事项相关的涉税资料、会计资料及证明材料的真实性、合法性和完整性负责。我们的责任是,按照国家法律法规及其有关规定,对所鉴证的××涉税事项税纳税申报表及其有关资料的真实性和准确性,在进行职业判断和必要的审核程序的基础上,出具真实、合法的鉴证报告。

在审核过程中,我们本着独立、客观、公正的原则,依据国家税收法律、法规及有关政策规定,按照《涉税鉴证基本准则》及《××鉴证业务准则》的要求,实施了包括抽查会计记录等必要的审核程序。现将鉴证结果报告如下:

一、××涉税鉴证事项的审核情况

(一)简要评述与××涉税鉴证事项有关的内部控制及其有效性。

(二)简要评述与××涉税鉴证事项有关的各项内部证据和外部证据的相关性和可靠性。

(三)简要陈述对公司或具有法定资质的机构提供的有关证据、事实及涉税金额进行审核、验证、计算和进行职业推断的情况。

我们认为,我们已按税收法律、法规及有关政策规定实施了必要的审核程序,获取的审核证据是充分的、适当的,为作出鉴证结论提供了依据。

二、鉴证意见

经审核,我们发现贵公司对××涉税鉴证事项总体上没有遵从法定性标准,存在违反相关法律、法规及税收规定的情形,经与贵公司磋商,在下列重大且原则问题上未能达成一致。据此,我们对××涉税鉴证事项持否定意见。(描述存在违反税收法律法规或有关规定的情形,并阐述经与委托人就该事项所有重大方面进行磋商不能达成一致、出具否定意见的理据。)

涉税鉴证事项的具体情况及说明详见附件。

本鉴证报告仅供贵公司报送的主管税务机关受理××涉税鉴证事项审批之用,不得作为其他用途。非法律、行政法规规定,鉴证报告的全部内容不得提供给其他任何单位和个人。

税务师事务所所长(签名或盖章):

中国注册税务师(签名或盖章):

地址:

税务师事务所(盖章)

年　月　日

三、涉税服务类执业文书

涉税服务类执业文书是指税务师事务所及注册税务师遵照税收相关法律、法规及其有关规定,在实施必要的涉税服务程序基础上,因涉税事项需要向委托方提交的反映其专业意见的书面报告。

因涉税服务业务包括代理税务登记、代理纳税申报、税收筹划、税务咨询等多种内容，相应的涉税服务类执业文书也有不同的种类。按照涉税服务的程序划分可以将涉税服务类执业文书分为涉税服务业务约定书、涉税服务工作底稿和涉税服务报告，另外，代为填写或制作的涉税文书是一种特殊的服务类执业文书。

（一）涉税服务业务约定书

1. 涉税服务业务约定书的概念

涉税服务业务约定书是指税务师事务所与委托人签订的，用以记录和确认涉税服务业务的委托与受托关系、涉税服务事项和范围、双方的责任和义务以及报告的出具和使用等事项的书面协议。

2. 涉税服务业务约定书的主要内容

（1）委托事项；

（2）责任方的责任与义务；

（3）受托方的责任与义务；

（4）约定事项的收费；

（5）报告的出具和使用；

（6）约定事项的变更；

（7）约定事项的终止；

（8）适用法律和争议解决；

（9）约定书的法律效力；

（10）其他事项的约定。

（二）涉税服务工作底稿

1. 涉税服务工作底稿的概念

它是指注册税务师在执行涉税服务业务过程中形成的工作记录和获取的资料。

2. 涉税服务工作底稿的组成要素

（1）委托方和相关当事方的名称或类型；

（2）涉税服务的对象；

（3）涉税服务基准日；

（4）索引号及页次；

（5）执行约定程序的相关记录；

（6）编制人姓名及编制日期；

（7）复核人姓名及复核日期；

（8）其他应说明的事项。

（三）涉税服务报告

1. 涉税服务报告的概念

涉税服务报告是指税务师事务所及注册税务师遵照税收相关法律、法规及其有关规定，在实施必要的涉税服务程序基础上，对涉税事项需要向委托方提交的反映其专业意见的书面文件。涉税服务报告是涉税鉴证类执业文书的核心，注册税务师应当清晰、准确地对涉税服务业务的程序、内容和结果进行陈述，出具的报告不得存在歧义或引起误导。

2. 涉税服务报告的内容

（1）标题。报告的标题应当统一规范为“涉税服务事项 + 报告”。

（2）收件人。报告的收件人是指涉税服务的委托人。报告应当载明收件人的全称。

（3）引言段。报告的引言段应当表明约定事项的业务性质，委托人和受托人的责任，说明对委托事项已进行服务以及服务的原则和依据等。

（4）服务过程及实施情况。

（5）专业意见。注册税务师应当根据委托人的情况提供服务结果和涉税专业意见。

（6）当注册税务师不具有独立性时，说明这一事实。

（7）报告的要素还应当包括：由税务师事务所所长和注册税务师签名或盖章；载明税务师事务所的名称和地址，并加盖税务师事务所公章；注明报告日期。

（四）代为填写或制作的涉税文书

注册税务师的涉税服务业务中很大一部分是代理税务登记、代理纳税申报、代理减免税退税申请、代理增值税一般纳税人资格认定申请等，在代理业务的同时，纳税人按照国家有关税收法律法规、规章及其他有关规定在申报纳税或者办理涉税事宜时向有关税务机关报送的涉税文书就需要委托注册税务师代为填写或制作，因此这些代为填写或制作的涉税文书也成为涉税服务类执业文书中一个重要的组成部分。

一般来说，代为填写或制作的涉税文书都是税务机关规定了具体制作格式、填报要求和报送份数等，因此，注册税务师在代理填报时应按要求进行操作。

1. 代为填写或制作的涉税文书种类

代为填写或制作的涉税文书包括填报有固定格式的文表和替委托人代为制作的向税务机关报送的有关书面报告两种。

（1）固定格式的文表。按照税收征管的业务流程又分为税务登记文书、发票管理文书、减免税文书、纳税申报文书、税款征收文书和税务行政复议文书。

(2) 向税务机关报送的有关书面报告。包括各种申请报告、陈述或申辩材料、情况说明和问题咨询沟通等。

2. 代为填写或制作涉税文书的操作程序

(1) 搜集整理原始资料。注册税务师及税务师事务所要根据涉税文书的内容搜集有关的资料,然后对搜集的资料进行整理、分析,将涉税文书所需要的数据和内容进行选择,为填报涉税文书做好前期准备。

(2) 规范填写涉税文书。在搜集整理原始资料之后,注册税务师要根据涉税文书具体的格式要求填写各项内容,填写时要做到字迹清晰、工整,填列完整、内容不遗漏等。

(3) 交由纳税人审验签收。代为填写或制作的涉税文书在填写或制作完成后需要交由纳税人进行审验,从而确定涉税文书中所填报内容和申报要求符合纳税人实际情况和申报意愿,审核无异议者,由纳税人签字盖章后进入下一环节。

(4) 按时报送主管税务机关。注册税务师将审验通过后的涉税文书及附加的各种资料,按规定的时限及时报送主管税务机关。

代为填写或制作涉税文书的操作程序如图 2-1 所示。

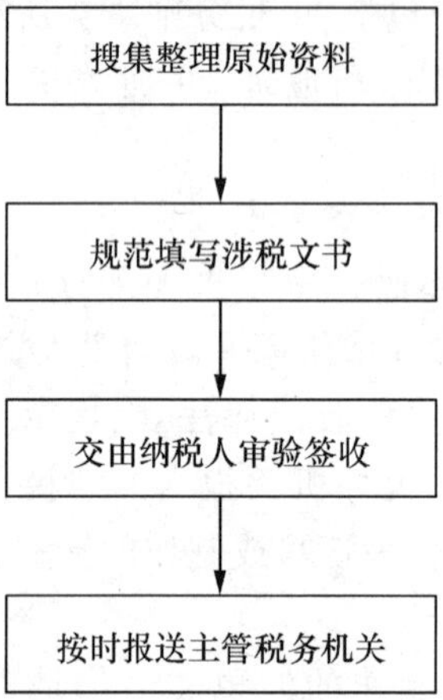

图 2-1　代为填写或制作涉税文书的操作程序

四、税务代理执业文书的档案管理

税务代理执业文书作为税务师事务所所承接业务的工作记录和备查资料,应妥善做好档案的分类和归档工作。税务代理执业文书经过分类整理、汇总归档后,就形成了税务代理档案。税务代理档案是税务代理机构工作的重要历史资料,也是注册税务师执业的原始记录,对于总结工作经验、明确代理责任都具有重要的保存价值。因此税务师事务所应建立严格的档案分类管理、保管和调阅制度,从而防范执业风险。

第二节 税务代理执业风险与质量控制

一、税务代理执业风险

税务代理执业风险是注册税务师在税务代理过程中因未能完成代理事项和履行代理职责所要承担的法律责任。它主要表现为两个方面:一方面是注册税务师未能完成代理事项而使纳税人、扣缴义务人遭到税收权益的损失;另一方面是注册税务师未能履行代理职责而使纳税人、扣缴义务人承担纳税风险。影响税务代理执业风险的因素是多方面的,就注册税务师从事税务代理业务的三方当事人来看,执业风险主要来自征税方、纳税方和税务代理方三个方面。

(一) 来自征税方的因素影响

作为中介机构的税务师事务所的注册税务师接受纳税人和扣缴义务人的委托,代表纳税人和扣缴义务人向征税方办理税务登记、纳税申报或扣缴税款报告、缴纳税款和申请退税等事项。这些事项必须遵循税收法律、法规和相关规章制度办理,注册税务师不能完全独立地控制完成,必须接受税务机关的监督管理,通过法定的程序和特定的环节加以运作。因此,税务代理的执业风险受征税方面即税务机关对税收法律、法规的理解与要求等因素影响。比如说,由于税务人员的业务和素质差异,导致对税法理解不全面,对税务代理业务中的税收筹划方案理解不恰当,造成税务代理的执业风险。

(二) 来自纳税人、扣缴义务人的因素影响

1. 主观因素

主要是纳税人、扣缴义务人的纳税意识和委托代理意向。

(1) 纳税人、扣缴义务人的纳税意识较强的,其委托代理的意向是通过注册税务师的指导和帮助降低纳税风险,尽可能杜绝因不通晓税法发生纳税方面的错误而导致被课以重罚的损失,或者因不了解税收政策而失去获得税收权益的机会。此时,纳税人或扣缴义务人委托代理的意向与税收法律、法规和主管税务机关的要求相符,偏离度较小,委托人能够提供真实、完整的计税资料,注册税务师只需要严格按照规范化的工作程序履行代理职责,其代理的执业风险一般不高。

(2) 纳税人、扣缴义务人的纳税意识淡薄,其委托代理的意向是通过注册

税务师税务代理的运作而尽可能地少缴税款,委托代理的意向同税收法律、法规和主管税务机关的要求偏离很大,委托人甚至采用少报收入、虚列成本费用的手段来偷税。此时,注册税务师受托代理的执业风险就会很高。

2. 客观因素

主要是指纳税人、扣缴义务人的财务核算基础。

纳税人、扣缴义务人财务会计制度健全与否,财务人员业务素质的高低,是影响税务代理执业风险的客观因素。例如,注册税务师受托代理纳税申报,其前提是委托人提供计税原始资料——会计账簿和财务报表,注册税务师将这些资料和数据分别整理后,形成申报纳税的资料。如果财务核算资料不能客观全面、准确地反映生产经营情况,代理纳税申报就容易产生错误,出现少缴或多缴税款的问题,故注册税务师受托代理的执业风险就很高。

(三) 来自税务代理执业人员的因素影响

1. 税务代理执业人员的职业道德水平

税务代理执业人员的职业道德水平直接影响其工作态度和代理事项最终完成的结果。如果税务代理执业人员能够坚持税务代理执业准则,具有较高的职业道德水平,则会减少诱发执业风险的因素;相反,如果税务代理执业人员的职业道德水平不佳,则他们的行为会损坏税务代理声誉,甚至带来不可挽回的消极影响。例如,某些注册税务师在思想上存在片面追求收入的错误认识,法律意识淡薄,弄虚作假,严重违反职业道德;在工作中缺乏应有的敬业精神,不遵守执业准则,持有较多的侥幸心理,故其执业风险很高。

2. 税务代理执业人员的专业胜任能力

评价税务代理执业风险的另一重要因素是税务代理人员的专业素质和实际操作能力,这是取得注册税务师资格的税务代理执业人员独立执业水准要求的基本前提。除此之外,职业人员对税收政策的深入研究、对办税经验的积累都是影响税务代理质量的重要因素。因职业人员的专业胜任能力不足而导致代理失误或未能履行代理职责将会带来很大的执业风险。

3. 税务代理机构的执业质量控制制度

税务代理机构的质量控制制度是防范代理执业风险的有效手段。因此,税务代理机构必须建立健全的质量控制体系,包括税务代理的工作流程控制、工作底稿编制与审核流程、注册税务师与助理人员的工作分工与质量监控、注册税务师的后续教育和培训、税务代理档案管理等方面。总之,税务代理机构的质量控制制度越健全,其执业风险也将控制到最低程度。

二、税务师事务所的质量控制

税务师事务所的质量控制是指税务师事务所为实现一定的执业目标而制

定的政策,以及为执行政策和监控政策的遵守情况而设计的必要程序。税务师事务所的质量控制制度是防范注册税务师及其税务师事务所职业风险的有效途径。税务师事务所在制定质量控制政策和程序时,应当考虑自身规模和业务特征等因素设计符合自身条件的质量控制制度。一般来说,质量控制制度一般包括以下内容:

(一)质量控制制度的目标

税务师事务所及其人员应遵守法律法规、中国注册税务师职业道德规范以及《涉税鉴证基本准则》、《涉税服务基本准则》等执业准则的规定。

税务师事务所和项目负责人根据具体情况出具真实、合法的报告。

(二)质量控制制度的要素

税务师事务所的质量控制制度在制定政策和程序时应当包括以下要素:

(1)质量控制的组织结构与领导责任;

(2)职业道德规范;

(3)业务承接与保持;

(4)人力资源管理;

(5)业务执行;

(6)业务工作底稿;

(7)质量控制与监督;

(8)记录与归档。

(三)质量控制的组织结构与领导责任

税务师事务所应当建立内部治理结构,并制定质量控制政策和程序,培育以质量为导向的内部文化。这些政策和程序应当明确税务师事务所质量控制职责。税务师事务所的法定代表人或主要负责人对质量控制制度承担最终责任。

税务师事务所的领导层及其作出的示范对税务师事务所的内部文化有重大影响。税务师事务所各级管理层应当通过清晰、一致及经常的行动示范和信息传达,强调质量控制政策和程序的重要性,并对自身及下属人员提出下列要求:

(1)树立质量至上的意识,以避免重商业利益轻业务质量;

(2)遵守法律法规、职业道德规范和执业准则的规定;

(3)根据具体情况出具真实、合法的报告。

税务师事务所应当采取下列措施实现质量控制的目标:

(1)建立与质量控制相适应的管理组织结构,明确各岗位的质量控制职能与责任;

(2) 建立以质量为导向的业绩评价、薪酬及晋升的政策和程序;

(3) 投入足够的资源制定和执行质量控制政策和程序,并形成相关文件记录;

(4) 建立和完善执业规程、质量监控、责任追究、重大事项呈报以及财务管理等内部管理制度,以保证质量控制政策和程序的有效实施。

税务师事务所法定代表人或其授权委派承担质量控制制度运作责任的人员,应当具有足够的经验和能力以及必要的权限以履行其责任。

(四) 执业道德规范

税务师事务所应当制定政策和程序,以合理保证税务师事务所及其人员遵守职业道德规范。职业道德规范要求税务师事务所及其人员恪守客观、公正的原则,保持专业胜任能力和应有的职业怀疑态度,并对执业过程中获知的信息保密。

1. 税务师事务所职业道德规范强化途径

税务师事务所制定的质量控制政策和程序应当强调遵守职业道德规范的重要性,并通过下列途径予以强化:

(1) 税务师事务所领导层的行为示范;

(2) 税务师事务所内部教育及培训;

(3) 税务师事务所对人员监督、控制;

(4) 税务师事务所对违反职业道德规范行为的处理。

2. 涉税鉴证业务的独立性

独立性对于鉴证业务非常重要,税务师事务所应当按规定制定政策和程序,以保持涉税鉴证业务所要求的独立性。

(1) 涉税鉴证业务独立性的要求

税务师事务所应当制定政策和程序,以合理保证税务师事务所及其人员,包括聘用的专家和其他需要满足独立性要求的人员,保持职业道德规范要求的独立性。这些政策和程序应当使税务师事务所能够做到:① 向相关人员传达独立性要求;② 识别和评价对独立性造成威胁的情况和关系,并采取适当的防护措施以消除对独立性的威胁,或将其降至可以接受的水平。必要时,解除业务约定。

(2) 涉税鉴证业务独立性的监控

主要包括:① 项目负责人向税务师事务所提供与客户委托业务相关的信息,以使税务师事务所能够评价这些信息对保持独立性的总体影响。② 执业过程中,从业人员发现对独立性造成威胁的情形,应立即报告税务师事务所,以便税务师事务所采取适当的应对措施。③ 税务师事务所应及时向适当人员传达收集的相关信息,以确认税务师事务所及其人员是否满足独立性要求、税务师事务所及其人员是否保持并更新有关独立性的记录,以及税务师事务所及其人员针对已识别的对独立性造成威胁的情形是否已采取适当的应对措施。

(3) 获知违反独立性要求及解决措施

税务师事务所应通过制定政策和程序,合理保证能够获知违反独立性要求的情况。这些政策和程序包括下列要求:① 所有应当保持独立性的人员,均应将注意到的违反独立性要求的信息立即报告税务师事务所。② 税务师事务所将已识别的违反独立性要求的情况,立即传达给需要与税务师事务所共同处理这些情况的项目负责人,以及税务师事务所内部其他相关人员和受独立性要求约束的人员。③ 项目负责人以及需要保持独立性的人员,应当向税务师事务所告知为保持独立性要求所采取的应对措施,以便税务师事务所能够决定是否采取进一步的行动。

当税务师事务所发现违法独立性要求的情况时,应采取适当的应对措施予以解决。具体的应对措施包括:① 采取适当的防护措施以消除对独立性的威胁或将威胁降至可接受的水平;② 解除业务约定。

同时,税务师事务所为防范同一高级人员由于长期执行某一客户的鉴证业务可能对独立性造成的威胁,应当制定下列政策和程序:① 建立适当的标准,以便确定是否需要采取防护措施,将由于关系密切造成的威胁降至可以接受的水平;② 对大中型企业的涉税鉴证业务,应当定期轮换项目负责人。

(五) 业务承接与保持

1. 税务师事务所业务承接与保持的要求

税务师事务所应当制定业务承接与保持的政策和程序,以合理保证只有在下列情况下,才能接受具体业务或保持客户关系:

(1) 没有信息表明拟定的客户缺乏诚信;

(2) 具有执行业务必要的素质、专业胜任能力、时间和资源;

(3) 执业人员能够遵守职业道德规范。

当出现违背第(1)项至第(3)项的情形,而又决定接受或保持客户关系或具体业务时,税务师事务所应当记录问题如何得到解决。

2. 考察客户诚信的考虑因素

(1) 客户主要股东、关键管理人员、关联方及治理层的身份和商誉;

(2) 客户的经营性质及业务环境;

(3) 客户主要股东、关键管理人员及治理层对内部控制环境和税收法律法规等的态度;

(4) 客户是否过分考虑将税务师事务所的收费维持在尽可能低的水平;

（5）工作范围受到不适当限制的迹象；

（6）客户可能涉嫌违法犯罪行为的迹象；

（7）变更税务师事务所的原因。

税务师事务所及其人员可以通过下列途径，获取与客户诚信相关的信息：

（1）与为客户提供专业涉税业务的现任与前任人员进行沟通，了解相关信息；

（2）向税务师事务所其他人员、税务机关、监管机构、金融机构、法律顾问和客户的同行等第三方询问；

（3）从相关机构或相关数据库中收集客户信息。

3．业务承接的考虑因素

税务师事务所应当在承接业务前，了解客户的基本情况和业务环境，并评估执业风险。税务师事务所承接业务，应当与委托人进行沟通，确保其已很清楚地理解所提供的业务服务的性质、内容、程序、时间和范围，并在达成一致意见的基础上，签订业务约定书，以避免双方对约定业务的理解上产生分歧。

在确定是否接受新业务时，税务师事务所应当考虑下列事项：

（1）税务师事务所人员是否熟悉相关行业或业务对象；

（2）税务师事务所人员是否具有执行类似业务的经验，或者是否具备必要的技能和知识能力；

（3）税务师事务所是否拥有足够的具有必要素质和专业胜任能力的人员；

（4）在需要时是否能得到专家的帮助；

（5）如果需要项目质量控制复核，是否具有符合标准和资格要求的项目质量控制复核人员；

（6）税务师事务所是否能够在提交报告的最后期限内完成业务。

在确定是否接受新业务时，税务师事务所还应当考虑接受业务是否会导致现实或潜在利益冲突。如果识别出现实或潜在的利益冲突，税务师事务所应当考虑接受该业务是否适当。

4．业务保持的考虑因素

在确定是否持续保持客户关系时，税务师事务所应当考虑本期或以前业务执行过程中发现的重大事项，及其对保持客户关系可能造成的影响。遇有在接受业务后获知了某项信息，而该信息如果在接受业务前获知，可能导致税务师事务所拒绝该业务的情形，税务师事务所在制定保持该业务及其客户关系相关的政策和程序时，应当包括下列内容：

（1）适用于该项业务环境的法律责任，包括是否要求税务师事务所向委托人报告，或在必要情况下向税务机关或其他监管机构报告；

（2）解除该项业务约定或同时解除该项业务约定及其客户关系的可能性。

此时，税务师事务所针对解除业务约定或同时解除业务约定及其客户关系制定的相关政策和程序应当包括下列事项：

（1）与客户适当级别的管理层和治理层讨论税务师事务所根据有关事实和情况可能采取的适当应对措施；

（2）如果确定解除业务约定或同时解除业务约定及其客户关系是适当的，税务师事务所应当就解除的情况及原因，与客户适当级别的管理层和治理层讨论；

（3）记录重大事项及其咨询情况、咨询结论和得出结论的依据；

（4）考虑法律法规及有关规定，是否要求税务师事务所应当保持现有的客户关系，或向相关监管机构报告解除的情况及原因。

（六）人力资源管理

税务师事务所应当制定政策和程序，合理保证拥有足够的具有必要素质和专业胜任能力并遵守职业道德规范的人员，以使税务师事务所和项目负责人能够按照法律法规、职业道德规范和执业准则的规定执行业务，并根据具体情况出具真实、合法的报告。

1. 人力资源管理的关注事项

（1）招聘；

（2）人员素质；

（3）专业胜任能力；

（4）业绩评价；

（5）职业发展规划；

（6）晋升；

（7）薪酬；

（8）人员需求预测。

2. 招聘

税务师事务所应当制定招聘政策和程序，以选择正直的、经过职业发展能够具备执行业务所需的必要素质和专业胜任能力的人员。

3. 职业教育和继续培训

税务师事务所应当强调对员工进行职业教育和继续培训的重要性，并采取下列措施，提高员工素质和专业胜任能力：

（1）开展职业教育与培训；

（2）制定职业发展规划；

（3）在执行中积累工作经验；

（4）由经验较丰富的员工提供业务辅导。

4. 业绩评价、薪酬及晋升

税务师事务所应当制定业绩评价、薪酬及晋升的政策和程序，对发展和保持专业胜任能力并遵守职业道德规范的给予应有的肯定和奖励。

（1）制定提高业务质量和遵守职业道德规范为目标的业绩评价、薪酬及晋升政策和程序；

（2）使全体员工知晓税务师事务所对业绩和遵守职业道德规范的期望；

（3）向全体员工提供业绩、职业发展方面的评价和咨询；

（4）制定违反职业道德规范和执业准则的惩戒办法。

税务师事务所应当制定政策和程序，评价员工是否具备下列方面的素质和专业胜任能力：

（1）通过适当的培训和参与业务，获得执行类似性质和复杂程度业务知识和实务经验；

（2）掌握法律法规、职业道德规范和执业准则的规定；

（3）具有相关技术知识，包括信息技术知识；

（4）熟悉客户所处的行业；

（5）具有职业判断能力；

（6）掌握税务师事务所的质量控制政策和程序。

（七）业务执行

1. 业务工作委派

税务师事务所应当制定政策和程序，保证所委派的执业人员按照法律法规、职业道德规范和执业准则的规定执行业务，并根据具体情况出具真实、合法的报告。

（1）业务工作委派指南内容

税务师事务所通常使用书面或电子手册、标准化底稿以及指南性材料等文件使其制定的政策和程序得到贯彻。这些文件针对的事项包括：① 将业务情况告知项目组及其业务人员，使项目组及其业务人员了解工作目标；② 保证适用的执业准则得以遵守的程序；③ 业务监督、员工培训和辅导的程序；④ 对已实施的工作，作出的重大判断及拟出具的报告进行复核的方法；⑤ 对已实施的工作及其复核的时间和范围作出适当记录；⑥ 保证所有的政策和程序的有效实施。

（2）业务委派项目负责人

税务师事务所应当对每项业务委派至少一名项目负责人，并对项目负责人提出要求：① 将项目负责人的身份和作用告知客户管理层和治理层的关键成员;② 项目负责人具有履行职责必要的素质、专业胜任能力、权限和时间;③ 清楚界定项目负责人的职责,并告知该项目负责人。

项目组的所有成员应当了解拟执行工作的内容和目标。项目负责人应当通过适当的团队工作和培训,使经验较少的项目组成员清楚了解所分派工作的目标。

税务师事务所应当制定政策和程序,监控项目负责人的工作负荷及可供调配的项目负责人数量,以使项目负责人有足够的时间履行对业务的执行及监督职责。项目负责人对业务的执行及监督包括:① 拟定具体项目工作计划;② 追踪业务进程;③ 考虑项目组各成员的素质和专业胜任能力,以及是否有足够的时间执行工作,是否理解工作指令,是否按照计划的方案执行工作;④ 解决执行业务过程中发现的重大问题,考虑其重要程度并适当修改原计划的方案;⑤ 识别在执行业务过程中需要咨询的事项,或需要由经验较丰富的项目组成员考虑的事项;⑥ 将执业中发现的重大问题以书面记录或请示的方式向税务师事务所报告,并与客户管理层和治理层沟通。

(3) 项目组内部复核

在业务执行过程中,项目组应当实施内部复核程序。复核的主要内容应当包括:① 是否按照法律法规、职业道德规范和执业准则的规定执行;② 重大事项是否已提请进一步考虑;③ 相关事项是否已进行适当咨询,由此形成结论是否得到记录和执行;④ 是否需要修改已执行工作的性质、时间和范围;⑤ 已执行的工作程序、记录、业务工作底稿及相关资料是否支持形成的结论;⑥ 获得的证据是否充分、恰当;⑦ 业务程序的目标是否实现。

在确定项目组内部复核人员时,应当由项目组内部经验较多的人员复核经验较少的人员执行的工作。

2. 咨询与意见分歧

(1) 咨询

税务师事务所应当制定政策和程序,形成良好的氛围,鼓励员工就疑难问题或争议事项进行咨询,以合理保证:① 就疑难问题或争议事项进行适当咨询;② 可获得充分的资源进行适当咨询;③ 咨询的性质和范围得以记录;④ 咨询形成的结论得到记录和执行。

咨询包括与税务师事务所内部人员,或外部具有专门知识的人员,在适当专业层次上进行的讨论。项目组应当考虑就重大的技术、职业道德及其他事项,向税务师事务所内部或在适当情况下向税务师事务所外部具备适当知识、资历和经验的专业人士咨询,并适当记录和执行咨询形成的结论。项目组在向税务师事务所内部或外部专业人士咨询时,应当提供所有相关事实,以使其能够对咨询的事项提出有针对性的意见。需要向外部咨询的税务师事务所,应当制定控制政策和程序,以合理保证咨询的事项不泄露客户秘密。税务师事务所利用其他税务师事务所、职业团体、监管机构或商业机构提供的咨询服务时,应当考虑外部咨询服务提供者是否能够胜任这项工作。项目组就疑难问题或争议事项向其他专业人士咨询所形成的记录应当完整详细,并经被咨询者认可。记录应当包括下列内容:① 寻求咨询的事项;② 咨询的结果,包括作出的决策、决策的依据以及决策的执行情况。

(2) 意见分歧

税务师事务所应当制定政策和程序,以解决项目组内部、项目组与被咨询者之间以及项目负责人与项目质量控制复核人员之间的意见分歧。形成的结论应当被记录和执行。只有分歧问题得以解决,项目负责人才能出具报告。

3. 项目质量控制复核

项目质量控制复核是指在出具报告前,税务师事务所选派不参与该项业务的人员,对项目组作出重大判断和在拟定报告时形成的结论,作出客观评价的过程。

(1) 项目质量控制复核的内容

税务师事务所应当制定政策和程序,对特定业务实施项目质量控制复核,客观评价项目组作出的重大判断以及在拟定报告时得出的结论。这些政策和程序应当包括下列事项:① 项目质量控制复核的性质、时间、范围、程序和目标;② 项目质量控制复核人员的资格标准及要求;③ 项目质量控制复核适当的标准;④ 项目质量控制复核的工作记录及结论。

(2) 项目质量控制复核的程序

项目质量控制复核的程序包括:① 与项目负责人进行讨论;② 复核财务报表、纳税申报表及涉税资料或其他业务对象信息及报告,尤其考虑报告是否适当;③ 选取与项目组作出重大判断及形成结论有关的工作底稿进行复核;④ 判断项目质量控制复核的范围与业务复杂程度是否相匹配;⑤ 判断拟出具报告的格式、内容、结论是否存在不恰当报告的风险。

(3) 项目质量控制复核人员的责任

税务师事务所应当明确被委派的项目质量控制复核人员应符合下列要求:① 履行职责需要的技术资格,包括必要的经验和权限;② 在不损害客观性的前提下,提供业务咨询能力的大小。

税务师事务所应当保证项目质量控制复核人员的客观性。在确定项目质量控制复核人员时,税务师事务所应当避免下列情形:① 由项目负责人挑选;② 在复核期间以其他方式参与该业务;③ 代替项目组进行决策;④ 存在可能损害复核人员客观性的其他情形。

对鉴证业务实施项目质量控制复核时，复核人员应当考虑：① 项目组就具体业务对税务师事务所独立性作出的评价；② 在审核鉴证过程中识别的风险以及采取的应对措施；③ 在审核鉴证过程中对重要性或特别风险作出的判断；④ 对存在的意见分歧、疑难问题或争议事项进行适当咨询，以及咨询得出的结论；⑤ 对重大事项是否提请进一步考虑；⑥ 对相关事项是否已进行适当考虑，得出的结论是否得到记录和执行；⑦ 在审核鉴证中识别的已更正和未更正的错误的重要程度及处理情况；⑧ 拟与管理层、治理层以及其他方面沟通的事项；⑨ 所复核的工作底稿是否反映了针对重大事项的判断执行的工作，所获取的证据是否充分适当，是否支持得出的结论；⑩ 拟出具鉴证报告的恰当性。

(4) 项目质量控制记录情况

税务师事务所应按规定记录项目质量控制复核情况，主要内容包括：① 有关项目质量控制复核的政策所要求的程序已得到执行；② 项目质量复核在出具报告前已完成；③ 复核人员未发现任何尚未解决的事项，使其认为项目组作出的重大判断及形式的结论不适当。

(八) 质量控制与监督

1. 质量控制

(1) 质量控制的目标

质量控制目标包括：① 评价遵守法律、法规、职业道德规范和执业准则的情况；② 评价质量控制制度设计是否适当，运行是否有效；③ 评价质量控制政策和程序应用是否得当，出具的业务报告是否恰当。

(2) 质量控制的评价

税务师事务所应当从下列方面对质量控制制度进行持续考虑和评价：① 制定质量控制制度的完善措施，包括通过加强教育和培训，以及要求对有关教育与培训的政策和制度提供反馈意见；② 与税务师事务所适当人员沟通，识别质量控制制度在设计、理解或执行方面存在的缺陷；③ 由税务师事务所适当人员采取追踪措施，对质量控制政策和程序及时做出必要的修正；④ 分析下列事项对质量控制制度的持续考虑和评价产生的影响：法律法规、税收政策、会计准则、职业道德规范、执业准则的新变化，以及税务师事务所采取的应对措施；有关独立性政策和程序的遵守情况；教育与培训以及职业发展情况；与接受和保持客户关系及具体业务相关的决策。

2. 监督

(1) 监督程序的改进措施

税务师事务所对已识别监控程序存在的缺陷，应当及时提出下列改进措施:① 采取与某项业务或某个成员相关的适当补救措施;② 将监控发现的缺陷告知负责培训和职业发展的人员;③ 改进质量控制政策和程序;④ 对违反税务师事务所政策和程序的人员,尤其对反复违规人员实施惩戒。

(2) 监控记录

税务师事务所应当记录下列监控事项:① 制定的监控程序,包括选取已完成的业务进行检查的程序;② 对监控程序实施情况的评价;③ 评价识别出的缺陷产生的影响,以及采取适当补救措施的依据。

对监控程序实施情况的评价记录包括下列内容:① 对法律法规、职业道德规范和执业准则的遵守情况;② 质量控制制度设计是否恰当,运行是否有效;③ 质量控制政策和程序是否得到遵守,税务师事务所和项目负责人能否根据具体情况出具真实、合法的报告。

(九) 记录与归档

税务师事务所应当制定政策和程序,对质量控制制度各项要素的运行情况形成适当记录。

1. 记录

税务师事务所记录的内容应包括:① 税务师事务所的规模和分支机构数量;② 税务师事务所相关人员和分支机构的权限;③ 税务师事务所业务及组织结构的性质及复杂程度。

2. 归档

税务师事务所应当将质量控制制度各项要素运行情况形成的记录,在规定的期限内整理归档,并满足下列要求:① 安全保管各项记录;② 便于使用和检索;③ 根据需要确定保存期限。

税务师事务所对质量控制记录整理归档的期限通常为完成质量控制程序之日起60天内。税务师事务所对质量控制记录的保存期限,应当保证执行监控程序的人员能够评价质量控制制度的遵守情况。

本章小结

本章涉及两部分内容,一为税务代理执业文书,二为税务代理执业风险与质量控制。税务代理执业文书是注册税务师在执业过程中制作的书面报告,是代理工作内容和结果的体现。本章介绍了代理执业文书的概念、作用、种类、基本要求和特点等内容,并详细介绍了涉税鉴证和涉税服务两类执业文书的内容和具体格式。税务代理执业风险是注册税务师在税务代理过程中因未能完成代理事项和履行代理职责所要承担的法律责任。本章分析了可能导致风险的因素,并从税务师事务所开展业务的角度,详细说明了实施质量控制的目标、要素、组织结构与领导责任，以及在业务开展过程中属于质量控制范畴的有关操作规范。

本章重要术语

税务代理执业文书（广义、狭义）；涉税鉴证；涉税鉴证类执业文书；涉税鉴证报告；涉税服务；涉税服务类执业文书；合理保证的执业文书；有限保证的执业文书；税务代理工作底稿；无保留意见鉴证报告；保留意见的鉴证报告；无法表明意见的鉴证报告；否定意见的鉴证报告；涉税服务报告

思考练习题

1. 广义的税务代理执业文书由哪些内容构成？
2. 税务代理执业文书与防范执业风险有什么关系？
3. 税务代理执业文书的基本要求是什么？
4. 涉税服务执业文书包括哪些种类？
5. 税务代理执业文书时效的有限性是什么含义？
6. 税务代理工作底稿有哪些分类？
7. 涉税鉴证报告的基本要素有哪些？
8. 涉税鉴证报告分为哪几类？简述各自适用于什么情况。
9. 签订业务约定书时，一般应包括哪些主要内容？
10. 什么是税务代理执业风险？具体表现是什么？
11. 请分析导致税务代理执业风险的有关因素。
12. 税务师事务所的质量控制制度应当包括哪些要素？
13. 税务代理的职业道德规范要求是什么？
14. “在开展代理业务时，项目组内部如果存在意见分歧，应该按照项目负责人的意见出具报告。”这个说法正确吗？如不正确，应该如何处理？

第三章

税务登记代理实务

学习目标

通过本章的学习,读者应该能够:

- ■ 掌握税务登记代理实务的具体操作规范;
- ■ 掌握税务登记管理的各个环节的代理业务;
- ■ 明确各事项的办理时限、应填报表格和提供资料。

按规定办理税务登记是企业的法定义务。企业税务登记管理的内容主要包括设立、变更和注销登记,扣缴税款登记,外出经营登记,存款账户报告等。税务登记代理业务的关键,是在规定的时限内,代理纳税人填报相关表格,并按规定提交有关资料。

第一节　设立税务登记代理

按照规定,除国家机关、个人(自然人)和无固定生产、经营场所的流动性农村小商贩外,具有应税收入、应税财产或应税行为的各类纳税人都应在开业或设立之初,申报办理税务登记。

税务登记实行属地管理,纳税人应当到生产、经营所在地或者纳税义务发生地的主管税务机关申报办理税务登记。非独立核算的分支机构也应当按照规定分别向生产经营所在地税务机关办理税务登记。

一、办理时限

根据纳税人身份差异或初始设立环节的不同,分别在如下时限办理:

(1) 自领取工商营业执照之日起 30 日内申报办理;

(2) 自有关部门批准设立之日起 30 日内申报办理;

(3) 自纳税义务发生之日起 30 日内申报办理;

(4) 有独立的生产经营权、在财务上独立核算并定期向发包人或者出租人上交承包费或租金的承包承租人,应当自承包承租合同签订之日起 30 日内,向其承包承租业务发生地税务机关申报办理;

(5) 境外企业在中国境内承包建筑、安装、装配、勘探工程和提供劳务的,应当自项目合同或协议签订之日起 30 日内,向项目所在地税务机关申报办理。

二、填报表格

代理纳税人办理税务登记,须填报《税务登记表》一份。国地税联合办证的,须一式两份。税务登记表分为三类:

(1)《税务登记表(适用单位纳税人)》(见附表 3-1)①,适用于单位纳税人、个人独资企业、一人有限公司办理税务登记。

(2)《税务登记表(适用个体经营)》(表样及填表说明略),适用于个体工

① 由于篇幅和体例所限,本书提供的表样与填表说明可能与实际内容有差异,实际操作中以税收法律、法规、规章和规范性文件的内容、格式和要求为准。另外,如果在格式和填写要求上有更新的规定出台,应以更新的规定为准。

商户、个人合伙企业办理税务登记。

(3)《税务登记表(适用临时税务登记纳税人)》(表样及填表说明略),适用于如下情况纳税人:从事生产、经营的纳税人领取临时工商营业执照的;有独立的生产经营权、在财务上独立核算并定期向发包人或者出租人上交承包费或租金的承包承租人;境外企业在中国境内承包建筑、安装、装配、勘探工程和提供劳务的。

代理填报税务登记表时,应根据纳税人情况选择适用表型。

属于单位纳税人和个体经营者的,还应同时填报《房屋、土地、车船情况登记表》(附表3-2)一份。联合办证的,需提供一式两份。

三、提交资料

代理设立税务登记,应向税务机关提供以下证件和资料:

(1) 工商营业执照或其他核准执业证件原件及复印件;

(2) 注册地址及生产、经营地址证明(产权证、租赁协议)原件及其复印件;如为自有房产,须提供产权证或买卖契约等合法的产权证明原件及其复印件;如为租赁的场所,须提供租赁协议原件及其复印件,出租人为自然人的还须提供产权证明的复印件;如生产、经营地址与注册地址不一致,分别提供相应证明;临时登记纳税人不必提交实际生产、经营场所证明。

(3) 验资报告或评估报告原件及其复印件。

(4) 组织机构统一代码证书副本原件及复印件。

(5) 有关合同、章程、协议书复印件。

(6) 法定代表人(负责人)居民身份证、护照或其他证明身份的合法证件原件及其复印件。

(7) 纳税人跨县(市)设立的分支机构办理税务登记时,还须提供总机构的税务登记证(国、地税)副本复印件。

(8) 改组改制企业还须提供有关改组改制的批文原件及其复印件。

(9) 房屋产权证、土地使用证、机动车行驶证等证件的复印件(适用单位纳税人)。

(10) 汽油、柴油消费税纳税人还需提供企业基本情况表、生产装置及工艺路线的简要说明、企业生产的所有油品名称、产品标准及用途。

(11) 外商投资企业还需提供商务部门批复设立证书原件及复印件。

税务机关审核完毕发放税务登记证。代理人领取证件,交付纳税人,并告知税务登记证使用管理的有关规定。

图3-1显示了代理设立税务登记的程序。

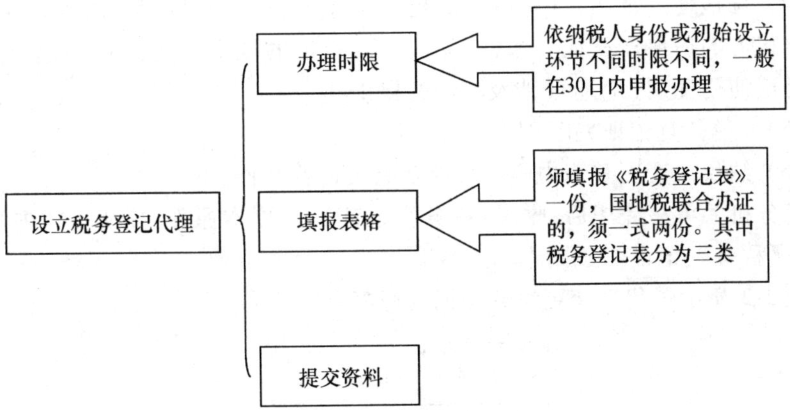

图 3-1　设立税务登记代理

第二节　变更税务登记代理

纳税人税务登记内容发生变化的，应当向原税务登记机关申请办理变更税务登记。

一、办理时限

代理变更税务登记事项时，应在以下时限内办理：

（1）纳税人已在工商行政管理机关办理变更登记的，应当自工商行政管理机关变更登记之日起 30 日内，向原税务登记机关申报办理变更税务登记。

（2）纳税人按照规定不需要在工商行政管理机关办理变更登记，或者其变更登记的内容与工商登记内容无关的，应当自税务登记内容实际发生变化之日起 30 日内，或者自有关机关批准或者宣布变更之日起 30 日内，向原税务登记机关申报办理变更税务登记。

二、填报表格

代理变更税务登记须填报《变更税务登记表》（见附表 3-3）一份。

三、提交资料

代理变更税务登记，应向税务机关提供以下证件和资料：

（1）工商营业执照及工商变更登记表复印件。

（2）组织机构统一代码证书（副本）原件（涉及变动的提供）。

（3）业主或法定代表人身份证件的原件及复印件（涉及变动的提供）。

(4) 场地使用证明:自有房屋的提供房屋产权证,租赁房屋的提供租房协议和出租方的房屋产权证复印件,无房屋产权证的提供情况说明,无偿使用的提供无偿使用证明(地址)(涉及变动的提供)。

(5)《税务登记证》正、副本原件。

(6) 纳税人变更登记内容的决议及有关证明文件。

税务机关审核完毕后,收回《税务登记证》正、副本原件,按变更的内容,重新制发《税务登记证》正、副本。

图 3-2 显示了代理变更税务登记的程序。

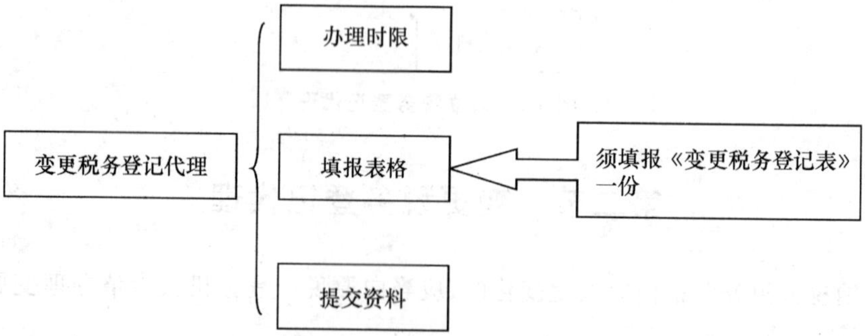

图 3-2　变更税务登记代理

第三节　注销税务登记代理

纳税人终止纳税义务,或者需要改变税务登记机关的,须向原税务登记机关申报办理注销税务登记。

一、办理时限

不同情况下,应在不同时限内,代理注销税务登记:

(1) 纳税人发生解散、破产、撤销以及其他情形,依法终止纳税义务的,应当在向工商行政管理机关或者其他机关办理注销登记前向原税务登记机关申报办理注销税务登记;按规定不需要在工商行政管理机关或者其他机关办理注册登记的,应当自有关机关批准或者宣告终止之日起 15 日内,向原税务登记机关申报办理注销税务登记。

(2) 纳税人被工商行政管理机关吊销营业执照或者被其他机关予以撤销登记的,应当自营业执照被吊销或者被撤销登记之日起 15 日内,向原税务登记机关申报办理注销税务登记。

(3) 纳税人因住所、经营地点变动,涉及改变税务登记机关的,应当在向工商行政管理机关或者其他机关申请办理变更、注销登记前，或者住所、经营地点变动前，向原税务登记机关申报办理注销税务登记，并自注销税务登记之日起30日内向迁达地税务机关申报办理税务登记。

(4) 境外企业在中国境内承包建筑、安装、装配、勘探工程和提供劳务的，应当在项目完工、离开中国前15日内，向原税务登记机关申报办理注销税务登记。

二、填报表格

代理纳税人注销税务登记的，须填报《注销税务登记申请审批表》(见附表3-4)一份。

三、提交资料

代理注销税务登记，应向税务机关提供以下资料：

(1)《税务登记证》正、副本；

(2) 上级主管部门批复文件或董事会决议及复印件；

(3) 工商营业执照被吊销的应提交工商行政管理部门发出的吊销决定及复印件；

(4) 其他有关资料。

需强调的是，代理注销税务登记前，应告知纳税人须先行结清应纳税款、多退(免)税款、滞纳金和罚款，缴销发票和其他税务证件，或代为办理相关事宜。图3-3显示了代理注销税务登记的程序。

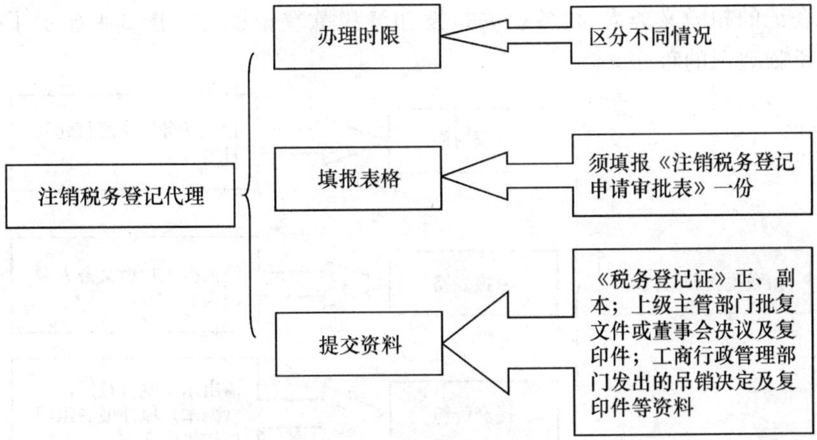

图3-3 注销税务登记代理

第四节　扣缴税款登记代理

扣缴义务人应办理扣缴税款登记。

一、办理时限

已办理税务登记的扣缴义务人应当自扣缴义务发生之日起 30 日内,向税务登记地税务机关申报办理扣缴税款登记。

根据税收法律、行政法规的规定可不办理税务登记的扣缴义务人,应当自扣缴义务发生之日起 30 日内,向机构所在地税务机关申报办理扣缴税款登记。

二、填报表格

办理扣缴税款登记,须填报《扣缴义务人登记表》(见附表 3-5)一份。

三、提交资料

纳税人需出示《税务登记证》(副本)原件(已办理税务登记的),或者组织机构代码证书(未办理税务登记的)。受托加工应税消费品的扣缴义务人,需提供受托加工应税消费品的相关协议、合同原件及复印件(发生本项代扣代缴义务的)。

已办理税务登记的扣缴义务人,税务机关在其税务登记证件上登记扣缴税款事项,不再发给扣缴税款登记证件;根据税收法律、行政法规的规定可不办理税务登记的扣缴义务人,税务机关核发扣缴税款登记证件。图 3-4 显示了代理扣缴税款登记的程序。

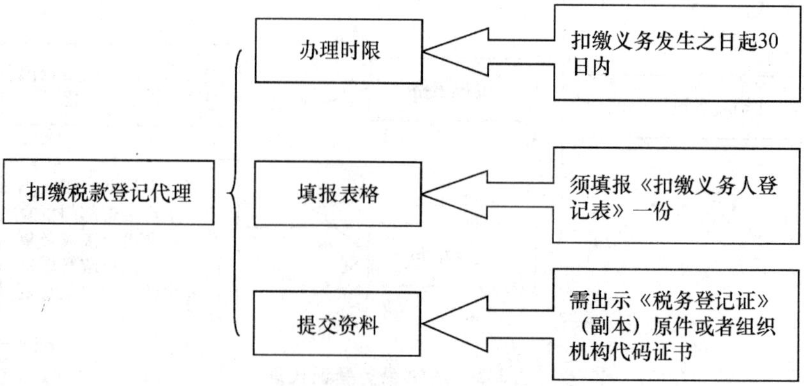

图 3-4　扣缴税款登记代理

第五节 外出经营登记代理

从事生产、经营的纳税人到外县(市)临时从事生产、经营活动的,应当持税务登记证副本和所在地税务机关填开的《外出经营活动税收管理证明》(以下简称《外管证》),向营业地税务机关报验登记,接受税务管理。在经营活动结束后向外出经营地税务机关申报核销。

外出经营活动税务管理,涉及四个环节:一是在原登记地税务机关开具《外管证》;二是到营业地税务机关报验登记;三是经营活动结束向经营地税务机关办理有关事项核销;四是回原登记地税务机关缴销《外管证》。

一、申请开具证明

纳税人到外县(市)临时从事生产经营活动的,应当在外出生产经营之前,持税务登记证向主管税务机关申请开具《外管证》。税务机关按照一地一证的原则,核发《外管证》,《外管证》的有效期限一般为30日,最长不得超过180天。

代理申请开具《外管证》的,需代理填报《外出经营活动税收管理证明》(见附表3-6)一式三份,并同时提交《税务登记证》副本。

税务机关核准的,制发《外管证》。

二、报验登记

纳税人应当在《外出经营活动税收管理证明》注明地进行生产经营前,向当地税务机关报验,提交《外管证》和《税务登记证》(副本),接受税务管理。

三、有关事项核销

纳税人外出经营活动结束,应当向经营地税务机关填报《外出经营活动情况申报表》(见附表3-7)一份,并结清税款、缴销发票。

经营地税务机关将在《外管证》上签署意见退还纳税人作核销证明。

四、缴销证明

纳税人应当在《外管证》有效期届满后10日内,持《外出经管活动税收管理证明》回原税务登记地税务机关办理缴销手续。

从事生产、经营的纳税人外出经营,自其在同一县(市)实际经营或提供劳务之日起,在连续的12个月内累计超过180天的,应当自期满之日起30日内,向生产、经营所在地税务机关申报办理税务登记。其代理业务的环节和步骤见

"设立税务登记代理"(第一节)。

图 3-5 显示了代理外出经营登记的程序。

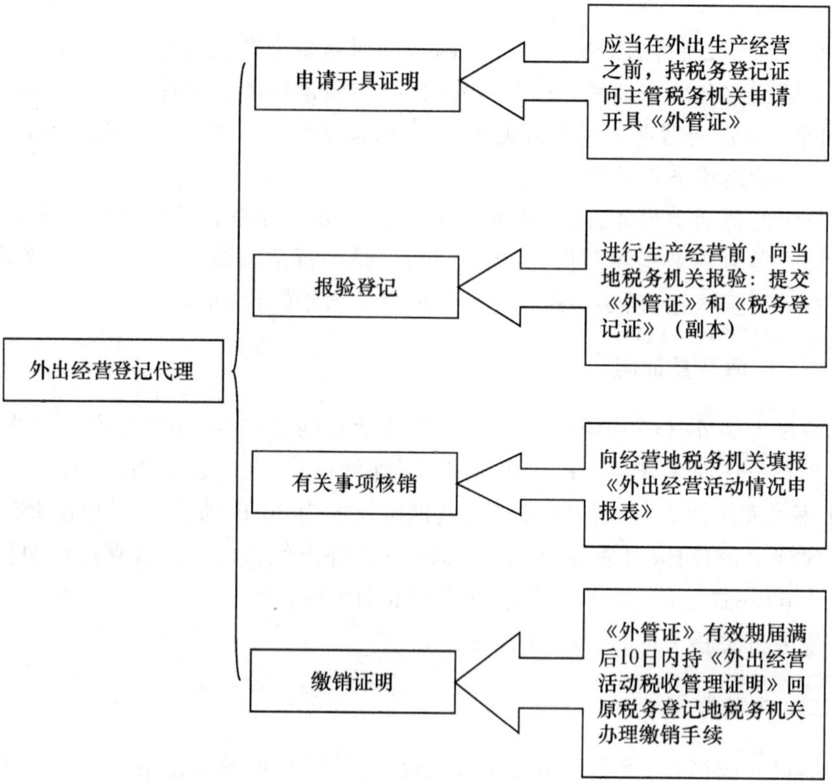

图 3-5　外出经营登记代理

第六节　其他事项代理

代理税务登记业务中,还涉及一些其他事项的代理,包括存款账户账号报告、财务会计制度及核算软件备案报告等内容。

一、存款账户账号的报告

纳税人应当按照国家有关规定,持税务登记证件,在银行或者其他金融机构开立基本存款账户和其他存款账户,并将其全部账号向税务机关报告。

1. 办理时限

从事生产、经营的纳税人应当自开立基本存款账户或者其他存款账户之起 15 日内,向主管税务机关书面报告其全部账号;发生变化的,应当自变化之日起

15 日内，向主管税务机关书面报告。

2. 填报表格及提供资料

代理账户账号报告事项的，须填报《纳税人存款账户账号报告表》（见附表 3-8）一份。同时出示《税务登记证》副本，并提供银行开户许可证及复印件。

二、财务会计制度及核算软件备案报告

征管法规定，纳税人应将其财务、会计制度或者财务、会计处理办法报主管税务机关备案。纳税人使用计算机记账的，应将会计电算化系统的会计核算软件、使用说明书及有关资料报送主管税务机关备案。

1. 办理时限

从事生产、经营的纳税人应当自领取税务登记证件之日起 15 日内办理；纳税人使用计算机记账的，应当在使用前办理。

2. 填报表格及提供资料

代理备案报告事项时，须填报《纳税人财务会计制度及核算软件备案项目表》（见附表 3-9）一份。并同时提供财务、会计制度或财务会计核算办法，使用计算机记账的纳税人提供财务会计核算软件、使用说明书。

本章小结

按规定办理税务登记是企业的法定义务。企业税务登记管理的内容主要包括设立、变更和注销登记、扣缴税款登记、外出经营登记、存款账户报告等事项。税务登记代理业务的关键，是在规定的时限内，代理纳税人填报相关表格，并按规定提交有关资料。本章详细介绍了每项业务的办理时限、须填报的表格和提交资料的内容。

本章重要术语

税务登记的属地管理；外出经营报验登记

思考练习题

1. 设立税务登记代理时，办理时限是如何规定的？
2. 税务登记表分几类？分别适用于哪些不同对象？
3. 代理设立税务登记时，应向税务机关提交哪些资料？
4. 外出经营活动的税务管理包括哪些环节？

附表 3-1　税务登记表(适用单位纳税人)

填表日期:

纳税人名称				纳税人识别号			
注册登记类型				批准设立机关			
组织机构代码				批准设立证明或文件号			
开业(设立)日期		生产经营期限		证件名称		证件号码	
注册地址				邮政编码		联系电话	
生产经营地址				邮政编码		联系电话	
核算方式	请选择对应项目打"√" □独立核算 □非独立核算				从业人数	______其中外籍人数______	
单位性质	请选择对应项目打"√" □企业 □事业单位 □社会团体 □民办非企业单位 □其他						
网站地址				国标行业	□□ □□ □□ □□		
适用会计制度	请选择对应项目打"√" □企业会计制度 □小企业会计制度 □金融企业会计制度 □行政事业单位会计制度						
经营范围			请将法定代表人(负责人)身份证件复印件粘贴在此处				
项目 / 内容 / 联系人		姓名	身份证件		固定电话	移动电话	电子邮箱
			种类	号码			
法定代表人(负责人)							
财务负责人							
办税人							
税务代理人名称		纳税人识别号		联系电话		电子邮箱	
注册资本或投资总额		币种	金额	币种	金额	币种	金额
投资方名称		投资方经济性质	投资比例	证件种类	证件号码	国籍或地址	

（续表）

<table>
<tr><td>自然人投资比例</td><td></td><td>外资投资比例</td><td></td><td>国有投资比例</td><td></td></tr>
<tr><td colspan="2">分支机构名称</td><td colspan="2">注册地址</td><td colspan="2">纳税人识别号</td></tr>
<tr><td colspan="2"></td><td colspan="2"></td><td colspan="2"></td></tr>
<tr><td colspan="2"></td><td colspan="2"></td><td colspan="2"></td></tr>
<tr><td colspan="2"></td><td colspan="2"></td><td colspan="2"></td></tr>
<tr><td colspan="2"></td><td colspan="2"></td><td colspan="2"></td></tr>
<tr><td>总机构名称</td><td colspan="2"></td><td colspan="2">纳税人识别号</td><td></td></tr>
<tr><td>注册地址</td><td colspan="2"></td><td colspan="2">经营范围</td><td></td></tr>
<tr><td>法定代表人姓名</td><td></td><td>联系电话</td><td></td><td>注册地址邮政编码</td><td></td></tr>
<tr><td rowspan="4">代扣代缴
代收代缴
税款业务情况</td><td colspan="3">代扣代缴、代收代缴税款业务内容</td><td colspan="2">代扣代缴、代收代缴税种</td></tr>
<tr><td colspan="3"></td><td colspan="2"></td></tr>
<tr><td colspan="3"></td><td colspan="2"></td></tr>
<tr><td colspan="3"></td><td colspan="2"></td></tr>
<tr><td colspan="6">附报资料：</td></tr>
<tr><td>经办人签章：

____年__月__日</td><td colspan="3">法定代表人（负责人）签章：

____年__月__日</td><td colspan="2">纳税人公章：

____年__月__日</td></tr>
<tr><td colspan="6">以下由税务机关填写：</td></tr>
<tr><td>纳税人所处街乡</td><td colspan="3"></td><td>隶属关系</td><td></td></tr>
<tr><td>国税主管税务局</td><td></td><td>国税主管税务所（科）</td><td></td><td rowspan="2">是否属于国税、地税共管户</td><td rowspan="2"></td></tr>
<tr><td>地税主管税务局</td><td></td><td>地税主管税务所（科）</td><td></td></tr>
<tr><td>经办人（签章）
国税经办人：________
地税经办人：________
受理日期：
____年__月__日</td><td colspan="3">国家税务登记机关
（税务登记专用章）
核准日期：____年__月__日
国税主管税务机关：</td><td colspan="2">地方税务登记机关
（税务登记专用章）
核准日期：____年__月__日
地税主管税务机关：</td></tr>
<tr><td colspan="6">国税核发《税务登记证副本》数量：　本　　发证日期：____年__月__日</td></tr>
<tr><td colspan="6">地税核发《税务登记证副本》数量：　本　　发证日期：____年__月__日</td></tr>
</table>

国家税务总局监制

《税务登记表》填表说明(适用单位纳税人)

(一)本表适用于各类单位纳税人填用。

(二)从事生产、经营的纳税人应当自领取营业执照,或者自有关部门批准设立之日起30日内,或者自纳税义务发生之日起30日内,到税务机关领取税务登记表,填写完整后提交税务机关,办理税务登记。

(三)办理税务登记应当出示、提供以下证件资料(所提供资料原件用于税务机关审核,复印件留存税务机关):

1. 营业执照副本或其他核准执业证件原件及其复印件;

2. 组织机构代码证书副本原件及其复印件;

3. 注册地址及生产、经营地址证明(产权证、租赁协议)原件及其复印件;如为自有房产,请提供产权证或买卖契约等合法的产权证明原件及其复印件;如为租赁的场所,请提供租赁协议原件及其复印件,出租人为自然人的还须提供产权证明的复印件;如生产、经营地址与注册地址不一致,请分别提供相应证明;

4. 公司章程复印件;

5. 有权机关出具的验资报告或评估报告原件及其复印件;

6. 法定代表人(负责人)居民身份证、护照或其他证明身份的合法证件原件及其复印件;复印件分别粘贴在税务登记表的相应位置上;

7. 纳税人跨县(市)设立的分支机构办理税务登记时,还须提供总机构的税务登记证(国、地税)副本复印件;

8. 改组改制企业还须提供有关改组改制的批文原件及其复印件;

9. 税务机关要求提供的其他证件资料。

(四)纳税人应向税务机关申报办理税务登记。完整、真实、准确、按时地填写此表。

(五)使用碳素或蓝墨水的钢笔填写本表。

(六)本表一式二份(国地税联办税务登记的本表一式三份)。税务机关留存一份,退回纳税人一份(纳税人应妥善保管,验换证时需携带查验)。

(七)纳税人在新办或者换发税务登记时应报送房产、土地和车船有关证件,包括:房屋产权证、土地使用证、机动车行驶证等证件的复印件。

(八)表中有关栏目的填写说明:

1. "纳税人名称"栏:指《企业法人营业执照》或《营业执照》或有关核准执业证书上的"名称"。

2. "身份证件名称"栏:一般填写"居民身份证",如无身份证,则填写"军官证"、"士兵证"、"护照"等有效身份证件。

3. "注册地址"栏:指工商营业执照或其他有关核准开业证照上的地址。

4. "生产经营地址"栏:填办理税务登记的机构生产经营地地址。

5. "国籍或地址"栏:外国投资者填国籍,中国投资者填地址。

6. "登记注册类型"栏:即经济类型,按营业执照的内容填写;不需要领取营业执照的,选择"非企业单位"或者"港、澳、台商企业常驻代表机构及其他"、"外国企业";如为分支机构,按总机构的经济类型填写。

分类标准:

110 国有企业	120 集体企业	130 股份合作企业

141 国有联营企业　142 集体联营企业　143 国有与集体联营企业
149 其他联营企业　151 国有独资公司　159 其他有限责任公司
160 股份有限公司　171 私营独资企业　172 私营合伙企业
173 私营有限责任公司　174 私营股份有限公司　190 其他企业
210 合资经营企业(港或澳、台资)　220 合作经营企业(港或澳、台资)
230 港、澳、台商独资经营企业　240 港、澳、台商独资股份有限公司
310 中外合资经营企业　320 中外合作经营企业
330 外资企业　340 外商投资股份有限公司
400 港、澳、台商企业常驻代表机构及其他　500 外国企业
600 非企业单位

7.“投资方经济性质”栏:单位投资的,按其登记注册类型填写;个人投资的,填写自然人。

8.“证件种类”栏:单位投资的,填写其组织机构代码证;个人投资的,填写其身份证件名称。

9.“国标行业”栏:按纳税人从事生产经营行业的主次顺序填写,其中第一个行业填写纳税人的主行业。

国民经济行业分类标准(GB/T 4754-2002)。

A—农、林、牧、渔业
01—农业　02—林业　03—畜牧业
04—渔业　05—农、林、牧、渔服务业

B—采矿业
06—煤炭开采和洗选业　07—石油和天然气开采业
08—黑色金属矿采选业　09—有色金属矿采选业
10—非金属矿采选业　11—其他采矿业

C—制造业
13—农副食品加工业　14—食品制造业
15—饮料制造业　16—烟草制品业
17—纺织业　18—纺织服装、鞋、帽制造业
19—皮革、毛皮、羽毛(绒)及其制品业　20—木材加工及木、竹、藤、棕、草制品业
21—家具制造业　22—造纸及纸制品业
23—印刷业和记录媒介的复制　24—文教体育用品制造业
25—石油加工、炼焦及核燃料加工业　26—化学原料及化学制品制造业
27—医药制造业　28—化学纤维制造业
29—橡胶制品业　30—塑料制品业
31—非金属矿物制品业　32—黑色金属冶炼及压延加工业
33—有色金属冶炼及压延加工业　34—金属制品业
35—普通机械制造业　36—专用设备制造业
37—交通运输设备制造业　39—电气机械及器材制造业
40—通信设备、计算机及其他电子设备制造业　41—仪器仪表及文化、办公用机械制造业
42—工艺品及其他制造业　43—废弃资源和废旧材料回收加工业

D—电力、燃气及水的生产和供应业
44—电力、燃气及水的生产和供应业　45—燃气生产和供应业

46—水的生产和供应业

E—建筑业

47—房屋和土木工程建筑业　48—建筑安装业　49—建筑装饰业

50—其他建筑业

F—交通运输、仓储和邮政业

51—铁路运输业　52—道路运输业　53—城市公共交通业

54—水上运输业　55—航空运输业　56—管道运输业

57—装卸搬运及其他运输服务业　58—仓储业　59—邮政业

G—信息传输、计算机服务和软件业

60—电信和其他信息传输服务业　61—计算机服务业　62—软件业

H—批发和零售业

63—批发业　65—零售业

I—住宿和餐饮业

66—住宿业　67—餐饮业

J—金融业

68—银行业　69—证券业　70—保险业

71—其他金融活动

K—房地产业

72—房地产业

L—租赁和商务服务业

73—租赁业　74—商务服务业

M—科学研究、技术服务和地质勘察业

75—研究与试验发展　76—专业技术服务业

77—科技交流和推广服务业　78—地质勘察业

N—水利、环境和公共设施管理业

79—水利管理业　80—环境管理业　81—公共设施管理业

O—居民服务和其他服务业

82—居民服务业　83—其他服务业

P—教育

84—教育

Q—卫生、社会保障和社会福利业

85—卫生　86—社会保障业　87—社会福利业

R—文化、体育和娱乐业

88—新闻出版业　89—广播、电视、电影和音像业

90—文化艺术业　91—体育　92—娱乐业

S—公共管理与社会组织

93—中国共产党机关　94—国家机构　95—人民政协和民主党派

96—群众社团、社会团体和宗教组织　97—基层群众自治组织

T—国际组织

98—国际组织

附表 3-2 房屋、土地、车船情况登记表

登记类型:初始登记□ 变更登记□
填表日期： 年 月 日

纳税人名称： 纳税人识别号： 单位:元、平方米

自用房屋	产权证书号	房屋坐落	房产原值	其中 应税原值	其中 免税原值	年应纳税额	备注
	小计						

出租房屋	产权证书号	房屋坐落	年租金收入	年应纳税额	备注
	小计				
	合计	年应纳税额：			

承租房屋	出租人名称	出租人证件号码	承租房屋坐落	年租金	备注

自用土地	土地证书号	土地坐落	土地面积	其中 应税面积	其中 免税面积	每平方米税额	年应纳税额	备注
	小计							

（续表）

<table>
<tr><td rowspan="4">出租土地</td><td>土地证书号</td><td>土地坐落</td><td>土地面积</td><td>其中
应税面积</td><td>其中
免税面积</td><td>每平方米
税额</td><td>年应纳
税额</td><td>备注</td></tr>
<tr><td></td><td></td><td></td><td></td><td></td><td></td><td></td><td></td></tr>
<tr><td></td><td></td><td></td><td></td><td></td><td></td><td></td><td></td></tr>
<tr><td>小计</td><td></td><td></td><td></td><td></td><td></td><td></td><td></td></tr>
<tr><td colspan="2">合计</td><td colspan="7">年应纳税额：</td></tr>
<tr><td rowspan="4">承租土地</td><td>出租人名称</td><td>出租人证件号码</td><td colspan="3">承租土地坐落</td><td colspan="2">土地面积</td><td>备注</td></tr>
<tr><td></td><td></td><td colspan="3"></td><td colspan="2"></td><td></td></tr>
<tr><td></td><td></td><td colspan="3"></td><td colspan="2"></td><td></td></tr>
<tr><td></td><td></td><td colspan="3"></td><td colspan="2"></td><td></td></tr>
<tr><td rowspan="6">车辆情况</td><td>车辆牌照号</td><td>核定载客量/载质量</td><td>车辆类型</td><td>年应纳税额</td><td colspan="4">备注</td></tr>
<tr><td></td><td></td><td></td><td></td><td colspan="4"></td></tr>
<tr><td></td><td></td><td></td><td></td><td colspan="4"></td></tr>
<tr><td></td><td></td><td></td><td></td><td colspan="4"></td></tr>
<tr><td></td><td></td><td></td><td></td><td colspan="4"></td></tr>
<tr><td>合计</td><td colspan="7">年应纳税额：</td></tr>
<tr><td rowspan="5">船舶情况</td><td>船舶牌号</td><td>净吨位/载重吨位</td><td>船舶类型</td><td>年应纳税额</td><td colspan="4">备注</td></tr>
<tr><td></td><td></td><td></td><td></td><td colspan="4"></td></tr>
<tr><td></td><td></td><td></td><td></td><td colspan="4"></td></tr>
<tr><td></td><td></td><td></td><td></td><td colspan="4"></td></tr>
<tr><td>合计</td><td colspan="7">年应纳税额：</td></tr>
</table>

填表人：盖章（签字）

填表说明：

1. 登记类型：凡初次到税务机关办理税务登记证（含换发税务登记证）的，在初始登记框中划“√”；办理初始登记后，凡对本表所涉及项目（除出租房屋、土地的年租金收入，承租房屋、土地的年租金外）的变动情况进行登记的，在变更登记框中划“√”。

2. 房屋、土地坐落：根据房屋产权证书、土地证书登记的相应项目填写，其中，房屋产权证书是指房屋管理部门核发的房屋所有权（产权）证书，土地证书是指土地管理部门核发的《国有土地使用证》、《集体土地使用证》、《集体土地所有证》。没有上述证书的，按房屋、土地实际坐落地填写。

3. 房产原值：填写按现行房产（城市房地产）税有关规定应计入财务账簿“固定资产”科目中的房屋（含单独核算的与房屋不可分割的附属设备设施）原价，对账簿中记载房产原值明显不合理、按规定经税务机关调整的，填写税务机关评定后的价值。

4. 年应纳税额：填写按现行房产（城市房地产）税、城镇土地使用税、车船使用（牌照）税有关规定计算的应纳税额。其中，“合计”栏中年应纳税额填写自用房屋（土地）和出租房屋（土地）年应纳税额合计数字。

5. 承租房屋、土地是指纳税人租用的他人的房屋、土地。无租使用他人房屋、土地的，须在备注栏中注明。

6. 出租人名称、证件号码：出租人为个人的，填写个人姓名、身份证号码；出租人为单位的，填写该单位名称、组织机构代码。

7. 自用（出租）房屋、土地、车船数量较多，超过本表栏目的，仅填写“小计”、“合计”栏，但须根据本表所列项目单独附表登记房屋、土地、车船明细。

8. 净吨位/载重吨位：根据船籍证书登记的相应项目，机动船填写净吨位，非机动船填写载重吨位。

9. 免税车辆（船舶）须在备注栏中注明免税原因。

10. 办理变更登记的，须在备注栏中注明变更项目和变更时间。

11. 各栏中如有不能填写或者需要说明的事项，应在备注栏中注明。

附表 3-3　变更税务登记表

<table>
<tr><td>纳税人名称</td><td colspan="2"></td><td>纳税人识别号</td><td></td></tr>
<tr><td colspan="5">变更登记事项</td></tr>
<tr><td>序号</td><td>变更项目</td><td>变更前内容</td><td>变更后内容</td><td>批准机关名称及文件</td></tr>
<tr><td></td><td></td><td></td><td></td><td></td></tr>
<tr><td></td><td></td><td></td><td></td><td></td></tr>
<tr><td></td><td></td><td></td><td></td><td></td></tr>
<tr><td></td><td></td><td></td><td></td><td></td></tr>
<tr><td colspan="5">送缴证件情况：</td></tr>
<tr><td colspan="5">纳税人

经办人：　　　　法定代表人（负责人）：　　　　纳税人（签章）
年　月　日　　　　年　月　日　　　　年　月　日</td></tr>
<tr><td colspan="5">经办税务机关审核意见：

经办人：　　　　负责人：　　　　税务机关（签章）
年　月　日　　　　年　月　日　　　　年　月　日</td></tr>
</table>

附表 3-4　注销税务登记申请审批表

<table>
<tr><td>纳税人名称</td><td colspan="2"></td><td colspan="2">纳税人识别号</td><td></td></tr>
<tr><td>注销原因</td><td colspan="5"></td></tr>
<tr><td rowspan="3">附送资料</td><td colspan="3"></td><td colspan="2"></td></tr>
<tr><td colspan="3"></td><td colspan="2"></td></tr>
<tr><td colspan="3"></td><td colspan="2"></td></tr>
<tr><td colspan="2">纳税人
经办人:
年　月　日</td><td colspan="2">法定代表人(负责人):
年　月　日</td><td colspan="2">纳税人(签章)
年　月　日</td></tr>
<tr><td colspan="6">以下由税务机关填写</td></tr>
<tr><td>受理时间</td><td colspan="3">经办人:
年　月　日</td><td colspan="2">负责人:
年　月　日</td></tr>
<tr><td>清缴税款、滞纳金、罚款情况</td><td colspan="3">经办人:
年　月　日</td><td colspan="2">负责人
年　月　日</td></tr>
<tr><td>缴销发票情况</td><td colspan="3">经办人:
年　月　日</td><td colspan="2">负责人:
年　月　日</td></tr>
<tr><td>税务检查意见</td><td colspan="3">检查人员:
年　月　日</td><td colspan="2">负责人:
年　月　日</td></tr>
<tr><td rowspan="3">收缴税务证件情况</td><td>种类</td><td>税务登记证正本</td><td>税务登记证副本</td><td>临时税务登记证正本</td><td>临时税务登记证副本</td></tr>
<tr><td>收缴</td><td></td><td></td><td></td><td></td></tr>
<tr><td colspan="3">经办人:
年　月　日</td><td colspan="2">负责人:
年　月　日</td></tr>
<tr><td>批准意见</td><td colspan="3">部门负责人:
年　月　日</td><td colspan="2">税务机关(签章)
年　月　日</td></tr>
</table>

附表 3-5　扣缴义务人登记表

<table>
<tr><td rowspan="2">扣缴义务人
名称</td><td rowspan="2"></td><td colspan="2">组织机构统一代码</td><td colspan="2"></td></tr>
<tr><td colspan="2">纳税人识别号</td><td colspan="2"></td></tr>
<tr><td>法定代表人
（负责人）</td><td></td><td>身份证件
名称</td><td></td><td>证件号码</td><td></td></tr>
<tr><td>地址</td><td colspan="3"></td><td>邮政编码</td><td></td></tr>
<tr><td>财务负责人</td><td colspan="3"></td><td>联系电话</td><td></td></tr>
<tr><td>行业</td><td colspan="5"></td></tr>
<tr><td colspan="2">开户银行</td><td colspan="3">账号</td><td>是否是缴税账号</td></tr>
<tr><td colspan="2"></td><td colspan="3"></td><td></td></tr>
<tr><td colspan="2"></td><td colspan="3"></td><td></td></tr>
<tr><td colspan="2"></td><td colspan="3"></td><td></td></tr>
<tr><td colspan="2"></td><td colspan="3"></td><td></td></tr>
<tr><td>代扣代缴、代收代缴税款的业务内容</td><td colspan="5"></td></tr>
<tr><td colspan="6">扣缴义务人

经办人：　　　　法定代表人（负责人）：　　　　扣缴义务人（签章）
年　月　日</td></tr>
<tr><td colspan="6">税务机关</td></tr>
<tr><td colspan="3">是否办理税务登记</td><td colspan="3">是否发放扣缴税款登记证件</td></tr>
<tr><td colspan="3">□是　　□否</td><td colspan="3">□是　□否</td></tr>
<tr><td colspan="6">
经办人：　　　　负责人　　　　税务机关（签章）
年　月　日</td></tr>
</table>

附表 3-6　外出经营活动税收管理证明

________税外证［　］号

<table>
<tr><td>纳税人名称</td><td colspan="3"></td><td>纳税人
识别号</td><td colspan="2"></td></tr>
<tr><td>法定代表人
（负责人）</td><td colspan="2"></td><td>身份证件
名称</td><td></td><td>身份证件号码</td><td></td></tr>
<tr><td>税务登记地</td><td colspan="3"></td><td>外出经营地</td><td colspan="2"></td></tr>
<tr><td>登记注册类型</td><td colspan="3"></td><td>经营方式</td><td colspan="2"></td></tr>
<tr><td colspan="7">外出经营活动情况</td></tr>
<tr><td colspan="2">应税劳务</td><td colspan="2">劳务地点</td><td colspan="2">有效期限</td><td>合同金额</td></tr>
<tr><td colspan="2"></td><td colspan="2"></td><td colspan="2">年　月　日至　年　月　日</td><td></td></tr>
<tr><td colspan="2"></td><td colspan="2"></td><td colspan="2">年　月　日至　年　月　日</td><td></td></tr>
<tr><td>货物名称</td><td>数量</td><td colspan="2">销售地点</td><td colspan="2">有效期限</td><td>货物总值</td></tr>
<tr><td></td><td></td><td colspan="2"></td><td colspan="2">年　月　日至　年　月　日</td><td></td></tr>
<tr><td></td><td></td><td colspan="2"></td><td colspan="2">年　月　日至　年　月　日</td><td></td></tr>
<tr><td colspan="6">合同总金额</td><td></td></tr>
<tr><td colspan="7">税务登记地税务机关意见：

经办人：　　　　　　　　负责人：　　　　　　　　税务机关（签章）
年　月　日　　　　　　　年　月　日　　　　　　　年　月　日</td></tr>
<tr><td>有效日期</td><td colspan="6">自　　年　月　日起至　　年　月　日</td></tr>
<tr><td colspan="7">以下由外出经营地税务机关填写</td></tr>
<tr><td colspan="2">应税劳务</td><td>营业额</td><td>缴纳税款</td><td>使用发票
名称</td><td>发票份数</td><td>发票号码</td></tr>
<tr><td colspan="2"></td><td></td><td></td><td></td><td></td><td></td></tr>
<tr><td colspan="2"></td><td></td><td></td><td></td><td></td><td></td></tr>
<tr><td colspan="2"></td><td></td><td></td><td></td><td></td><td></td></tr>
<tr><td colspan="2">合计金额</td><td></td><td></td><td>……</td><td></td><td></td></tr>
<tr><td>货物名称</td><td>销售数量</td><td>销售额</td><td>缴纳税款</td><td>使用发票
名称</td><td>发票份数</td><td>发票号码</td></tr>
<tr><td></td><td></td><td></td><td></td><td></td><td></td><td></td></tr>
<tr><td></td><td></td><td></td><td></td><td></td><td></td><td></td></tr>
<tr><td></td><td></td><td></td><td></td><td></td><td></td><td></td></tr>
<tr><td></td><td></td><td></td><td></td><td></td><td></td><td></td></tr>
<tr><td>合计金额</td><td>……</td><td></td><td></td><td>……</td><td></td><td></td></tr>
<tr><td colspan="7">外出经营地税务机关意见：

经办人：　　　　　　　　负责人：　　　　　　　　税务机关（签章）
年　月　日　　　　　　　年　月　日　　　　　　　年　月　日</td></tr>
</table>

附表 3-7　外出经营活动情况申报表

<table>
<tr><td colspan="2">纳税人名称</td><td colspan="3"></td><td>纳税人识别号</td><td></td></tr>
<tr><td colspan="2">外出经营活动税收管理证明号码</td><td colspan="5"></td></tr>
<tr><td colspan="2">证明有效期</td><td colspan="5">自　年　月　日到　年　月　日</td></tr>
<tr><td colspan="2">实际经营期间</td><td colspan="5">自　年　月　日到　年　月　日</td></tr>
<tr><td colspan="2">到达时间</td><td colspan="3"></td><td>报验时间</td><td></td></tr>
<tr><td colspan="2">经营地点</td><td colspan="3"></td><td>货物存放地点</td><td></td></tr>
<tr><td colspan="2">应税劳务</td><td>营业额</td><td>缴纳税款</td><td>使用发票名称</td><td>发票份数</td><td>发票号码</td></tr>
<tr><td colspan="2"></td><td></td><td></td><td></td><td></td><td></td></tr>
<tr><td colspan="2"></td><td></td><td></td><td></td><td></td><td></td></tr>
<tr><td colspan="2"></td><td></td><td></td><td></td><td></td><td></td></tr>
<tr><td colspan="2">合计金额</td><td></td><td></td><td>……</td><td></td><td></td></tr>
<tr><td>货物名称</td><td>销售数量</td><td>销售额</td><td>缴纳税款</td><td>使用发票名称</td><td>发票份数</td><td>发票号码</td></tr>
<tr><td></td><td></td><td></td><td></td><td></td><td></td><td></td></tr>
<tr><td></td><td></td><td></td><td></td><td></td><td></td><td></td></tr>
<tr><td></td><td></td><td></td><td></td><td></td><td></td><td></td></tr>
<tr><td></td><td></td><td></td><td></td><td></td><td></td><td></td></tr>
<tr><td>合计金额</td><td>……</td><td></td><td></td><td>……</td><td></td><td></td></tr>
<tr><td colspan="4">申请单位：

经办人：　　　法定代表人(负责人)：
年　月　日　　　年　月　日
申请单位(签章)
年　月　日</td><td colspan="3">税务机关意见：

经办人：　　　负责人：
年　月　日　　　年　月　日
税务机关(签章)
年　月　日</td></tr>
</table>

附表 3-8　纳税人存款账户账号报告表

<table>
<tr><td colspan="2">纳税人名称</td><td></td><td colspan="2">纳税人识别号</td><td colspan="2"></td></tr>
<tr><td colspan="2">经营地址</td><td colspan="5"></td></tr>
<tr><td colspan="2">银行开户
登记证号</td><td></td><td colspan="2">发证日期</td><td colspan="2">年　月　日</td></tr>
<tr><td>账户
性质</td><td>开户银行</td><td>账号</td><td>开户
时间</td><td>变更
时间</td><td>注销
时间</td><td>备注</td></tr>
<tr><td></td><td></td><td></td><td></td><td></td><td></td><td></td></tr>
<tr><td></td><td></td><td></td><td></td><td></td><td></td><td></td></tr>
<tr><td></td><td></td><td></td><td></td><td></td><td></td><td></td></tr>
<tr><td></td><td></td><td></td><td></td><td></td><td></td><td></td></tr>
<tr><td></td><td></td><td></td><td></td><td></td><td></td><td></td></tr>
<tr><td></td><td></td><td></td><td></td><td></td><td></td><td></td></tr>
<tr><td></td><td></td><td></td><td></td><td></td><td></td><td></td></tr>
<tr><td></td><td></td><td></td><td></td><td></td><td></td><td></td></tr>
<tr><td></td><td></td><td></td><td></td><td></td><td></td><td></td></tr>
<tr><td colspan="3">报告单位：
经办人：
法定代表人（负责人）：
报告单位（签章）
年　月　日</td><td colspan="4">受理税务机关：
经办人：
负责人：
税务机关（签章）
年　月　日</td></tr>
</table>

注：账户性质按照基本账户、一般账户、专用账户、临时账户如实填写。

附表 3-9　纳税人财务会计制度及核算软件备案项目表

<table>
<tr><td colspan="2">纳税人名称</td><td></td><td>纳税人识别号</td><td></td></tr>
<tr><td rowspan="16">财务会计制度备案类</td><td>项目</td><td colspan="3">选项</td></tr>
<tr><td>单位性质</td><td colspan="3">□企业　□事业单位　□社会团体　□民办非企业单位　□其他</td></tr>
<tr><td>核算形式</td><td colspan="3">□独立核算　□非独立核算</td></tr>
<tr><td>适用会计制度</td><td colspan="3">□企业会计制度　□小企业会计制度　□金融企业会计制度
□行政、事业单位会计制度　□企业自定会计制度（需报送制度全文）　□其他会计制度</td></tr>
<tr><td>核算方式</td><td colspan="3">□权责发生制　□收付实现制</td></tr>
<tr><td>记账本位币</td><td colspan="3">□人民币
□外币（□美元　□欧元　□日元　□港币　□英镑　□其他）</td></tr>
<tr><td>外币折算采用汇率</td><td colspan="3">□即期汇率　□即期汇率的近似汇率</td></tr>
<tr><td>是否实行备用金制度</td><td colspan="3">□是　□否</td></tr>
<tr><td>计提坏账准备金的方法</td><td colspan="3">□直接转销法
□备抵法（□应收账款余额百分比法　□账龄分析法
□赊销百分比法　□个别认定法）</td></tr>
<tr><td>存货的计价方法</td><td colspan="3">□先进先出法　□加权平均法　□移动平均法　□个别计价法
□后进先出法</td></tr>
<tr><td>低值易耗摊销法</td><td colspan="3">□一次摊销法　□分期摊销法　□五五摊销法</td></tr>
<tr><td>产成品或自制半成品核算方法</td><td colspan="3">□订单法　□品种法　□分批法　□分步法　□其他</td></tr>
<tr><td>固定资产折旧法</td><td colspan="3">□年限平均法　□工作量法　□双倍余额递减法　□年数总和法</td></tr>
<tr><td>大修理费用核算方法</td><td colspan="3">□预提法　□摊销法</td></tr>
<tr><td>收入确认的时间、方法</td><td colspan="3">另附资料</td></tr>
<tr><td></td><td colspan="3"></td></tr>
<tr><td rowspan="3">会计核算软件备案类</td><td colspan="4">使用的会计核算软件的名称及发行单位</td></tr>
<tr><td colspan="4">软件的操作使用说明</td></tr>
<tr><td colspan="4">税务机关需要的其他有关资料</td></tr>
<tr><td colspan="3">纳税人：

经办人：　负责人：　纳税人（签章）
报告日期：　年　月　日</td><td colspan="2">税务机关：

经办人：　负责人：　税务机关（签章）
受理日期：　年　月　日</td></tr>
</table>

注：请在对应的项目内划“√”。

第四章

税务认定事项代理实务

学习目标

通过本章的学习，读者应该能够：

■ 掌握增值税一般纳税人认定和出口货物退（免）税认定代理实务的具体操作规范；

■ 掌握代理认定事项的办理时限、应填报表格和提供资料。

在税收征纳活动中,税收制度和政策规定了一系列需要税务机关对纳税人有关资格的认定管理。认定管理成为后续的征管行为和涉税事项办理的前提和依据,也是划定双方权利义务关系的依据之一。

我国现行税收征管活动中,认定管理的事项较多,本章主要介绍增值税一般纳税人和出口货物退(免)税有关认定事项的代理实务。

第一节　增值税一般纳税人认定代理

现行制度对增值税一般纳税人的认定,根据纳税人性质和认定的步骤分为商贸企业和非商贸企业的认定以及一般纳税人转正的认定。相应的代理业务的侧重点也各不相同。

一、一般纳税人认定的代理

新设立的商贸企业,以及其他新开业的纳税人、达到一般纳税人标准的小规模纳税人可以申请认定一般纳税人资格。主管税务机关根据代理人提交的申请,进行调查和审批。

1. 办理时限

新开业的符合一般纳税人条件企业,应在办理税务登记的同时申请办理一般纳税人认定手续。

已开业的小规模企业,其年应税销售额达到一般纳税人标准的,应在次年1月底以前申请办理一般纳税人认定手续。

2. 填报表格及提供资料

代理企业申请认定一般纳税人时,应代理或辅导填报《增值税一般纳税人申请认定表》(见附表4-1)一式两份。同时提供以下资料:

(1) 增值税一般纳税人认定申请报告;

(2) 商贸企业需提供货物购销合同或书面意向,供货企业提供的货物购销渠道证明;

(3) 分支机构在办理认定手续时,须提供总机构国税税务登记证副本原件及复印件、总机构所在地主管税务机关批准总机构为一般纳税人的证明(总机构申请认定表的影印件)、总机构董事会决议复印件;

(4) 出口企业提供由商务部或其授权的地方对外贸易主管部门加盖备案登记专用章的有效《对外贸易经营者备案登记表》。

代理申请时,应在申请报告上着重阐明纳税人经营规模(年销售额等指标)及会计核算达标的状况。代理人应根据税务机关的要求及时补正有关证明资料或重新填报，辅导当事人参与约谈，配合税务机关实地查验。

税务机关自受理申请之日起30个工作日内审核完毕，代理人应注意接收税务机关返还的申请表，关注税务机关的审批意见。

二、增值税一般纳税人转正认定的代理

对于一般纳税人暂认定到期或辅导期满，应向主管税务机关提出增值税一般纳税人转正认定的申请，以获得正式的一般纳税人资格。代理转正认定时，有关规定和注意事项如下（见图4-1）。

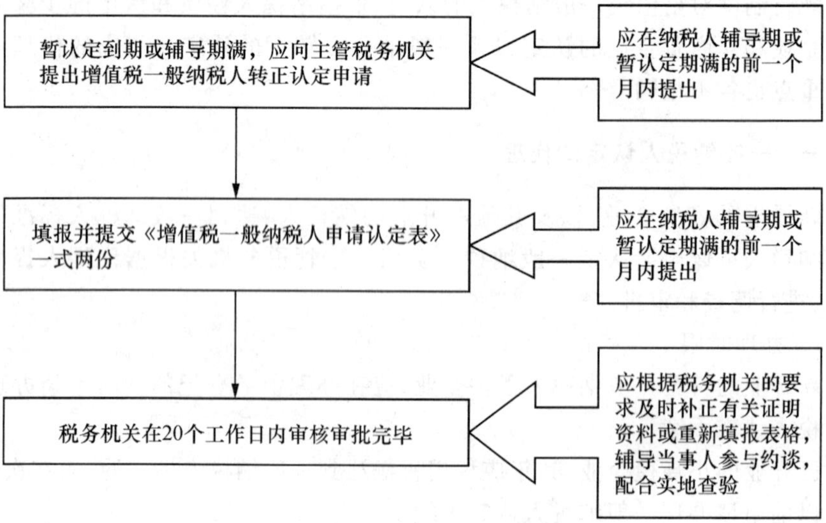

图4-1　增值税一般纳税人转正认定的代理

1. 办理时限

代理人应在纳税人辅导期或暂认定期满的前一个月内提出转正申请。

2. 填报表格

代理转正申请时，填报并提交《增值税一般纳税人申请认定表》一式两份。

税务机关在20个工作日内审核审批完毕。其间代理人应根据税务机关的要求及时补正有关证明资料或重新填报表格，辅导当事人参与约谈，配合税务机关实地查验。税务机关的调查重点是企业申报、缴纳税款情况是否正常，能否准确核算进、销项税额，能否正确取得和开具专用发票和其他合法的进项税额抵扣凭证。因此，代理人应着重将这些资料整理到位以备查看。

第二节　出口货物退(免)税认定代理

出口货物退(免)税认定代理,具体包括认定、变更和注销三类情况的代理。

一、出口货物退(免)税认定的代理

对外贸易经营者和没有出口经营资格的生产企业委托出口自产货物(含视同自产产品)的,应在规定时限内,到主管税务机关退税部门办理出口货物退(免)税认定手续。

1. 办理时限

对外贸易经营者(包括从事对外贸易经营活动的法人、其他组织和个人)应在办理对外贸易经营者备案登记后30日内,持有关证件,到主管税务机关退税部门申请办理出口货物退(免)税认定手续。

没有出口经营资格的生产企业委托出口自产货物(含视同自产产品)的,应在代理出口协议签订之日起30日内,持有关证件,到主管税务机关退税部门申请办理出口货物退(免)税认定手续。

2. 填报表格及提供资料

代理认定时,须填报《出口货物退(免)税认定表》(见附表4-2)一式两份;出示纳税人《税务登记证》(副本),并提供如下资料:

(1) 已办理备案登记并加盖备案登记专用章的《对外贸易经营者备案登记表》原件及复印件,没有出口经营资格的生产企业委托出口货物的提供代理出口协议原件及复印件;

(2) 海关自理报关单位注册登记证明书原件及复印件(无进出口经营资格的生产企业委托出口货物的不需提供);

(3) 外商投资企业提供《中华人民共和国外商投资企业批准证书》原件和复印件;

(4) 特许退(免)税的单位和人员还须提供现行有关出口货物退(免)税规定要求的其他相关凭证。

税务机关对提供的证件资料没有疑义的可以当场办结;如认为提交的证件和资料明显有疑点的,须进一步审查核实,则自受理之日起20个工作日内办结。

代理人应注意接收税务机关返还表格及审批意见。

出口货物退(免)税认定代理的规定和注意事项如图4-2所示。

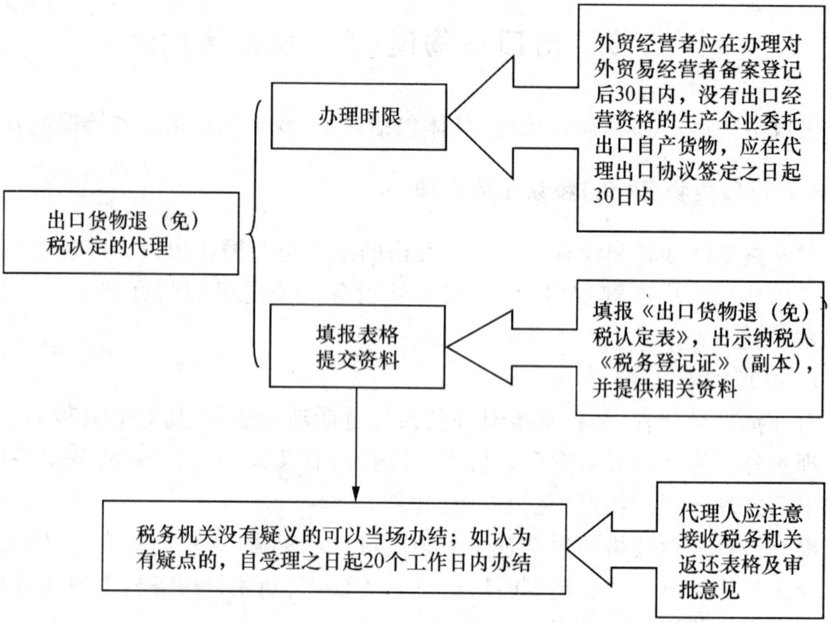

图 4-2　出口货物退(免)税认定的代理

二、出口货物退(免)税认定变更的代理

已办理出口货物退(免)税认定的出口商,其认定内容发生变化的,须向主管税务机关退税部门申请办理出口货物退(免)税认定变更手续。

1. 办理时限

出口商应自有关管理机关批准变更之日起 30 日内向主管税务机关退税部门申请办理出口货物退(免)税认定变更手续。

2. 填报表格及提供资料

代理变更时,须填报《出口货物退(免)税认定表》一式两份,出示纳税人《税务登记证》(副本),并提供如下资料:

(1) 有关管理机关批准的文件、证明材料(原件及复印件);

(2) 已变更的《对外贸易经营者备案登记表》原件及复印件(无进出口经营权的生产企业委托出口自产货物的不需提供);

(3) 已变更的《海关自理报关单位注册登记证明书》原件及复印件(无进出口经营权的生产企业委托出口自产货物的不需提供)。

代理人应注意接收税务机关返还表格及审批意见。

出口货物退(免)税认定变更代理的规定及注意事项如图 4-3 所示。

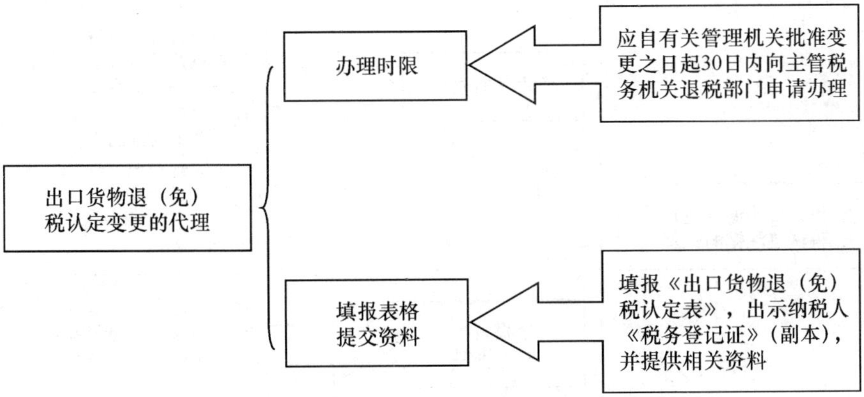

图 4-3　出口货物退(免)税认定变更的代理

三、出口货物退(免)税认定注销的代理

出口商发生解散、破产、撤销以及其他依法应终止出口货物退(免)税事项的,须向主管税务机关退税部门申请办理出口货物退(免)税注销认定手续。

1. 办理时限

出口商自发生解散、破产、撤销以及其他依法应终止出口货物退免税事项之日起30日内向所在地主管税务机关退税部门申请办理出口货物退(免)税注销认定手续。

2. 填报表格及提供资料

代理注销时,须填报《出口货物退(免)税认定注销表》(见附表4-3)一式两份,出示纳税人《税务登记证》(副本),并提供如下资料:

(1) 办理出口货物退(免)税认定注销申请报告;

(2) 原《出口货物退(免)税认定表》。

代理人应注意接收税务机关返还表格及审批意见,辅导纳税人将有关资料归档。

出口货物退(免)税认定注销代理的规定及注意事项如图4-4所示。

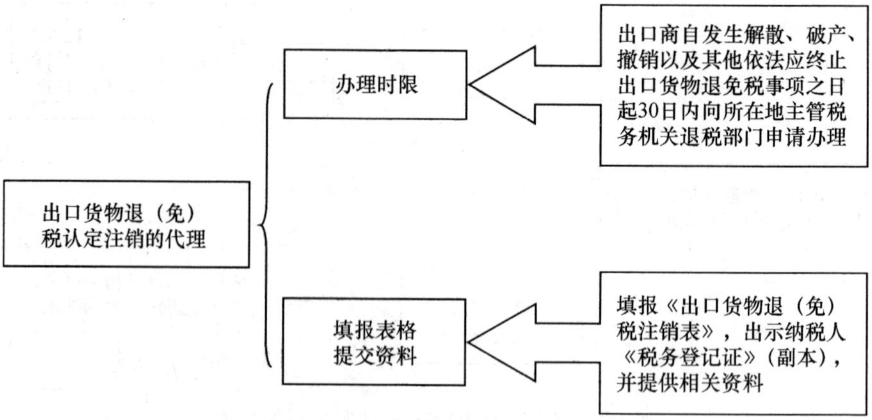

图 4-4　出口货物退(免)税认定注销的代理

本章小结

增值税纳税人如果想要按照一般纳税人的身份接受征管,首先需要申请一般纳税人认定;纳税人如果要享受出口货物退(免)税的政策,首先需要申请出口货物退(免)税认定。本章详细介绍了两种认定业务包括的具体内容,以及每项业务的办理时限、须填报的表格和提交资料。

本章重要术语

增值税一般纳税人转正认定;出口货物退(免)税认定变更

思考练习题

1. 代理一般纳税人认定申请时,办理时限是如何规定的?
2. 增值税一般纳税人的认定申请分几类?
3. 代理出口货物退(免)税认定时,应向税务机关提交哪些资料?

附表 4-1　增值税一般纳税人申请认定表

纳税人识别号：

纳税人名称：　　　　　　　　　　　　　　　　　　　　申请时间：　年　月　日

<table>
<tr><td>联系电话</td><td></td><td>企业类别</td><td></td></tr>
<tr><td rowspan="5">年度实际销售额或年度预计销售额</td><td colspan="2">生产货物的销售额</td><td></td></tr>
<tr><td colspan="2">加工、修理修配的销售额</td><td></td></tr>
<tr><td colspan="2">批发、零售的销售额</td><td></td></tr>
<tr><td colspan="2">应税销售额合计</td><td></td></tr>
<tr><td colspan="2">固定资产规模</td><td></td></tr>
<tr><td rowspan="3">会计财务核算状况</td><td colspan="2">专业财务人员人数</td><td></td></tr>
<tr><td colspan="2">设置账簿种类</td><td></td></tr>
<tr><td colspan="2">能否准确核算进项税额、销项税额</td><td></td></tr>
<tr><td>申请核发税务登记证副本数量</td><td></td><td>经批准核发数量</td><td></td></tr>
<tr><td>管理环节意见：

（公章）
负责人：
经办人：
年　月　日</td><td colspan="2">主管税务机关意见：

（公章）
负责人：
经办人：
年　月　日</td><td>上级税务机关：

（公章）
负责人：
经办人：
年　月　日</td></tr>
<tr><td>认定类型</td><td colspan="3"></td></tr>
</table>

注：1. 纳税人在办理开业登记时，可以按预计销售额填写，经主管税务机关审核后，暂定为增值税一般纳税人，享有增值税一般纳税人的所有权力与义务。一个会计年度结束纳税人根据实际经营情况，据实填写本表，交主管税务机关重新审核认定增值税一般纳税人。

2. 企业类别：填工业、商业、工商一体。

3. 认定类型：(1) 新办企业暂认定；(2) 小规模纳税人申请认定；(3) 暂认定期满转正。

4. 本表一式三份，纳税人填报后，经税务机关审核后，一份交纳税人，一份主管税务机关自存，一份上级税务机关存查。

附表 4-2　出口货物退(免)税认定表

编号：

<table>
<tr><td>经营者中文名称</td><td colspan="6"></td></tr>
<tr><td>经营者英文名称</td><td colspan="6"></td></tr>
<tr><td>海关代码</td><td colspan="3"></td><td>拼音助记符</td><td colspan="2"></td></tr>
<tr><td>电话</td><td>传真</td><td></td><td>邮编</td><td></td><td>电子信箱：</td><td></td></tr>
<tr><td>住所</td><td colspan="6"></td></tr>
<tr><td>经营场所(中文)</td><td colspan="6"></td></tr>
<tr><td>经营场所(英文)</td><td colspan="6"></td></tr>
<tr><td rowspan="2">纳税人识别号</td><td rowspan="2" colspan="2"></td><td rowspan="2" colspan="2">纳税人类型：</td><td colspan="2">一般纳税人(　)</td></tr>
<tr><td colspan="2">小规模纳税人(　)</td></tr>
<tr><td>纳税信用等级</td><td colspan="6"></td></tr>
<tr><td>主管征税机关名称：</td><td colspan="6"></td></tr>
<tr><td rowspan="2">注册类型</td><td>代码</td><td></td><td rowspan="2">预算级次</td><td rowspan="2"></td><td rowspan="2">行业归属</td><td>代码</td><td></td><td rowspan="2">隶属关系</td><td rowspan="2"></td></tr>
<tr><td>文字</td><td></td><td>文字</td><td></td></tr>
<tr><td colspan="3">对外贸易经营者备案登记表编号</td><td colspan="2"></td><td>经营者类型</td><td></td></tr>
<tr><td rowspan="3">工商登记</td><td>注册号</td><td></td><td>企业法人代表(个体工商负责人)姓名</td><td></td></tr>
<tr><td>注册日期</td><td></td><td rowspan="2">注册资金(企业资产/个人财产)
(人民币或美元)</td><td rowspan="2"></td></tr>
<tr><td>有效期</td><td></td></tr>
<tr><td>开户银行</td><td colspan="2"></td><td>账号</td><td></td></tr>
<tr><td rowspan="2">经营者授权办税人员</td><td colspan="2">姓名</td><td>电话</td><td></td></tr>
<tr><td colspan="2">姓名</td><td>电话</td><td></td></tr>
<tr><td>主管外汇管理局</td><td colspan="6"></td></tr>
<tr><td>附送件：</td><td colspan="6"></td></tr>
<tr><td colspan="4">出口退税办法的认定</td><td>退税机关认定</td></tr>
<tr><td rowspan="4">经营者类型及退税计算方法</td><td colspan="3">1. 生产企业免、抵、退税</td><td></td></tr>
<tr><td rowspan="2">2. 流通企业购进法</td><td colspan="2">1. 加权平均法</td><td rowspan="2"></td></tr>
<tr><td colspan="2">2. 单票对应法</td></tr>
<tr><td colspan="3">3. 其他</td><td></td></tr>
<tr><td>纸质凭证申报方式：</td><td>上门申报(　)
邮寄申报(　)</td><td colspan="2">电子数据申报方式</td><td>上门申报(　)
远程申报(　)</td></tr>
<tr><td>是否分部核算</td><td>是(　)　否(　)</td><td colspan="2">分部核算部门代码</td><td></td></tr>
</table>

（续表）

<table>
<tr><td rowspan="4">分支机构情况</td><td>名称</td><td colspan="2">纳税人登记号</td><td>负责人</td><td>电话</td><td>部门代码</td></tr>
<tr><td></td><td colspan="2"></td><td></td><td></td><td></td></tr>
<tr><td></td><td colspan="2"></td><td></td><td></td><td></td></tr>
<tr><td></td><td colspan="2"></td><td></td><td></td><td></td></tr>
<tr><td rowspan="4">变更登记事项</td><td colspan="2">日期</td><td colspan="3">变更项目</td><td>经办人</td></tr>
<tr><td colspan="2"></td><td colspan="3"></td><td></td></tr>
<tr><td colspan="2"></td><td colspan="3"></td><td></td></tr>
<tr><td colspan="2"></td><td colspan="3"></td><td></td></tr>
</table>

认定机关
签章
年　月　日

申请认定者请认真阅读以下条款，并由企业法定代表人或个体工商负责人签字、盖章以示确认。

一、遵守各项税收法律、法规及规章。

二、不伪造、变造、涂改、出租、出借、转让、出卖《出口货物退（免）税认定表》。

三、在认定表中所填写的信息及提交的材料是完整的、准确的、真实的。

四、《出口货物退（免）税认定表》上填写的任何事项发生变化之日起，30日内到原认定机关办理《出口货物退（免）税认定表》的变更手续。

以上如有违反，将承担一切法律责任。

此表一式两份。

签字（签章）
年　月　日

附表 4-3　出口货物退(免)税认定注销表

<table>
<tr><td colspan="2"></td><td>编号:</td></tr>
<tr><td>纳税人识别号:</td><td colspan="2"></td></tr>
<tr><td>纳税人名称</td><td colspan="2"></td></tr>
<tr><td colspan="3">注销事由:</td></tr>
<tr><td colspan="3">附送件:</td></tr>
<tr><td colspan="2">申请注销认定者请认真阅读以下条款,并由企业法定代表人或个体工商负责人签字、盖章以示确认。
一、遵守各项税收法律、法规及规章。
二、在出口货物退(免)税认定注销表中所填写的信息及提交的材料是完整的、准确的、真实的。

法定代表人签章:
纳税人公章:
年　月　日</td><td>税务机关意见:

经办人:

批准人:

税务机关公章:
年　月　日</td></tr>
<tr><td colspan="3">本表一式两份,税务机关和申请认定者各执一份。
填表说明:属于正常注销的,出口企业要填写注销事由和在该表左下企业申明栏签章。非正常注销的,由主管退税的税务机关填写注销事由,企业申明栏可空置。</td></tr>
</table>

第五章

建账记账代理实务

学习目标

通过本章的学习，读者应该能够：

- 了解代理建账的基本要求；
- 掌握代理建账记账的操作规范。

第一节　代理建账的基本要求

我国征管法规定,从事生产、经营的纳税人应当自领取营业执照或者发生纳税义务之日起15日内,按照国家有关规定设置账簿;生产、经营规模小又确无建账能力的纳税人,可以聘请专业机构或财会人员代为建账和办理账务。建账记账是注册税务师执业的一项内容,而代理建账记账的主要对象就是个体工商户。国家税务总局专门制定了《个体工商户建账管理暂行办法》(国家税务总局令[2006]17号)(以下简称《办法》)来规范建账记账的有关管理。

一、个体户建账的基本要求

《办法》规定,凡从事生产、经营并有固定生产、经营场所的个体工商户,都应当按照法律、行政法规和本办法的规定设置、使用和保管账簿及凭证,并根据合法、有效凭证记账核算。

个体工商户可以聘请经批准从事会计代理记账业务的专业机构或者具备资质的财会人员代为建账和办理账务。

二、个体户建账的分类标准

《办法》规定,符合下列情形之一的个体工商户,应当设置复式账:注册资金在20万元以上的;销售增值税应税劳务的纳税人或营业税纳税人月销售(营业)额在40 000元以上;从事货物生产的增值税纳税人月销售额在60 000元以上;从事货物批发或零售的增值税纳税人月销售额在80 000元以上的;省级税务机关确定应设置复式账的其他情形。

符合下列情形之一的个体工商户,应当设置简易账,并积极创造条件设置复式账:注册资金在10万元以上20万元以下的;销售增值税应税劳务的纳税人或营业税纳税人月销售(营业)额在15 000元至40 000元;从事货物生产的增值税纳税人月销售额在30 000元至60 000元;从事货物批发或零售的增值税纳税人月销售额在40 000元至80 000元的;省级税务机关确定应当设置简易账的其他情形。

三、建账的具体要求

达到建账标准的个体工商户,应当根据自身生产、经营情况和本办法规定的设置账簿条件,对照选择设置复式账或简易账,并报主管税务机关备案。账簿方式一经确定,在一个纳税年度内不得进行变更。

达到建账标准的个体工商户，应当自领取营业执照或者发生纳税义务之日起 15 日内，按照法律、行政法规和本办法的有关规定设置账簿并办理账务，不得伪造、编造或者擅自损毁账簿、记账凭证、完税凭证和其他有关资料。

设置复式账的个体工商户应按《个体工商户会计制度(试行)》的规定设置总分类账、明细分类账、日记账等，进行财务会计核算，如实记载财务收支情况。成本、费用列支和其他财务核算规定按照《个体工商户个人所得税计税办法(试行)》执行。

复式账簿中现金日记账、银行存款日记账和总分类账必须使用订本式，其他账簿可以根据业务的实际发生情况选用活页账簿。简易账簿均应采用订本式。

设置简易账的个体工商户应当设置经营收入账、经营费用账、商品(材料)购进账、库存商品(材料)盘点表和利润表，以收支方式记录、反映生产经营情况并进行简易会计核算。

第二节　代理建账记账的操作规范

一、代建个体工商户会计制度

注册会计师为个体工商户建立复式账簿，应按个体工商户会计制度的规定，设置和使用会计科目；企业也可结合企业自身特点和实际情况，增加、减少或合并某些会计科目，制定本企业的会计制度，并按月编制资产负债表、应税所得表和留存利润表。

当然，企业可以选择按照新的会计准则作为核算的依据。代理建账的，就按照新的会计准则，可以为本企业建立一个会计制度。

二、代理记账操作规范

注册会计师代理记账，应领购统一格式的账簿凭证。账簿和凭证要按发生的时间先后顺序填写、装订或粘贴，凭证和账簿不得涂改、毁损、挖补。各种账簿、凭证和表格必须保存 10 年以上。

代理记账的会计处理依据，是国家统一的会计及税收法律、法规、规章和规范性文件。

(一) 代制会计凭证

代制会计凭证是代理记账的第一个环节。注册税务师需要根据业务发生的情况，审核原始凭证，代制记账凭证。

1. 审核原始凭证

原始凭证分为自制原始凭证和外来原始凭证,是进行会计核算的原始资料。注册税务师代理记账但不代客户制作原始凭证,仅指导其正确填制或依法取得有效的原始凭证。为了保证凭证的真实合法,注意从以下几个方面审核原始凭证:

(1) 原始凭证内容的真实性与完整性。凭证所记录的经济业务应与实际情况相符,各项内容应填写齐全。开具或取得的发票,其客户名称、业务内容、单位价格、金额等项目应该真实完整,各联次一次性填写,凡属名实不符或项目不全的发票,应指导纳税单位加以改正。

(2) 原始凭证的时效性和合法性。原始凭证入账的时间有一定的时间要求,凭证上注明的时间与会计核算期间相符,凭证的取得也应符合财务和税收征管以及凭证管理的相关规定。

2. 代制记账凭证

记账凭证是根据合法的原始凭证或原始凭证汇总表编制的,是登记账簿的依据。注册税务师应根据纳税单位原始凭证的多寡和繁简情况,按月或按旬到户代制记账凭证。

(1) 根据原始凭证反映的业务内容进行简要概括,填入"摘要"栏内。

(2) 按照会计准则或会计制度的要求,根据实际交易或事项的实质,进行确认和计量。需要根据会计科目的内容正确编制会计分录,做到对应关系清晰、金额准确。

(3) 将记账凭证连续编排号码并附列原始凭证,按月装订成册。

会计凭证是重要的会计档案和信息资料,注册税务师完成记账凭证的编制后,应帮助纳税单位建立立卷归档制度,指定专人保管。

(二) 代记会计账簿

注册会计师根据凭证所确定的会计分录,分别在日记账和分类账的有关账户中进行登记的工作,称为"过账";按一定的会计期间计算有关账户的发生额合计数及余额并进行登记的工作,称为"结账"。过账和结账就是记账的顺序和内容。

代理简易账的记账工作是以收支方式记录、反映生产情况并进行简易会计核算,在编制记账凭证后根据业务内容按时间顺序记入相关账户,实际上就是俗称的流水账。

代理复式记账的操作应根据会计账户的特点来进行。具体包括以下几个方面:

(1) 现金日记账和银行存款日记账,应由纳税单位的出纳人员登记,注册会计师审核有关凭证和登记内容，使其能逐日反映库存现金和银行存款收入的来源、支出与结存的情况，保证记录准确、账实相符。

（2）总分类账一般应采用借、贷、余三栏式的订本账。可以直接根据各记账凭证逐笔登记，也可以先编制成汇总记账凭证或科目汇总表，再据以登记。每月完成过账后要及时结账，月份终了结出的总账、各分类账户的本期发生额和期末余额，是编制会计报表的主要依据。

（3）明细分类账是总账的明细科目，分类地记录和反映个体户资产、负债、所有者权益、收入、成本、费用等要素的明细信息。注册税务师应根据企业所属经营行业特点，经营项目的主要范围，业务发生的实际状况以及涉及的内容，以能够满足会计信息使用者的要求为标准来设置明细分类账。

明细分类账一般采用活页式账簿，其格式可选择三栏式、数量金额式或者多栏式。登记方法可逐笔登记，也可定期汇总登记。

注册税务师将上述账簿登记编制完毕，还应进行对账工作，进行账证核对、账账核对和账实核对，在会计期末及时结账，以确定本期收入、费用和应税所得，同时也为编制会计报表准备数据。

（三）代编会计报表

在会计账簿的基础上编制会计报表，是将整体财务会计信息的综合报告。是会计核算的目标和结果的体现。新会计准则规定会计报表起码应包括资产负债表、利润表和现金流量表。而有关制度规定，设置复式账的个体工商户应编报资产负债表、应税所得额表和留存利润表；设置简易账的仅要求编报应税所得表。报表代编的要求主要是：

（1）数字真实、内容完整。根据权责发生制的要求，会计报表应在全部经济业务登记入账并进行对账、结账和试算平衡后，再根据账簿资料编制，应做到内容填报齐全，数字真实可靠。

（2）计算准确、报送及时。会计报表要以会计账簿各明细科目期末余额为依据，反映出表账之间、表表之间严密的数字逻辑关系，既不能漏报，也不可随意编报。

（3）按时完成会计报表的报送工作。会计报表是为信息使用者提供的。征管法规定，纳税人必须在规定时间内办理纳税申报，并向税务机关报送财务会计报表。代理记账的，应注意在法定期限内完成向有关部门报送报表的工作。

代理记账的操作规范如图 5-1 所示。

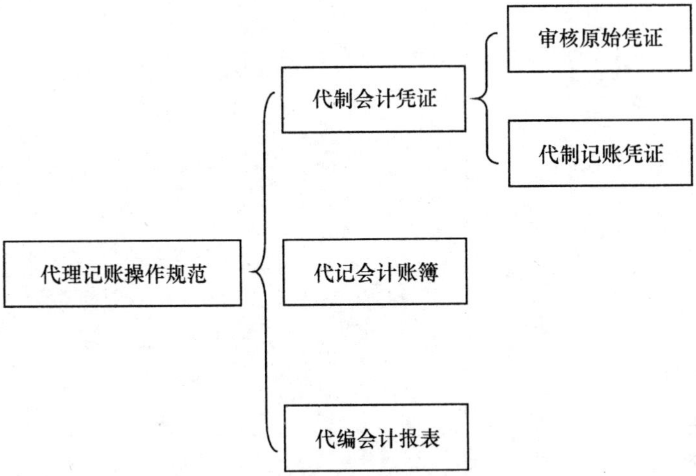

图 5-1　代理记账操作规范

本章小结

税法规定纳税人应该按照国家规定设置账簿；生产、经营规模小又确无建账能力的纳税人，可以聘请专业机构或财会人员代为建账和办理账务。建账记账是注册税务师执业的一项内容，而代理建账记账的主要对象就是个体工商户。注册税务师代理建账记账的，应该按照有关会计税收的法规、规章以及《个体工商户建账管理暂行办法》（国家税务总局令[2006]17 号）的规定开展业务。

思考练习题

1. 当前我国对个体户设置复式账和简易账的标准是什么？

2. 代理建账记账的大环节包括几个？代理记账时，会计处理的依据是什么？

第六章

发票管理代理实务

学习目标

通过本章的学习,读者应该能够:

- 了解发票领购等事项代理业务的内容;
- 掌握发票领购各环节代理业务的程序和资料要求;
- 熟悉代理发票审查的操作重点。

第一节　发票领购等事项代理实务

发票是单位和个人在购销商品、提供或者接受服务以及从事其他经营活动中,开具、收取的收付款凭证。发票是企业会计核算的重要原始凭证,也是确定税基的主要依据。我国税务机关是发票的管理机关。涉及发票的日常管理业务,有一系列需要申请审批的事项,注册税务师在代理企业办理相关事项时,应按照有关规定和要求填报相关表格、报送有关资料。

一、发票领购资格申请

依法办理税务登记的单位和个人,在领取税务登记证件后,向主管税务机关申请领购发票,经主管税务机关审核后,发放《发票领购簿》,作为领购发票的依据。

代理发票领购资格申请时,需要填报《纳税人领购发票票种核定申请表》(见附表 6-1)一份;同时须出示《税务登记证》(副本),需报送经办人的身份证明以及财务专用章或发票专用章印模。

税务机关应在 20 个工作日内审核完毕,办结有关事项。代理人注意领取税务机关的审批结果。

发票领购资格申请如图 6-1 所示。

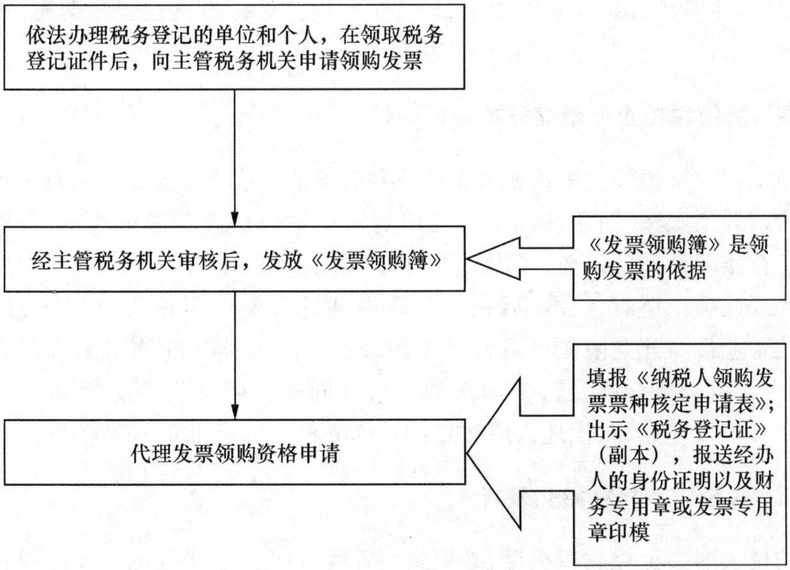

图 6-1　发票领购资格申请流程

二、发票购领

纳税人需要使用发票的，凭《发票领购簿》核准的种类、数量以及购票方式，向主管税务机关领购发票。

代理领购发票时，须提供如下资料：

(1) 发票领购簿；

(2) 财务专用章或发票专用章；

(3) 税控 IC 卡(增值税一般纳税人使用)；

(4) 已用发票存根(初次领购者除外，购税控发票须提供已开具的最后一张记账联)。

代理领购发票的，还应按照规定交纳发票工本费，并索取税务机关开具的行政性收费票据；同时应核对《发票领购簿》上税务机关打印的发票验旧和发售记录，尤其应核对实际领购发票数量、种类、字轨号码是否符合自身要求，是否与领购簿登记内容相符，有无错发、错登等情况。

三、发票用票量的调整

纳税人因业务量变化等原因，可对其使用的发票数量(《发票领购簿》中核准的数量)提出调整申请。

代理此项事宜，须填报《纳税人领购发票票种核定申请表》一份，报送主管税务机关；主管税务机关审核批准，将签署审批意见，并在《发票领购簿》上打印相应的核定信息，作为今后领用的依据。

四、防伪税控企业最高开票限额申请

新认定为增值税一般纳税人的防伪税控企业，可以在认定的同时申请专用发票最高开票限额，防伪税控企业已申请专用发票最高开票限额的，可以根据生产经营实际情况的需要，提出变更最高开票限额的申请。

代理此项申请时，应填报《税务行政许可申请表》(见附表 6-2)一份和《防伪税控企业最高开票限额申请表》(见附表 6-3)三份；同时还须提供单笔销售业务、单台设备销售合同及其复印件和履行合同的证明材料。税务机关将在 20 个工作日审核并办结，代理人应注意接受税务机关的审批意见和有关文书。

五、税控收款机初始化发行

纳税人购买税控收款机后，必须到主管税务机关注册登记并实施税控初始化，写入购票信息后税控收款机才能正常使用。

代理初始化发行时，首先应在纳税人安装税控收款机前 2 个工作日内向税务机关申请税控收款机初始化。

办理时，应填报《税控收款机用户注册登记及最高开票限额审批表》（见附表 6-4）1 份，同时出示《发票购领簿》，并报送如下资料：《纳税人领购发票票种核定申请表》，税控收款机用户卡和税控卡，购机发票复印件。

税务机关将在 7 个工作日内办结此事项。税务机关要制作发行 IC 卡，持 IC 卡到纳税人生产经营场所进行税控收款机初始化，并根据初始化数据发行纳税人报税 IC 卡。代理人应关注税务机关返还的资料和 IC 卡。

六、发票缴销

纳税人办理注销、变更税务登记，取消一般纳税人资格，丢失、被盗发票，流失发票，改版、换版、次版发票（是指对纳税人已购买的发票），超期限未使用空白发票，霉变、水浸、鼠咬、火烧发票等，需进行发票缴销处理。

代理发票缴销业务，应填报《发票缴销登记表》（见附表 6-5）两份，同时提供《发票领购簿》、需缴销的空白发票以及税控 IC 卡（一般纳税人注销税务登记、取消一般纳税人资格还需提交金税卡）等资料。

代理人应注意收回税务机关返还的《发票缴销登记表》，并核对税务机关签署的有关意见。

七、企业衔头发票印制申请

有固定生产经营场所、财务和发票管理制度健全、发票使用量较大的单位，可以申请印制印有本单位名称的发票；如统一发票式样不能满足业务需要，也可以自行设计本单位的发票式样，但均须报经县（市）以上税务机关批准。

代理企业衔头发票印制申请的，须填报《税务行政许可申请表》一份以及《企业衔头发票印制申请审批表》（见附表 6-6）一份，同时提供企业自行设计的本单位发票式样。

税务机关将在 20 个工作日内办结此事项，代理人注意收回税务机关返还的文书，核对税务机关的具体意见。

八、普通发票代开申请

代开发票是指由税务机关根据收款方（或提供劳务服务方）的申请，依照法规、规章以及其他规范性文件的规定，代为向付款方（或接收劳务服务方）开具发票的行为。代开发票主要是不经常发生纳税义务的单位和个人，偶尔有用票需求的情况下，或者是日常领购发票不能满足某一次、某一项业务需要的情况下，向税务机关提出的申请。

代理此项业务时，须填报《代开发票申请表》（见附表6-7）一份，同时出示申请代开发票人的合法身份证件。还须提供如下资料：① 付款方（或接收劳务服务方）对所购物品品名（或劳务服务项目）、单价、金额等出具的书面确认证明，对个人小额销售货物和劳务只需提供身份证明；② 提供由生产地村委会出具的自产初级农产品证明（适用于代开免税项目）。

另外，代理申请开具发票的，须按规定计算缴纳应纳税额，并以完税凭证或证明一并提交税务机关。对于免税的项目可以直接代开普通发票。

九、专用发票代开申请

已办理税务登记的小规模纳税人（包括个体经营者）以及国家税务总局确定的其他可予代开增值税专用发票的纳税人，可提出代开增值税专用发票的申请，主管税务机关为其代开增值税专用发票的业务。

代理专用发票代开申请时，需要填报《代开增值税专用发票缴纳税款申报单》（见附表6-8）一式两份，并按规定缴纳税款，出示完税凭证，同时提交税务登记证副本。

十、使用经营地发票申请

外埠纳税人持《外出经营活动税收管理证明》到异地经营，需要使用经营地发票时可以到经营地税务机关申请领购普通发票。

代理使用经营地发票申请业务时，应该填报《税务行政许可申请表》一份和《纳税人领购发票票种核定申请审批表》一份。同时需要出示购票员身份证明和注册地税务机关核发的《税务登记证》副本，还需报送如下资料：①《外出经营活动税收管理证明》；② 财务专用章或发票专用章印模。

税务机关将在20个工作日内审核办理完毕。代理人应根据税务机关返还文书和意见领购经营地发票。

十一、使用计算机开票申请

纳税人使用电子计算机开具发票，须经主管税务机关批准，并使用税务机关统一监制的机外发票，开具后的存根联应当按照顺序号装订成册。

代理使用计算机开票申请时，应填报《纳税人领购发票票种核定申请表》一份，同时提供计算机开具发票的软件及使用说明书，并提供企业的财务专用章或发票专用章印模和发票票样。

第二节　发票审查代理实务

一般情况下的纳税审查会涉及对发票的审查。注册税务师可在代理纳税审查时实施对发票的审查,也可单独受理企业发票审查代理业务。这个过程属于企业自查的范畴,可以有效指导当事人发票管理活动,以减少纳税风险。

一、普通发票的代理审查

1. 审查发票基础管理情况

发票基础管理工作状况,直接影响到发票使用、保管等各个环节的管理成效。发票基础管理工作包括用票单位发票管理人员的配备、发票存放的安全性、发票取得与开具管理环节的严密性等。

2. 审查发票领购、保管情况

对发票领购环节主要审查发票的手续是否合法,有无私印、私购发票的问题;对发票保管环节主要审查发票存根、库存未用的发票是否保存完整,账面数字与实际库存数是否相等,有无发生丢失、霉烂等情况;审核已用的发票存根联及作废发票是否完整保存,是否按照规定造册登记并报税务机关销毁(已开具的发票存根联和发票登记簿,应当保存5年;其他发票应当保存10年)。

3. 审查发票的使用情况

(1) 审查发票开具的内容是否真实,即票面各项内容所反映的信息是否符合用票单位的真实业务情况。

(2) 审查发票有无超经济范围填开的问题,填开的方法是否符合规定要求,如发票各栏目的填写是否准确无误,各联次是否一次性开具,是否加盖了财务专用章或发票专用章,大小写金额是否封顶等。

(3) 审查发票的取得是否符合发票管理制度的规定,有无转借、代开或虚开发票的问题。对从中国境外取得发票如有疑问,则可要求纳税人提供境外公证部门或注册会计师的确认证明。

二、增值税专用发票的代理审查

除了上述普通发票审查的内容和方法外,增值税专用发票的审查还应注意以下几个方面:

(1) 专用发票的开具范围。审查发生销售免税项目、在境外销售应税劳务、向消费者销售应税项目时,是否开具了专用发票。

(2) 取得的增值税专用发票抵扣联。对取得的专用发票抵扣联的时间、内容、税额计算等方面进行详细核查,凡属于未按规定取得的情况,应提示纳税人不得计算抵扣进项税额。

(3) 专用发票的缴销。一般纳税人注销税务登记或者转为小规模纳税人,应将专用设备和结存未用的纸质专用发票送交主管税务机关,由主管税务机关缴销其专用发票,并按有关安全管理的要求处理专用设备。注意应在规定的期限内办理有关事项。

本章小结

本章涉及两部分内容,一为发票领购等事项的代理实务,二为发票审查代理实务。发票领购环节需要审批的事项较多,本章介绍了如下代理业务:发票领购资格申请、发票领购、发票用票量的调整、防伪税控企业最高开票限额申请、税控收款机初始化发行、发票缴销、代开发票、使用经营地发票申请、使用计算机开票申请以及发票拆本使用和携带、运输空白发票申请。发票审查代理业务,需要审查发票的基础管理情况、发票领购保管情况以及发票的使用情况,对增值税专用发票,还应审查其开具范围、取得抵扣联和缴销业务的审查。

本章重要术语

发票领购簿;税控收款机初始化发行;代开发票

思考练习题

1. 代理领购发票时,需要提供哪些资料?
2. 代理纳税人税控收款机初始化发行时,需要办理哪些事项?
3. 哪些企业可以申请印制印有本单位名称的发票?
4. 代开发票需要提供哪些资料?必须完成哪些义务?

附表 6-1　纳税人领购发票票种核定申请表

<table>
<tr><td colspan="2">纳税人识别号</td><td colspan="3"></td><td colspan="2">法人代表</td><td colspan="2"></td></tr>
<tr><td colspan="2">纳税人名称</td><td colspan="3"></td><td colspan="2"></td><td colspan="2"></td></tr>
<tr><td colspan="2">购票员名称</td><td colspan="2">证件类型</td><td colspan="5">证件号码</td></tr>
<tr><td colspan="2"></td><td colspan="2"></td><td colspan="5"></td></tr>
<tr><td colspan="3">发票名称</td><td colspan="2">月用票量</td><td colspan="2">发票名称</td><td colspan="2">月用票量</td></tr>
<tr><td colspan="3"></td><td colspan="2"></td><td colspan="2"></td><td colspan="2"></td></tr>
<tr><td colspan="3"></td><td colspan="2"></td><td colspan="2"></td><td colspan="2"></td></tr>
<tr><td colspan="5">申请理由：
申请人(签章)
年　月　日</td><td>申请人财务专用章或发票专用章印模</td><td colspan="3"></td></tr>
<tr><td colspan="9">以下由税务机关填写</td></tr>
<tr><td>发票名称</td><td>种类代码</td><td>操作类型</td><td>每月最高购票数量</td><td>每次购票最高数量</td><td>纳税人持票最高数量</td><td>开具最大金额</td><td>购票方式</td><td>联次屏蔽标志</td></tr>
<tr><td></td><td></td><td></td><td></td><td></td><td></td><td></td><td></td><td></td></tr>
<tr><td></td><td></td><td></td><td></td><td></td><td></td><td></td><td></td><td></td></tr>
<tr><td></td><td></td><td></td><td></td><td></td><td></td><td></td><td></td><td></td></tr>
<tr><td></td><td></td><td></td><td></td><td></td><td></td><td></td><td></td><td></td></tr>
<tr><td colspan="9">主管税务机关税源管理环节审批意见：
(公章)
负责人：　　经办人：　　年　月　日</td></tr>
<tr><td colspan="5">主管税务机关发票管理环节审批意见：
经办人　　(公章)
负责人：　　年　月　日</td><td colspan="4">主管税务机关审批意见：
(公章)
主管局长：　　年　月　日</td></tr>
</table>

注：1. 本表系纳税人初次购票前及因经营范围变化等原因，需增减发票种类数量时填写；

2. 经审批同意后，将有关发票内容填写在《发票领购簿》中；

3. 此表不做为日常领购发票的凭据；

4. 操作类型分为：增加、修改、删除；

5. 一式两份，一份纳税人留存，一份税务机关留存。

附表 6-2　税务行政许可申请表

申请日期：　　　　　　　　　　年　月　日　　　　　　　　　　编号：

<table>
<tr><td rowspan="8">申请人</td><td>姓名</td><td></td><td>身份证件</td><td></td></tr>
<tr><td>电话</td><td></td><td>邮政编码</td><td></td></tr>
<tr><td>住址</td><td colspan="3"></td></tr>
<tr><td>单位</td><td></td><td>法定代表人</td><td></td></tr>
<tr><td>邮政编码</td><td></td><td>电话</td><td></td></tr>
<tr><td>地址</td><td colspan="3"></td></tr>
<tr><td>委托代理人</td><td></td><td>身份证件</td><td></td></tr>
<tr><td>住址</td><td></td><td>电话</td><td></td></tr>
<tr><td>申请事项</td><td colspan="4">（在申请事项前划“√”）
1．指定企业印制发票；
2．对发票使用和管理的审批：
（1）申请使用经营地发票；
（2）拆本使用发票；
（3）使用计算机开具发票；
（4）批准携带、运输空白发票；
（5）印制有本单位名称的发票；
3．对发票领购资格的审核；
4．对增值税防伪税控系统最高开票限额的审批；
5．建立收支凭证粘贴簿、进货销货登记簿或者使用税控装置的审批；</td></tr>
</table>

受理人（审核人）：　　　　　　　　　　　　　　　　收到日期：　年　月　日

附表 6-3 防伪税控企业最高开票限额申请表

纳税人编号:□□□□□□□□□

纳税人识别号:□□□□□□□□□□□□□□□□□□□□

纳税人名称:

<table>
<tr><td colspan="2">注册地址</td><td colspan="2"></td><td colspan="2">商贸企业规模</td><td></td></tr>
<tr><td colspan="2">一般纳税人类型</td><td colspan="2"></td><td colspan="2">一般纳税人级别</td><td></td></tr>
<tr><td colspan="2">纳入防伪税控系统时间</td><td colspan="2"></td><td colspan="2">是否新办企业</td><td>是□ 否□</td></tr>
<tr><td colspan="2">申请最大开票限额</td><td colspan="2"></td><td colspan="2">一般纳税人认定时间</td><td></td></tr>
<tr><td colspan="2">是否直接认定为大中型商贸企业</td><td colspan="5">是□ 否□</td></tr>
<tr><td>序号</td><td>有效期起</td><td>有效期止</td><td>适用发票版式</td><td>月开发票数量</td><td>最大开票限额</td><td>分开票机数</td></tr>
<tr><td>1</td><td></td><td></td><td></td><td></td><td></td><td></td></tr>
<tr><td>2</td><td></td><td></td><td></td><td></td><td></td><td></td></tr>
<tr><td>3</td><td></td><td></td><td></td><td></td><td></td><td></td></tr>
<tr><td colspan="7">税务机关审批情况</td></tr>
<tr><td>审批结果</td><td colspan="2">同意□ 不同意□</td><td colspan="2">批准最高开票限额</td><td colspan="2"></td></tr>
<tr><td rowspan="2">购票方式</td><td>有效期限□</td><td>起</td><td colspan="2"></td><td>止</td><td></td></tr>
<tr><td>永久有效□</td><td>起</td><td colspan="4"></td></tr>
<tr><td colspan="2">实地核查报告</td><td colspan="5"></td></tr>
<tr><td colspan="2">税源管理部门意见:

经办人:

负责人:

年 月 日</td><td colspan="2">税管部门审批意见:

经办人:

负责人:

年 月 日</td><td>主管税务机关意见:

负责人:

年 月 日</td><td>上级税务机关意见:

经办人:

负责人:

年 月 日</td><td>上级税务机关意见:

负责人:

年 月 日</td></tr>
</table>

注:本表适用于变更防伪税控最大开票限额时使用。

附表 6-4　税控收款机用户注册登记及最高开票限额审批表

填报人：　　　　　　　　　　　　　　　　　　　　　　　　　填报时间：

纳税人识别号		纳税人计算机代码	
纳税人名称			
经营地址			
法人代表		注册类型	
所属行业		经营项目	
主管科(所)		所属乡镇、街道	
办税员		联系电话	
单笔收入开票最高金额(元)：		核准税务登记时间	
月累计销售收入最高金额(元)：		本次申请购买税控收款机类型： 台数：　　台	
月累计销售退回最高金额(元)：			
数据报送方式(选项划"√")		用户卡(　)数据存储介质(　)网络(　)	
经办负责人签字： 企业公章 年　月　日			
以下请交税务机关填写		受理人：　　年　月　日	
发票核定状态(选项划"√")		初始核定(　)	变更核定(　)
最高开票限额状态(选项划"√")		初始审批(　)	变更审批(　)
单张开票最高限额(元)：		发票累计金额限额(元)：	
退票累计金额限额(元)：		数据报送期限：　天	数据报送有效期：　天
税种	税目	税率%(或)征收率%	纳税期限(半年/年/季/月)
批准使用发票种类	每月、每次购票量(份)	数据报送方式	数据报送类型
		用户卡(　)	汇总(　)
		数据存储介质(　)	明细(　)
		网络(　)	

（续表）

<table>
<tr><td rowspan="3">税务机关
审查意见</td><td colspan="5">审核人员同意（是□否□）使用何种发票（编码）________，数量________（包或卷）。签字：　　　　年　月　日</td></tr>
<tr><td colspan="5">主管税务所长同意（是□否□）使用何种发票（编码）________，数量________（包或卷）。签章：　　　　年　月　日</td></tr>
<tr><td colspan="5">主管局长签字：</td></tr>
<tr><td colspan="2">录入信息状态（已录入划"√"）</td><td></td><td>录入人员签字</td><td></td><td>年　月　日</td></tr>
<tr><td colspan="6">以下栏目请交税控收款机服务商及安全管理部门填写</td></tr>
<tr><td>机器型号</td><td colspan="2">机器编号</td><td colspan="2">税控卡号</td><td>用户卡号</td></tr>
<tr><td></td><td colspan="2"></td><td colspan="2"></td><td></td></tr>
<tr><td></td><td colspan="2"></td><td colspan="2"></td><td></td></tr>
<tr><td></td><td colspan="2"></td><td colspan="2"></td><td></td></tr>
<tr><td colspan="3">服务商签章</td><td colspan="3">安全管理部门盖章</td></tr>
</table>

附表 6-5　发票缴销登记表

纳税人识别码：

纳税人名称：

发票名称	发票代码	缴销类别	本数	份数	起始号码	终止号码	备注

缴销原因：

（签章）

办税人员：　　　　法定代表人（负责人）：　　　　年　月　日

办税服务厅意见：

经办人：　　　　负责人：　　　　（章）

年　月　日　　　　年　月　日

主管税务机关税源管理环节意见：

经办人：

（章）

负责人：　　　　年　月　日　　　　缴销人：　　　　监销人：

附表 6-6　企业衔头发票印制申请审批表

纳税人识别号：□□□□□□□□□□□□□□□

纳税人编码：

纳税人名称（章）：

申请印制发票理由												
生产经营地址				联系电话				邮政编码				
发票种类	发票代码	发票名称	本（份）数	份数/本	金额版	文字版	规格	联次	纸质	装订方式	起始号码	终止号码
法定代表人：				发票经办人：				申请日期：				（签章） 年　月　日
以下由税务机关填写												
主管税务机关意见			负责人：				经办人：					年　月　日
分局发票管理中心审批意见			主管局长：		负责人：		经办人：					（公章） 年　月　日
市局发票管理中心审批意见			交货日期		收款日期		销售单价		销售金额	印制单价		印制金额
			主管局长：			负责人：		经办人：				（公章） 年　月　日

注：1．指印刷机外发票及带有纳税人名称的衔头发票；

2．本表一式二份，一份主管税务机关发票管理环节留存，一份上级税务机关发票管理环节存查。

附表 6-7　代开发票申请表

纳税人识别号(身份证号码):

纳税人名称:　　　　　　　　　开票类别:　　　　　　　　　编号:

<table>
<tr><td>货物或应税劳务名称</td><td>单位</td><td>数量</td><td>单价</td><td>金额</td><td>税率
(征收率)</td><td>税 额</td></tr>
<tr><td></td><td></td><td></td><td></td><td></td><td></td><td></td></tr>
<tr><td></td><td></td><td></td><td></td><td></td><td></td><td></td></tr>
<tr><td></td><td></td><td></td><td></td><td></td><td></td><td></td></tr>
<tr><td></td><td></td><td></td><td></td><td></td><td></td><td></td></tr>
<tr><td></td><td></td><td></td><td></td><td></td><td></td><td></td></tr>
<tr><td></td><td></td><td></td><td></td><td></td><td></td><td></td></tr>
<tr><td></td><td></td><td></td><td></td><td></td><td></td><td></td></tr>
<tr><td>价税合计(大写金额)</td><td colspan="6"></td></tr>
<tr><td>付款方纳税人名称</td><td colspan="2"></td><td colspan="2">联系电话</td><td colspan="2"></td></tr>
<tr><td>付款方地址</td><td colspan="2"></td><td colspan="2">开户银行及账号</td><td colspan="2"></td></tr>
<tr><td>付款方纳税人识别号</td><td colspan="6"></td></tr>
<tr><td colspan="7">申请理由:

(签章)经办人:
年　月　日</td></tr>
<tr><td colspan="7">办税服务厅意见:

经办人:　　　　负责人:　　　　(章)
年　月　日　　　　年　月　日</td></tr>
<tr><td colspan="7">主管税务机关税源管理环节审批意见:

经办人:　　　　负责人:　　　　(章)
年　月　日　　　　年　月　日</td></tr>
<tr><td colspan="7">备注:</td></tr>
</table>

附表 6-8　代开增值税专用发票缴纳税款申报单

税务机关名称：　　　　　　　　　　　　　　　　　　　　　　　　编号：

我单位提供的开票资料真实、完整、准确，符合有关法律、法规，否则我单位将承担一切法律责任。现申请代开增值税专用发票。

填开日期：　　年　月　日

<table>
<tr><td rowspan="2">购货单位</td><td>名称</td><td colspan="3"></td><td colspan="2">税务登记号</td><td colspan="2"></td></tr>
<tr><td>地址、电话</td><td colspan="3"></td><td colspan="2">开户银行及账号</td><td colspan="2"></td></tr>
<tr><td colspan="2">货物或应税劳务名称</td><td>规格型号</td><td>计量单位</td><td>数量</td><td>单价</td><td>金额</td><td>征收率</td><td>税额</td></tr>
<tr><td colspan="2"></td><td></td><td></td><td></td><td></td><td></td><td></td><td></td></tr>
<tr><td colspan="2"></td><td></td><td></td><td></td><td></td><td></td><td></td><td></td></tr>
<tr><td colspan="2"></td><td></td><td></td><td></td><td></td><td></td><td></td><td></td></tr>
<tr><td colspan="2"></td><td></td><td></td><td></td><td></td><td></td><td></td><td></td></tr>
<tr><td colspan="2">价税合计（大写）</td><td colspan="7">（小写）¥</td></tr>
<tr><td colspan="2">备注</td><td colspan="7"></td></tr>
<tr><td rowspan="2">销货单位</td><td>名称</td><td colspan="3"></td><td colspan="2">税务登记号</td><td colspan="2"></td></tr>
<tr><td>地址、电话</td><td colspan="3"></td><td colspan="2">开户银行及账号</td><td colspan="2"></td></tr>
<tr><td colspan="3">税务机关税款征收岗位
税收完税凭证号：

（签字）：
年　月　日</td><td colspan="3">税务机关代开发票岗位
发票代码：
发票号码：

（签字）：
年　月　日</td><td colspan="3">经核对，所开发票与申报单内容一致。

申请单位经办人（签字）：
年　月　日</td></tr>
</table>

申请代开发票单位（公章）　法人代表（签字）　财务负责人（签字）　填写人（签字）

注：第一联：申请代开发票单位留存。第二联：税务机关代开发票岗位留存。第三联：税务机关税款征收岗位留存。

第七章

增值税代理实务

学习目标

通过本章的学习,读者应该能够:

- 熟悉增值税的账务处理和税款计算的有关规定;
- 掌握增值税纳税审查代理的程序、环节、内容和方法;
- 熟悉增值税申报代理的业务流程和报送资料的内容;
- 掌握增值税纳税申报表的填报方法。

增值税是我国第一大税种，凡在我国销售货物、提供加工、修理修配劳务，以及进口货物的单位和个人，都应该缴纳增值税。增值税的代理业务对纳税人和代理机构来说都非常重要。

第一节　增值税的账务处理

我国增值税价外征收，计税依据是不含增值税额的销售额，货物、应税劳务的价款与税款分别核算。与营业税、消费税相比，在会计科目设置和账务处理上有很大差异。

增值税纳税人分为一般纳税人和小规模纳税人两类，分别采用不同的计税方法：一般纳税人按照销项税额和进项税额来计算应纳增值税额；小规模纳税人采取简易办法计税，不得抵扣进项税额。因此，两类纳税人的会计科设置和账务处理亦各不相同。增值税的账务处理过程，实际包含了税款的确认和计算过程。

一、一般纳税人的会计科目和账务处理

一般纳税人在“应交税费”下设置“应交增值税”、“未交增值税”、“增值税检查调整”三个明细科目。

（一）应交税费——应交增值税

应交增值税明细科目本身需要反映很多经济内容，因此其账户还需设置若干明细专栏，以准确确认和计量有关交易和事项。

1. 进项税额

“进项税额”记录企业购入货物或接受应税劳务而支付的、准予从销项税额中抵扣的增值税额。企业退回所购货物应冲销的进项税额，用红字登记。

例 7-1　某工厂为增值税一般纳税人，2008 年 8 月购入材料一批，取得专用发票注明价款 10 000 元、增值税额 1 700 元，已开出银行承兑汇票；另现金支付运杂费 2 600 元（运输发票上显示运费 2 000 元，装卸费和保险费合计 600 元）。假设企业取得票据均通过认证。

解析　可以抵扣的进项税额除了专用发票上注明的税额，还包括运费中包含的可以计算抵扣的进项税额。根据规定，符合规定的运输发票上注明的运费和建设基金可以计算扣除，扣除率为 7%；因此可以扣除的金额为 140 元（2 000 ×7%）。会计分录为：

借：在途物资	12 460	
应交税费——应交增值税（进项税额）	1 840	
贷：应付票据		11 700

现金　　2 600

例 7-2　某企业为增值税一般纳税人,2008 年 10 月向自来水公司支付当月车间生产用水费。专用发票注明水费 8 000 元,增值税额 480 元(税率为 6%)。以上款项均通过银行存款支付。假设企业取得票据均通过认证。

解析　支付水费的会计分录为:

借:制造费用　　8 000

　应交税费——应交增值税(进项税额)　　480

　贷:银行存款　　8 480

例 7-3　大华农机厂为增值税一般纳税人,接受联营企业小松机电公司的原材料一批作为投资,开具的专用发票上显示的货物价款为 21 万,税额为 3.57 万元;根据联营的章程,小松机电公司在大华的注册资本中的份额为 22 万元。

解析　企业接受投资转入的货物,按照专用发票上注明的税额确认进项税额,会计分录应为:

借:原材料　　210 000

　应交税费——应交增值税(进项税额)　　35 700

　贷:实收资本　　220 000

　　资本公积——资本溢价　　25 700

【业务分析】　企业接受捐赠的非货币资产,按照接受资产的专用发票显示的价款和税额,分别确认有关资产项目和进项税额,两者合计确认营业外收入。

例 7-4　某商贸公司进口货物一批,已验收入库。海关完税凭证上注明的价款为 15 万元,已知其关税税率为 10%。

解析　该批货物应纳关税 = 150 000 × 10% = 15 000(元)

该批货物组成计税价格 = 150 000 + 15 000 = 165 000(元)

进口应纳增值税 = 165 000 × 17% = 28 050(元)

则此笔进口业务的会计分录为:

借:原材料　　165 000

　应交税费——应交增值税(进项税额)　　28 050

　贷:银行存款　　193 050

2. 已交税金

“已交税金”记录企业已缴纳的增值税额。

3. 减免税款

“减免税款”记录企业经主管税务机关批准,实际减免的增值税额。

(1) 直接减免税的货物销售时,不能使用专用发票,其取得收入不能价税分离,企业可以按照取得收入全额计入“主营业务收入”科目,即借记“银行存

款”等科目,贷记“主营业务收入”即可,不再作其他处理;也可以将免征的增值税额计算出来,抵减主营业务收入:

借:主营业务收入

　贷:应交税费——应交增值税(销项税额)

然后将税款结转到减免税款栏目:

借:应交税费——应交增值税(减免税额)

　贷:营业外收入

(2) 即征即退情况下,企业在办理纳税的同时,办理退税手续,没有实际资金流动。会计分录为:

反映上交,借记“应交税费——应交增值税(已交税金)”或“应交税费——未交增值税”,贷记“银行存款”。

同时按照即退税额,借记“银行存款”,贷记“应交税费——应交增值税(已交税金)”。

(3) 先征后返情况下,企业销售货物时,正常计缴税款;收到退税款时,计入营业外收入。

4. 出口抵减内销产品应纳税额

“出口抵减内销产品应纳税额”记录企业按规定的退税率计算的出口货物的进项税额抵减内销产品的应纳税额。

企业销售出口货物后,向税务机关办理免抵退税申报,按规定计算的应免抵税额,借记本科目,贷记“应交税费——应交增值税(出口退税)”。

5. 转出未交增值税

“转出未交增值税”记录企业月终将当月发生的应交未交增值税的转出额。

以上五个明细专栏在“应交税费——应交增值税”账户的借方。

6. 销项税额

“销项税额”记录企业销售货物或提供应税劳务应收取的增值税额,退回销售货物应冲销的销项税额,用红字登记。

例 7-5 某企业为一般纳税人,2008 年 12 月 2 日销售货物一批,开具专用发票,注明价款 20 000 元,税款 3 400 元,另收取送货运费 1 000 元,款项已通过银行结算;3 日为某企业(小规模纳税人)加工货物一批,开具普通发票,收取加工费现金 12 000 元。

解析 12 月 2 日的销售货物并收取运费,应将运费收入作为含税收入并入销售额计算销项税额,销项税额 $=1\,000 \div (1+17\%) \times 17\% = 145.3$(元)

会计分录为:

借:银行存款　　　　　　　　　　　　　　24 400

贷:主营业务收入　　20 000
　其他业务收入　　854.7(1 000 - 145.3)
　应交税费——应交增值税(销项税额)
　　3 545.3(3 400 + 145.3)

12 月 3 日收取的加工费属于应税劳务;普通发票显示的是价税合计,需做价税分离后记账。

不含税销售额 = 12 000 ÷ (1 + 17%) = 10 256.41(元)

销项税额 = 10 256.41 × 17% = 1 743.59(元)

会计分录为:

借:现金　　12 000
　贷:主营业务收入　　10 256.41
　　应交税费——应交增值税(销项税额)　　1 743.59

【业务分析】 上例反映的是采取直接收款方式销售货物的情况。不同结算方式,在会计上确认收入的时间不同,而且纳税义务发生的时间不同。条例规定,增值税纳税义务发生时间为:销售货物或者应税劳务,为收讫销售款项或者取得索取销售款项凭据的当天;先开具发票的,为开具发票的当天。进口货物,为报关进口的当天。

细则按销售结算方式的不同,进一步明确为:① 采取直接收款方式销售货物,不论货物是否发出,均为收到销售款或者取得索取销售款凭据的当天。② 采取托收承付和委托银行收款方式销售货物,为发出货物并办妥托收手续的当天。③ 采取赊销和分期收款方式销售货物,为书面合同约定的收款日期的当天,无书面合同的或者书面合同没有约定收款日期的,为货物发出的当天。④ 采取预收货款方式销售货物,为货物发出的当天,但生产销售生产工期超过12 个月的大型机械设备、船舶、飞机等货物,为收到预收款或者书面合同约定的收款日期的当天。⑤ 委托其他纳税人代销货物,为收到代销单位的代销清单或者收到全部或者部分货款的当天。未收到代销清单及货款的,为发出代销货物满 180 天的当天。⑥ 销售应税劳务,为提供劳务同时收讫销售款或者取得索取销售款的凭据的当天。

也就是说,企业应该按照上述原则及时确认销项税额。

例 7-6　某企业为一般纳税人,年初与甲公司签订销售合同,向甲销售产品一批,不含税销售额 30 万元,适用税率 17%,货已发出;已知产品成本 25 万元;合同规定付款期限为 6 个月,货款分 3 次平均支付,不计利息。当月收到第一次货款,开具专用发票,价款 10 万元、税额 1.7 万元。

解析 (1) 签订合同并发出商品,确认销售收入时:

借:长期应收款 300 000

　贷:主营业务收入 300 000

借:主营业务成本 250 000

　贷:库存商品 250 000

(2) 每次收到款项时:

借:银行存款 117 000

　贷:长期应收款 100 000

　　应交税费——应交增值税(销项税额) 17 000

例 7-7 某钢厂将自产钢材一批用于本厂车间改造工程,已知该批钢材当月市场不含税价为 18 万元,其成本为 13 万元。

解析 此笔业务属于“视同销售”,按规定应该计缴增值税额。企业应该按照市场价格计算销项税额($18\times17\%=3.06$),并将销项税额与产品成本之和计入工程成本。会计分录为:

借:在建工程 160 600

　贷:产成品 130 000

　　应交税费——应交增值税(销项税额) 30 600

税法规定,单位或者个体工商户的下列行为,视同销售货物:将货物交付其他单位或者个人代销;销售代销货物;设有两个以上机构并实行统一核算的纳税人,将货物从一个机构移送其他机构用于销售,但相关机构设在同一县(市)的除外;将自产或者委托加工的货物用于非增值税应税项目;将自产、委托加工的货物用于集体福利或者个人消费;将自产、委托加工或者购进的货物作为投资,提供给其他单位或者个体工商户;将自产、委托加工或者购进的货物分配给股东或者投资者;将自产、委托加工或者购进的货物无偿赠送其他单位或者个人。

所谓“视同销售”,是按照会计准则或者制度规定,不属于销售的行为,但根据税法精神,应将其“视同销售”。对视同销售,有两种处理方法:一种是与正常的销售核算相同,确认收入、计提税金并结转成本;另一种是不通过收入账户核算,直接按照成本结转,同时按照公允价值(细则第十六条专门对视同销售情况规定了计税价格)计提销项税额。两种方法的差异实际上是财务会计与税务会计是否分离的差异。但采取第二种做法时,注意与企业所得税法的规定相结合,如果企业所得税也需要“视同销售”,则需要相应调整应纳税所得额。

例 7-8 某企业采取还本销售方式销售产品一批,开具专用发票注明销售额为 5 000 元、税款 850 元。合同约定 3 个月后归还购买方 3 000 元。

解析 税法规定,还本销售方式,以实际取得的销售价格为销售额,不得减除还本支出。

(1) 销售时:

借:银行存款　　5 850

　贷:主营业务收入　　5 000

　　应交税费——应交增值税(销项税额)　　850

(2) 还本时:

借:销售费用　　3 000

　贷:银行存款　　3 000

与上述还本销售方式类似,企业采取特殊方式销售的,包括采取折扣销售方式、销售折扣方式、以旧换新方式、以物易物方式,乃至发生销货退回或折让等,应如何确认销售额、如何计缴税款(销项税额),税法都做出了明确规定。企业在进行账务处理时一定要按照规定执行。

7. 出口退税

"出口退税"记录企业出口适用零税率的货物,向海关办理报关出口手续后,凭出口报关单等有关凭证,向税务机关办理退税而收到退回的税款。出口货物退回的增值税额,用蓝字登记;出口货物办理退税后发生退货或者退关而补交已退的增值税款,用红字登记。

企业按照规定退税率计算出应收的出口退税时,借记"其他应收款——应收出口退税",贷记"应交税费——应交增值税(出口退税)"。收到出口退税款时,借记"银行存款"等科目,贷记"其他应收款——应收出口退税"。

8. 进项税额转出

"进项税额转出"记录企业的购进货物、在产品、产成品等发生非正常损失以及其他原因而不应从销项税额中抵扣,按规定转出的进项税额。

例 7-9 某企业将上月购进的货物(本企业生产用原材料)一批发给本企业职工做福利,已知该批货物的实际成本为 28 600 元,其中含运费 600 元。其进项税额已经抵扣。

解析 已经抵扣进项税额的购进货物用途发生改变,需要将进项税额转出。

运费部分已抵扣的进项税额 $=600\div(1-7\%)\times7\%=45.16$(元)

货物本身已抵扣的进项税额 $=(28\,600-600)\times17\%=4\,760$(元)

会计分录为:

借:应付职工薪酬——应付福利费　　33 405.16

　贷:原材料　　28 600

应交税费——应交增值税(进项税额转出)　　　　4 805.16

税法规定,企业购进的生产经营用货物改变用途,用于非应税项目、集体福利、个人消费时,需做进项税额转出。在购入时就明确用于非应税项目、集体福利、个人消费的货物,不属于改变用途,直接将进项税额计入货物成本。另外还要注意进项税额转出与视同销售的区别。

另外,企业购进货物部分用于免税项目,或者购进货物发生非正常损失,也应将相应的已经抵扣的进项税额部分转出。

9. 转出多交增值税

"转出多交增值税"记录企业月终将当月多交的增值税的转出额。

以上四个专栏在"应交税费——应交增值税"账户的贷方。

(二) 应交税费——未交增值税

未交增值税明细科目核算纳税人月终转入的应交未交增值税额,多交增值税额也在本科目反映。

(1) 若"应交税费——应交增值税"月末为贷方余额,则通过"转出未交增值税"结转。分录为:

借:应交税费——应交增值税(转出未交增值税)

　贷:应交税费——未交增值税

缴纳税款时,分录为:

借:应交税费——未交增值税

　贷:银行存款

(2) 若"应交税费——应交增值税"月末为借方余额,表示企业多交的税款,或者尚未抵扣的进项税额。企业可以将全部余额结转到"应交税费——未交增值税"的借方,也可以只就当月多交税款部分结转。

(三) 应交税费——增值税检查调整

增值税检查调整明细科目核算纳税人因税务机关税务检查而涉及增值税账务调整事项。如果检查确认需要调减账面进项税额、调增销项税额或进项税额转出的,借记有关科目,贷记本科目;如果检查确认应调增账面进项税额、调减销项税额或进项税额转出的,借记本科目,贷记有关科目;全部调整事项入账后应结出余额,并作出处理;处理后本账户无余额。

二、小规模纳税人的会计科目和账务处理

小规模纳税人通过"应交税费——应交增值税"科目核算应纳增值税额,无需再设置专栏核算。"应交税费——应交增值税"借方反映企业实际上缴的增值税额,贷方反映企业应交未交的增值税额。

例 7-10 某超市为小规模纳税人,2009 年 2 月 3 日销售货物一批,开具普通发票,收取现金 2 000 元。

解析 小规模纳税人收取款项是价税合计数,需要按照征收率进行价税分离,再作账务处理。

不含税价 = 2 000 ÷ (1 + 3%) = 1 941.75(元)

应纳税额 = 1 941.75 × 3% = 58.25(元)

会计分录:

借:现金	2 000	
贷:主营业务收入		1 941.75
应交税金——应交增值税		58.25

第二节 增值税纳税审查代理实务

一、征税范围的审查

增值税纳税审查,首先应对照征税范围的有关规定,将企业所有应税货物和行为,足额计缴增值税。

(一) 征税范围规定

增值税的征税范围是指在中华人民共和国境内销售的货物,提供的加工、修理修配劳务以及进口的货物。

1. 销售的界定

销售是指有偿转让货物或提供应税劳务的行为,即以从受让方取得货币、货物或其他经济利益等代价为条件的转让货物及提供劳务的行为。通俗讲,就是买卖行为。

2. 货物的界定

货物是指除不动产之外的有形动产,包括电力、热力、气体在内。所谓不动产是指不能移动,移动后会引起性质、形状改变的财产,它包括土地、建筑物及其他土地附着物。但不要误认为固定资产就是不动产,汽车、轮船、飞机虽然是固定资产,但它属于有形资产。原材料等也是有形动产。土地使用权则是无形资产,它可以转让。除了不动产、无形资产外的有形动产,都是“货物”。

3. 应税劳务的界定

加工,是指受托加工货物,即委托方提供主要原料及材料,受托方按照委托方的要求制造货物并收取加工费的业务;修理修配,是指受托方对损伤和丧失功能的货物进行修复,使其恢复原状和功能的业务。

提供加工、修理修配劳务，是指有偿提供加工、修理修配劳务，但单位或个体经营者聘用的员工为本单位或雇主提供加工、修理修配劳务，不包括在内。

需要强调的是，修理修配征收增值税的范围是指对货物进行的修复业务，不包括不动产的修缮业务。

4. 境内的界定

在中华人民共和国境内销售货物或者提供加工、修理修配劳务，是指：① 销售货物的起运地或者所在地在境内；② 提供的应税劳务发生在境内。

5. 视同销售

细则规定了 8 种视同销售行为，前文已有说明。

6. 混合销售

一项销售行为如果既涉及货物又涉及非增值税应税劳务，为混合销售行为。混合销售的计税规定如下：

（1）对销售自产货物并同时提供建筑业劳务的行为，应当分别核算货物的销售额和非增值税应税劳务的营业额，并根据其销售货物的销售额计算缴纳增值税，非增值税应税劳务的营业额不缴纳增值税；未分别核算的，由主管税务机关核定其货物的销售额。

（2）除上述情形外，从事货物的生产、批发或者零售的企业、企业性单位和个体工商户（包括以从事货物的生产、批发或者零售为主，并兼营非增值税应税劳务的单位和个体工商户在内）的混合销售行为，视为销售货物，应当缴纳增值税；其他单位和个人的混合销售行为，视为销售非增值税应税劳务，不缴纳增值税。

非增值税应税劳务，是指属于应缴营业税的交通运输业、建筑业、金融保险业、邮电通信业、文化体育业、娱乐业、服务业税目征收范围的劳务。

7. 兼营非应税劳务

纳税人兼营非增值税应税项目的，应分别核算货物或者应税劳务的销售额和非增值税应税项目的营业额；未分别核算的，由主管税务机关核定货物或者应税劳务的销售额。

8. 部分特殊货物或行为的征税规定

（1）货物期货（包括商品期货和贵金属期货），应当征收增值税。

（2）银行销售金银的业务，应当征收增值税。

（3）基本建设单位和从事建筑安装业务的企业附设的工厂、车间生产的水泥预制构件、其他构件或建筑材料，用于本单位或本企业的建筑工程的，应在移送使用时征收增值税。但对其在建筑现场制造的预制构件，凡直接用于本单位或本企业建筑工程的，不征收增值税。

(4) 寄售商店代销的寄售物品、典当业销售的死当物品,应当征收增值税。

(5) 集邮商品(包括邮票、小型张、小本票、明信片、首日封、邮折、集邮簿、邮盘、邮票目录、护邮袋、贴片及其他集邮商品)的生产、调拨征收增值税;邮政部门以外的其他单位与个人销售集邮商品,征收增值税。

(6) 缝纫,应当征收增值税。

(7) 邮政部门以外的单位、个人发行报刊,征收增值税。

(8) 对单纯销售移动电话、不提供有关电信劳务服务的,征收增值税。

(9) 除经中国人民银行批准经营融资租赁业务的单位以外的单位从事的融资租赁业务,租赁的货物的所有权转让给承租方,征收增值税。

(10) 代购货物行为,凡同时具备以下条件的,不征收增值税;不同时具备以下条件的,无论会计制度规定如何核算,均征收增值税:① 受托方不垫付资金;② 销货方将发票开具给委托方,并由受托方将该项发票转交给委托方;③ 受托方按销售方实际收取的销售额和增值税额(如系代理进口货物则为海关代征的增值税额)与委托方结算货款,并另外收取手续费。

(二) 征税范围的审查要点

1. 应税货物范围的审查

审查企业是否所有应税货物的销售都申报并缴纳了增值税;审查征收消费税、资源税的货物销售是否没有申报增值税;审查视同销售行为是否及时足额缴纳增值税;审查混合销售和兼营行为中增值税计征范围是否准确;对经营特殊货物或有特殊经营行为的企业(前文(一)之8所列),审查是否及时足额计缴增值税。

2. 应税劳务范围的审查

审查企业有无将加工、修理修配同其他劳务相混淆不申报增值税;审查企业受托加工的货物是否符合受托加工的条件。

3. 进口货物范围的审查

审查进口的应税货物是否全部申报了增值税;审查从境内保税地购进的应税货物是否申报了增值税。

4. 出口货物范围的审查

审查纳税人出口不适用零税率的货物是否依法纳税。

二、销项税额的审查

增值税纳税人分为一般纳税人与小规模纳税人两类,分别适用不同的计税方法。对一般纳税人来说,应纳税额等于当期销项税额减去当期进项税额。因此一般纳税人的纳税审查应包括销项税额和进项税额两个环节的审查。

销项税额是按照销售额和规定的税率计算并向购买方收取的增值税额。因此销项税额的审查包括销售额和税率两个环节的审查。

(一) 销售额的审查

销售额为纳税人销售货物或者应税劳务向购买方收取的全部价款和价外费用;价外费用,包括价外向购买方收取的手续费、补贴、基金、集资费、返还利润、奖励费、违约金、滞纳金、延期付款利息、赔偿金、代收款项、代垫款项、包装费、包装物租金、储备费、优质费、运输装卸费以及其他各种性质的价外收费。

税法规定,下列项目不包括在销售额之内:

(1) 向购买方收取的销项税额。

(2) 受托加工应征消费税的消费品所代收代缴的消费税。

(3) 同时符合以下条件的代垫运输费用:① 承运部门的运输费用发票开具给购买方的;② 纳税人将该项发票转交给购买方的。

(4) 同时符合以下条件代为收取的政府性基金或者行政事业性收费:① 由国务院或者财政部批准设立的政府性基金,由国务院或者省级人民政府及其财政、价格主管部门批准设立的行政事业性收费;② 收取时开具省级以上财政部门印制的财政票据;③ 所收款项全额上缴财政。

(5) 销售货物的同时代办保险等而向购买方收取的保险费,以及向购买方收取的代购买方缴纳的车辆购置税、车辆牌照费。

审查销售额的主要内容有:

1. 审查销售额的确认时间是否及时

及时、足额申报缴纳税款是纳税人的法定义务,纳税义务的推迟也意味着对国家税收利益的损害。在对增值税进行审查时,应根据企业销售货物的结算方式,审查企业是否及时确认销售额。可从以下方面进行审查:

(1) 赊销、分期收款结算方式销售货物的审查。

应重点审查企业产品赊销业务是否属实;合同规定的货款结算到期日的账务处理是否正确,有无只根据实际收款结转收入而不根据应收款结转收入的问题,有无只在全部货款收齐时结转收入而不是每次收到货款都结转收入的问题,有无将收到的货款长期挂入"其他应付款"、"预收账款"、"待处理财产损益"等账户的问题。

(2) 托收承付或委托收款方式销售货物的审查。

应重点审查企业有无货物已发出,并向银行办妥了货物托收手续后仍不作确认收入的情况。审查时可根据"发出商品"明细记录,重点以季末或年末发出商品备查簿为中心,查核商品发运记录资料,审查企业提供的购销合同,结合银行结算凭证回单联及发票开具日期,对照主营业务收入明细账等,查明是否有不及时结转销售收入而延误收入的入账时间。

(3) 预收货款结算方式销售货物的审查。

应重点审查企业发出货物的账务处理是否正确,有无在发出货物时不作账务处理,或只作货物减少的有关账务处理,而不及时结转货物的销售收入;有无在分批发货的情况下,每批货物发出时不及时结转收入而等到全部货物发出时再结转销售的问题。注册税务可通过核实"库存商品"明细账,查实记账凭证及账务处理是否正确;通过审查"预收账款"或"应收账款"明细账,核实有无滞后实现收入、不如期纳税的问题。

2. 审查销售额的确认是否全面准确

(1) 销售价格水平的审查。

通过价格核对、比较的方法,审查企业销售货物或者提供应税劳务的价格水平是否合理,有无价格明显偏低(低于市场价格幅度下限很多)的情况。如有,应当搜集、提供定价的理由或者依据,否则必须调整计税依据。

(2) 价外费用的审查。

应注意审查纳税人的"其他应付款"、"其他业务收入"、"营业外收入"等科目的明细账,如有属于销售货物或应税劳务而从购买方收取的价外收费,应对照"应交税费——应交增值税(销项税额)"科目进行审查,如"应交税费——应交增值税(销项税额)"科目没有反映这些价外收费销项税额内容的,就表明纳税人对价外收费隐瞒申报纳税。此外,还应注意审查纳税人的"管理费用"、"制造费用"、"营业费用"、"经营费用"等科目的明细账,如有贷方发生额或借方红字发生额,应对照记账凭证,逐笔进行审查。看有无隐瞒价外收费,少计销项税额的问题。

(3) 其他应税收入的审查。

主要是看企业的销售残次品(废品)、半残品、附产品和下脚料、边角料等取得的收入是否并入应税销售额。对生产经营中涉及此类外销业务的企业进行审查时,应注意这些企业发生上述业务后的账务处理是否正确,企业常见错误做法是将取得的收入直接冲减"生产成本"、"库存商品"、"制造费用"、"管理费用",或计入"营业外收入"等账户,因此注册税务师应注意重点审核上述账户的借方红字发生额或贷方发生额的具体内容,并结合"主营业务收入"、"其他业务收入"等明细账,纳税人的纳税申报表等。查明企业是否存在少计应税销售额的问题。

(4) "以旧换新"方式销售货物销售额的审查。

纳税人采取"以旧换新"方式销售货物的,应按新货物的同期销售价格确定销售额,不得扣减旧货收购价格(金银首饰以旧换新除外,应以销售方实际收取的不含增值税价款征收增值税)。因此在进行审查时可向财会人员了解,企业是否有此种情况的销售行为;如果有,是如何进行账务处理的,然后再进一步审查。应重点审查货物的销售价格,防止企业按实际收取的价款计提销项税额。具体方法是审查纳税人的主营业务收入明细账,看有没有哪一种(产品)商品的销售价格明显低于正常时期的销售价格。如有所售货物价格明显偏低而无其他特殊情况的,一般多为实行以旧换新让价销售造成的,应予以调增应税销售额。

(5)采取还本销售方式销售货物销售额的审查。

还本销售是指纳税人在销售货物后,到一定期限由销售方一次或分次退还给购货方全部或部分价款。采取还本销售方式销售货物,其销售额就是货物的销售价格,不得从销售额中扣减还本支出。审查时,首先应了解纳税人有无还本销售业务。如有,应重点检查"销售费用"或"营业费用"明细账的摘要记录,看该账户有无还本支出核算业务,列账是否正确。如果没有还本支出核算,一般就是扣除还本支出后的余额记销售,应要求纳税人按照还本支出凭证的汇总数补记销售收入,补缴增值税。

(6)折扣方式销售货物销售额的审查。

采取折扣方式销售货物,将折扣额另开发票的,不得从销售额中减除折扣额。对采取折扣方式销售货物,主要审查当期销售额的扣减数,具体可从以下几方面进行:一是将本期增值税申报表中的销售额与企业本期"主营业务收入"账户的总额核对,看其金额是否一致,如不一致,其差额则可能存在着折扣的销售方式;二是将增值税申报表与"主营业务收入"账户的差额和企业销售货物中的折扣额进行核对,看是否一致;三是重点审查企业的销售货物中的折扣额是否在同一发票上注明,查"主营业务收入"账,看有无红字冲销,若有,应调出记账凭证,核实其所附的发票,看折扣额的处理是否符合规定,如另开发票,则应将其折扣额并入销售额中计税;四是审查企业实行折扣方式销售货物的合同(协议)等书面规定的资料,看是否与执行的折扣标准相符。

(7)包装物押金的审查。

为销售货物而出租、出借包装物收取押金,因逾期而不再退还的,并入应税销售额并按所包装货物适用税率计算纳税;对销售除啤酒、黄酒外的其他酒类产品而收取的包装物押金,无论是否返还以及会计上如何核算,均应并入当期销售额征税(对销售啤酒、黄酒所收取的押金,按前述一般规定处理);自2004年7月1日起,纳税人为销售货物出租出借包装物而收取的押金,无论包装物周转使用期限长短,超过一年(含一年)以上仍不退还的均并入销售额征税。

对包装物押金进行审查时,可从以下三方面入手:一是审查出租、出借包装物有关合同、协议，掌握各种包装物的回收期限，凡收取押金超过一年的包装物押金仍挂在“其他应付款”账户上的，应作为转账处理，并依税法规定计算补交增值税。二是审查“其他应付款”明细账借方发生额的对应账户，看有无奇异的对应关系。如发现有与“应付福利费”、“盈余公积”等账户相对应的情况，一般就是将应没收的包装物押金挪作了他用。经审查核实后，应按税法规定计算补交增值税。三是对销售酒类产品企业(除啤酒、黄酒外)收取的包装物押金是否按税法规定在当期计提增值税，有无滞后计提税金的问题。

(8) 视同销售的审查。

企业将自产或委托加工的货物用于非应税项目以及集体福利、个人消费的，将自产、委托加工或购买的货物对外投资、分配给股东、投资者、无偿赠送他人的，均应视同销售计缴增值税额。对企业发生此类行为进行审查时，应注意三个问题：一是该行为是否确属征税范围；二是计税依据是否正确，有无低于正常销售额计税；三是有无延期计税。具体审查要点包括：

① 审查“库存商品”、“委托加工产品”账户贷方发生额的对应账户关系是否正常。可追查出库产品的去向和用途，从中发现问题。② 通过非应税项目核算科目“其他业务收入”、“其他业务支出”、“在建工程”、“应付福利费”等科目逆向反查。③ 核对税金计算是否正确，调阅“应交税费——应交增值税(销项税额)”贷方发生额与非应税项目借方发生额同类相同凭证号，核对领用数量，在核实正确的基础上将金额除以数量等于结转单价，再与日常销售价比较。④ 注意自用商品领用时间，看有无人为延期作账，只要核对发货单记载时间与记账凭证号时间是否一致即可。⑤ 查看“长期投资”账户借方的对应关系。如果发现借记“长期投资”，贷记“库存商品”、“原材料”、“自制半成品”、“固定资产”等异常会计分录，说明企业用存货对外投资未申报增值税。可要求企业提供联营投资的合同、协议，审阅其条款和对外投资实物的价款，与企业日常同类产品销售价相核对，分别作出补交增值税的处理。⑥ 审查纳税人“库存商品”、“自制半成品”等账户贷方发生额，如发生额大于当期所结转的“产品(商品)销售成本”账户借方发生额，说明纳税人可能将自制或委托加工货物用于无偿赠送或分配结股东、投资者，应对照纳税人的“营业外支出”、“应付利润”等账户进行审查。

(9) 将货物交付他人代销的审查。

将货物交付他人代销亦属于视同销售，审查要点主要有：一是通过“库存商品——委托代销产品”、“库存商品——委托代销商品”贷方发生额核查对应科目是否异常，有无漏做销售，特别是将代销手续费从销售额中扣除减少收入的现象；二是通过“代销合同”订立的结算时间核查实际商品销售实现的时间，是否有延期做销售的现象。

(10) 销售代销货物的审查。

销售代销货物属于视同销售,审查要点包括:首先应了解被审单位是否有代销业务,并了解其账务处理方法核算过程;其次应关注"应付账款"、"其他应付款"的动向,特别要关注往来发生而又无实际业务的转来转去的款项,必要时可发协查函或直接至对方单位调查;审查取得的手续费收入是否按规定计提了税金。

(11) 应税劳务的审查。

主要审查企业是否按规定将加工、修理修配劳务收入计提税金;审查企业有无将代垫辅助材料收入不计提税金的情况。

(12) 混合销售和兼营非应税劳务的审查。

审查企业的计税依据是否准确,有无将增值税与营业税计税依据混淆的情况。审查时应向企业了解其日常生常经营业务,有无属于混合销售或兼营行为的,如果有,看企业核算是否符合税收政策的规定,计税依据的确定和划分是否准确。

(13) 销售退回或销售折让的审查。

企业发生销售退回或销售折让时,视不同情况分别处理:① 购买方在未付货款并且未作账务处理的情况下,须将原发票联和抵扣联退还销售方,销售方注明"作废"字样,作为扣减当期销项税额的凭证。② 在购买方已付货款,或者已作账务处理,发票联及抵扣联无法退还的情况下,购买方必须取得税务机关开具的进货退出或索取折让证明单送交销售方,作为销售方开具红字专用发票的合法依据。销售方在未收到证明单以前,不得开具红字专用发票。红字专用发票的存根联、记账联作为销售方扣减当期销项税额的凭证,其发票联、税款抵扣联作为购买方扣减进项税额的凭证。③ 购买方收到红字专用发票后,应将红字专用发票所注明的增值税额从当期进项税额中扣减。如不扣减,造成不纳税或少纳税的,属于偷税行为。

审查时将"主营业务收入"明细账和"应交税费——应交增值税(销项税额)"明细账核对,审查销货退回或折让是否冲减当期销项税额;审查红字发票存根联,看有无购货方税务机关开具的"通知单",有无擅自开具红字发票的情况。

(14) 销售自己使用过的固定资产的审查。

审查企业"固定资产清理"账户的贷方发生额,并与"固定资产"明细账核对,审查属于企业固定资产目录所列使用过的其他属于货物的固定资产取得的变价收入是否超过了该项固定资产的原价,若超过原价,或所售固定资产系

2009年1月1日以后购置的，是否按规定计算并申报缴纳了增值税。

（二）适用税率的审查

条例规定，纳税人销售或者进口下列货物，税率为13%：粮食、食用植物油；自来水、暖气、冷气、热水、煤气、石油液化气、天然气、沼气、居民用煤炭制品；图书、报纸、杂志；饲料、化肥、农药、农机、农膜；国务院规定的其他货物。

财政部、国家税务总局《关于部分货物适用增值税低税率和简易办法征收增值税政策的通知》（财税[2009]9号）还规定：

1. 下列货物继续适用13%的增值税税率：① 农产品；② 音像制品；③ 电子出版物；④ 二甲醚。

2. 下列按简易办法征收增值税的优惠政策继续执行，不得抵扣进项税额：

（1）纳税人销售自己使用过的物品，按下列政策执行：

① 一般纳税人销售自己使用过的属于条例第十条规定不得抵扣且未抵扣进项税额的固定资产，按简易办法依4%征收率减半征收增值税。

一般纳税人销售自己使用过的其他固定资产，按照《财政部 国家税务总局关于全国实施增值税转型改革若干问题的通知》（财税[2008]170号）第四条的规定执行。

一般纳税人销售自己使用过的除固定资产以外的物品，应当按照适用税率征收增值税。

② 小规模纳税人（除其他个人外，下同）销售自己使用过的固定资产，减按2%征收率征收增值税。

小规模纳税人销售自己使用过的除固定资产以外的物品，应按3%的征收率征收增值税。

（2）纳税人销售旧货，按照简易办法依照4%征收率减半征收增值税。

所称旧货，是指进入二次流通的具有部分使用价值的货物（含旧汽车、旧摩托车和旧游艇），但不包括自己使用过的物品。

（3）一般纳税人销售自产的下列货物，可选择按照简易办法依照6%征收率计算缴纳增值税：① 县级及县级以下小型水力发电单位生产的电力。小型水力发电单位，是指各类投资主体建设的装机容量为5万千瓦以下（含5万千瓦）的小型水力发电单位。② 建筑用和生产建筑材料所用的砂、土、石料。③ 以自己采掘的砂、土、石料或其他矿物连续生产的砖、瓦、石灰（不含黏土实心砖、瓦）。④ 用微生物、微生物代谢产物、动物毒素、人或动物的血液或组织制成的生物制品。⑤ 自来水。⑥ 商品混凝土（仅限于以水泥为原料生产的水泥混凝土）。

一般纳税人选择简易办法计算缴纳增值税后，36个月内不得变更。

(4) 一般纳税人销售货物属于下列情形之一的,暂按简易办法依照4%征收率计算缴纳增值税:① 寄售商店代销寄售物品(包括居民个人寄售的物品在内);② 典当业销售死当物品;③ 经国务院或国务院授权机关批准的免税商店零售的免税品。

3. 对属于一般纳税人的自来水公司销售自来水按简易办法依照6%征收率征收增值税,不得抵扣其购进自来水取得增值税扣税凭证上注明的增值税税款。

(1) 审查增值税税率运用是否正确,是否扩大了低税率货物的适用范围。审查时,要深入企业了解情况,从投入产出和产品(商品)的性能、用途、生产工艺等多方面严格对照税法规定的征税范围及注释,审定使用的税率是否正确。

(2) 增值税税率已发生变动的货物,是否按税率变动的规定执行日期计算纳税。

(3) 纳税人兼营不同税率的货物或者应税劳务,未分别核算销售额的,是否从高适用增值税税率计算纳税。审查时,应根据企业的"主营业务收入"账户和"应交税费——应交增值税(销项税额)"明细账,对照会计凭证,查核是如何核算销售额和销项税额的。凡未分别设明细账分别核算不同税率货物或应税劳务的销售额和销项税额的,应按规定从高适用税率计算补交增值税。

(4) 销售不同税率的货物或应税劳务,并兼营应属一并征收增值税的非应税劳务,看是否从高适用税率计算纳税。

(5) 出口货物适用的退税率是否正确。是否将不同税率的出口货物分开核算和申报办理退税,如划分不清适用税率的,是否从低适用退税率计算退税。

三、进项税额的审查

对于纳税人的进项税额的计算和会计处理,既要审查原始抵扣凭证,又要结合有关账户审查,防止虚增进项税额多抵销项税额、少缴增值税的问题。

(一) 进项税额抵扣凭证的审查

税法规定,下列进项税额准予从销项税额中抵扣:① 从销售方取得的增值税专用发票上注明的增值税额。② 从海关取得的海关进口增值税专用缴款书上注明的增值税额。③ 购进农产品,除取得增值税专用发票或者海关进口增值税专用缴款书外,按照农产品收购发票或者销售发票上注明的农产品买价和13%的扣除率计算的进项税额。④ 购进或者销售货物以及在生产经营过程中支付运输费用的,按照运输费用结算单据上注明的运输费用金额和7%的扣除率计算的进项税额。

纳税人购进货物或者应税劳务,取得的增值税扣税凭证不符合法律、行政法规或者国务院税务主管部门有关规定的，其进项税额不得从销项税额中抵扣。

税法规定，下列项目的进项税额不得从销项税额中抵扣：① 用于非增值税应税项目、免征增值税项目、集体福利或者个人消费的购进货物或者应税劳务；② 非正常损失的购进货物及相关的应税劳务；③ 非正常损失的在产品、产成品所耗用的购进货物或者应税劳务；④ 国务院财政、税务主管部门规定的纳税人自用消费品；⑤ 上述货物的运输费用和销售免税货物的运输费用。

审查进项抵扣凭证，应结合“材料采购”、“在途物资”、“固定资产”、“应付福利费”、“长期投资”、“应交税费——应交增值税(进项税额)”等账户进行。

1. 购进货物或应税劳务取得的增值税专用发票的审查

(1) 审查纳税人购进货物或应税劳务取得增值税专用发票注明进项税额。首先审查取得的增值税专用发票真伪性，然后审查票面开具的内容是否填写齐全正确，税务登记号是否准确，取得增值税专用发票的实际金额与增值税专用发票版面是否相符。

(2) 审查纳税人据以核算进项税额的增值税专用发票的发票联、抵扣联的记载内容是否一致，有无只有抵扣联而无发票联或者只有发票联而无抵扣联的增值税专用发票。

(3) 审查纳税人购进货物是否与购货方的生产、经营相关。一是核对生产经营范围，二是核对“原材料”、“库存商品”明细账，防止虚开、代开。

2. 运费结算单据(普通发票)的审查

(1) 审查纳税人抵扣票据的合理、合法性。审核抵扣运费单据是否属于规定的可抵扣票据，票面项目是否符合要求。

(2) 审查纳税人“应交税费——应交增值税(进项税额)”科目的记账凭证。审核有无将不属于运费范围的款项，也计算了进项税额。

(3) 审查纳税人“库存商品”、“原材料”、“低值易耗品”、“包装物”、“固定资产”等明细账，审核单据所列项目与实物是否相符。

(4) 审查纳税人运费凭证与有关资金或存货类账户的核算内容的关系。如果只有运费凭证，而无相应的资金或存货运动则不得抵扣。

(5) 将购进货物的进项税额与支付运费计算的进项税额进行比较分析，查看有无异常，重点审查是否属虚抵进项税额。

3. 进口货物取得完税凭证的审查

(1) 审查海关代征进口货物增值税时的增值税专用缴款书票据的真实性。即原件的唯一性，企业名称的准确性。专用缴款书上若标明有两个单位名称，既有代理进口单位名称，又有委托进口单位名称的，只准予其中取得专用缴款书原件的单位抵扣税款。

（2）审查专用缴款书所注明的进口货物入库单。重点追踪进口货物的流向，若无库存，是否已做销售申报纳税。

4．免税农业产品收购凭证的审查

（1）审查企业的收购凭证。将税务部门出售的收购凭证领购簿与使用的收购凭证对照检查，审核其使用的收购凭证是否合法。

（2）审查企业收购凭证的汇总数和收购实物数。审核购进的货物是否属于免税农业产品，是否向规定的对象所收购，是否按规定的价格依据计算抵扣税额。

（3）审查企业计算免税农业产品进项税额的凭证与有关资金和往来账户。若只有开具的凭证而无相应的资金运动或负债产生，以及虽有资金运动或负债产生但内容不一致、数额不相符的，则重点查实抵扣的真实性。

5．进货退出或折让的审查

企业发生进货退出或折让的，在收到红字专用发票后，应将红字专用发票所注明的增值税额从当期进项税额中扣减。如不扣减，造成不纳税或少纳税的，属于偷税行为。

（1）根据主管税务机关为纳税人开具的“进货退出及索取折让证明单”（以下简称“证明单”）的存根联，审查纳税人留存的“证明单”，看纳税人是否按照规定保存“证明单”，如纳税人未按规定保存“证明单”，证明纳税人有将已收回的增值税抵扣销项税额的可能。

（2）对照“证明单”和销货方开具的红字增值税专用发票的发票联、抵扣联，审查纳税人的“应交税费——应交增值税（进项税额）”明细账，查明纳税人发生材料退货后，其进项税额是否从进项税额中扣减，或所扣减的进项税额是否小于“证明单”、红字增值税专用发票抵扣联上注明的税额。

（3）依据纳税人收到的红字增值税专用发票上所注明的开具时间，审查退货或索取折让的纳税人，是否有延期扣减进项税额的现象。

（二）进项税额抵扣的审查

审查纳税人是否存在多计进项税额的问题，不仅要从计算进项税额的凭证上进行审查，而且还要审查有无扩大计提进项税额范围的问题。包括：非增值税劳务项目购进货物和劳务，是否抵扣了进项税额；免征增值税项目的购进货物和应税劳务，是否抵扣了进项税额；在建工程项目所用的购进货物和应税劳务，是否抵扣了进项税额；用于集体福利或个人消费的购进货物或劳务，是否抵扣了进项税额；购进货物发生的非正常损失，是否抵扣了进项税额。

（三）进项税额转出的审查

当纳税人购进的货物和应税劳务改变用途时，应将其负担的进项税额由

"应交税费——应交增值税"账户的贷方"进项税额转出"科目转入相应的账户中去。因此,对纳税人发生的下列业务,应审查在结转材料和商品销售成本的同时,是否做了转出进项税额的账务处理:① 非增值税应税项目、增值税免税项目使用购进的已抵扣进项税额的货物;② 在建工程项目领用购进的已抵扣进项税额的材料物资;③ 集体福利项目领用购进的已抵扣进项税额的材料物资;④ 非正常损失的在产品、库存商品所耗用的购进货物或者应税劳务。

对上述项目除了注意审查计算方法是否正确外,还要注意审查企业进项税额转出的金额计算依据是否正确,进项税额转出的时间与增值税会计处理的规定是否一致。

(四) 销售返还进项税额的审查

对增值税一般纳税人,因购买货物而从销售方取得的各种形式的返还资金,均应依所购货物的增值税税率计算应冲减的进项税金,并从其取得返还资金当期的进项税金中予以冲减。对取得返还资金所涉及进项税额的检查,应从经营主体、经营业务、经营形式、结算方式、购货方与销售方的合作方式及关联情况全面分析,并结合购货方的财务核算情况进行对照判别。其在财务上的审查要点如下:

(1) 审查"营业收入"账户,判断是否存在将因购买货物取得的返还资金列入该账户核算,特别是"代销手续费",是否符合代销的条件;

(2) 审查"其他业务收入"账户,分析该收入的性质及取得该收入的原因;

(3) 审查"投资收益"、"本年利润"账户,分析是否未向销售方投资或未与销售方联营协作而以投资收益或联营分利的名义分解利润;

(4) 审查"应付账款"账户明细账,若购货方与供货方始终保持业务往来,而购货方应付账款余额越滚越大,要进一步分析原因:若应付账款余额被核销,需了解核销的原因,销售方对此债权是否也予以核销,而让购货方取得了除实物形式以外的返还利润;

(5) 审查"银行存款"、"现金"等贷方发生额与购货发票票面所载金额的差额,对照购、销双方的结算清单,确定应结算与实际结算货款的差额,分析差额部分,是否有代扣广告费、促销费、管理费等问题;

(6) 审查"销售费用"、"管理费用"账户,了解"销售费用"、"管理费用"贷方发生额或红字冲销的原因,或"销售费用"、"管理费用"某一会计期间大幅度减少的原因,是否向销售方转移费用支出。对个别特殊企业如跨地区总分支机构、关联企业,审查其经销机构的费用来源、费用支出及核算是否如何操作的。

四、一般纳税人应纳税额的审查

增值税应纳税额是否正确，在对当期销项税额和进项税额审查的基础上，还可对增值税应交税费明细账和纳税申报表进行审查。

（一）增值税应交税费明细账的审查

1. 审查要点

（1）“应交税费——应交增值税”明细账中各项核算内容及财务处理方法，是否符合有关增值税会计处理的规定。

（2）增值税是否做到按月计算应纳税额，“月税月清”，有无将本月欠税用下期进项税额抵顶、滞纳税款的问题。

（3）有无多记“进项税额”，少记“销项税额”、“进项税额转出”，造成当期应缴税金不实的问题。

（4）生产销售的货物按简易办法计算缴纳增值税的企业，其不得抵扣进项税额计算是否正确；出口企业按出口货物离岸价与征、退税率之差计算的不予抵扣的税额是否在当期从“进项税额转出”科目转增产品销售成本等。

2. 审查方法

审查时应根据纳税人生产经营规模、会计核算水平以及增值税账簿设置等情况，选择相应的审查方法：

（1）对于企业内部管理控制制度较完善、会计核算水平较高、账簿设置较规范的纳税人，一般采用审阅法、复核法、抽样检查法等审查方法。具体讲就是审阅检查“应交税费——应交增值税”明细账各栏目记录，将账簿记载的各项指标与会计报表、增值税纳税申报表的对应数据相核对，与增值税专用发票抵扣联相核对，检查有无差异。对调整账务、非正常业务账务、红字冲减账务应特别关注，调阅其记账凭证。同时抽样审查各类相关业务的账务处理，较迅速较全面发现会计核算方面的问题。

（2）对于会计核算不规范或企业内部管理控制制度不健全的纳税人，其增值税账簿记录往往不能作为审查的主要依据。应采用详查法，即审核每一笔经营业务情况。并可从销货发票、存货或银行存款等方面，审查其纳税情况。

（二）增值税一般纳税人申报表的审查

（1）本期销项税额审查。应根据“主营业务收入”（出口销售收入）、“其他业务收入”、“应交税费——应交增值税（销项税额）”等账户，检查内销货物和应税劳务的应税销售额和销项税额，出口货物的免税销售额。对于视同销售行为，应根据“在建工程”、“营业外支出”等账户核算内容，计算其销项税额。

（2）本期进项税额审查。应根据“原材料”、“应付账款”、“管理费用”、“固定资产”、“应交税费——应交增值税（进项税额）”等账户，计算确认纳税人的本期进项税额，不允许抵扣的进项税额，本期应抵扣进项税额。

（3）税款计算。应按《增值税一般纳税人申报表》上的逻辑关系正确计算各项税额，确认本期应纳税额和留抵税额。

五、小规模纳税人的纳税审查

小规模纳税人销售货物或者应税劳务，按照简易办法计税，应纳税额等于销售额乘以征收率，并不得抵扣进项税额。但是，由于小规模纳税人通常会计核算资料都不健全，销售收入少入账或账外经营的问题比较普遍，所以，代理增值税小规模纳税人的纳税审查，要根据小规模纳税人计税资料和会计核算的特点，确定审查内容和方法。

1. 应税销售额的审查

对于增值税小规模纳税人的审查，主要应针对销售收入不入账或者少计收入，隐瞒应税销售额的问题，采取“成本倒挤”、销售毛利率等方法加以核查。

（1）审查纳税人期初存货、本期进货和期末存货的情况，根据纳税人货物的购、销、存情况，查找隐瞒应税销售额的问题。

（2）审查纳税人经营资金的运转情况，重点审查纳税人的银行存款日记账和现金日记账，从纳税人的货币资金收、支情况中发现问题。

（3）通过侧面调查的方法，从纳税人主要供货渠道中，了解纳税人的进货情况，再结合纳税人销售渠道的市场营销情况，核实会计期间内纳税人的销售收入。

2. 应纳税额的审查

（1）重点审查小规模纳税人将含税的销售额换算成不含税销售额的计算是否正确。可采用复核法，将本期含税的销售额换算成不含税的销售额，与纳税人申报表中的销售额进行对比，审核是否一致。

（2）审查小规模纳税人计算应纳税额适用的征收率是否正确。特别注意小规模企业，自2009年1月1日起，其征收率由原先6%或4%调减为3%。

（3）审查应纳税额计算是否准确无误，纳税人是否按规定时限缴纳税款。

六、出口退税的审查

我国《出口货物退（免）税管理办法》规定了两种退税计算办法，分别适用两类企业，审查时应区别对待。

(一) 生产企业"免、抵、退"税的审查

生产企业自营出口和委托代理出口的货物,一律实行"免、抵、退"税政策,代理审查也主要围绕"免、抵、退"三个环节来进行。

所谓"免、抵、退",是一种出口退税的操作办法:"免"税,是指对生产企业出口自产货物,免征本企业生产销售环节增值税;"抵"税是指生产企业出口自产货物所耗用的原材料、零部件、燃料、动力等所含应予退还的进项税额,抵顶内销货物的应纳税额;"退"税是指生产企业出口自产货物在当月内应抵顶的进项税额大于应纳税额时,对未抵顶完的部分予以退税。

1. "免"税的审查

应审查货物出口的原始凭证,并与出口产品销售明细账核对,计算生产企业每一季度的出口销售额。重点审查出口货物报关离境的日期、以离岸价计算的外币销售额、贸易类型、海关商品编码与适用的出口货物退税率。对于出口贸易原始单证不全,或者原始单证不具有法定效力的,应按内销进行补税。

2. "抵"税的审查

(1) 企业生产的货物既有出口又有内销的,其进项税额首先要按出口货物离岸价与征税率、退税率之差计算不予抵扣的进项税额,然后再用于抵减内销产品的销项税额。审查中要注意出口企业少计出口货物用的进项税额多抵销项税额的问题。

(2) 对于生产两种以上出口货物且适用退税率不同的出口企业,其进项税额的计算与账务处理应按出口货物的种类区分,凡是无法直接划分各自应负担的进项税额的,应按出口产品销售额的比例计算分摊。审查中要注意出口企业有无人为调整出口货物分摊的进项税额的问题。

(3) 对于出口货物不予抵扣的进项税额大于本期进项税额(含上期留抵进项税额)的情况,出口企业应将负数结转下期或挂账冲减下期进项税额,不允许以零为结。

3. "退"税的审查

出口企业按月计算及办理的出口退税,由"应交税费——应交增值税"贷方的"出口退税"科目转入"其他应收款——应收出口退税"科目。审查中应注意出口企业申报的出口退税与主管退税机关核批的退税额是否一致,对于出口退税额的差异要进行调账,并要注意出口销售额的核算是否正确、出口退税率的适用是否正确,以及出口贸易类型的确认是否正确,特别是来料加工与进料加工贸易有无相互混淆、免税产品按退税处理的问题。

(二) 外贸企业"先征后退"的审查

"先征后退"适用于外贸企业以及实行外贸企业财务制度的工贸企业收购

货物出口,其出口销售环节的增值税免征,其收购货物的成本部分中包含的生产企业已纳增值税款,在货物出口后按收购成本与退税税率计算退税,退还给外贸企业,征退之差计入企业成本。

对外贸企业出口的货物,应按出口货物增值税专用发票和12种特准退税货物普通发票上注明的采购金额(折算为不含税进价),按规定退税率计算办理退税。审查时应在审查出口发票、出口收汇核销单(出口退税专用)、出口报关单(出口退税专用)、购货发票、专用税票或分割单等退税凭证是否齐全、合法有效的同时,结合有关的会计处理,重点审查以下几方面:

(1) 结合"库存出口商品"、"应交税费——应交增值税(进项税额)"等账户,审查外贸企业购进的持普通发票办理退税的出口货物,是否符合税法规定特允退税的12种商品。

(2) 审查"库存出口商品"、"出口销售收入"、"应交税费——应交增值税"等明细账,确认按征、退税率之差和出口货物购进金额计算的"出口货物不予抵扣税额"是否正确。是否及时记入"应交税费——应交增值税(进项税额转出)"账户,转增出口产品销售成本处理。

(3) 审查"库存出口商品"、"出口销售收入"、"银行存款——应收外汇账款"、"应交税费——应交增值税(进项税额转出)"等明细账,结合有关原始凭证,看有无将在国内销售货物收取外汇部分,计入了出口货物销售额,这部分是否已从出口货物销售额中剔出。外贸企业将出口货物转内销或将内销货物转出口的,有无主管退税机关开具的证明,是否及时调账。

另外,对"进料加工"贸易方式复出口的,应重点审查进口单证、海关进料加工登记手册及有关明细账,确认进口料件组成计税价格是否正确,有无主管退税机关开具的《进料加工贸易申请表》;对开展"来料加工"贸易复出口的,应重点审查进口单证、海关来料加工登记手册及有关明细账,核查有无主管退税机关开具的《来料加工免税证明》,复出口后是否及时办理核销手续,有无将"来料加工"贸易方式出口货物申请办理退税的情况。

≮案例 7-1≯

小松电器公司是增值税一般纳税人,生产小家电,2008年4月底委托某税务师事务所对其当月增值税进行纳税审查。企业本月拟申报销项税额38 765元,进项税额45 310元,已知企业上月留抵税额6 800元。

(一) 企业自行计算并预填申报表如表7-1所示。

表 7-1 企业自行填制的增值税纳税申报表(部分) 单位:元

项 目	栏 次	一般货物及劳务(本月数)
……	……	……
销项税额	11	38 765
进项税额	12	45 310
上期留抵税额	13	6 800
进项税额转出	14	
免抵退货物应退税额	15	
按适用税率计算的纳税检查应补缴税额	16	
应抵扣税额合计	17 = 12 + 13 - 14 - 15 + 16	52 110
实际抵扣税额	18(如 17 < 11,则为 17,否则为 11)	38 765
应纳税额	19 = 11 - 18	0
期末留抵税额	20 = 17 - 18	13 345
简易征收办法计算的应纳税额	21	
按简易征收办法计算的纳税检查应补缴税额	22	
应纳税额减征额	23	
应纳税额合计	24 = 19 + 21 - 23	

(二) 注册税务师在审查中取得企业部分财务会计核算资料如下:

1. 4 月 2 日 18#凭证会计分录为:

借:原材料 31 860

　　应交税费——应交增值税(进项税额) 5 240

　　贷:银行存款 37 100

经了解,企业当日购进原材料一批,已验收入库,取得专用发票注明价款 30 000 元,税额 5 100 元;取得运输发票一张,注明运费 1 200 元、装卸费 200 元和保险费 600 元。发票通过认证。

2. 4 月 9 日开具专用发票一张,销售额 12 000 元、税额 2 040 元,但企业未作账务处理。经了解,企业 4 月 9 日销售产品一批,当日发出货物并通过银行办妥托收手续,但货款尚未收到,未作账务处理。

3. 4 月 13 日 56#凭证会计分录为:

借:待处理财产损溢 8 500

　　贷:原材料 8 500

经了解,企业仓库顶篷漏雨,将一批原材料毁损,成本 8 500 元。

4. 4月18日69#凭证会计分录为：

借：银行存款　　40 100

　贷：主营业务收入　　30 000

　　应交税费——应交增值税(销项税额)　　5 100

　　营业外收入　　5 000

经了解，企业发生销售一批，营业外收入记录的是随同货物销售的单独计价包装物的收入。

5. 4月20日98#凭证会计分录为：

借：应付职工薪酬　　35 000

　贷：库存商品　　35 000

经了解，企业以其自产产品一批发放给职工，产品成本35 000元，已知该企业同类产品当月售价51 000元。

6. 企业4月23日、25日两次购进货物取得增值税专用发票，显示税额分别为2 400元和3 560元，企业都记入“应交税费——应交增值税(进项税额)”，并计入申报表的“进项税额”中拟在当月抵扣，但这两份票据尚未认证。

7. 查看企业销售合同，看到2月份一份销售合同，销售产品一批售价40 000元(成本30 000元)，约定2月10日和4月10日两次付款，每次付一半；2月份的款项按时收到，4月份的款项未收到，故未作账务处理。

(三) 案例分析

1. 4月2日18#凭证所反映业务，企业按照运费发票全额计算，多扣除了进项税额。按照规定，装卸费和保险费不作为计算扣除的基数，因此运费部分可以扣除的进项税额为1 200×7% =84元，企业扣除140元(2 000×7%)，多计进项税额56元。

应做调整分录：

借：原材料　　56

借：应交税费——应交增值税(进项税额)　　56

2. 4月9日发出货物并通过银行办妥托收手续，开具专用发票，应该确认收入、计提税金。企业未作账务处理，推迟了纳税义务。

应做调整分录：

借：应收账款　　14 040

　贷：主营业务收入　　12 000

　　应交税费——应交增值税(销项税额)　　2 040

3. 4月13日56#凭证记录业务，没有按规定作进项税额转出。

应做调整分录：

借:待处理财产损溢 1 445

  贷:应交税费——应交增值税(进项税额转出) 1 445

4. 4月18日69#凭证记录业务,企业随同货物销售的单独计价包装物的收入,应计入“其他业务收入”,按规定征收增值税。

此部分收入为含税收入,应该价税分离后计算税额。

销项税额 = 5 000 ÷ (1 + 17%) × 17% = 726.5(元)

应做调整分录:

借:营业外收入 5 000

  贷:其他业务收入 4 273.5

    应交税费——应交增值税(销项税额) 726.5

5. 4月20日98#凭证所记录的业务,应该视同销售,计算销项税额。

应做调整分录:

借:应付职工薪酬 24 670

  主营业务成本 35 000

  贷:主营业务收入 51 000

    应交税费——应交增值税(销项税额) 8 670

6. 4月23日、25日两次购进货物取得增值税专用发票,尚未认证,应计入“待抵扣进项税金”科目,经过认证后才可计入“应交税费——应交增值税(进项税额)”申报抵扣。

应做调整分录:

借:待抵扣进项税 5 960

借:应交税费——应交增值税(进项税额) 5 960

7. 按照规定,分期收款方式销售货物,纳税义务为书面合同约定的收款日期的当天,而不论款项是否收到,因此企业应该确认收入并计算应纳税额。

应做调整分录:

借:应收账款 23 400

  贷:主营业务收入 20 000

    应交税费——应交增值税(销项税额) 3 400

同时应结转成本(略)

综上,汇总计算如下:

企业少计销项税额 = 2 040 + 726.5 + 8 670 + 3 400 = 14 836.5(元)

多计进项税额 = 56 + 5 960 = 6 016(元)

应做进项转出 = 1 445(元)

应调整企业本月申报情况,应申报销项税额 53 601.5 元(38 765 +

14 836.5)，进项税额 39 294 元(45 310 - 6 016)，进项税额转出 1 445 元，企业上月留抵税额 6 800 元，本月应申报缴纳税额 8 952.5 元，如表 7-2 所示：

表 7-2 调整的增值税纳税申报表(部分)

单位：元

项 目	栏 次	一般货物及劳务（本月数）
……	……	……
销项税额	11	53 601.5
进项税额	12	39 294
上期留抵税额	13	6 800
进项税额转出	14	1 445
免抵退货物应退税额	15	
按适用税率计算的纳税检查应补缴税额	16	
应抵扣税额合计	17 = 12 + 13 - 14 - 15 + 16	44 649
实际抵扣税额	18(如 17 < 11，则为 17，否则为 11)	44 649
应纳税额	19 = 11 - 18	10 822.5
期末留抵税额	20 = 17 - 18	
简易征收办法计算的应纳税额	21	
按简易征收办法计算的纳税检查应补缴税额	22	
应纳税额减征额	23	
应纳税额合计	24 = 19 + 21 - 23	

（四）根据上述分析出具代理审查报告，具体内容略。

第三节 增值税纳税申报代理实务

一、增值税代理申报的流程

增值税因纳税人身份不同，纳税申报的要求也不同。对于小规模纳税人，采用简易办法计税，只需在规定的时限内计算应纳税款，办理申报缴纳手续即可；小规模纳税人中适用核定征收的，按照税务机关核定的时间和应纳税款金额办理申报缴纳。

增值税一般纳税人，使用防伪税控系统开具专用发票，在纳税申报时，需对其电子信息进行采集。一般情况下，纳税申报的流程应该是如下三个环节：专用发票抵扣联认证、纳税申报、IC 卡报税。

认证是指税务机关对纳税人取得的防伪税控系统开具的专用发票抵扣联，利用专门工具和技术判别其真伪的过程。

认证按其方法可分为远程认证和上门认证。远程认证由纳税人自行扫描、识别专用发票抵扣联票面信息，生成电子数据，通过网络传输至税务机关，由税务机关完成解密和认证，并将认证结果信息返回纳税人的认证方式。上门认证是指纳税人携带专用发票抵扣联（或电子信息）等资料，到税务机关申报征收窗口进行认证的方式。

报税分为两个步骤：首先，企业将金税卡中开具专用发票的信息抄到税控IC卡上，也就是所谓的“抄税”；然后，企业将税控IC卡上的信息报送税务机关，税务机关读取、处理有关信息的过程。

同样，纳税申报也分为远程申报和上门申报。实行上门申报的纳税人，申报和报税应同时进行；实行远程申报的纳税人，须在申报资料报送成功后，再到申报征收窗口报税。

也就是说，增值税一般纳税人在日常取得专用发票时，须到税务机关进行认证，纳税人当月申报抵扣的专用发票抵扣联，应在申报所属期内完成认证；同时在纳税申报前应完成抄税工作。然后可在申报期限内，办理纳税申报，以及IC卡报税。

代理一般纳税人办理纳税申报，就需要按照有关流程，在规定期限内，代理纳税人填报有关报表、报送有关资料、办理有关事宜。具体流程如图7-1所示。

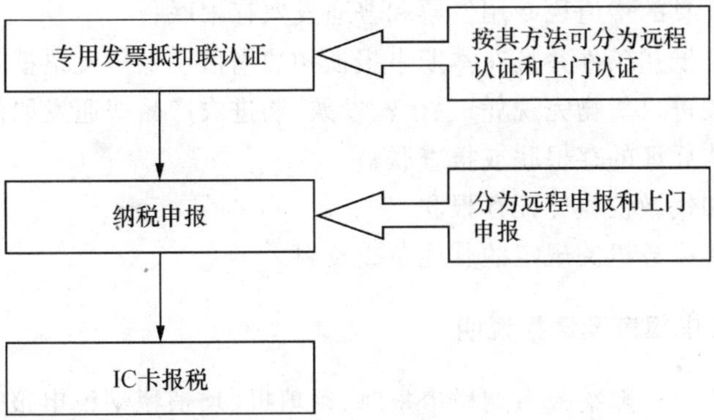

图7-1　增值税代理申报的流程

二、办理时限

纳税人应按月进行纳税申报，申报期为次月1日起至15日止，遇最后一日为法定节假日的，顺延1日；在每月1日至15日内有连续3日以上法定休假日的，按休假日天数顺延。

三、报送资料

纳税人在办理纳税申报时,需报送的资料分为两类:必报资料和备查资料。备查资料是否需要在当期报送,由各省级国家税务局确定,但是备查资料必须按照规定收集整理并装订成册。

(一) 必报资料

(1)《增值税纳税申报表(适用于增值税一般纳税人)》、《增值税纳税申报表附列资料(表一)、(表二)》和《固定资产进项税额抵扣情况表》;

(2) 使用防伪税控系统的纳税人,必须报送记录当期纳税信息的 IC 卡(明细数据备份在软盘上的纳税人,还需报送备份数据软盘)、《增值税专用发票存根联明细表》及《增值税专用发票抵扣联明细表》;

(3)《资产负债表》和《损益表》;

(4)《成品油购销存情况明细表》(发生成品油零售业务的纳税人填报);

(5)《增值税运输发票抵扣清单》;

(6)《海关完税凭证抵扣清单》;

(7) 主管税务机关规定的其他必报资料。

纳税人除向主管税务机关报送上述必报资料的电子数据外,还需报送纸介的纳税申报表主表及附表。

(二) 备查资料

(1) 已开具的增值税专用发票和普通发票存根联;

(2) 符合抵扣条件并且在本期申报抵扣的增值税专用发票抵扣联;

(3) 海关进口货物完税凭证、运输发票、购进农产品普通发票的复印件;

(4) 收购凭证的存根联或报查联;

(5) 代扣代缴税款凭证存根联;

(6) 主管税务机关规定的其他备查资料。

四、纳税申报表及填报说明

代理增值税一般纳税人纳税申报时,须填报《增值税纳税申报表(适用于增值税一般纳税人)》(表样及填报说明见附表 7-1),该表有两个附表,即《增值税纳税申报表附列资料(表一)、(表二)》,其中表一为本期销售情况明细,表二为本期进项税额明细。除了以上两个附表,还须填报《固定资产进项税额抵扣情况表》(见附表 7-2)。

查账征收的小规模纳税人应填报《增值税纳税申报表(适用小规模纳税人)》(表样及填报说明见附表 7-3)。

本章小结

本章介绍了增值税的账务处理、增值税纳税审查和纳税申报代理实务三部分内容。增值税是价外征收,其账务处理与其他流转税相比有很大差异;增值税纳税人分为一般纳税人和小规模纳税人,对一般纳税人,可以从征税范围、销项税额、进项税额、应纳税额几个环节进行纳税审查;在纳税申报上,一般纳税人使用防伪税控系统,其申报流程、报送资料和申报表的填写要比小规模纳税人复杂得多;申报代理的关键是,在规定时限内准确无误地填写和报送有关资料,办理相关事宜。

本章重要术语

视同销售;进项税额转出;认证;抄税;报税

思考练习题

1. 一般纳税人增值税的核算,会计科目是如何设置的?
2. 增值税纳税义务发生时间有哪些规定?
3. 企业发生销售退回或销售折让应如何处理?
4. 增值税征税范围的"境内销售货物",具体应如何界定?
5. 对一般纳税人应税销售额的审查包括哪些内容?
6. 对一般纳税人进项税额的审查应包括哪些内容?
7. 增值税一般纳税人纳税申报时,有哪些必报资料和备查资料?
8. 信诚税务师事务所接受龙飞商贸公司(一般纳税人)纳税申报代理委托,对该公司2008年6月的增值税代理申报。注册税务师掌握当月公司生产经营业务信息如下:

(1) 购入商品一批,取得增值税专用发票,价款20 000元,税款3 400元,款未付,货物已入库,发票已认证;

(2) 由于仓库被盗损失购进货物一批,账面成本8 000元;

(3) 从农民手中收购大米一批,收购凭证上注明收购款3 500元,票据符合规定;

(4) 从小规模纳税人处购买商品一批,取得税务机关代开的发票,价款40 000元,税款2 400元,款已付,货物未入库,发票已认证;

(5) 零售日用商品,取得含税收入56 800元;

(6) 购买建材一批用于修缮仓库,价款10 000元,税款1 700元,款已付,取得专用发票通过认证；

(7) 销售货物一批给甲公司，开具专用发票，价款 8 000 元，增值税额 1 360 元；同时收取送货运费 900 元，开具普通发票。

已知公司 6 月初留抵税额 2 300 元。

请计算应纳税额，填写当月纳税申报表。

附表 7-1 增值税纳税申报表(适用于一般纳税人)

根据《中华人民共和国增值税暂行条例》第二十二条和第二十三条的规定制定本表。纳税人不论有无销售额,均应按主管税务机关核定的纳税期限按期填报本表,并于次月一日起十五日内,向当地税务机关申报。

税款所属时间:		填表日期:			金额单位:元至角分	
纳税人识别号			所属行业			
纳税人名称	(公章)	法定代表人姓名	注册地址		营业地址	
开户银行及账号		企业登记注册类型			电话号码	
项目		栏次	一般货物及劳务		即征即退货物及劳务	
			本月数	本年累计	本月数	本年累计
销售额	(一)按适用税率征税货物及劳务销售额	1				
	其中:应税货物销售额	2				
	应税劳务销售额	3				
	纳税检查调整的销售额	4				
	(二)按简易征收办法征税货物销售额	5				
	其中:纳税检查调整的销售额	6				
	(三)免、抵、退办法出口货物销售额	7			—	—
	(四)免税货物及劳务销售额	8			—	—
	其中:免税货物销售额	9			—	—
	免税劳务销售额	10			—	—

（续表）

税款计算	销项税额	11				
	进项税额	12				
	上期留抵税额	13		—		—
	进项税额转出	14				
	免抵退货物应退税额	15			—	—
	按适用税率计算的纳税检查应补缴税额	16			—	—
	应抵扣税额合计	17 = 12 + 13 - 14 - 15 + 16		—		—
	实际抵扣税额	18（如 17 < 11，则为 17，否则为 11）				
	应纳税额	19 = 11 - 18				
	期末留抵税额	20 = 17 - 18		—		—
	简易征收办法计算的应纳税额	21				
	按简易征收办法计算的纳税检查应补缴税额	22			—	—
	应纳税额减征额	23				
	应纳税额合计	24 = 19 + 21 - 23				

（续表）

税款缴纳	期初未缴税额(多缴为负数)	25				
	实收出口开具专用缴款书退税额	26			—	—
	本期已缴税额	27 = 28 + 29 + 30 + 31				
	① 分次预缴税额	28		—		—
	② 出口开具专用缴款书预缴税额	29		—	—	—
	③ 本期缴纳上期应纳税额	30				
	④ 本期缴纳欠缴税额	31				
	期末未缴税额(多缴为负数)	32 = 24 + 25 + 26 − 27				
	其中:欠缴税额(≥0)	33 = 25 + 26 − 27		—		—
	本期应补(退)税额	34 = 24 − 28 − 29		—		—
	即征即退实际退税额	35	—	—		
	期初未缴查补税额	36			—	—
	本期入库查补税额	37			—	—
	期末未缴查补税额	38 = 16 + 22 + 36 − 37			—	—
授权声明	如果你已委托代理人申报,请填写下列资料:为代理一切税务事宜,现授权　　　（地址）为本纳税人的代理申报人,任何与本申报表有关的往来文件,都可寄予此人。授权人签字	申报人声明	此纳税申报表是根据《中华人民共和国增值税暂行条例》的规定填报的,我相信它是真实的、可靠的、完整的。声明人签字			
以下由税务机关填写:						
收到日期:	接收人:	主管税务机关盖章:				

《增值税纳税申报表(适用于一般纳税人)》填表说明

本申报表适用于增值税一般纳税人填报。增值税一般纳税人销售按简易办法缴纳增值税的货物,也使用本表。

1. 本表“税款所属时间”是指纳税人申报的增值税应纳税额的所属时间,应填写具体的起止年、月、日。
2. 本表“填表日期”指纳税人填写本表的具体日期。

3. 本表“纳税人识别号”栏,填写税务机关为纳税人确定的识别号,即税务登记证号码。

4. 本表“所属行业”栏,按照国民经济行业分类与代码中的最细项(小类)进行填写(国民经济行业分类与代码附后)。

5. 本表“纳税人名称”栏,填写纳税人单位名称全称,不得填写简称。

6. 本表“法定代表人姓名”栏,填写纳税人法定代表人的姓名。

7. 本表“注册地址”栏,填写纳税人税务登记证所注明的详细地址。

8. 本表“营业地址”栏,填写纳税人营业地的详细地址。

9. 本表“开户银行及账号”栏,填写纳税人开户银行的名称和纳税人在该银行的结算账户号码。

10. 本表“企业登记注册类型”栏,按税务登记证填写。

11. 本表“电话号码”栏,填写纳税人注册地和经营地的电话号码。

12. 表中“一般货物及劳务”是指享受即征即退的货物及劳务以外的其他货物及劳务。

13. 表中“即征即退货物及劳务”是指纳税人按照税法规定享受即征即退税收优惠政策的货物及劳务。

14. 本表第 1 项“(一)按适用税率征税货物及劳务销售额”栏数据,填写纳税人本期按适用税率缴纳增值税的应税货物和应税劳务的销售额(销货退回的销售额用负数表示)。包括在财务上不作销售但按税法规定应缴纳增值税的视同销售货物和价外费用销售额,外贸企业作价销售进料加工复出口的货物,税务、财政、审计部门检查按适用税率计算调整的销售额。“一般货物及劳务”的“本月数”栏数据与“即征即退货物及劳务”的“本月数”栏数据之和,应等于《附表一》第 7 栏的“小计”中的“销售额”数。“本年累计”栏数据,应为年度内各月数之和。

15. 本表第 2 项“应税货物销售额”栏数据,填写纳税人本期按适用税率缴纳增值税的应税货物的销售额(销货退回的销售额用负数表示)。包括在财务上不作销售但按税法规定应缴纳增值税的视同销售货物和价外费用销售额,以及外贸企业作价销售进料加工复出口的货物。“一般货物及劳务”的“本月数”栏数据与“即征即退货物及劳务”的“本月数”栏数据之和,应等于《附表一》第 5 栏的“应税货物”中 17% 税率“销售额”与 13% 税率“销售额”的合计数。“本年累计”栏数据,应为年度内各月数之和。

16. 本表第 3 项“应税劳务销售额”栏数据,填写纳税人本期按适用税率缴纳增值税的应税劳务的销售额。“一般货物及劳务”的“本月数”栏数据与“即征即退货物及劳务”的“本月数”栏数据之和,应等于《附表一》第 5 栏的“应税劳务”中的“销售额”数。“本年累计”栏数据,应为年度内各月数之和。

17. 本表第 4 项“纳税检查调整的销售额”栏数据,填写纳税人本期因税务、财政、审计部门检查、并按适用税率计算调整的应税货物和应税劳务的销售额。但享受即征即退税收优惠政策的货物及劳务经税务稽查发现偷税的,不得填入“即征即退货物及劳务”部分,而应将本部分销售额在“一般货物及劳务”栏中反映。“一般货物及劳务”的“本月数”栏数据与“即征即退货物及劳务”的“本月数”栏数据之和,应等于《附表一》第 6 栏的“小计”中的“销售额”数。“本年累计”栏数据,应为年度内各月数之和。

18. 本表第 5 项“按简易征收办法征税货物的销售额”栏数据,填写纳税人本期按简易征收办法征收增值税货物的销售额(销货退回的销售额用负数表示)。包括税务、财政、审计部门检查、并按简易征收办法计算调整的销售额。“一般货物及劳务”的“本月数”栏数据与“即征即退货物及劳务”的“本月数”栏数据之和,应等于《附表一》第 14 栏的“小计”中的“销售额”数。“本年累计”栏数据,应为年度内各月数之和。

19. 本表第 6 项“其中：纳税检查调整的销售额”栏数据，填写纳税人本期因税务、财政、审计部门检查、并按简易征收办法计算调整的销售额，但享受即征即退税收优惠政策的货物及劳务经税务稽查发现偷税的，不得填入“即征即退货物及劳务”部分，而应将本部分销售额在“一般货物及劳务”栏中反映。“一般货物及劳务”的“本月数”栏数据与“即征即退货物及劳务”的“本月数”栏数据之和，应等于《附表一》第 13 栏的“小计”中的“销售额”数。“本年累计”栏数据，应为年度内各月数之和。

20. 本表第 7 项“免、抵、退办法出口货物销售额”栏数据，填写纳税人本期执行免、抵、退办法出口货物的销售额（销货退回的销售额用负数表示）。“本年累计”栏数据，应为年度内各月数之和。

21. 本表第 8 项“免税货物及劳务销售额”栏数据，填写纳税人本期按照税法规定直接免征增值税的货物及劳务的销售额及适用零税率的货物及劳务的销售额（销货退回的销售额用负数表示），但不包括适用免、抵、退办法出口货物的销售额。“一般货物及劳务”的“本月数”栏数据，应等于《附表一》第 18 栏的“小计”中的“销售额”数。“本年累计”栏数据，应为年度内各月数之和。

22. 本表第 9 项“免税货物销售额”栏数据，填写纳税人本期按照税法规定直接免征增值税货物的销售额及适用零税率货物的销售额（销货退回的销售额用负数表示），但不包括适用免、抵、退办法出口货物的销售额。“一般货物及劳务”的“本月数”栏数据，应等于《附表一》第 18 栏的“免税货物”中的“销售额”数。“本年累计”栏数据，应为年度内各月数之和。

23. 本表第 10 项“免税劳务销售额”栏数据，填写纳税人本期按照税法规定直接免征增值税劳务的销售额及适用零税率劳务的销售额（销货退回的销售额用负数表示）。“一般货物及劳务”的“本月数”栏数据，应等于《附表一》第 18 栏的“免税劳务”中的“销售额”数。“本年累计”栏数据，应为年度内各月数之和。

24. 本表第 11 项“销项税额”栏数据，填写纳税人本期按适用税率计征的销项税额。该数据应与“应交税金——应交增值税”明细科目贷方“销项税额”专栏本期发生数一致。“一般货物及劳务”的“本月数”栏数据与“即征即退货物及劳务”的“本月数”栏数据之和，应等于《附表一》第 7 栏的“小计”中的“销项税额”数。“本年累计”栏数据，应为年度内各月数之和。

25. 本表第 12 项“进项税额”栏数据，填写纳税人本期申报抵扣的进项税额。该数据应与“应交税金——应交增值税”明细科目借方“进项税额”专栏本期发生数一致。“一般货物及劳务”的“本月数”栏数据与“即征即退货物及劳务”的“本月数”栏数据之和，应等于《附表二》第 12 栏中的“税额”数。“本年累计”栏数据，应为年度内各月数之和。

26. 本表第 13 项“上期留抵税额”栏数据，为纳税人前一申报期的“期末留抵税额”数，该数据应与“应交税金——应交增值税”明细科目借方月初余额一致。

27. 本表第 14 项“进项税额转出”栏数据，填写纳税人已经抵扣但按税法规定应作进项税转出的进项税额总数，但不包括销售折扣、折让，销货退回等应负数冲减当期进项税额的数额。该数据应与“应交税金—应交增值税”明细科目贷方“进项税额转出”专栏本期发生数一致。“一般货物及劳务”的“本月数”栏数据与“即征即退货物及劳务”的“本月数”栏数据之和，应等于《附表二》第 13 栏中的“税额”数。“本年累计”栏数据，应为年度内各月数之和。

28. 本表第 15 项“免、抵、退货物应退税额”栏数据，填写退税机关按照出口货物免、抵、退办法审批的应退税额。“本年累计”栏数据，应为年度内各月数之和。

29. 本表第16项“按适用税率计算的纳税检查应补缴税额”栏数据，填写税务、财政、审计部门检查按适用税率计算的纳税检查应补缴税额。“本年累计”栏数据，应为年度内各月数之和。

30. 本表第17项“应抵扣税额合计”栏数据，填写纳税人本期应抵扣进项税额的合计数。

31. 本表第18项“实际抵扣税额”栏数据，填写纳税人本期实际抵扣的进项税额。“本年累计”栏数据，应为年度内各月数之和。

32. 本表第19项“按适用税率计算的应纳税额”栏数据，填写纳税人本期按适用税率计算并应缴纳的增值税额。“本年累计”栏数据，应为年度内各月数之和。

33. 本表第20项“期末留抵税额”栏数据，为纳税人在本期销项税额中尚未抵扣完，留待下期继续抵扣的进项税额。该数据应与“应交税金——应交增值税”明细科目借方月末余额一致。

34. 本表第21项“按简易征收办法计算的应纳税额”栏数据，填写纳税人本期按简易征收办法计算并应缴纳的增值税额，但不包括按简易征收办法计算的纳税检查应补缴税额。“一般货物及劳务”的“本月数”栏数据与“即征即退货物及劳务”的“本月数”栏数据之和，应等于《附表一》第12栏的“小计”中的“应纳税额”数。“本年累计”栏数据，应为年度内各月数之和。

35. 本表第22项“按简易征收办法计算的纳税检查应补缴税额”栏数据，填写纳税人本期因税务、财政、审计部门检查并按简易征收办法计算的纳税检查应补缴税额。“一般货物及劳务”的“本月数”栏数据与“即征即退货物及劳务”的“本月数”栏数据之和，应等于《附表一》第13栏的“小计”中的“应纳税额”数。“本年累计”栏数据，应为年度内各月数之和。

36. 本表第23项“应纳税额减征额”栏数据，填写纳税人本期按照税法规定减征的增值税应纳税额。“本年累计”栏数据，应为年度内各月数之和。

37. 本表第24项“应纳税额合计”栏数据，填写纳税人本期应缴增值税的合计数。“本年累计”栏数据，应为年度内各月数之和。

38. 本表第25项“期初未缴税额(多缴为负数)”栏数据，为纳税人前一申报期的“期末未缴税额”(多缴为负数)。

39. 本表第26项“实收出口开具专用缴款书退税额”栏数据，填写纳税人本期实际收到税务机关退回的，因开具《出口货物税收专用缴款书》而多缴的增值税款。该数据应根据“应交税金——未交增值税”明细科目贷方本期发生额中“收到税务机关退回的多缴增值税款”数据填列。“本年累计”栏数据，为年度内各月数之和。

40. 本表第27项“本期已缴税额”栏数据，是指纳税人本期实际缴纳的增值税额，但不包括本期入库的查补税款。“本年累计”栏数据，为年度内各月数之和。

41. 本表第28项“①分次预缴税额”栏数据，填写纳税人本期分次预缴的增值税额。

42. 本表第29项“②出口开具专用缴款书预缴税额”栏数据，填写纳税人本期销售出口货物而开具专用缴款书向主管税务机关预缴的增值税额。

43. 本表第30项“③本期缴纳上期应纳税额”栏数据，填写纳税人本期上缴上期应缴未缴的增值税款，包括缴纳上期按简易征收办法计提的应缴未缴的增值税额。“本年累计”栏数据，为年度内各月数之和。

44. 本表第31项“④本期缴纳欠缴税额”栏数据，填写纳税人本期实际缴纳的增值税欠税额，但不包括缴纳入库的查补增值税额。“本年累计”栏数据，为年度内各月数之和。

45. 本表第 32 项“期末未交税额”(多缴为负数)栏数据，为纳税人本期期末应缴未缴的增值税额，但不包括纳税检查应缴未缴的税额。“本年累计”栏与“本月数”栏数据相同。

46. 本表第 33 项“其中：欠缴税额(≥0)”栏数据，为纳税人按照税法规定已形成欠税的数额。

47. 本表第 34 项“本期应补(退)税额”栏数据，为纳税人本期应纳税额中应补缴或应退回的数额。

48. 本表第 35 项“即征即退实际退税额”栏数据，填写纳税人本期因符合增值税即征即退优惠政策规定，而实际收到的税务机关返还的增值税额。“本年累计”栏数据，为年度内各月数之和。

49. 本表第 36 项“期初未缴查补税额”栏数据，为纳税人前一申报期的“期末未缴查补税额”。该数据与本表第 25 项“期初未缴税额”(多缴为负数)栏数据之和，应与“应交税金——未交增值税”明细科目期初余额一致。“本年累计”栏数据应填写纳税人上年度末的“期末未缴查补税额”数。

50. 本表第 37 项“本期入库查补税额”栏数据，填写纳税人本期因税务、财政、审计部门检查而实际入库的增值税款，包括：① 按适用税率计算并实际缴纳的查补增值税款；② 按简易征收办法计算并实际缴纳的查补增值税款。“本年累计”栏数据，为年度内各月数之和。

51. 本表第 38 项“期末未缴查补税额”栏数据，为纳税人纳税检查本期期末应缴未缴的增值税额。该数据与本表第 32 项“期末未缴税额”(多缴为负数)栏数据之和，应与“应交税金——未交增值税”明细科目期初余额一致。“本年累计”栏与“本月数”栏数据相同。

附表7-2　固定资产进项税额抵扣情况表

纳税人识别号：　　　　　　　　纳税人名称(公章)：

填表日期：　　年　月　日　　　　　　　　　　　　金额单位:元至角分

项　目	当期申报抵扣的固定资产进项税额	当期申报抵扣的固定资产进项税额累计
增值税专用发票		
海关进口增值税专用缴款书		
合计		

注:本表一式二份,一份纳税人留存,一份主管税务机关留存。

附表 7-3　增值税纳税申报表(适用小规模纳税人)

纳税人识别号:□□□□□□□□□□□□□□□□□□□□

纳税人名称(公章):　　　　　　　　　　　　　　　　　　　　金额单位:元(列至角分)

税款所属期:　年　月　日至　年　月　日　　　　　　　　　　填表日期:　年　月　日

	项　目	栏　次	本期数	本年累计
一、计税依据	(一)应征增值税货物及劳务不含税销售额	1		
	其中:税务机关代开的增值税专用发不含税销售额	2		
	税控器具开具的普通发票不含税销售额	3		
	(二)销售使用过的应税固定资产不含税销售额	4	—	—
	其中:税控器具开具的普通发票不含税销售额	5	—	—
	(三)免税货物及劳务销售额	6		
	其中:税控器具开具的普通发票销售额	7		
	(四)出口免税货物销售额	8		
	其中:税控器具开具的普通发票销售额	9		
二、税款计算	本期应纳税额	10		
	本期应纳税额减征额	11		
	应纳税额合计	12 = 10 - 11		
	本期预缴税额	13		—
	本期应补(退)税额	14 = 12 - 13		—

纳税人或代理人声明: 此纳税申报表是根据国家税收法律的规定填报的,我确定它是真实的、可靠的、完整的。	如纳税人填报,由纳税人填写以下各栏: 办税人员(签章):　　　　财务负责人(签章): 法定代表人(签章):　　　　联系电话: 如委托代理人填报,由代理人填写以下各栏: 代理人名称:　　经办人(签章):　　联系电话: 代理人(公章):

受理人:　　　　　　　　受理日期:　年　月　日　　　受理税务机关(签章):

注:本表为 A3 竖式一式三份,一份纳税人留存,一份主管税务机关留存,一份征收部门留存。

填表说明

1. 本申报表适用于增值税小规模纳税人(以下简称纳税人)填报。纳税人销售使用过的固定资产、销售免税货物或提供免税劳务的,也使用本表。

2. 具体项目填写说明:

(1) 本表“税款所属期”是指纳税人申报的增值税应纳税额的所属时间,应填写具体的起止年、月、日。

(2) 本表“纳税人识别号”栏,填写税务机关为纳税人确定的识别号,即税务登记证号码。

(3) 本表“纳税人名称”栏,填写纳税人单位名称全称,不得填写简称。

(4) 本表第1栏“应征增值税货物及劳务不含税销售额”栏数据,填写应征增值税货物及劳务的不含税销售额,不包含销售使用过的固定资产应征增值税的不含税销售额、免税货物及劳务销售额、出口免税货物销售额、稽查查补销售额。

(5) 本表第2栏“税务机关代开的增值税专用发票不含税销售额”栏数据,填写税务机关代开的增值税专用发票的销售额合计。

(6) 本表第3栏“税控器具开具的普通发票不含税销售额”栏数据,填写税控器具开具的应征增值税货物及劳务的普通发票金额换算的不含税销售额。

(7) 本表第6栏“免税货物及劳务销售额”栏数据,填写销售免征增值税货物及劳务的销售额,包括销售使用过的、固定资产目录中所列的、售价未超过原值的固定资产的销售额。

(8) 本表第7栏“税控器具开具的普通发票销售额”栏数据,填写税控器具开具的销售免征增值税货物及劳务的普通发票金额。

(9) 本表第8栏“出口免税货物销售额”栏数据,填写出口免税货物的销售额。

(10) 本表第9栏“税控器具开具的普通发票销售额”栏数据,填写税控器具开具的出口免税货物的普通发票金额。

(11) 本表第10栏“本期应纳税额”栏数据,填写本期按征收率计算缴纳的应纳税额。

(12) 本表第11栏“本期应纳税额减征额”栏数据,填写数据是根据相关的增值税优惠政策计算的应纳税额减征额。

(13) 本表第13栏“本期预缴税额”栏数据,填写纳税人本期预缴的增值税额,但不包括稽查补缴的应纳增值税额。

第八章

消费税代理实务

学习目标

通过本章的学习，读者应该能够：

- 熟悉消费税的账务处理和税款计算的有关规定；
- 掌握消费税纳税审查代理的程序、环节、内容和方法；
- 熟悉消费税申报代理的操作规范和报送资料的内容；
- 掌握消费税纳税申报表的填报方法。

第一节　消费税的账务处理

一、科目设置

消费税是价内税,其会计科目和账户设置与增值税有很大区别。消费税的纳税人在“应交税费”科目下设置“应交消费税”明细科目进行核算。“应交消费税”一般采用三栏式账户记账,贷方核算企业按规定应该缴纳的消费税,借方核算企业实际缴纳的消费税或者待扣除的消费税;期末贷方余额表示尚未缴纳的消费税,借方余额表示企业多缴的消费税。

二、账务处理

消费税的核算方法,根据不同的交易和事项而不同,这个过程也包含了消费税的计算过程。

(一) 生产销售应税消费品

企业生产应税消费品销售时,通过“营业税金及附加”科目核算。会计分录如下:

借:营业税金及附加

　贷:应交税费——应交消费税

实际缴纳消费税时:

借:应交税费——应交消费税

　贷:银行存款

企业发生销货退回或者退税时,做相反会计分录。

例 8-1　某日化厂(增值税一般纳税人)2008 年 5 月 20 日销售化妆品一批,开具增值税专用发票注明销售额 30 万元,另外收取运费 2 万元、包装费 1.2 万元,开具普通发票。款项已收到。

解析　运费及包装费收入属于价外费用范畴,应计入销售额计算消费税。

应纳增值税额 $= [300\,000 + (20\,000 + 12\,000) \div 1.17] \times 17\%$

$= 55\,649.57$(元)

应纳消费税额 $= [300\,000 + (20\,000 + 12\,000) \div 1.17] \times 30\%$

$= 98\,205.13$(元)

会计分录为:

借:银行存款　　　　　　　　　　383 000

　贷:主营业务收入　　　　　　　　327 350.43

应交税费——应交增值税(销项税额)　　55 649.57

借:营业税金及附加　　98 205.13

贷:应交税费——应交消费税　　98 205.13

我国消费税实行从价定率、从量定额、从价定率和从量定额相结合的复合计税三种办法计算应纳税额,其计税依据是应税消费品的销售额和销售数量。具体来说,黄酒、啤酒、成品油采用从量定额计税方法,白酒和卷烟采用复合计税方法,其他应税消费品采用从价定率计税方法。2009 年 5 月 1 日起,根据财税[2009]84 号文件,卷烟的消费税税率又作了新的调整。

消费税与增值税是交叉征收的,缴纳消费税的企业一般应同时缴纳增值税,而且,消费税价内征收,作为消费税计税依据的销售额(从价定率征收的)与增值税计税依据的销售额的口径一致,都是向购买方收取的全部价款和价外费用,不包含收取的增值税额。两个税种确定销售额的原则和具体规定是一致的。

例 8-2　某酒厂销售粮食白酒,随同产品出售的包装物单独计价,开具普通发票共收取包装费 10 000 元。

解析　包装物随同产品出售,不单独计价的,包装物价款已包含在销售额中;单独计价的,并入销售额计税,并将消费税计入相关成本。

此处包装费收入是含税(增值税)的,应做价税分离后计税。

应纳增值税额 = (10 000 ÷ 1.17) × 17% = 1 452.99(元)

应纳消费税额 = (10 000 ÷ 1.17) × 20% = 1 709.40(元)

会计分录如下:

借:银行存款　　10 000

贷:其他业务收入　　8 547.01

应交税费——应交增值税(销项税额)　　1 452.99

借:其他业务成本　　1 709.40

贷:应交税费——应交消费税　　1 709.40

例 8-3　某公司为一般纳税人,生产高尔夫球具,2008 年 6 月有一批包装物逾期没有收回,已知该批包装物发出时收取押金 2 000 元。

解析　逾期未退还的包装物押金和收取 1 年以上的包装物押金,应并入应税消费品的销售额,按应税消费品的适用税率计税。

应纳增值税额 = (2 000 ÷ 1.17) × 17% = 290.60(元)

应纳消费税额 = (2 000 ÷ 1.17) × 10% = 170.94(元)

会计分录为:

借:其他应付款　　2 000

贷:其他业务收入 1 709.40

应交税费——应交增值税(销项税额) 290.60

借:其他业务成本 170.94

贷:应交税费——应交消费税 170.94

(二) 自产自用应税消费品

纳税人自产自用的应税消费品,用于连续生产应税消费品的,不纳税。用于其他方面的,于移送使用时纳税。"用于其他方面的",是指纳税人用于生产非应税消费品和在建工程、管理部门、非生产机构、提供劳务,以及用于馈赠、赞助、集资、广告、样品、职工福利、奖励等方面的应税消费品。

例 8-4 某啤酒厂将自产啤酒 10 吨发给职工作福利,5 吨用于广告宣传让顾客免费品尝。已知此啤酒每吨出厂价 2 600 元。

解析 用于职工福利部分应纳消费税额 = 10 × 220 = 2 200(元)

用于广告宣传部分应纳消费税额 = 5 × 220 = 1 100(元)

会计处理如下:

借:应付职工薪酬 2 200

销售费用 1 100

贷:应交税费——应交消费税 3 300

(三) 委托加工应税消费品

委托加工的应税消费品,是指由委托方提供原料和主要材料,受托方只收取加工费和代垫部分辅助材料加工的应税消费品。委托加工的应税消费品,由受托方在向委托方交货时代收代缴税款。受托方按照代收税款借记"银行存款"、"应收账款"等科目,贷记"应交税费——应交消费税"科目。委托方的账务处理如下。

1. 收回后直接用于销售

委托加工应税消费品收回后直接用于销售的,销售时不再交消费税。委托方应将受托方代收代缴的消费税随同应付的加工费一并计入应税消费品的成本。委托方应根据受托方代收的税额和向受托方支付的加工费的有关凭证,借记"委托加工物资"或"生产成本"、"自制半成品",贷记"应付账款"、"银行存款"等科目。

例 8-5 某家装建材厂委托木材加工厂加工实木地板,两个企业都是增值税一般纳税人。家装建材厂提供木材成本 80 000 元,支付加工费 10 000 元、增值税 1 700 元。木材加工厂没有生产过同类品种规格的实木地板。

解析 木材加工厂应代收代缴消费税额 = 组成计税价格 × 5%

组成计税价格 = (材料成本 + 加工费) ÷ (1 − 5%)

$=(80\,000+10\,000)\div 95\%=94\,736.84$(元)

应交消费税 $=94\,736.84\times 5\%=4\,736.84$(元)

家装建材厂相应的会计处理如下:

(1) 发出木材时:

借:委托加工物资	80 000	
贷:原材料		80 000

(2) 支付加工费:

借:委托加工物资	10 000	
应交税费——应交增值税(进项税额)	1 700	
贷:银行存款		11 700

(3) 支付委托方代收消费税额:

借:委托加工物资	4 736.84	
贷:银行存款		4 736.84

(4) 收回实木地板入库:

借:产成品	94 736.84	
贷:委托加工物资		94 736.84

2. 收回后连续生产应税消费品

收回后连续生产应税消费品时,已缴的消费税准予扣除。

我国消费税是在单一环节一次课征。为避免重复征税,规定对外购或委托加工收回的已税消费品连续生产应税消费品销售时,可按当期生产领用数量计算准予扣除外购应税消费品已纳的消费税税款。在消费税14个税目中,除酒及酒精、成品油、小汽车、高档手表四个税目外,其余税目有扣税规定,包括:① 用外购或委托加工收回的已税烟丝生产的卷烟;② 用外购或委托加工收回的已税珠宝玉石生产的贵重首饰及珠宝玉石;③ 用外购或委托加工收回的已税化妆品生产的化妆品;④ 用外购或委托加工收回的已税鞭炮焰火生产的鞭炮焰火;⑤ 用外购或委托加工收回的已税汽车轮胎(内胎和外胎)生产的汽车轮胎;⑥ 用外购或委托加工收回的已税摩托车生产的摩托车;⑦ 以外购或委托加工收回的已税杆头、杆身和握把为原料生产的高尔夫球杆;⑧ 以外购或委托加工收回的已税木制一次性筷子为原料生产的木制一次性筷子;⑨ 以外购或委托加工收回的已税实木地板为原料生产的实木地板;⑩ 以外购或委托加工收回的已税石脑油为原料生产的应税消费品;⑪ 以外购或委托加工收回的已税润滑油为原料生产的润滑油。

对于在零售环节缴纳消费税的金银首饰(含镶嵌首饰)、钻石及钻石饰品已纳消费税不得扣除。

另外,允许扣除已纳税款的应税消费品只限于从工业企业购进的应税消费品和进口环节已缴纳消费税的应税消费品,对从境内商业企业购进应税消费品的已纳税款一律不得扣除。

委托方应将受托方代收代缴的消费税借记“应交税费——应交消费税”,贷记“银行存款”等科目。待应税消费品销售时,从其应缴纳的消费税中扣除。

(四)进口应税消费品

进口应税消费品时,进口单位缴纳的消费税计入应税消费品的成本中。

例 8-6 某企业进口应税消费品一批,海关应征进口关税 20 万元,适用关税税率假定为 20%,该消费品适用的消费税税率为 10%。

解析 该批消费品的关税完税价格 = 200 000 ÷ 20% = 1 000 000(元)

组成计税价格 = (关税完税价格 + 关税) ÷ (1 - 消费税税率)

= (1 000 000 + 200 000) ÷ (1 - 10%) = 1 333 333.33(元)

应纳消费税额 = 1 333 333.33 × 10% = 133 333.33(元)

应纳增值税额 = 1 333 333.33 × 17% = 226 666.67(元)

会计分录如下:

借:材料采购	1 333 333.33	
应交税费——应交增值税(进项税额)	226 666.67	
贷:银行存款		1 560 000

第二节 消费税纳税审查代理实务

对于生产加工应税消费品的企业,代理审查消费税的纳税情况可以与增值税同步进行,尤其是采用从价定率征收办法的应税消费品,因为其计税依据都是含消费税而不含增值税的销售额。但是,消费税又是一个特定的税种,在征税范围、计税依据、纳税环节、税额扣除等方面都有特殊规定。因此,代理消费税的纳税审查应注重其特点,有针对性地审查纳税人的计税资料。

一、计税依据的审查

消费税实行从价定率、从量定额或者复合计税的办法计算应纳税额,其计税依据分别是应税消费品的销售额和销售数量。在实际工作中,应针对税法中对自产和委托加工应税消费品的不同规定,选择其计税依据审查的侧重点。

(一)销售自产应税消费品的审查

1. 实行从价定率征税办法的应税消费品的审查

实行从价定率征税办法的应税消费品,其计税依据为纳税人销售应税消费品向购买方收取的全部价款和价外费用,但不包括应向购买方收取的增值税税款。应重点审查内容包括以下几个部分。

(1) 价外费用的审查。

① 审查纳税人"其他业务收入"、"营业外收入"等明细账,核对有关会计凭证,查看属于销售应税消费品从购货方收取的价外费用,是否按规定依照应税消费品的适用税率计算消费税,并与"应交税费——应交消费税"账户相核对。

② 审查纳税人"销售费用"、"管理费用"、"财务费用"、"其他业务支出"等明细账,如有借方红字发生额或贷方发生额,应对照有关会计凭证逐笔进行核对,审查纳税人是否有销售应税消费品收取的价外费用,是否按规定计算消费税,并与"应交税费——应交消费税"账户相核对。

③ 审查纳税人的"应收账款"、"应付账款"、"其他应收款"、"其他应付款"等往来账户,审查纳税人销售应税消费品收取的价外费用是否直接通过往来账户核算而不并入销售额计算消费税。

④ 审查纳税人已开具的普通发票存根联时,如发现有运输费、仓储费等收费项目的,应注意审查是否属价外费用。

⑤ 审查纳税人与购买方的销售结算清单,仔细审查销售清单反映的收费项目是否有属应征消费税、增值税的价外费用。

(2) 包装物的审查。

应税消费品连同包装物销售的,无论包装物是否单独计价以及在会计上如何核算,均应并入应税消费品的销售额中缴纳消费税。如果包装物不作价随同产品销售,而是收取押金,此项押金则不应并入应税消费品的销售额中征税。但对因逾期未收回的包装物不再退还的或者已收取的时间超过 12 个月的押金,应并入应税消费品的销售额,按照应税消费品的适用税率缴纳消费税。

对既作价随同应税消费品销售,又另外收取押金的包装物的押金,凡纳税人在规定的期限内没有退还的,均应并入应税消费品的销售额,按照应税消费品的适用税率缴纳消费税。

① 随同应税消费品作销售的包装物是否按所包装的产品适用的税率缴纳了消费税。审查的要点包括:一是审查纳税人生产、销售环节领用的不单独计价的包装物。将"包装物"明细账的贷方发生额与"生产成本"、"销售费用"等账户的借方发生额对照审核,审查纳税人会计处理是否正确以及结转领用包装物的成本是否真实,有无直接冲减产品销售收入。二是审查纳税人随同应税消费品出售单独计价的包装物。将"包装物"明细账的贷方发生额与"其他业务支出"账户的借方发生额相核对,审查纳税人随同应税消费品出售单独作价的包装物的销售收入额是否记入"其他业务收入"账户计算缴纳消费税。三是审查

纳税人购进包装物的财务核算是否正确。审查纳税人购进包装物是否没有通过“包装物”账户而通过应收应付往来账户核算,发出后再以产品的销售收入冲账。

② 逾期不再退还的包装物押金及已收取1年以上的包装物押金,是否按规定缴纳了消费税。主要通过检查纳税人的“其他应付款”明细账,对照收取押金的原始凭证和双方约定的归还期限,审核纳税人按规定逾期未收回的包装物不再退还的押金,已收取1年以上的押金是否及时申报缴纳消费税。

③ 对销售酒类消费品(除啤酒、黄酒外)收取的包装物押金是否按规定及时缴纳了消费税。按规定,对酒类产品生产企业销售酒类产品(黄酒、啤酒除外)而收取的包装物押金,无论押金是否返还与会计上如何核算,均需并入酒类产品销售额中,依酒类产品的适用税率征收消费税。审查时主要通过“包装物”、“其他应付款”等明细账,审查企业是否有出售包装物收入和收取包装物押金,应缴纳消费税的包装物收入和收取的包装物押金,是否缴纳了消费税。

(3) 关联企业转让定价的审查。

由于我国目前的消费税实行单一环节一次课征制。除金银首饰在零售环节纳税外,其他应税消费品都在生产环节纳税。因此,生产环节消费税税基的大小就决定了消费税的多少。近几年来,一些消费税纳税人,特别是生产高税率产品的企业,如烟厂、酒厂、汽车厂等大中型企业划小核算单位,成立独立核算的销售公司,降低产品出厂价格,通过商业返还费用方式侵蚀税基,利用企业集团的内部协作关系,采取总公司低价生产供应零配件给生产企业,将应税消费品低价销售给公司的方式避税等。因此,对生产应税消费品成立独立核算的销售公司或组建成企业集团的纳税人,应通过审查其“销售收入”、“生产成本”、“管理费用”等账户,对各关联企业之间收取的价款、支付的费用进行核实,如价格明显偏低又无正当理由的,按税法规定予以调整。

我国征管法实施细则规定,税务机关可以按照下列方法调整计税收入额或者所得额:按独立企业之间进行相同或类似业务活动的价格;按照销售给无关联关系的第三者的价格所应取得的收入和利润水平;按成本加合理的费用和利润;按照其他合理的方法。

(4) 对残次应税消费品的审查。

① 纳税人销售残次应税消费品是否按规定缴纳消费税。可以审查纳税人的“生产成本”、“制造费用”等成本费用类账户,留意纳税人的红字冲销额。看有无将残次应税消费品销售收入直接冲减有关成本费用不纳税的情况;审查“应付职工薪酬”账户,从贷方查看职工福利费的来源。看有无将残次品销售收入计入职工福利基金不纳税的情形。

② 纳税人销售残次应税消费品,向购买方收取的价差收入是否缴纳了消费

税。如发现某购货方与纳税人有比较稳定的协作关系且购买的产品价格长期偏低,可去该购货方调查,通过了解其"应付账款"、"其他应付款"明细账,查清是否有返还销货方的价差收入。

(5) 对纳税人不计、少计销售额的审查。

① 纳税人是否按照税法规定的纳税义务发生的时间计缴税款。特别是货已发出、已开具发票但因货款不能回笼而不及时申报纳税。可以通过对财务部门的"产成品"账与仓库的实物进行核对,看两者是否相符。如果财务部门的"库存商品"大于仓库的实物账,就很有可能存在货已发出而未纳税的情况。可根据纳税人销售的具体方式进一步抽查,比如抽查纳税人已开具发票的情况,即将纳税人一定时期内已开具发票的销售合计与消费税纳税申报核对,看两者是否相符。

② 纳税人是否将不符合税法规定的销售折扣、折让擅自冲减销售额。应重点审查纳税人"主营业务收入"明细账的贷方发生额,是否存在红字冲销的情况,如有,应查明原因:如是销售折扣、折让,则要进一步核实是否符合税法规定的条件,即是销售折扣的,要与应税消费品开在同一张发票上;如是销售折让的,要凭有效证明开具红字发票,才能冲减销售,否则不允许冲减应税消费品的销售额。

2. 实行从量定额征税办法的应税消费品的审查

实行从量定额征税办法的应税消费品,其计税依据为应税消费品的销售数量。应审查"主营业务收入"、"营业税金及附加"、"产成品"、"应交税费——应交消费税"等明细账,对照销货发票等原始凭证,看计量单位折算标准的使用及销售数量的确认是否正确,有无多计或少计销售数量的问题。审查纳税人的"销售费用"、"长期投资"、"营业外支出"、"管理费用"、"生产成本"等账户,审核纳税人是否有将自产的应税消费品用于其他方面而未在移送使用时申报缴纳消费税的情况。

(二) 委托加工应税消费品的审查

(1) 审查是否符合税法中规定的委托加工方式,如不符合规定,是否按销售自制应税消费品缴纳了消费税。

委托加工的应税消费品,是指由委托方提供原料和主要材料,受托方只收取加工费和代垫部分辅助材料加工的应税消费品。对于由受托方提供原材料生产的应税消费品,或者受托方先将原材料卖给委托方,然后再接受加工的应税消费品,以及由受托方以委托方名义购进原材料生产的应税消费品,不论纳税人在财务上是否作销售处理,都不得作为委托加工应税消费品,而应当按照销售自制应税消费品缴纳消费税。

(2) 审查“委托加工物资”、“应交税费——应交消费税”等明细账，对照委托加工合同等原始凭证，看纳税人委托加工的应税消费品是否按照受托方的同类消费品的销售价格计算纳税；没有同类消费品销售价格的，是否按照组成计税价格计算纳税，受托方代收代缴的消费税税额计算是否正确。

(3) 审查“委托加工物资”、“生产成本”、“应交税费——应交消费税”等明细账，看纳税人用外购或委托加工收回的已税消费品连续生产应税消费品，在计税时准予扣除外购或收回的应税消费品的已纳消费税税款，是否按当期生产领用数量计算，计算是否正确。特别注意准予扣除已纳税款的政策的适用范围，部分税目没有扣除规定。

(4) 审查“委托加工物资”、“应交税金——应交消费税”等明细账，看委托加工应税消费品直接出售的，有无重复征收消费税的问题。

(三) 视同销售应税消费品的审查

(1) 审查“库存商品”、“产成品”、“原材料”、“应付账款”等明细账，看有无用应税消费品换取生产资料和消费资料、投资入股和抵偿债务等情况。如有，是否以纳税人同类应税消费品的最高销售价格作为计税依据计征消费税。

(2) 纳税人用于生产非应税消费品、在建工程、管理部门、非生产机构、提供劳务，以及用于馈赠、赞助、集资、广告、职工福利、奖励等方面的应税消费品，应于移送使用时视同销售缴纳消费税。应审查“库存商品”、“产成品”、“原材料”、“应付账款”、“应付职工薪酬”、“管理费用”等明细账，看有无这种情况。如有，是否于移送使用时计征了消费税。

(四) 金银首饰消费税的审查

1. 金银首饰范围的审查

注册税务师审查时，应注意正确掌握金银首饰的消费税的征收范围，不能简单地以商品名称确定其是否属于应税金银首饰的范围。

2. 金银首饰计税依据的审查要点

(1) 以旧换新、翻新改制的审查。主要审核要点：一是审查纳税人“主营业务收入”、“库存商品”、“其他业务收入”等明细账，并与金银首饰零售发票核对，审查纳税人是否按规定申报缴纳消费税；二是审查纳税人“其他应付款”、“经营费用”等明细账的贷方发生额或借方红字发生额，审查纳税人是否将收取的加工费挂往来账或直接冲减费用未申报缴纳消费税。

(2) 带料加工业务的审查。主要审核要点：一是审查纳税人带料加工业务是否真实。将“原材料”、“生产成本”、“其他业务收入”等明细账与有关会计凭证相互对照检查，审查其是否符合带料加工业务的条件。二是审查纳税人带料加工业务的计税依据是否正确。对纳税人当期或最近时期的同类金银首饰销售价格的有关资料或“主营业务收入”明细账和委托加工合同进行检查，审查纳税人使用的计税价格或计算的组成计税价格是否正确。

（3）用于馈赠、赞助、集资、广告、样品、职工福利、奖励等方面的审查。审核要点包括：一是审查纳税人的“产成品”、“库存商品”等明细账户的贷方发生额，并与“应付职工薪酬”、“营业外支出”、“管理费用”、“销售费用”等明细账核对，审查纳税人用于馈赠、赞助、职工福利等方面的金银首饰是否按规定申报缴纳消费税；二是审查纳税人当期或最近时期的同类金银价格的有关资料或“生产成本”明细账，审查纳税人使用的计税价格或计算的组成计税价格是否正确。

（4）成套销售的审查。审核要点包括：一是询问企业有关人员有无成套金银首饰的业务并深入到金银首饰专柜，查看和了解有无成套销售金银首饰的样品及情况；二是审查纳税人“主营业务收入”明细账及有关会计凭证，并与金银首饰销售发票核对，审查纳税人若有成套销售金银首饰业务的，是否按规定申报缴纳消费税，有无分解销售收入少申报缴纳消费税。

二、适用税目、税率、纳税环节的审查

（一）适用税目、税率的审查

由于消费税并不是对所有的产品征税，其征税范围具有选择性，而且实行多档税率，不同产品税负不同。因此应掌握消费税的征税范围，审查纳税人生产的产品是否应征收消费税，税目、税率是否按税法规定执行。

（1）审查纳税人生产消费税税率已发生变化的应税消费品其应纳消费税是否按税法规定时间执行。比如酒类产品尤其是白酒以及卷烟、小汽车、成品油等税目或有关子目的适用税率状况。

（2）审查纳税人兼营不同税率的应税消费品是否分别核算不同税率应税消费品的销售额、销售数量，未分别核算销售额、销售数量，或者将不同税率应税消费品组成成套消费品销售的，是否从高适用税率。审查要点包括：一是了解纳税人生产等基本情况，掌握纳税人生产、销售的应税消费品的品种、牌号，准确划分各征税对象及适用的消费税税率；二是了解纳税人销售的基本情况，掌握纳税人有无将不同税率的应税消费品组成成套消费品销售的经济业务；三是审查纳税人的“主营业务收入”明细账，并与有关的会计凭证核对，审查纳税人是否将组成成套消费品销售的不同税率的应税消费品分别核算，分别适用税率计算纳税或者从低适用税率计算纳税。

（二）纳税环节的审查

（1）审查“营业税金及附加”、“应交税费——应交消费税”、“生产成本”、“库存商品”等明细账，确认纳税人生产的应税消费品是否于销售时纳税。对于

自产自用的应税消费品,用于连续生产应税消费品的,不纳税;用于其他方面的,是否已于移送使用时纳税。

(2) 审查"委托加工材料"、"应交税费——应交消费税"等明细账,确认委托加工收回的应税消费品,是否已由受托方在向委托方交货时代收代缴税款。

(3) 将纳税人"应付账款"、"预收账款"、"库存商品"、"分期收款发出商品"等明细账与有关会计凭证和产品销售合同相核对,审查有无已实现的销售收入不记入"主营业务收入"账户。

(4) 审查在零售环节征收消费税的产品的税款计缴情况。这里的零售应税消费品,专指由生产、进口环节改为在零售环节,并减按5%税率征收消费税的金银首饰、钻石及钻石饰品(包括生产企业设立门市部零售的)。改为零售环节征收消费税的金银首饰范围仅限于:金、银和金基、银基合金首饰,以及金、银和金基、银基合金的镶嵌首饰。从2003年5月1日起,铂金首饰消费税改为零售环节征税。

不属于上述范围的应征消费税的首饰,如镀金(银)、包金(银)首饰,以及镀金(银)、包金(银)的镶嵌首饰(简称非金银首饰),仍在生产销售环节征收消费税。

三、出口货物退免税的审查

现行的出口货物退税制度规定,对出口货物免征或退还在国内已征收的增值税和消费税。因此,出口应税消费品在办理应退消费税时,所需的退税凭证基本上与应退增值税所需凭证相同,但又不完全一致。对于生产企业和外贸企业出口应税消费品的退免税办法也有所不同。因此,在审查企业的应退消费税时,应结合增值税出口货物退免税的审查要点,针对生产企业和外贸企业的会计核算特点和不同的退免税办法进行审查。

(一) 生产企业出口应税消费品的审查

对生产企业直接出口应税消费品或通过外贸企业出口应税消费品,按规定直接予以免税的,不计算应缴消费税。应审查"主营业务收入"、"营业税金及附加"、"应交税费——应交消费税"、"库存商品"等明细账,审查出口报关单等免税凭证是否齐全、合法、有效。对从价定率办法的出口应税消费品,是否按人民币离岸价免征了消费税;对从量定额办法的出口应税消费品,是否按实际出口数量予以免征消费税。

(二) 外贸企业出口应税消费品的审查

对外贸企业自营出口的应税消费品,除审查出口发票、出口收汇核销单(出口退税专用)、出口报关单(出口退税专用)、购货发票等退税凭证外,还应审查

“出口货物消费税专用缴款书”。通过审查“库存出口商品”、“出口销售收入”、“应交税费——应交消费税”等明细账，审查从价定率办法的出口应税消费品，是否按购进金额办理了退税；从量定额办法的出口应税消费品，是否按实际出口数量办理了退税。其适用退税率和单位退税额是否正确。另外，在审查中还应注意，纳税人出口按规定不予退税或免税的应税消费品，应视同国内销售处理。

≺案例 8-1≻

小神仙酒厂是增值税一般纳税人，生产粮食白酒、酒精和黄酒。2008 年 1 月底委托某税务师事务所对其当月消费税进行纳税审查。企业本月拟申报白酒应纳消费税额 47 100 元，酒精应纳消费税额 9 600 元，黄酒应纳税额 2 400 元。

（一）企业自行计算并预填申报表如表 8-1 所示：

表 8-1　企业自行填制的消费税纳税申报表(部分)　　单位:元

项目 / 应税消费品名称	适用税率		销售数量	销售额	应纳税额
	定额税率	比例税率			
粮食白酒	0.5 元/斤	20%	14 600 斤	199 000	47 100
薯类白酒	0.5 元/斤	20%			
啤酒	250 元/吨	—			
啤酒	220 元/吨	—			
黄酒	240 元/吨	—	10 吨		2 400
其他酒	—	10%			
酒精	—	5%		192 000	9 600
合计	—	—	—	—	59 100

本期准予抵减税额：　3 600	**声明** **此纳税申报表是根据国家税收法律的规定填报的，我确定它是真实的、可靠的、完整的。**
本期减(免)税额：	
期初未缴税额：　55 500	经办人(签章)： 财务负责人(签章)： 联系电话：

（二）注册税务师在审查中取得企业部分财务会计核算资料如下：

1. 1月2日16#凭证会计分录为：

借：银行存款　　5 000

　贷：其他应付款——包装物押金　　5 000

经了解，为酒厂收取的销售白酒的包装物押金。

2. 1月6日36#凭证会计分录为：

借：应交税费——应交消费税　　3 600

　贷：银行存款　　3 600

经了解，企业委托另一酒厂生产粮食白酒一批，收回白酒时支付受托方代收代缴消费税额3 600元，当月企业将此批白酒重新调香后销售。

3. 1月10日93#凭证会计分录为：

借：销售费用　　2 000

　贷：库存商品　　2 000

经了解，企业在一次产品推介会上，作为样品让与会人员免费品尝的白酒，成本2 000元。已知该批白酒共100斤，市场售价4 500元（不含增值税）。

4. 1月15日130#凭证会计分录为：

借：银行存款　　32 760

　贷：主营业务收入　　28 000

　　应交税费——应交增值税（销项税额）　　4 760

借：营业税金及附加　　1 062

　贷：应交税费——应交消费税　　1 062

经了解，企业销售成套礼品酒100套给百货公司。已知该礼品套盒不含税售价为280元一套。内装白酒一瓶（一斤装，单独销售市场价50元/瓶）、黄酒一瓶（一斤装），企业计算应纳消费税额1 062元（$50\times100\times0.2+100\times0.5+0.12\times100$，其中0.12是每斤黄酒的应纳税额，即240元÷2 000斤）。

5. 1月20日183#凭证会计分录为：

借：银行存款　　4 680

　贷：其他业务收入　　4 680

经了解，为该企业销售白酒同时向购买方收取的品牌使用费，开具普通发票。

6. 1月21日185#凭证会计分录为：

借：委托加工物资　　275

　贷：银行存款　　275

经了解，企业收回委托加工酒精一批，支付受托方代扣税款275元。已知该批酒精的材料成本4 500元,支付加工费1 000元,增值税额170元。

（三）案例分析

1. 1月2日16#凭证记录的业务,酒厂收取的销售白酒的包装物押金,应并入销售额中计缴增值税和消费税。

借:银行存款　　5 000

　贷:其他应付款——包装物押金　　5 000

应交增值税 = (5 000 ÷ 1.17) × 17% = 726.50(元)

应交消费税 = (5 000 ÷ 1.17) × 20% = 854.70(元)

应做调整分录:

借:营业税金及附加　　854.70

　贷:应交税费——应交消费税　　854.70

借:其他应付款——包装物押金　　5 000

　贷:主营业务收入　　4 273.50

　　应交税费——应交增值税(销项税额)　　726.50

2. 1月6日36#凭证反映的经济业务,委托加工收回的白酒类产品已纳消费税额不得在以后扣除,其应纳消费税额应计入产品成本。

应做调整分录:

借:委托加工物资　　3 600

　贷:应交税费——应交消费税　　3 600

3. 1月10日93#凭证反映的经济业务,属于自产自用应税消费品用于其他方面的,应按市场售价计提消费税额。

应纳税额 = 100 × 0.5 + 4 500 × 20% = 950(元)

借:销售费用　　950

　贷:应交税费——应交消费税　　950

4. 1月15日130#凭证反映的经济业务,应按照成套礼品的价格按照最高税率计较消费税。

应纳消费税额 = 280 × 100 × 20% + 200 × 0.5 = 5 700(元)

企业少计消费税4 638元(5 700 − 1 062)。

应做调整分录:

借:营业税金及附加　　4 638

　贷:应交税费——应交消费税　　4 638

5. 1月20日183#凭证,收取的品牌使用费应并入销售额中计缴增值税和消费税。

应交增值税 = (4 680 ÷ 1.17) × 17% = 680(元)

应交消费税 $=(4\,680\div 1.17)\times 20\% = 800$(元)

应做调整分录:

借:其他业务收入 4 680

  贷:主营业务收入 4 000

    应交税费——应交增值税(销项税额) 680

借:营业税金及附加 800

  贷:应交税费——应交消费税 800

6. 1月21日185#凭证记录的经济业务,应按照组成计税价格计算应纳税款。

组成计税价格 $=$(材料成本 $+$ 加工费)$\div(1-5\%)=5\,500\div 0.95$

$=5\,789.47$(元)

应纳税额 $=5\,789.47\times 5\% = 289.47$(元)

企业少计消费税14.47元($289.47-275$)。

应做调整分录:

借:委托加工物资 14.47

  贷:应交税费——应交消费税 14.47

对少扣缴的税款,企业应自行申报补交。

综上,汇总计算如下:

企业少计增值税额 $=726.50+680=1\,406.5$(元)

企业少计消费税额 $=854.70+950+4\,638+800+14.47=7\,257.17$(元)

企业多申报扣除消费税3 600元。

应调整企业本月申报情况,白酒应纳消费税额54 342.7($47\,100+7\,242.7$)元,酒精应纳消费税额9614.47元($9\,600+14.47$),黄酒应纳税额2 388($2\,400-12$)元,如表8-2所示:

表8-2 调整后的消费税纳税申报表(部分) 单位:元

项目 应税消费品名称	适用税率		销售数量	销售额	应纳税额
	定额税率	比例税率			
粮食白酒	0.5元/斤	20%	14 700斤	234 773.5	54 342.7
薯类白酒	0.5元/斤	20%			
啤酒	250元/吨	—			

（续表）

<table>
<tr><td>啤酒</td><td>220 元/吨</td><td>—</td><td></td><td></td><td></td></tr>
<tr><td>黄酒</td><td>240 元/吨</td><td>—</td><td>9.95 吨</td><td></td><td>2 388</td></tr>
<tr><td>其他酒</td><td>—</td><td>10%</td><td></td><td></td><td></td></tr>
<tr><td>酒精</td><td>—</td><td>5%</td><td></td><td>192 789.47</td><td>9 614.47</td></tr>
<tr><td>合计</td><td>—</td><td>—</td><td>—</td><td>—</td><td>66 345.17</td></tr>
<tr><td colspan="4"></td><td colspan="2" rowspan="4">声明
此纳税申报表是根据国家税收法律的规定填报的，我确定它是真实的、可靠的、完整的。
经办人（签章）：
财务负责人（签章）：
联系电话：</td></tr>
<tr><td colspan="4">本期准予抵减税额：</td></tr>
<tr><td colspan="4">本期减（免）税额：</td></tr>
<tr><td colspan="4">期初未缴税额：　66 345.17</td></tr>
</table>

（四）根据上述分析出具代理审查报告，具体内容略。

第三节　消费税纳税申报代理实务

一、消费税申报缴纳的法律规范

（一）消费税的纳税环节和纳税地点

我国消费税实行单一环节一次课征。一般在应税消费品的生产、委托加工和进口环节缴纳，在批发零售环节不再征收。这样做便于对消费税实施源泉控管，降低征纳成本，还可避免重复征税。

纳税环节的具体规定包括：

（1）纳税人生产的应税消费品，于销售时纳税。

（2）纳税人自产自用的应税消费品，用于连续生产应税消费品的，不纳税；用于其他方面的，于移送使用时纳税。

（3）委托加工的应税消费品，除受托方为个人外，由受托方在向委托方交货时代收代缴税款。委托个人加工的应税消费品，由委托方收回后缴纳消费税。

（4）进口的应税消费品，于报关进口时纳税。

(5) 金银首饰和钻石及钻石饰品分别从1995年1月1日起和2002年1月1日起由生产、进口环节改为零售环节征税。

纳税人销售的应税消费品,以及自产自用的应税消费品,应当向纳税人机构所在地或者居住地的主管税务机关申报纳税。

委托加工的应税消费品,除受托方为个人外,由受托方向机构所在地或者居住地的主管税务机关解缴消费税税款。

进口的应税消费品,应当向报关地海关申报纳税。

(二) 纳税义务发生时间

(1) 纳税人销售应税消费品的,按不同的销售结算方式分别为:① 采取赊销和分期收款结算方式的,为书面合同约定的收款日期的当天,书面合同没有约定收款日期或者无书面合同的,为发出应税消费品的当天;② 采取预收货款结算方式的,为发出应税消费品的当天;③ 采取托收承付和委托银行收款方式的,为发出应税消费品并办妥托收手续的当天;④ 采取其他结算方式的,为收讫销售款或者取得索取销售款凭据的当天。

(2) 纳税人自产自用应税消费品的,为移送使用的当天。

(3) 纳税人委托加工应税消费品的,为纳税人提货的当天。

(4) 纳税人进口应税消费品的,为报关进口的当天。

(三) 纳税申报时间

消费税的纳税期限分别为1日、3日、5日、10日、15日、1个月或者1个季度。纳税人的具体纳税期限,由主管税务机关根据纳税人应纳税额的大小分别核定;不能按照固定期限纳税的,可以按次纳税。

纳税人以1个月或者1个季度为1个纳税期的,自期满之日起15日内申报纳税;以1日、3日、5日、10日或者15日为1个纳税期的,自期满之日起5日内预缴税款,于次月1日起15日内申报纳税并结清上月应纳税款。

纳税人进口应税消费品,应当自海关填发海关进口消费税专用缴款书之日起15日内缴纳税款。

二、消费税纳税申报表及填写说明

代理纳税申报的关键,就是根据委托方的实际生产经营情况,按照税法规定,代理纳税人准确计算应纳税款,并在规定时间内向主管税务机关报送纳税申报表和有关资料。代理申报的核心是代理委托方正确填报纳税申报表。

根据纳税人应税消费品项目的不同,国家税务总局制定了不同的纳税申报表。现行的消费税纳税申报表共分五种:

(1)《烟类应税消费品消费税纳税申报表》,仅限烟类消费税纳税人使用。

报表包括三个附表：

附表1《本期准予扣除税额计算表》由外购或委托加工收回烟丝后连续生产卷烟的纳税人填报。

附表2《本期代收代缴税额计算表》由烟类应税消费品受托加工方填报。

附表3《卷烟销售明细表》为年报，由卷烟消费税纳税人于年度终了后填写，次年1月份办理消费税纳税申报时报送。同时报送此表的EXCEL格式电子文件。

表样及填写说明见附表8-1。

(2)《酒及酒精消费税纳税申报表》，仅限酒及酒精消费税纳税人使用。报表包括三个附表：

附表1《本期准予抵减税额计算表》由以外购啤酒液为原料连续生产啤酒的纳税人或以进口葡萄酒为原料连续生产葡萄酒的纳税人填报。

附表2《本期代收代缴税额计算表》由酒及酒精受托加工方填报。

附表3《生产经营情况表》为年报，由酒及酒精消费税纳税人于年度终了后填写，次年1月份办理消费税纳税申报时报送。

表样及填写说明见附表8-2。

(3)《成品油消费税纳税申报表》，仅限成品油消费税纳税人使用。报表包括五个附表：

附表1《本期准予扣除税额计算表》由外购、进口或委托加工收回含铅汽油、无铅汽油、柴油、石脑油、润滑油、燃料油后连续生产应税成品油的纳税人填写。

附表2《本期减(免)税额计算表》由按照税法规定减免应税消费品消费税的纳税人填写。

附表3《成品油销售明细表》由成品油消费税纳税人在办理申报时提供，填写所属期内在国内销售的所有应税成品油的发票明细。

附表4《消费税扣税凭证明细表》由外购或委托加工收回应税消费品后连续生产应税消费品的纳税人填报。

附表5《代收代缴税款报告表》，由成品油应税消费品受托加工方在实际业务发生时填写。

表样及填写说明见附表8-3。

(4)《小汽车消费税纳税申报表》，仅限小汽车消费税纳税人使用。报表包括两个附表：

附表1《本期代收代缴税额计算表》由小汽车受托加工方填写。

附表2《生产经营情况表》为年报，作为《小汽车消费税纳税申报表》的附报资料,由纳税人于每年年度终了后填写,次年1月份办理消费税纳税申报时报送。

表样及填写说明见附表8-4。

(5)《其他应税消费品消费税纳税申报表》,限化妆品、贵重首饰及珠宝玉石、鞭炮焰火、汽车轮胎、摩托车、高尔夫球及球具、高档手表、游艇、木制一次性筷子、实木地板等消费税纳税人使用。报表包括五个附表:

附表1《本期准予扣除税额计算表》由外购或委托加工收回应税消费品后连续生产应税消费品的纳税人填报。

附表2《准予扣除消费税凭证明细表》由外购或委托加工收回应税消费品后连续生产应税消费品的纳税人填报。

附表3《本期代收代缴税额计算表》由应税消费品受托加工方填报。

附表4《生产经营情况表》为年报,由纳税人于年度终了后填写,次年1月份办理消费税纳税申报时报送。

表样及填写说明见附表8-5。

本章小结

本章介绍了消费税的账务处理、消费税纳税审查和纳税申报代理实务三部分内容。消费税属于价内税,与增值税相比,其会计科目设置和账务处理相对简单。我国消费税实行从价定率、从量定额、从价定率和从量定额相结合的复合计税三种办法计算应纳税额,其计税依据是应税消费品的销售额和销售数量。按照消费品生产经营方式和纳税人发生应税行为的不同,可将消费税应税行为分为生产销售、自产自用、委托加工、进口应税消费品等类别,不同的应税行为,账务处理、税款计缴各不相同,纳税审查也有不同的侧重点和方法。消费税根据纳税人应税消费品的项目差异,分别填报各自的纳税申报表,代理纳税申报时,需要及时、准确地填报纳税申报表和有关附表。

本章重要术语

复合计税;自产自用应税消费品;委托加工应税消费品

思考练习题

1. 纳税人自产自用的应税消费品,用于其他方面的,是指什么情况?
2. 什么情况下已缴的消费税准予扣除?
3. 应税消费品的包装物如何计缴消费税?

4. 如何界定委托加工行为？

5. 我国消费税在哪些环节课征？

6. 某酒厂2009年1月3日对外销售散装白酒20吨，收取价款240 000元，收取随同产品出售但单独计价包装物价款40 000元，收取增值税额为47 600元。请计算其应纳消费税额，并写出上述交易的会计分录。

7. 注册税务师受托对乙卷烟厂纳税情况进行审查，发现当期甲卷烟厂交给乙卷烟厂烟叶10吨（每吨成本600元）委托加工成烟丝，乙卷烟厂在加工过程中代垫辅助材料实际成本为1 000元，加工费为3 500元，双方协议中规定不考虑代垫辅料的费用。因乙卷烟厂无同类烟丝销售价格，乙卷烟厂代扣代缴消费税时作如下处理：

组成计税价格 =（材料成本 + 加工费）÷（1 − 消费税税率）

=（600 × 10 + 3 500）÷（1 − 30%）

= 9 500 ÷（1 − 30%）

= 13 571.43（元）

应代扣代缴消费税 = 13 571.43 × 30% = 4 071.43（元）

乙卷烟厂在甲卷烟厂提取烟丝时，收取了加工费、增值税，同时代收代缴了消费税，账务处理如下：

借：银行存款	9 166.43	
贷：主营业务收入		3 500
应交税费——应交增值税（销项税额）		595
应交税费——应交消费税		4 071.43
原材料——辅助材料		1 000

请问乙卷烟厂的计算和账务处理存在什么问题？

附表 8-1　烟类应税消费品消费税纳税申报表

税款所属期：　年　月　日至　年　月　日

纳税人名称(公章)：　　纳税人识别号：□□□□□□□□□□□□□□□□□□□□

填表日期：　年　月　日　单位:卷烟万支、雪茄烟支、烟丝千克;金额单位:元(列至角分)

项目 应税消费品名称	适用税率		销售数量	销售额	应纳税额
	定额税率	比例税率			
卷　烟	30 元/万支	56%			
卷　烟	30 元/万支	36%			
雪茄烟	—	36%			
烟　丝	—	30%			
合　计	—	—	—	—	

<table>
<tr><td></td><td rowspan="4">声明
此纳税申报表是根据国家税收法律的规定填报的，我确定它是真实的、可靠的、完整的。

经办人(签章)：
财务负责人(签章)：
联系电话：</td></tr>
<tr><td>本期准予扣除税额：</td></tr>
<tr><td>本期减(免)税额：</td></tr>
<tr><td>期初未缴税额：</td></tr>
<tr><td>本期缴纳前期应纳税额：</td><td rowspan="4">(如果你已委托代理人申报，请填写)
授权声明
为代理一切税务事宜，现授权______(地址)______为本纳税人的代理申报人，任何与本申报表有关的往来文件，都可寄予此人。
授权人签章：</td></tr>
<tr><td>本期预缴税额：</td></tr>
<tr><td>本期应补(退)税额：</td></tr>
<tr><td>期末未缴税额：</td></tr>
</table>

以下由税务机关填写

受理人(签章)：　　受理日期：　年　月　日　　受理税务机关(章)：

填表说明

一、本表仅限烟类消费税纳税人使用。

二、本表“销售数量”为《中华人民共和国消费税暂行条例》、《中华人民共和国消费税暂行条例实施细则》及其他法规、规章规定的当期应申报缴纳消费税的烟类应税消费品销售(不含出口免税)数量。

三、本表“销售额”为《中华人民共和国消费税暂行条例》、《中华人民共和国消费税暂行条例实施细则》及其他法规、规章规定的当期应申报缴纳消费税的烟类应税消费品销售(不含出口免税)收入。

四、根据《中华人民共和国消费税暂行条例》和《财政部、国家税务总局关于调整烟类产品消费税政策的通知》(财税[2001]91 号)的规定，本表“应纳税额”计算公式如下：

(一) 卷烟

应纳税额 = 销售数量 × 定额税率 + 销售额 × 比例税率

（二）雪茄烟、烟丝

应纳税额 = 销售额 × 比例税率

五、本表“本期准予扣除税额” 按本表附件一的本期准予扣除税款合计金额填写。

六、本表“本期减(免)税额”不含出口退(免)税额。

七、本表“期初未缴税额”填写本期期初累计应缴未缴的消费税额,多缴为负数。其数值等于上期“期末未缴税额”。

八、本表“本期缴纳前期应纳税额”填写本期实际缴纳入库的前期消费税额。

九、本表“本期预缴税额”填写纳税申报前已预先缴纳入库的本期消费税额。

十、本表“本期应补(退)税额”计算公式如下,多缴为负数:

本期应补(退)税额 = 应纳税额(合计栏金额) - 本期准予扣除税额 - 本期减(免)税额 - 本期预缴税额

十一、本表“期末未缴税额”计算公式如下,多缴为负数:

期末未缴税额 = 期初未缴税额 + 本期应补(退)税额 - 本期缴纳前期应纳税额

十二、本表为 A4 竖式,所有数字小数点后保留两位。一式二份,一份纳税人留存,一份税务机关留存。

附表 8-1 附表 1

本期准予扣除税额计算表

税款所属期：　年　月　日至　年　月　日

纳税人名称(公章)：　　纳税人识别号：□□□□□□□□□□□□□□□□□□□□

填表日期：　年　月　日　　金额单位:元(列至角分)

一、当期准予扣除的委托加工烟丝已纳税款计算
1. 期初库存委托加工烟丝已纳税款：
2. 当期收回委托加工烟丝已纳税款：
3. 期末库存委托加工烟丝已纳税款：
4. 当期准予扣除的委托加工烟丝已纳税款：
二、当期准予扣除的外购烟丝已纳税款计算
1. 期初库存外购烟丝买价：
2. 当期购进烟丝买价：
3. 期末库存外购烟丝买价：
4. 当期准予扣除的外购烟丝已纳税款：
三、本期准予扣除税款合计：

填表说明

一、本表作为《烟类应税消费品消费税纳税申报表》的附报资料,由外购或委托加工收回烟丝后连续生产卷烟的纳税人填报。

二、根据《国家税务总局关于用外购和委托加工收回的应税消费品连续生产应税消费品征收消费税问题的通知》(国税发[1995]94 号)的规定,本表“当期准予扣除的委托加工烟丝已纳税款”计算公式如下：

当期准予扣除的委托加工烟丝已纳税款 = 期初库存委托加工烟丝已纳税款 + 当期收回委托加工烟丝已纳税款 - 期末库存委托加工烟丝已纳税款

三、根据《国家税务总局关于用外购和委托加工收回的应税消费品连续生产应税消费品征收消费税问题的通知》(国税发[1995]94 号)的规定,本表“当期准予扣除的外购烟丝已纳税款”计算公式如下：

当期准予扣除的外购烟丝已纳税款 =(期初库存外购烟丝买价 + 当期购进烟丝买价 - 期末库存外购烟丝买价)× 外购烟丝适用税率(30%)

四、本表“本期准予扣除税款合计”为本期外购及委托加工收回烟丝后连续生产卷烟准予扣除烟丝已纳税款的合计数,应与《烟类应税消费品消费税纳税申报表》中对应项目一致。

五、本表为 A4 竖式,所有数字小数点后保留两位。一式二份,一份纳税人留存,一份税务机关留存。

附表 8-1 附表 2

本期代收代缴税额计算表

税款所属期：　　年　月　日至　　年　月　日

纳税人名称(公章)：　　　　纳税人识别号：

填表日期：　　年　月　日　　　　金额单位：元(列至角分)

项目 \ 应税消费品名称		卷烟	卷烟	雪茄烟	烟丝	合计
适用税率	定额税率	30 元/万支	30 元/万支	—	—	—
	比例税率	56%	36%	25%	30%	—
受托加工数量						—
同类产品销售价格						—
材料成本						—
加工费						—
组成计税价格						—
本期代收代缴税款						

填表说明

一、本表作为《烟类应税消费品消费税纳税申报表》的附报资料，由烟类应税消费品受托加工方填报。

二、本表“受托加工数量”的计量单位为卷烟为万支，雪茄烟为支，烟丝为千克。

三、本表“同类产品销售价格”为受托方同类产品销售价格。

四、根据《中华人民共和国消费税暂行条例》的规定，本表“组成计税价格”的计算公式如下：

组成计税价格 = (材料成本 + 加工费) ÷ (1 - 消费税税率)

五、根据《中华人民共和国消费税暂行条例》的规定，本表“本期代收代缴税款”的计算公式如下：

(一) 当受托方有同类产品销售价格时，

本期代收代缴税款 = 同类产品销售价格 × 受托加工数量 × 适用税率 + 受托加工数量 × 适用税率

(二) 当受托方没有同类产品销售价格时，

本期代收代缴税款 = 组成计税价格 × 适用税率 + 受托加工数量 × 适用税率

六、本表为 A4 竖式，所有数字小数点后保留两位。一式二份，一份纳税人留存，一份税务机关留存。

附表 8-1 附表 3

卷烟销售明细表

税款所属期： 年 月 日至 年 月 日

纳税人名称(公章)： 纳税人识别号：□□□□□□□□□□□□□□□□□□□□

填表日期： 年 月 日 单位:万支、元、元/条(200 支)

卷烟牌号	烟支包装规格	产量	销量	消费税计税价格	销售额	备注
合计	—			—	—	—

填表说明

一、本表为年报,作为《烟类应税消费品消费税纳税申报表》的附报资料,由卷烟消费税纳税人于年度终了后填写,次年 1 月份办理消费税纳税申报时报送。同时报送本表的 EXCEL 格式电子文件。

二、本表“消费税计税价格”为计算缴纳消费税的卷烟价格。已核定消费税计税价格的卷烟,实际销售价格高于核定消费税计税价格的,填写实际销售价格;实际销售价格低于核定消费税计税价格的,填写核定消费税计税价格;同时,在备注栏中填写核定消费税计税价格的文号。未核定消费税计税价格的,以及出口、委托加工收回后直接销售的卷烟,填写实际销售价格。在同一所属期内该栏数值发生变化的,应分行填写,并在备注栏中标注变动日期。

三、已核定消费税计税价格但已停产卷烟、新牌号新规格卷烟、交易价格变动牌号卷烟、出口卷烟、委托加工收回后直接销售卷烟分别在备注栏中注明“停产”、“新牌号”、“价格变动”、“出口”、“委托加工收回后直接销售”字样。新牌号新规格卷烟需同时在备注栏中注明投放市场的月份。委托加工收回后直接销售卷烟需同时注明受托加工方企业名称。

四、本表“销售额”按照以下公式计算填写:

销售额 = 销量 × 消费税计税价格

五、本表为 A4 横式,所有数字小数点后保留两位。一式二份,一份纳税人留存,一份税务机关留存。

附表 8-1 附表 4

卷烟消费税纳税申报表（批发）

税款所属期：　　年　月　日至　　年　月　日

纳税人名称（公章）：　　　　纳税人识别号：□□□□□□□□□□□□□□□□□□□□

填表日期：　　年　月　日　　　　计量单位：卷烟万支、金额单位：元（列至角分）

项目 应税 消费品名称	适用税率	销售数量	销售额	应纳税额
卷　烟	5%			
合　计	5%	—	—	

期初未缴税额：	**声明** **此纳税申报表是根据国家税收法律的规定填报的，我确定它是真实的、可靠的、完整的。**
本期缴纳前期应纳税额：	经办人（签章）： 财务负责人（签章）： 联系电话：
本期预缴税额：	（如果你已委托代理人申报，请填写） **授权声明** 为代理一切税务事宜，现授权______（地址）______为本纳税人的代理申报人，任何与本申报表有关的往来文件，都可寄予此人。 授权人签字：
本期应补（退）税额：	
期末未缴税额：	

以下由税务机关填写

受理人（签字）：　　　　受理日期：　　年　月　日　　　　受理税务机关（章）：

填表说明

一、本表仅限批发卷烟的消费税纳税人使用。

二、本表“销售数量”为《中华人民共和国消费税暂行条例》、《中华人民共和国消费税暂行条例实施细则》及其他法规、规章规定的当期应申报缴纳消费税的卷烟批发销售数量。

三、本表“销售额”为《中华人民共和国消费税暂行条例》、《中华人民共和国消费税暂行条例实施细则》及其他法规、规章规定的当期应申报缴纳消费税的卷烟批发销售收入。

四、根据《中华人民共和国消费税暂行条例》、《中华人民共和国消费税暂行条例实施细则》及其他法规、规章规定，本表“应纳税额”计算公式如下：

应纳税额 = 销售额 × 适用税率

五、本表“期初未缴税额”填写本期期初累计应缴未缴的消费税额，多缴为负数。其数值等于上期“期末未缴税额”。

六、本表“本期缴纳前期应纳税额”填写本期实际缴纳入库的前期消费税额。

七、本表“本期预缴税额”填写纳税申报前已预先缴纳入库的本期消费税额。

八、本表“本期应补(退)税额”计算公式如下,多缴为负数:

本期应补(退)税额 = 应纳税额(合计栏金额) - 本期预缴税额

九、本表“期末未缴税额”计算公式如下,多缴为负数:

期末未缴税额 = 期初未缴税额 + 本期应补(退)税额 - 本期缴纳前期应纳税额

十、本表为 A4 竖式,所有数字小数点后保留两位。一式二份,一份纳税人留存,一份税务机关留存。

附表 8-2　酒及酒精消费税纳税申报表

税款所属期：　年　月　日至　年　月　日

纳税人名称（公章）：　　纳税人识别号：□□□□□□□□□□□□□□□□□□□□

填表日期：　年　月　日　　　　金额单位：元（列至角分）

项目 应税消费品名称	适用税率		销售数量	销售额	应纳税额
	定额税率	比例税率			
粮食白酒	0.5 元/斤	20%			
薯类白酒	0.5 元/斤	20%			
啤酒	250 元/吨	—			
啤酒	220 元/吨	—			
黄酒	240 元/吨	—			
其他酒	—	10%			
酒精	—	5%			
合计	—	—	—	—	

	声明 此纳税申报表是根据国家税收法律的规定填报的，我确定它是真实的、可靠的、完整的。 经办人（签章）： 财务负责人（签章）： 联系电话：
本期准予抵减税额：	
本期减（免）税额：	
期初未缴税额：	
本期缴纳前期应纳税额：	（如果你已委托代理人申报，请填写） **授权声明** 为代理一切税务事宜，现授权______（地址）______为本纳税人的代理申报人，任何与本申报表有关的往来文件，都可寄予此人。 授权人签章：
本期预缴税额：	
本期应补（退）税额：	
期末未缴税额：	

以下由税务机关填写

受理人（签章）：　　受理日期：　年　月　日　　受理税务机关（章）：

填表说明

一、本表仅限酒及酒精消费税纳税人使用。

二、本表“销售数量”为《中华人民共和国消费税暂行条例》、《中华人民共和国消费税暂行条例实施细则》及其他法规、规章规定的当期应申报缴纳消费税的酒及酒精销售（不含出口免税）数量。计量单位：粮食白酒和薯类白酒为斤（如果实际销售商品按照体积标注计量单位，应按500毫升为1斤换算），啤酒、黄酒、其他酒和酒精为吨。

三、本表“销售额”为《中华人民共和国消费税暂行条例》、《中华人民共和国消费税暂行条例实施细则》及其他法规、规章规定的当期应申报缴纳消费税的酒及酒精销售（不含出口免税）收入。

四、根据《中华人民共和国消费税暂行条例》和《财政部 国家税务总局关于调整酒类产品消费税政策的通知》（财税[2001]84号）的规定，本表“应纳税额”计算公式如下：

（一）粮食白酒、薯类白酒

应纳税额 = 销售数量 × 定额税率 + 销售额 × 比例税率

（二）啤酒、黄酒

应纳税额 = 销售数量 × 定额税率

（二）其他酒、酒精

应纳税额 = 销售额 × 比例税率

五、本表“本期准予抵减税额”按本表附件一的本期准予抵减税款合计金额填写。

六、本表“本期减（免）税额”不含出口退（免）税额。

七、本表“期初未缴税额”填写本期期初累计应缴未缴的消费税额，多缴为负数。其数值等于上期“期末未缴税额”。

八、本表“本期缴纳前期应纳税额”填写本期实际缴纳入库的前期消费税额。

九、本表“本期预缴税额”填写纳税申报前已预先缴纳入库的本期消费税额。

十、本表“本期应补（退）税额”计算公式如下，多缴为负数：

本期应补（退）税额 = 应纳税额（合计栏金额）- 本期准予抵减税额 - 本期减（免）税额 - 本期预缴税额

十一、本表“期末未缴税额”计算公式如下，多缴为负数：

期末未缴税额 = 期初未缴税额 + 本期应补（退）税额 - 本期缴纳前期应纳税额

十二、本表为A4竖式，所有数字小数点后保留两位。一式二份，一份纳税人留存，一份税务机关留存。

附表 8-2 附表 1

本期准予抵减税额计算表

税款所属期：　　年　月　日至　　年　月　日

纳税人名称（公章）：　　　　纳税人识别号：□□□□□□□□□□□□□□□□□□□□

填表日期：　　年　月　日　　　　　　　　单位：吨、元（列至角分）

一、当期准予抵减的外购啤酒液已纳税款计算

1. 期初库存外购啤酒液数量：

2. 当期购进啤酒液数量：

3. 期末库存外购啤酒液数量：

4. 当期准予抵减的外购啤酒液已纳税款：

二、当期准予抵减的进口葡萄酒已纳税款：

三、本期准予抵减税款合计：

附：准予抵减消费税凭证明细

	号码	开票日期	数量	单价	定额税率（元/吨）
啤酒（增值税专用发票）					
	合计	—		—	—
	号码	开票日期	数量	完税价格	税款金额
葡萄酒（海关进口消费税专用缴款书）					
	合计	—			

填表说明

一、本表作为《酒及酒精消费税纳税申报表》的附报资料，由以外购啤酒液为原料连续生产啤酒的纳税人或以进口葡萄酒为原料连续生产葡萄酒的纳税人填报。

二、根据《国家税务总局关于用外购和委托加工收回的应税消费品连续生产应税消费品征收消费税问题的通知》（国税发［1995］94 号）和《国家税务总局关于啤酒集团内部企业间销售（调拨）啤酒液征收消费税问题的批复》（国税函［2003］382 号）的规定，本表"当期准予抵减的外购啤酒液已纳税款"计算公式如下：

当期准予抵减的外购啤酒液已纳税款＝（期初库存外购啤酒液数量＋当期购进啤酒液数量－期末库存外购啤酒液数量）×外购啤酒液适用定额税率

其中，外购啤酒液适用定额税率由购入方取得的销售方销售啤酒液所开具的增值税专用发票上记载的单价确定。适用定额税率不同的，应分别核算外购啤酒液数量和当期准予抵减的外购啤酒液已纳税款，并在表中填写合计数。

三、根据《国家税务总局关于印发〈葡萄酒消费税管理办法（试行）〉的通知》（国税发［2006］66 号）的规定，本表"当期准予抵减的进口葡萄酒已纳税款"为纳税人进口葡萄酒取得的《海关进口消费税专用缴款书》注明的消费税款。

四、本表"本期准予抵减税款合计"应与《酒及酒精消费税纳税申报表》中对应项目一致。

五、以外购啤酒液为原料连续生产啤酒的纳税人应在"附：准予抵减消费税凭证明细"栏据实填写购入啤酒液取得的增值税专用发票上载明的"号码"、"开票日期"、"数量"、"单价"等项目内容。

六、以进口葡萄酒为原料连续生产葡萄酒的纳税人应在"附：准予抵减消费税凭证明细"栏据实填写进口消费税专用缴款书上载明的"号码"、"开票日期"、"数量"、"完税价格"、"税款金额"等项目内容。

七、本表为 A4 竖式，所有数字小数点后保留两位。一式二份，一份纳税人留存，一份税务机关留存。

附表 8-2 附表 2

本期代收代缴税额计算表

税款所属期：　　年　月　日至　　年　月　日

纳税人名称(公章)：　　　　纳税人识别号：□□□□□□□□□□□□□□□□□□□□

填表日期：　　年　月　日　　　　　　　　　　　　　　金额单位：元(列至角分)

项目 \ 应税消费品名称		粮食白酒	薯类白酒	啤酒	啤酒	黄酒	其他酒	酒精	合计
适用税率	定额税率	0.5元/斤	0.5元/斤	250元/吨	220元/吨	240元/吨	—	—	—
	比例税率	20%	20%	—	—	—	10%	5%	—
受托加工数量									—
同类产品销售价格						—			—
材料成本						—			—
加工费						—			—
组成计税价格						—			—
本期代收代缴税款									

填表说明

一、本表作为《酒及酒精消费税纳税申报表》的附报资料，由酒及酒精受托加工方填报。

二、本表“受托加工数量”的计量单位是：粮食白酒和薯类白酒为斤（如果实际销售商品按照体积标注计量单位，应按500毫升为1斤换算），啤酒、黄酒、其他酒和酒精为吨。

三、本表“同类产品销售价格”为受托方同类产品销售价格。

四、根据《中华人民共和国消费税暂行条例》的规定，本表“组成计税价格”的计算公式如下：

组成计税价格 =（材料成本 + 加工费）÷（1 - 消费税税率）

五、根据《中华人民共和国消费税暂行条例》的规定，本表“本期代收代缴税款”的计算公式如下：

（一）当受托方有同类产品销售价格时

本期代收代缴税款 = 同类产品销售价格 × 受托加工数量 × 适用税率 + 受托加工数量 × 适用税率

（二）当受托方没有同类产品销售价格时

本期代收代缴税款 = 组成计税价格 × 适用税率 + 受托加工数量 × 适用税率

六、本表为A4竖式，所有数字小数点后保留两位。一式二份，一份纳税人留存，一份税务机关留存。

附表 8-2 附表 3

生产经营情况表

税款所属期： 年 月 日至 年 月 日

纳税人名称（公章）： 纳税人识别号：□□□□□□□□□□□□□□□□□□□□

填表日期： 年 月 日 金额单位：元（列至角分）

项目 \ 应税消费品名称	粮食白酒	薯类白酒	啤酒（适用税率250元/吨）	啤酒（适用税率220元/吨）	黄酒	其他酒	酒精
生产数量							
销售数量							
委托加工收回酒及酒精直接销售数量							
委托加工收回酒及酒精直接销售额							
出口免税销售数量							
出口免税销售额							

填表说明

一、本表为年报，作为《酒及酒精消费税纳税申报表》的附报资料，由酒及酒精消费税纳税人于年度终了后填写，次年1月份办理消费税纳税申报时报送。

二、本表“生产数量”，填写本期生产的产成品数量。

三、本表“销售数量”填写要求同《酒及酒精消费税纳税申报表》。

四、本表“出口免税销售数量”和“出口免税销售额”为享受出口免税政策的应税消费品销售数量和销售额。

五、本表计量单位：粮食白酒和薯类白酒为斤（如果实际销售商品按照体积标注计量单位，应按500毫升为1斤换算），啤酒、黄酒、其他酒和酒精为吨。

六、本表为A4竖式，所有数字小数点后保留两位。一式二份，一份纳税人留存，一份税务机关留存。

附表 8-3　成品油消费税纳税申报表

税款所属期：　　年　月　日至　　年　月　日

纳税人名称(公章)：　　　　纳税人识别号：

填表日期：　年　月　日　　　　计量单位:升;金额单位:元(列至角分)

项目 应税消费品名称	适用税率(元/升)	销售数量	应纳税额
含铅汽油	1.4		
无铅汽油	1		
柴油	0.8		
石脑油	1		
溶剂油	1		
润滑油	1		
燃料油	0.8		
航空煤油	0.8		—
合计	—	—	

本期减(免)税额：	**声明** **此纳税申报表是根据国家税收法律的规定填报的,我确定它是真实的、可靠的、完整的。** 声明人签字：
期初留抵税额：	
本期准予扣除税额：	
本期应抵扣税额：	
期初未缴税额：	
期末留抵税额：	
本期实际抵扣税额：	
本期缴纳前期应纳税额：	(如果你已委托代理人申报,请填写) **授权声明** 为代理一切税务事宜,现授权______(地址)______为本纳税人的代理申报人,任何与本申报表有关的往来文件,都可寄予此人。 授权人签字：
本期预缴税额：	
本期应补(退)税额：	
期末未缴税额：	

以下由税务机关填写

受理人(签字)：　　　受理日期：　年　月　日　　受理税务机关(公章)：

填表说明

一、本表仅限成品油消费税纳税人使用。

二、本表“销售数量”为当期应当申报缴纳消费税的成品油应税消费品销售数量。生产企业用自产汽油生产的乙醇汽油，销售数量为当期销售的乙醇汽油所耗用的汽油数量。

三、本表“应纳税额”计算公式如下：应纳税额 = 销售数量 × 适用税率

四、本表“期初留抵税额”数值等于上期“期末留抵税额”。

五、本表“本期准予扣除税额”按本表附 1 的本期准予扣除税款合计金额填写。

六、本表“本期应抵扣税额”计算公式如下：

本期应抵扣税额 = 期初留抵税额 + 本期准予抵扣税额

七、本表“本期减(免)税额”按本表附 2 的本期减(免)税额合计金额填写。不含暂缓征收的项目。

八、本表“期初未缴税额”填写本期期初应缴未缴的消费税额，多缴为负数。其数值等于上期“期末未缴税额”。

九、本表“期末留抵税额”计算公式如下，其值大于零时按实际数值填写，小于等于零时填写零：

期末留抵税额 = 本期应抵扣税额 - 应纳税额(合计栏金额) + 本期减(免)税额

十、本表“本期实际抵扣税额”计算公式为：

本期实际抵扣税额 = 本期应抵扣税额 - 期末留抵税额

十一、本表“本期缴纳前期应纳税额”填写本期实际入库的前期消费税税额。

十二、本表“本期预缴税额”填写纳税申报前已预先缴纳入库的本期消费税额。

十三、本表“本期应补(退)税额” 计算公式如下，多缴为负数：

本期应补(退)税额 = 应纳税额(合计栏金额) - 本期减(免)税额 - 本期实际抵扣税额 - 本期预缴税额

十四、本表“期末未缴税额”计算公式如下，多缴为负数：

期末未缴税额 = 期初未缴税额 + 本期应补(退)税额 - 本期缴纳前期应纳税额

十五、本表为 A4 竖式，所有数字小数点后保留两位。一式二份，一份纳税人留存，一份税务机关留存。

附表 8-3 附表 1

本期准予扣除税额计算表

税款所属期：　年　月　日至　年　月　日

纳税人名称(公章)：　　纳税人识别号：□□□□□□□□□□□□□□□□□□□□

填表日期：　年　月　日　　计量单位:升;金额单位:元(列至角分)

项目 \ 应税消费品名称	含铅汽油	无铅汽油	柴油	石脑油	润滑油	燃料油
一、当期准予扣除的委托加工收回应税消费品已纳税款计算	—	—	—	—	—	—
1. 期初库存委托加工应税消费品已纳税款						
2. 当期收回委托加工应税消费品已纳税款						
3. 期末库存委托加工应税消费品已纳税款						
4. 当期准予扣除的委托加工应税消费品已纳税款						
二、当期准予扣除的外购应税消费品已纳税款计算	—	—	—	—	—	—
1. 期初库存外购应税消费品数量						
2. 当期购进应税消费品数量						
3. 期末库存外购应税消费品数量						
4. 当期准予扣除的外购应税消费品数量						
5. 当期准予扣除的外购应税消费品税款						
三、当期准予扣除的进口应税消费品已纳税款计算	—	—	—	—	—	—
1. 期初库存进口应税消费品已纳税款						
2. 当期进口应税消费品已纳税款						
3. 期末库存进口应税消费品已纳税款						
4. 当期准予扣除的进口应税消费品已纳税款						
四、本期准予扣除税款合计：						

填表说明

一、本表作为《成品油消费税纳税申报表》的附报资料，由外购、进口或委托加工收回含铅汽油、无铅汽油、柴油、石脑油、润滑油、燃料油后连续生产应税成品油的纳税人填写。

二、本表“当期准予扣除的委托加工应税消费品已纳税款”计算公式如下：

当期准予扣除的委托加工含铅汽油、无铅汽油、柴油、石脑油、润滑油、燃料油已纳税款 = 期初库存委托加工汽油、柴油、石脑油、润滑油、燃料油已纳税款 + 当期委托加工收回汽油、柴油、石脑油、润滑油、燃料油已纳税款 - 期末库存委托加工汽油、柴油、石脑油、润滑油、燃料油已纳税款。

三、本表“当期准予扣除的外购应税消费品已纳税款”计算公式如下：

当期准予扣除的含铅汽油、无铅汽油、柴油、石脑油、润滑油、燃料油已纳税款 = 当期准予扣除外购汽油、柴油、石脑油、润滑油、燃料油数量 × 外购汽油、柴油、石脑油、润滑油、燃料油适用税率

当期准予扣除外购含铅汽油、无铅汽油、柴油、石脑油、润滑油、燃料油数量 = 期初库存外购汽油、柴油、石脑油、润滑油、燃料油数量 + 当期购进汽油、柴油、石脑油、润滑油、燃料油数量 - 期末库存外购汽油、柴油、石脑油、润滑、燃料油数量

四、本表“当期准予扣除的进口应税消费品已纳税款”计算公式如下：

当期准予扣除的含铅汽油、无铅汽油、柴油、石脑油、润滑油、燃料油已纳税款 = 期初库存进口汽油、柴油、石脑油、润滑油、燃料油已纳税款 + 当期进口汽油、柴油、石脑油、润滑油、燃料油已纳税款 - 期末库存进口汽油、柴油、石脑油、润滑油、燃料油已纳税款

五、本表“本期准予扣除税款合计”为本期外购、进口或委托加工收回含铅汽油、无铅汽油、柴油、石脑油、润滑油、燃料油数量后连续生产应税消费品准予扣除含铅汽油、无铅汽油、柴油、石脑油、润滑油、燃料油已纳税款的合计数，即本表项目一 + 项目二 + 项目三，应与《成品油消费税纳税申报表》中对应项目一致。

六、本表为 A4 竖式，所有数字小数点后保留两位。一式二份，一份纳税人留存，一份税务机关留存。

附表 8-3 附表 2

本期减(免)税额计算表

税款所属期：　　年　月　日至　　年　月　日

纳税人名称(公章)：　　　　纳税人识别号：□□□□□□□□□□□□□□□□□□□□

填表日期：　　年　月　日　　　　计量单位：升；金额单位：元(列至角分)

应税消费品名称 项目				合计
适用税率(元/升)				—
本期减(免)数量				—
本期减(免)税额				

填表说明

一、本表作为《成品油消费税纳税申报表》的附报资料，由按照税法规定减免应税消费品消费税的纳税人填写。不含暂缓征收的项目。

二、本表“本期减(免)税额”计算公式如下：

本期减(免)税额＝本期减(免)数量×适用税率

三、本表为 A4 竖式，所有数字小数点后保留两位。一式二份，一份纳税人留存，一份税务机关留存。

附表 8-3 附表 3

成品油销售明细表

所属期：　　年　月　日至　　年　月　日

纳税人名称(公章)：　　　　纳税人识别号：□□□□□□□□□□□□□□□□□□□□

填表日期：　　年　月　日　　　　数量单位:升;金额单位:元(列至角分)

成品油名称	发票代码	发票号码	开票日期	销量	销售额	购货方纳税人名称	购货方纳税人识别号	备注
合计		—				—	—	—

填表说明

一、本表作为《成品油消费税纳税申报表》的附报资料,由成品油消费税纳税人在办理申报时提供,填写所属期内在国内销售的所有应税成品油的发票明细。

二、本表“成品油名称”为销售货物发票上方注明的油品名称,同一油品集中填写,并有小计。

三、本表为 A4 横式,所有数字小数点后保留两位。一式二份,一份纳税人留存,一份税务机关留存,一份征收部门留存。

附表 8-3 附表 4

消费税扣税凭证明细表

税款所属期：　　年　月　日至　　年　月　日

纳税人名称(公章)：　　　　纳税人识别号：

填表日期：　　年　月　日　　　　计量单位:升;金额单位:元(列至角分)

应税消费品名称	凭证类别	凭证号码	开票日期	数量/升	金额	适用税率	消费税税额
合计	—	—					

填表说明

一、本表作为《成品油消费税纳税申报表》的附报资料,由外购或委托加工收回应税消费品后连续生产应税消费品的纳税人填报。

二、本表"应税消费品名称"填写含铅汽油、无铅汽油、柴油、石脑油、润滑油、燃料油。

三、本表"凭证类别"填写允许扣除凭证名称,如增值税专用发票、代扣代收税款凭证、海关进口消费税专用缴款书。

四、本表"凭证号码"填写允许扣除凭证的号码。

五、本表"开票日期"填写允许扣除凭证的开票日期。

六、本表"数量"填写允许扣除凭证载明的应税消费品数量。

七、本表"金额"填写允许扣除凭证载明的应税消费品金额。

八、本表"适用税率"填写应税消费品的适用税率。

九、本表"消费税税额"填写凭该允许扣除凭证申报抵扣的消费税税额。

十、本表为 A4 竖式。所有数字小数点后保留两位。一式二份,一份纳税人留存,一份税务机关留存。

附表 8-3 附表 5

代收代缴税款报告表

税款所属期：　　年　月　日至　　年　月　日

纳税人名称(公章)：　　　　纳税人识别号：□□□□□□□□□□□□□□□□□□□□

填表日期：　　年　月　日　　　　计量单位:升;金额单位:元(列至角分)

项目＼应税消费品名称	含铅汽油	无铅汽油	柴油	石脑油	溶剂油	润滑油	燃料油	航空煤油	合计
适用税率(元/升)	1.4	1	0.8	1	1	1	0.8	0.8	—
受托加工数量									—
本期代收代缴税款									

填表说明

一、本表由成品油应税消费品受托加工方在实际业务发生时填写,委托方不填写。

二、本表“本期代收代缴税款”计算公式为:

含铅汽油、无铅汽油、柴油、石脑油、溶剂油、润滑油、燃料油本期代收代缴税款＝受托加工数量×适用税率

三、本表为 A4 竖式,所有数字小数点后保留两位。一式二份,一份纳税人留存,一份税务机关留存。

附表 8-4　小汽车消费税纳税申报表

税款所属期：　　年　月　日至　　年　月　日

纳税人名称(公章)：　　　　纳税人识别号：□□□□□□□□□□□□□□□□□□□□

填表日期：　　年　月　日　　　　单位:辆、元(列至角分)

应税消费品名称 \ 项目		适用税率	销售数量	销售额	应纳税额
乘用车	气缸容量≤1.0 升	1%			
	1.0 升<气缸容量≤1.5 升	3%			
	1.5 升<气缸容量≤2.0 升	5%			
	2.0 升<气缸容量≤2.5 升	9%			
	2.5 升<气缸容量≤3.0 升	12%			
	3.0 升<气缸容量≤4.0 升	25%			
	气缸容量>4.0 升	40%			
中轻型商用客车		5%			
合计		—	—	—	

	声明 此纳税申报表是根据国家税收法律的规定填报的，我确定它是真实的、可靠的、完整的。
本期准予扣除税额：	
本期减(免)税额：	经办人(签章)：
期初未缴税额：	财务负责人(签章)： 联系电话：
本期缴纳前期应纳税额：	(如果你已委托代理人申报，请填写) **授权声明**
本期预缴税额：	
本期应补(退)税额：	为代理一切税务事宜，现授权______(地址)______为本纳税人的代理申报人，任何与本申报表有关的往来文件，都可寄予此人。
期末未缴税额：	授权人签章：

以下由税务机关填写

受理人(签章)：　　　　受理日期：　　年　月　日　　　　受理税务机关(章)：

填表说明

一、本表仅限小汽车消费税纳税人使用。

二、纳税人生产的改装、改制车辆，应按照《财政部 国家税务总局关于调整和完善消费税政策的通知》（财税[2006]33号）中规定的适用税目、税率填写本表。

三、本表"销售数量"为《中华人民共和国消费税暂行条例》、《中华人民共和国消费税暂行条例实施细则》及其他法规、规章规定的当期应申报缴纳消费税的小汽车类应税消费品销售（不含出口免税）数量。

四、本表"销售额"为《中华人民共和国消费税暂行条例》、《中华人民共和国消费税暂行条例实施细则》及其他法规、规章规定的当期应申报缴纳消费税的小汽车类应税消费品销售（不含出口免税）收入。

五、根据《中华人民共和国消费税暂行条例》的规定，本表"应纳税额"计算公式如下：

应纳税额 = 销售额 × 比例税率

六、本表"本期减（免）税额"不含出口退（免）税额。

七、本表"期初未缴税额"填写本期期初累计应缴未缴的消费税额，多缴为负数。其数值等于上期"期末未缴税额"。

八、本表"本期缴纳前期应纳税额"填写本期实际缴纳入库的前期消费税额。

九、本表"本期预缴税额"填写纳税申报前已预先缴纳入库的本期消费税额。

十、本表"本期应补（退）税额"计算公式如下，多缴为负数：

本期应补（退）税额 = 应纳税额（合计栏金额）- 本期减（免）税额 - 本期预缴税额

十一、本表"期末未缴税额"计算公式如下，多缴为负数：

期末未缴税额 = 期初未缴税额 + 本期应补（退）税额 - 本期缴纳前期应纳税额

十二、本表为A4竖式，所有数字小数点后保留两位。一式二份，一份纳税人留存，一份税务机关留存。

附表 8-4 附表 1

本期代收代缴税额计算表

税款所属期：　年　月　日至　年　月　日

纳税人名称（公章）：　　纳税人识别号：□□□□□□□□□□□□□□□□□□□□

填表日期：　年　月　日　　金额单位：元（列至角分）

项目 \ 应税消费品名称	乘用车：气缸容量≤1.0 升	乘用车：1.0 升＜气缸容量≤1.5 升	乘用车：1.5 升＜气缸容量≤2.0 升	乘用车：2.0 升＜气缸容量≤2.5 升	乘用车：2.5 升＜气缸容量≤3.0 升	乘用车：3.0 升＜气缸容量≤4.0 升	乘用车：气缸容量＞4.0 升	中轻型商用客车	合计
适用税率	1%	3%	5%	9%	12%	25%	40%	5%	
受托加工数量									—
同类产品销售价格									—
材料成本									—
加工费									—
组成计税价格									—
本期代收代缴税款									

填表说明

一、本表作为《小汽车消费税纳税申报表》的附报资料，由小汽车受托加工方填写。

二、生产和受托加工的改装、改制车辆，应按照《财政部 国家税务总局关于调整和完善消费税政策的通知》（财税[2006]33号）中规定的适用税目、税率填写本表。

三、本表"受托加工数量"的计量单位为辆。

四、本表"同类产品销售价格"为受托方同类产品销售价格。

五、根据《中华人民共和国消费税暂行条例》的规定，本表"组成计税价格"的计算公式如下：

组成计税价格 =（材料成本 + 加工费）÷（1 - 消费税税率）

六、根据《中华人民共和国消费税暂行条例》的规定，本表"本期代收代缴税款"的计算公式如下：

（一）当受托方有同类产品销售价格时，

本期代收代缴税款 = 同类产品销售价格 × 受托加工数量 × 适用税率

（二）当受托方没有同类产品销售价格时，

本期代收代缴税款 = 组成计税价格 × 适用税率

七、本表为 A4 竖式，所有数字小数点后保留两位。一式二份，一份纳税人留存，一份税务机关留存。

附表 8-4 附表 2

生产经营情况表

税款所属期：　　年　月　日至　　年　月　日

纳税人名称（公章）：　　　　纳税人识别号：□□□□□□□□□□□□□□□□□□□□

填表日期：　　年　月　日

金额单位：元（列至角分）

应税消费品名称 / 项目	乘用车：气缸容量≤1.0升	乘用车：1.0升 < 气缸容量≤1.5升	乘用车：1.5升 < 气缸容量≤2.0升	乘用车：2.0升 < 气缸容量≤2.5升	乘用车：2.5升 < 气缸容量≤3.0升	乘用车：3.0升 < 气缸容量≤4.0升	乘用车：气缸容量 > 4.0升	中轻型商用客车
生产数量								
销售数量								
委托加工收回应税消费品直接销售数量								
委托加工收回应税消费品直接销售额								
出口免税销售数量								
出口免税销售额								

填表说明

一、本表为年报，作为《小汽车消费税纳税申报表》的附报资料，由纳税人于每年年度终了后填写，次年 1 月份办理消费税纳税申报时报送。

二、纳税人生产的改装、改制车辆，应按照《财政部 国家税务总局关于调整和完善消费税政策的通知》中规定的适用税目、税率填写本表。

三、本表“应税消费品”、“销售数量”填写要求同《小汽车消费税纳税申报表》。

四、本表“生产数量”，填写本期生产的产成品数量。

五、本表“出口免税销售数量”和“出口免税销售额”为享受出口免税政策的应税消费品销售数量和销售额。

六、本表为 A4 竖式。所有数字小数点后保留两位。一式二份，一份纳税人留存，一份税务机关留存。

附表 8-5　其他应税消费品消费税纳税申报表

税款所属期：　　年　月　日至　　年　月　日

纳税人名称(公章)：　　　　纳税人识别号：□□□□□□□□□□□□□□□□□□□□

填表日期：　　年　月　日　　　　　　　　　　　　金额单位:元(列至角分)

项目 应税消费品名称	适用税率	销售数量	销售额	应纳税额
合计	—	—	—	

<table>
<tr><td></td><td rowspan="4">声明
此纳税申报表是根据国家税收法律的规定填报的,我确定它是真实的、可靠的、完整的。
经办人(签章)：
财务负责人(签章)：
联系电话：</td></tr>
<tr><td>本期准予抵减税额：</td></tr>
<tr><td>本期减(免)税额：</td></tr>
<tr><td>期初未缴税额：</td></tr>
<tr><td>本期缴纳前期应纳税额：</td><td rowspan="4">(如果你已委托代理人申报,请填写)
授权声明
为代理一切税务事宜,现授权______(地址)______为本纳税人的代理申报人,任何与本申报表有关的往来文件,都可寄予此人。
授权人签章：</td></tr>
<tr><td>本期预缴税额：</td></tr>
<tr><td>本期应补(退)税额：</td></tr>
<tr><td>期末未缴税额：</td></tr>
</table>

以下由税务机关填写

受理人(签章)：　　　　受理日期：　　年　月　日　　　　受理税务机关(章)：

填表说明

一、本表限化妆品、贵重首饰及珠宝玉石、鞭炮焰火、汽车轮胎、摩托车、高尔夫球及球具、高档手表、游艇、木制一次性筷子、实木地板等消费税纳税人使用。

二、本表“应税消费品名称”和“适用税率”按照以下内容填写：

化妆品：30%；贵重首饰及珠宝玉石：10%；金银首饰（铂金首饰、钻石及钻石饰品）：5%；鞭炮焰火：15%；汽车轮胎（除子午线轮胎外）：3%；汽车轮胎（限子午线轮胎）：3%（免税）；摩托车（排量>250毫升）：10%；摩托车（排量≤250毫升）：3%；高尔夫球及球具：10%；高档手表：20%；游艇：10%；木制一次性筷子：5%；实木地板：5%。

三、本表“销售数量”为《中华人民共和国消费税暂行条例》、《中华人民共和国消费税暂行条例实施细则》及其他法规、规章规定的当期应申报缴纳消费税的应税消费品销售（不含出口免税）数量。计量单位是：汽车轮胎为套；摩托车为辆；高档手表为只；游艇为艘；实木地板为平方米；木制一次性筷子为万双；化妆品、贵重首饰及珠宝玉石（含金银首饰、铂金首饰、钻石及钻石饰品）、鞭炮焰火、高尔夫球及球具按照纳税人实际使用的计量单位填写并在本栏中注明。

四、本表“销售额”为《中华人民共和国消费税暂行条例》、《中华人民共和国消费税暂行条例实施细则》及其他法规、规章规定的当期应申报缴纳消费税的应税消费品销售（不含出口免税）收入。

五、根据《中华人民共和国消费税暂行条例》的规定，本表“应纳税额”计算公式如下：

应纳税额 = 销售额 × 适用税率

六、本表“本期准予扣除税额”按本表附件一的本期准予扣除税款合计金额填写。

七、本表“本期减（免）税额”不含出口退（免）税额。

八、本表“期初未缴税额”填写本期期初累计应缴未缴的消费税额，多缴为负数。其数值等于上期“期末未缴税额”。

九、本表“本期缴纳前期应纳税额”填写本期实际缴纳入库的前期消费税额。

十、本表“本期预缴税额”填写纳税申报前已预先缴纳入库的本期消费税额。

十一、本表“本期应补（退）税额”计算公式如下，多缴为负数：

本期应补（退）税额 = 应纳税额（合计栏金额） - 本期准予扣除税额 - 本期减（免）税额 - 本期预缴税额

十二、本表“期末未缴税额”计算公式如下，多缴为负数：

期末未缴税额 = 期初未缴税额 + 本期应补（退）税额 - 本期缴纳前期应纳税额

十三、本表为A4竖式，所有数字小数点后保留两位。一式二份，一份纳税人留存，一份税务机关留存。

附表 8-5 附表 1

本期准予扣除税额计算表

税款所属期：　年　月　日至　年　月　日

纳税人名称(公章)：　纳税人识别号：□□□□□□□□□□□□□□□□□□□□

填表日期：　年　月　日　金额单位:元(列至角分)

<table>
<tr><td colspan="2">应税消费品名称
项目</td><td></td><td></td><td></td><td>合计</td></tr>
<tr><td rowspan="4">当期准予扣除的委托加工应税消费品已纳税款计算</td><td>期初库存委托加工应税消费品已纳税款</td><td></td><td></td><td></td><td>—</td></tr>
<tr><td>当期收回委托加工应税消费品已纳税款</td><td></td><td></td><td></td><td>—</td></tr>
<tr><td>期末库存委托加工应税消费品已纳税款</td><td></td><td></td><td></td><td>—</td></tr>
<tr><td>当期准予扣除委托加工应税消费品已纳税款</td><td></td><td></td><td></td><td></td></tr>
<tr><td rowspan="5">当期准予扣除的外购应税消费品已纳税款计算</td><td>期初库存外购应税消费品买价</td><td></td><td></td><td></td><td>—</td></tr>
<tr><td>当期购进应税消费品买价</td><td></td><td></td><td></td><td>—</td></tr>
<tr><td>期末库存外购应税消费品买价</td><td></td><td></td><td></td><td>—</td></tr>
<tr><td>外购应税消费品适用税率</td><td></td><td></td><td></td><td>—</td></tr>
<tr><td>当期准予扣除外购应税消费品已纳税款</td><td></td><td></td><td></td><td></td></tr>
<tr><td colspan="2">本期准予扣除税款合计</td><td></td><td></td><td></td><td></td></tr>
</table>

填表说明

一、本表作为《其他应税消费品消费税纳税申报表》的附报资料，由外购或委托加工收回应税消费品后连续生产应税消费品的纳税人填报。

二、本表“应税消费品名称”填写化妆品、珠宝玉石、鞭炮焰火、汽车轮胎、摩托车(排量 >250 毫升、摩托车(排量≤250 毫升)、高尔夫球及球具、木制一次性筷子、实木地板。

三、根据《国家税务总局关于用外购和委托加工收回的应税消费品连续生产应税消费品征收消费税问题的通知》(国税发[1995]94 号)的规定，本表“当期准予扣除的委托加工应税消费品已纳税款”计算公式如下：

当期准予扣除的委托加工应税消费品已纳税款 = 期初库存委托加工应税消费品已纳税款 + 当期收回委托加工应税消费品已纳税款 − 期末库存委托加工应税消费品已纳税款

四、根据《国家税务总局关于用外购和委托加工收回的应税消费品连续生产应税消费品征收消费税问题的通知》(国税发[1995]94 号)的规定，本表“当期准予扣除的外购应税消费品已纳税款”计算公式如下：

当期准予扣除的外购应税消费品已纳税款 =（期初库存外购应税消费品买价 + 当期购进应税消费品买价 - 期末库存外购应税消费品买价）× 外购应税消费品适用税率

五、本表“本期准予扣除税款合计”为本期外购及委托加工收回应税消费品后连续生产应税消费品准予扣除应税消费品已纳税款的合计数，应与《其他应税消费品消费税纳税申报表》中对应项目一致。

六、本表为 A4 竖式，所有数字小数点后保留两位。一式二份，一份纳税人留存，一份税务机关留存。

附表 8-5 附表 2

准予扣除消费税凭证明细表

税款所属期：　年　月　日至　年　月　日

纳税人名称(公章)：　　纳税人识别号：

填表日期：　年　月　日　　金额单位:元(列至角分)

应税消费品名称	凭证类别	凭证号码	开票日期	数量	金额	适用税率	消费税税额
合计	—	—	—	—	—	—	

填表说明

一、本表作为《其他应税消费品消费税纳税申报表》的附报资料，由外购或委托加工收回应税消费品后连续生产应税消费品的纳税人填报。

二、本表"应税消费品名称"填写高尔夫球及球具、木制一次性筷子、实木地板。

三、本表"凭证类别"填写准予扣除凭证名称，如：增值税专用发票、海关进口消费税专用缴款书、代扣代收税款凭证。

四、本表"凭证号码"填写准予扣除凭证的号码。

五、本表"开票日期"填写准予扣除凭证的开票日期。

六、本表"数量"填写准予扣除凭证载明的应税消费品数量，并在本栏中注明计量单位。

七、本表"金额"填写准予扣除凭证载明的应税消费品金额。

八、本表"适用税率"填写应税消费品的适用税率。

九、本表"消费税税额"填写凭该准予扣除凭证申报抵扣的消费税税额。

十、本表为 A4 竖式，所有数字小数点后保留两位。一式二份，一份纳税人留存，一份税务机关留存。

附表 8-5 附表 3

本期代收代缴税额计算表

税款所属期：　　年　月　日至　　年　月　日

纳税人名称(公章)：　　　　纳税人识别号：□□□□□□□□□□□□□□□□□□□□

填表日期：　年　月　日　　　　　　　　　　　　　　　　金额单位：元(列至角分)

应税消费品名称 项目				合计
适用税率				—
受托加工数量				—
同类产品销售价格				—
材料成本				—
加工费				—
组成计税价格				—
本期代收代缴税款				

填表说明

一、本表作为《其他应税消费品消费税纳税申报表》的附报资料，由应税消费品受托加工方填报。

二、本表“应税消费品名称”和“税率”按照以下内容填写：

化妆品：30%；贵重首饰及珠宝玉石：10%；金银首饰(铂金首饰、钻石及钻石饰品)：5%；鞭炮焰火：15%；汽车轮胎：3%；摩托车(排量 > 250 毫升)：10%；摩托车(排量 ≤ 250 毫升)：3%；高尔夫球及球具：10%；高档手表：20%；游艇：10%；木制一次性筷子：5%；实木地板：5%。

三、本表“受托加工数量”的计量单位是：汽车轮胎为套；摩托车为辆；高档手表为只；游艇为艘；实木地板为平方米；木制一次性筷子为万双；化妆品、贵重首饰及珠宝玉石(含金银首饰、铂金首饰、钻石及钻石饰品)、鞭炮焰火、高尔夫球及球具按照受托方实际使用的计量单位填写并在本栏中注明。

四、本表“同类产品销售价格”为受托方同类产品销售价格。

五、根据《中华人民共和国消费税暂行条例》的规定，本表“组成计税价格”的计算公式如下：

组成计税价格 = (材料成本 + 加工费) ÷ (1 - 消费税税率)

六、根据《中华人民共和国消费税暂行条例》的规定，本表“本期代收代缴税款”的计算公式如下：

(一) 当受托方有同类产品销售价格时

本期代收代缴税款 = 同类产品销售价格 × 受托加工数量 × 适用税率

(二) 当受托方没有同类产品销售价格时

本期代收代缴税款 = 组成计税价格 × 适用税率

七、本表为 A4 竖式，所有数字小数点后保留两位。一式二份，一份纳税人留存，一份税务机关留存。

附表 8-5 附表 4

生产经营情况表

税款所属期：　年　月　日至　年　月　日

纳税人名称(公章)：　　纳税人识别号：□□□□□□□□□□□□□□□□□□□□

填表日期：　年　月　日　　金额单位：元(列至角分)

应税消费品名称 项目				
生产数量				
销售数量				
委托加工收回应税消费品直接销售数量				
委托加工收回应税消费品直接销售额				
出口免税销售数量				
出口免税销售额				

填表说明

一、本表为年报，作为《其他应税消费品消费税纳税申报表》的附报资料，由纳税人于年度终了后填写，次年 1 月份办理消费税纳税申报时报送。

二、本表“应税消费品”、“销售数量”填写要求同《其他应税消费品消费税纳税申报表》。

三、本表“生产数量”，填写本期生产的产成品数量，计量单位应与销售数量一致。

四、本表“出口免税销售数量”和“出口免税销售额”为享受出口免税政策的应税消费品销售数量和销售额。

五、本表计量单位：汽车轮胎为套；摩托车为辆；高档手表为只；游艇为艘；实木地板为平方米；木制一次性筷子为万双；化妆品、贵重首饰及珠宝玉石(含金银首饰、铂金首饰、钻石及钻石饰品)、鞭炮焰火、高尔夫球及球具按照纳税人实际使用的计量单位填写并在本栏中注明。

六、本表为 A4 竖式。所有数字小数点后保留两位。一式二份，一份纳税人留存，一份税务机关留存。

第九章

营业税代理实务

学习目标

通过本章的学习，读者应该能够：

- 熟悉营业税的账务处理和税款计算的有关规定；
- 掌握营业税纳税审查代理的程序、环节、内容和方法；
- 熟悉营业税申报代理的操作规范和报送资料的内容。

第一节　营业税的账务处理

营业税是价内税,其会计科目设置与会计核算与消费税有相似之处。我国营业税共设置9个税目,征税范围涉及多种行业或者经营行为,账务处理也有自身特点。

一、提供应税劳务的账务处理

应税劳务是指属于交通运输业、建筑业、金融保险业、邮电通信业、文化体育业、娱乐业、服务业税目征收范围的劳务。企业提供应税劳务,应按照规定确定的营业额和适用税率计算应缴纳的营业税,借记"营业税金及附加"等科目,贷记"应交税费——应交营业税"科目;缴纳税款时,借记"应交税费——应交营业税",贷记"银行存款"等科目。

从事建筑安装、装饰装修业务的纳税人,营业额应包括工程所用原材料的价款;即使由对方提供原材料,在工程结算收入中未包括材料成本,计税时材料成本应包括在营业额中。

实行转包或分包形式的,由总承包人代扣代缴营业税。总承包人收到承包款项时,借记"银行存款",扣除应付给分包人或转包人的部分,贷记"主营业务收入",应付给分包人或转包人的部分,贷记"应付账款"。根据扣除后的工程结算收入计算的税金,以及应付给分包人或转包人的部分计算的代扣的税金,分别借记"营业税金及附加"和"应付账款——应付分包款项",贷记"应交税费——应交营业税"。

金融企业的贷款利息收入和借款利息支出是分别核算的,计算营业税时是按照应收利息全额计税,不是按照利差收入计税。

金融企业接受其他企业委托发放贷款,收到委托贷款利息时,借记"银行存款"或其他存款类科目,贷记"应付账款——应付委托贷款利息"。企业应根据收到的贷款利息减去委托贷款的手续费,计算代扣营业税,借记"应付账款——应付委托贷款利息",贷记"应交税费——应交营业税",代缴营业税时,借记"应交税费——应交营业税",贷记"银行存款"等科目。

二、销售不动产的账务处理

房地产开发企业是经营房地产买卖业务的企业,其从事房地产开发、销售及提供劳务而取得的经营收入,应计算缴纳营业税。房地产开发企业自建自售时，其自建行为按“建筑业”税目以3%税率计缴营业税，出售房地产按“销售不动产”税目以5%税率计缴营业税。

例 9-1 某房地产开发公司预售商品房一批，收到预售房款2 500万元，余款500万元在交付房产时结算。

解析 企业应按预售款预缴营业税，并根据销售情况计算应缴营业税额并办理清算（不考虑其他税费，下例同）。

（1）收到预售款时：

借：银行存款　　25 000 000

　贷：预收账款　　25 000 000

（2）按照预售房款计缴营业税：

$$应纳税额 = 2\,500 \times 5\% = 125（万元）$$

借：应交税费——应缴营业税　　1 250 000

　贷：银行存款　　1 250 000

（3）商品房正式交付、确认销售收入并按照销售收入计提营业税：

借：应收账款　　30 000 000

　贷：主营业务收入　　30 000 000

$$应纳税额 = 3\,000 \times 5\% = 150（万元）$$

借：营业税金及附加　　1 500 000

　贷：应交税费——应缴营业税　　1 500 000

（4）结转预收账款并清缴营业税：

借：预收账款　　25 000 000

　贷：应收账款　　25 000 000

借：应交税费——应缴营业税　　250 000

　贷：银行存款　　250 000

房地产开发企业之外的企业销售不动产时，属于处置固定资产，一般通过“固定资产清理”进行账务处理。首先按该项不动产的账面价值，借记“固定资产清理”，按已计提的累计折旧，借记“累计折旧”科目，按其账面原价，贷记“固定资产”科目；清理过程中应支付的相关税费及其他清理费用，借记“固定资产清理”，贷记“银行存款”、“应交税费——应交营业税”等科目；收到销售不动产的收入时，借记“银行存款”，贷记“固定资产清理”。最终将“固定资产清理”科目余额根据清理原因、结果等转入营业外支出或营业外收入。

三、转让无形资产的账务处理

无形资产转让分为现金转让和非现金转让（非货币性交易），均应按其转让收入计算缴纳营业税。

例 9-2　某企业转让其专利权取得收入 30 万元,该专利权的账面余额为 20 万元,已计提减值准备 3 万元。

解析　企业应缴纳的营业税为 15 000 元(30 万元 ×5%)。会计分录如下:

借:银行存款	300 000	
无形资产减值准备	30 000	
贷:无形资产		200 000
应交税费——应交营业税		15 000
营业外收入		115 000

四、增值税纳税人兼营营业税应税劳务的账务处理

增值税细则规定,纳税人兼营非增值税应税项目的,应分别核算货物或者应税劳务的销售额和非增值税应税项目的营业额;未分别核算的,由主管税务机关核定货物或者应税劳务的销售额。增值税纳税人兼营营业税应税劳务的,应税劳务的收入一般在"其他业务收入"中核算;应计提的营业税金,借记"其他业务成本",贷记"应交税费——应交营业税"科目。

第二节　营业税纳税审查代理实务

一、交通运输业的纳税审查

(1) 将"主营业务收入"或"运输收入"等收入科目的贷方发生额与企业纳税申报表相核对,看已经实现的运输收入是否全额纳税,有无差错。

(2) 审查运输企业营业部门报送的营业情况表,与"主营业务收入"或"运输收入"账户的贷方发生额相核对,看营业情况表所记录的运营业务收入是否已全部记入"主营业务收入"或"运输收入"账户核算。

(3) 将"主营业务收入"或"运输收入"及收入类账户与有关的记账凭证、原始凭证进行对照审查,看业务发生时间与记账时间是否一致或接近,有无延迟申报营业额,从而延期纳税的现象。同时还应注意原始凭证上反映的收费情况与记录运营收入数额是否一致,有无将其收入分开记账少纳税额的情况。

(4) 审查"其他业务收入"、"营业外收入"等账户,对照原始凭证,看其来源是否属于"其他业务收入"及"营业外收入"的范围,有无将应属于"运输收入"的业务记入"其他业务收入"或"营业外收入"且并未申报纳税的情况。

(5) 审查企业的"主营业务成本"或"营运成本"、"管理费用"等损益类账户,查找有无以收取运费冲减成本费用的现象;审核企业的“应收账款”、“应付账款”、“其他应付款”、“预收账款”等往来账户,看企业有无利用往来账藏匿运输收入或将实现的收入挂“预收账款”不申报纳税的情况;审核企业“应付职工薪酬”或者“应付工资”、“应付福利费”等科目,了解企业有无以“职工自搬自运”的名义对外承揽运输业务但没有申报纳税的情况。

(6) 企业如有委托外地车站、港口、码头、宾馆等票务代售点代理客货运输业务的,应审查其有无直接以抵减代理手续费后的营运收入额申报纳税。

(7) 审查企业收取的航运基础设施建设基金,公路建设基金及票价中包含的保险费等是否作为收入入账并申报纳税。

(8) 对账册不健全的运输企业,可通过公路养征站、港务所了解其缴纳养路费(航道维护费)的情况,看其车船是否正常行驶;了解油耗、出租车计费器等原始记录,测定运输工具的行驶里程,掌握运输收入。对长期漂泊在外、远离车船所在地从事营运的纳税人,应结合车船的年检,提请公安、港监等部门的配合,依法核定其营业额。

二、建筑业的纳税审查

(1) 审查纳税申报情况。将企业的纳税申报表与“主营业务收入”或“工程结算收入”账户贷方发生额相核对,看已经计入“主营业务收入”或“工程结算收入”账户的应税收入是否全部纳税,有无少报营业额、少纳营业税的情况。

(2) 审查企业有无将完工工程的收入挂在“预收账款”或“应收账款”账上,而不结转“主营业务收入”或“工程结算收入”,低报工程进度或漏报工程项目。

(3) 结合税法中对纳税义务发生时间的规定,审核企业有无推迟确定纳税义务,延迟缴纳税款的现象。

(4) 对于包工不包料的建筑工程,应审查施工企业有无只按人工费、管理费收入作为工程价款,而将所耗的材料价款剔除在外的情况。

(5) 审查安装工程纳税情况。纳税人从事安装工程作业,凡所安装的设备的价值作为安装工程产值的,其营业额应包括设备的价款在内。因此,审核时,应对照工程合同查看有关条款,看安装的设备的价值是否作为安装工程产值;若已作为产值计算的,看是否并入营业额中申报了营业税。

(6) 审查修缮、装饰工程的纳税情况。纳税人从事修缮、装饰工程作业,无论对方如何结算,其营业额均应包括工程所用原材料及其他物资和动力的价款在内。审核时,要结合工程作业合同,查看有关账户及纳税申报表等资料,看纳税人有无将应并入工程价款在内的原材料、其他物资、动力及项目单独核算,而未申报纳税的情况。

(7) 审查自建行为的纳税情况。单位或个人自己新建建筑物后销售,其自建行为视同提供应税劳务,征收营业税。在计算自建行为应纳营业税时,一般情况是采用组成计税价格来计算应纳营业税。

应纳税额 = 组成计税价格 × 适用税率

(8) 对于有的企业以提供劳务换取货物,应审查其有无不通过正常的"主营业务收入"或"工程结算收入"申报纳税的现象。

(9) 审核企业有无将收取的价外费用不计入营业收入,偷逃税款的现象。

(10) 审核企业的其他业务收入应侧重以下三个方面:注意企业有无因错划征税范围而导致计税依据和税率运用错误的问题;注意企业有无以收入直接冲减成本费用的问题;注意企业有无取得收入不申报纳税问题。

三、金融保险业的纳税审查

(一) 金融业

(1) 审查纳税人申报纳税的情况。具体做法为:将企业纳税申报表与"利息收入"、"金融企业往来收入"、"手续费收入"、"汇兑损益"、"租赁收益"、"证券销售"、"证券发行"等收入类明细账相核对,看纳税申报是否真实,有无少报、瞒报收入,少纳营业税的现象。

(2) 审查收入账项。具体做法为:将"利息收入"、"金融企业往来收入"、"手续费收入"、"租赁收益"等明细账与有关记账凭证、原始凭证相核对,看纳税人取得金融业务收入是否全额记入了收入类账户,有无分解收入,或者将费用、支出冲减收入的现象。

(3) 审查支出账项。具体做法为:将"利息支出"、"手续费支出"、"营业费用"等明细账,与有关记账凭证、原始凭证相核对,看有无将收入直接冲减费用支出的现象。

(4) 审查抵扣项目,因为转贷业务和外汇、有价证券、期货买卖业务都是按净额征收营业税的,审核时要注意,纳税人抵扣的金额是否正确,有无扩大抵扣金额,少纳营业税的现象;有无将已实现的业务收入挂在往来账项上,不确认收入的偷税现象。

(二) 保险业

(1) 审查有无保户储金业务少转"保费收入"的问题。尤其应注意有无不结转应转的保费收入,直接结转至"本年利润"账户的情况。

(2) 审查纳税人有无按扣除无赔偿奖励后的营业额计税的问题。

(3) 审查有无收费收入长期挂账的问题。

四、邮电通信业的纳税审查

（1）审查有关应税收入账户，看其是否及时足额进行纳税申报。审核“主营业务收入”或“通信业务收入”、“其他业务收入”及账户，与纳税申报表相核对，看已登记营业收入是否申报纳税，有无少报收入，不纳营业税情况。同时结合原始凭证，看其是否有将营业收入记入其他账户不纳税情况。

（2）审查有关支出账户，看其是否有将收入冲减支出现象。

（3）审查“主营业务成本”或“通信业务成本”、“管理费用”、“其他业务支出”及其账户，并结合有关原始凭证，看有无将收入冲减成本、费用账户，不作收入，减少纳税的现象。

（4）审查往来账户，看其是否有将收入挂账，不纳营业税的情况。审核时可结合原始凭证进行核对，核实往来账户的来龙去脉，是否有账外经营、收入挂账的情况。

（5）审查“应付职工薪酬”、“盈余公积”等账户，看是否有将收入隐藏的情况。

五、文化体育业的纳税审查

（1）将纳税人的纳税申报表与“主营业务收入”账户核对，看已实现的应税收入是否及时申报纳税，有无滞后、不报、少报收入的现象。

（2）审查“主营业务收入”与“营业费用”的账户及原始凭证，看企业有无不记收入，或将费用支出直接抵减收入的情况。

（3）审查往来账款，看有无将收入挂账，不纳税金的情况。

（4）审查纳税人的广告播映业务和体育场所出租业务，看是否单独核算，有无将应列入服务业纳税的收入，混合记入文化体育业，少纳税金的情况。

（5）对有关免税收入的纳税人，还要审核免税收入是否单独核算，有无扩大免税范围，将不属于免税收入记入免税收入账户，而少纳税额的情况。

六、娱乐业的纳税审查

（一）价外费用的审查

某些娱乐场所除向顾客收取各项正常费用外，还加收城市建设附加费、特种消费行为费等，或按营业额的一定比例加收，或按人头计算加收。对这些价外费用，无论如何计收，也不论财务上如何核算，均应并入营业额中按“娱乐业”税目征收营业税。

（二）歌舞厅收费的审查

凡是属于经营娱乐业的营业收入，不论采取何种收费方式（如门票费、台座/位费、点歌费、茶点费、伴舞费、包厢费、服务费等),应当全额并入营业额征收“娱乐业”营业税。歌舞厅等娱乐场邀请外来团体进行表演,对表演团体分得的收入,也不能从营业额中扣除。

(三) 兼有不同税目营业额的审查

纳税人兼有不同税目的应税行为,应分别核算不同税目的营业额,如未分别核算的,从高适用税率。如公园除门票收入外,还有游艺项目(如电动车、碰碰车、过山车等)收入。在会计处理上将两种类型的收入分别核算的,则按各自适用的税率征税,门票收入按“文化体育业”税率征税,游艺收入按“娱乐业”税率征税;若未能分别核算,或不能提供分别核算资料的,则一律从高适用税率,按“娱乐业”税率征税。但对娱乐场所为顾客进行娱乐活动提供的饮食服务及其他各种服务,无论其是否分开核算,都应按“娱乐业”税目征税。

(四) 奖金、奖品的处理

在娱乐活动中,给予顾客的奖励(包括奖品和奖金),其价值不能从营业收入中减除,应计入营业收入全额征税。对于退还现金的,也应全额征税,不能按退还后的实收款项征税。

(五) 会员制问题的处理

目前有的以娱乐为主、兼有社交性质的俱乐部,对入会会员收取入会资格保证金(退会时可退还)和入会费。在收讫会费和保证金时,应全额并入营业收入,征收“娱乐业”营业税。会员退会时,其应退的保证金允许从当期营业收入中扣除。

七、服务业的纳税审查

(一) 对饮食业的审查

认真对收款凭证、原始凭证、电脑收款机记录进行审核。通过稽核,看其营业收入是否准确,有无少记或不记账的情况。对有的未建账、不记账的饮食企业,可以不直接审查营业收入,而是通过审查其支出流水账,将耗用的原材料换算成产品的销售量,并据此推算出营业额,作为计税依据。

(二) 对旅店业的审查

审核的主要方法是审查住宿登记本(或登记单)和旅店业专用发票,看其已开具的发票与登记本(或登记单)登记的是否相吻合;已开具的发票是否已全额入账,收到的款项是否有不入账或少入账的情况。

(三) 对旅游业的审查

通过审核其自印收款凭证的领、用、存情况和旅客报名表等,看其收入是否已全部入账,有无在收费以外另收餐费、保险费、签证费等费用不入账或少入账而不按规定计税的情况；审核其减除项目时，要注意业主为旅游者支付给其他单位的住宿费、餐饮费、交通费和其他代付费用有无取得合法凭证。

（四）对广告业的审查

通过审查承揽合同、收款凭证，看其应收的收入是否入账，有无以提供广告为前提，向对方索取货物，而不折算为收入入账，或以赞助费、联营利润名义入账，逃偷税款的情况；审核企业有无将制作费、劳务费、播放费、信息费以党政机关报刊或广播电台、电视台的名义收款，混入免税收入中，偷逃税款的情况。

（五）对仓储业的审查

通过审查现金、银行存款等账户及企业已开具使用的收款凭证等，审查其价外收取的各类款项，是否已按规定记入营业额中，申报纳税。

（六）对租赁业的审查

审查的重点在非专业从事租赁业务企业上：

（1）个人私房出租收入不申报纳税。

（2）取得的出租收入（如出租柜台、出租大型机械）通过"其他业务收入"科目反映，但不申报纳税，或通过"其他应付款"、"营业外收入"科目反映，逃避纳税。

（3）取得租赁收入冲减成本费用类科目。

八、转让无形资产的纳税审查

企业转让无形资产应通过"其他业务收入"账户核算，其无形资产的成本在"其他业务支出"账户核算。

（1）审查"其他业务收入"账户与纳税申报表数额对比，看有无已记"其他业务收入"账户转让无形资产行为未申报纳税的情况。

（2）审查"无形资产"账户及原始凭证，看无形资产的减少去向，有无已经转让，但未记收入，直接冲减成本的情况。

（3）审查有关投资账户，看有无将无形资产对外投资，符合营业税征收条例，但未对其征税的情况。

（4）审查往来账项，看有无将转让无形资产收入挂账，未纳营业税的情况。

九、销售不动产的纳税审查

销售不动产营业税的纳税人，主要有两种情况：一是房地产开发公司销售自己开发的房屋不动产；二是其他单位和个人销售属于自有固定资产的房屋不动产。

1. 房地开发公司销售房屋不动产的审查

房地产开发公司销售不动产，一般都通过"主营业务收入"或"经营收入"

账户核算，审核时应重点审核该账户。

(1) 将企业纳税申报表经营收入数与“主营业务收入”或“经营收入”账户数额对比，看企业已经记收入账户的数额是否全额纳税，有无不纳、少纳税金的现象。

(2) 将“主营业务收入”或“经营收入”、“分期收款开发产品”等账户及相关原始凭证进行核对，看有无已经收款未转作“主营业务收入”或“经营收入”账户，而未纳税的情况。

(3) 审查往来账项，看有无利用往来账隐藏经营收入的情况。

(4) 审查不动产的销售价格，看有无价格偏低，又无正当理由的情况。

(5) 将房地开发公司销售房屋，车库等建筑物的相关合同、开出的发票、收据逐一相核对，到实地进行核实，看有无赠与、抵顶材料款、费用款等情况。

(6) 将房地开发公司开发前的相关资料(房屋规划、土地面积、设计图纸、施工方案、建筑合同、排水、排污、消防、人防、监理、拆迁补偿情况等)逐一落实，有无隐瞒开发面积、开发项目、配套工程等。

2. 其他单位销售不动产的审查

其他单位销售不动产，一般都通过“固定资产清理”由账户核算，审核时应主要从以下几个方面入手：

(1) 审查单位纳税申报表。看有无将已计入“固定资产清理”账户的销售收入未纳税的情况。

(2) 将“固定资产清理”账户与有关原始凭证核对，看有无用“固定资产清理”账户余额纳税的情况。结合凭证看有无少记“固定资产清理”收入的情况。

(3) 审查“固定资产”账户，看固定资产减少的去向，有无将固定资产对外出售，而未记“固定资产清理”账户的情况。若“固定资产”与对外捐赠相对应，看其是否照章纳税。

3. 审查手续费(如购房手续费、购房人变更姓名手续费)、因超过交款期限而扣缴的购房定金收入是否作为应税人申报纳税。

4. 审查房地产开发企业有无人为肢解售房收入，从中偷逃税款的情况。

5. 审核企业管理部门地所属房产收取的房租、小区服务费、场租等是否申报纳税。

6. 应特别注意有出租房、周转房的房地产开发企业。其出租或销售收入是否记入“经营收入”，有无将出租房、周转房销售后直接冲减出租房、周转房所发生的摊销费和改装修复费等。

第三节　营业税纳税申报代理实务

一、营业税申报缴纳的法律规范

（一）纳税义务发生时间

营业税纳税义务发生时间为纳税人提供应税劳务、转让无形资产或者销售不动产并收讫营业收入款项或者取得索取营业收入款项凭据的当天。

（二）纳税地点

（1）纳税人提供应税劳务应当向其机构所在地或者居住地的主管税务机关申报纳税。但是，纳税人提供的建筑业劳务以及国务院财政、税务主管部门规定的其他应税劳务，应当向应税劳务发生地的主管税务机关申报纳税。

（2）纳税人转让无形资产应当向其机构所在地或者居住地的主管税务机关申报纳税。但是，纳税人转让、出租土地使用权，应当向土地所在地的主管税务机关申报纳税。

（3）纳税人销售、出租不动产应当向不动产所在地的主管税务机关申报纳税。

（三）申报纳税期限

营业税的纳税期限分别为 5 日、10 日、15 日、1 个月或者 1 个季度。纳税人的具体纳税期限，由主管税务机关根据纳税人应纳税额的大小分别核定；不能按照固定期限纳税的，可以按次纳税。

纳税人以 1 个月或者 1 个季度为一个纳税期的，自期满之日起 15 日内申报纳税；以 5 日、10 日或者 15 日为一个纳税期的，自期满之日起 5 日内预缴税款，于次月 1 日起 15 日内申报纳税并结清上月应纳税款。

银行、财务公司、信托投资公司、信用社以一个季度为纳税期限，上述金融机构每季度末最后一旬应得的贷款利息收入，可以在本季度缴纳营业税，也可以在下季度缴纳营业税，但确定后一年内不得变更。其他的金融机构以一个月为纳税期限。以一季度为一个纳税期的，或者以一个月为一个纳税期的，应当分别于季度终了后或次月 15 日内向主管税务机关申报缴纳税款。

二、纳税申报表的分类及填报

营业税的征收管理也分为核定征收和查账征收两种方式。核定征收的纳税人可按规定实行简易申报方式；查账征收的纳税人，根据生产经营项目和应税行为的类别，分别填报不同的纳税申报表：

(1) 邮电通信业、文化体育业、转让无形资产和销售不动产的营业税纳税人,按照各地确定的纳税申报办法办理纳税申报,申报表的格式、内容、需要报送的资料由各地税务机关确定,代理申报应该根据有关规定进行办理。

(2) 金融保险业营业税纳税人目前仍按照《国家税务总局关于印发〈金融保险业营业税申报管理办法〉的通知》(国税发[2002]9 号)进行纳税申报。

金融保险业营业税实行电子申报方法。办理纳税申报时须填报的表包括:①《金融保险业营业税纳税申报表》(表样及填表说明见附表 9-1);②《贷款(含贴现、押汇、透支等)利息收入明细表》;③《外汇转贷利息收入明细表》;④《委托贷款利息收入明细表》;⑤《融资租赁收入明细表》;⑥《自营买卖股票价差收入明细表》;⑦《自营买卖债券价差收入明细表》;⑧《自营买卖外汇价差收入明细表》;⑨《自营买卖其他金融商品价差收入明细表》;⑩《金融经纪业务及其他金融业务收入月汇总明细表》;⑪《保费收入明细表》;⑫《储金业务收入明细表》;⑬ 主管税务机关规定的其他资料。

纳税人可根据自身情况填写各项内容,没有开展的业务是否需要报相应的空表由各省税务机关根据实际情况决定。

《金融保险业营业税纳税申报表》的表样及填表说明见附表 9-1;各项附表表样略。

(3) 交通运输业、娱乐业、服务业、建筑业营业税纳税人按照《国家税务总局关于印发〈营业税纳税人纳税申报办法〉的通知》(国税发[2005]202 号)的规定进行纳税申报。

上述纳税人应报送以下资料:①《营业税纳税申报表》(表样及填表说明见附表 9-2)。② 按照本纳税人发生营业税应税行为所属的税目,分别填报相应税目的营业税纳税申报表附表,具体包括《交通运输业营业税纳税申报表》、《娱乐业营业税纳税申报表》、《服务业营业税纳税申报表》、《服务业减除项目金额明细申报表》、《建筑业营业税纳税申报表》、《异地提供建筑业劳务税款缴纳情况申报表》等内容。同时发生两种或两种以上税目应税行为的,应同时填报相应的纳税申报表附表(上述具体表格表样略)。③ 凡使用税控收款机的纳税人应同时报送税控收款机 IC 卡。④ 主管税务机关规定的其他申报资料。

本章小结

营业税是价内税,其科目设置与会计核算与消费税有相似之处;我国营业税共设置 9 个税目,征税范围涉及多种行业或者经营行为,账务处理也有自身特点。不同的税目或者应税行为,如交通运输业、建筑业、金融保险业、邮电通信业、文化体育业、娱乐业、服务业、销售不动产和转让无形资产,纳税审查各有不同的重点和方法;代理申报时,注意不同行业或不同应税行为、应税项目的纳税人填报不同的申报表,应该在规定的时限内准确计算应纳税额、正确报送纳税申报表和有关附表。

本章重要术语

应税劳务;自建自售

思考练习题

1. 建筑业的转包和分包业务应如何计税?如何进行账务处理?
2. 服务业的纳税审查重点有哪些?
3. 营业税纳税地点有哪些规定?
4. 乘风旅行社2008年2月共获得营业收入1600000元。注册税务师经查明细账得知:

(1) 旅行社2008年2月支付给其他单位的房费、餐费、交通、门票等代付费用420000元。

(2) 旅行社2008年2月允许阿尔泰市金诚旅行社使用本企业名称,对方交来上半年使用费价款220000元。

(3) 旅行社2008年2月组织赴俄罗斯旅游团5个,共200人,每人收取费用2000元,到俄罗斯后改由当地旅行社接团,共支付给接团社旅游费220000元。

(4) 旅行社2008年2月将其拥有的铺面房一间出售给某公司,共获得收入880000元。

要求:分析乘风旅行社应税项目中,税法规定与会计处理的差异;计算乘风旅行社2008年2月应缴纳营业税,并作相关税金计提的会计分录。

附表 9-1　金融保险业营业税纳税申报表

纳税人识别号　　　　　　填表日期：　年　月　日　　　　　　金额单位：元（列至角分）

纳税人名称								税款所属时间：自　年　月　日至　年　月　日			
经营项目	营业额						税率	本期			
	应税全部收入	应税减除项目额	应税营业额	免税全部收入	免税减除项目额	免税营业额		应纳税额	免（减）税额	已纳税额	应补（退）税额
1	2	3	4 = 2 − 3	5	6	7 = 5 − 6	8	9 = 4 × 8	10 = 7 × 8	11	12 = 9 − 11
一般贷款											
外汇转贷											
融资租赁											
买卖股票											
买卖债券											
买卖外汇											
买卖其他金融商品											
金融经纪业务和其他金融业务											
保险业务											
储金业务											
其他											
以上合计											
代扣代缴税款											
金融机构往来收入											
投资损益											

（续表）

<table>
<tr><td colspan="2">如纳税人填报，由纳税人填写以下各栏</td><td colspan="5">如委托代理人填报，由代理人填写以下各栏</td><td>备注</td></tr>
<tr><td rowspan="3">会计主管：
（签章）</td><td rowspan="3">法人代表或单位负责人：
（签章）</td><td>代理人名称</td><td colspan="3"></td><td rowspan="3">代理人
（签章）</td><td rowspan="3"></td></tr>
<tr><td>代理人地址</td><td colspan="3"></td></tr>
<tr><td>经办人</td><td></td><td>电话</td><td></td></tr>
<tr><td colspan="8">以下由税务机关填写</td></tr>
<tr><td>收到申报表日期</td><td colspan="3"></td><td>接收人</td><td colspan="3"></td></tr>
</table>

填表说明

1. 本申报表适用于金融保险业企业填报。
2. “税款所属时间”是指纳税人申报的金融保险业营业税应纳税额的所属期间，应填写具体的起止年、月、日。
3. “填表日期”指纳税人填写本表的具体日期。
4. “纳税人识别号”，填写税务机关为纳税人确定的识别号。
5. “纳税人名称”，填写纳税人单位名称全称，不得填写简称。
6. 第2栏“应税全部收入”系指税法规定的营业税征收范围内的全部应税营业收入。根据不同的应税项目填写该应税项目的全部收入，包括该应税项目中的减除项目。融资租赁业务应填写包括出租货物价款（相当于贷款本金）在内的全部租金收入。
7. 第3栏“应税减除项目额”系指税法规定的可以从应税收入中减除的部分。例如，纳税人从事外汇转贷业务所支付的借款利息支出额；又如纳税人从事融资租赁业务所支出的购置货物的价款等等。对于外汇转贷业务，只有贷出部分的本金的利息支出才允许减除，贷入但未贷出部分的本金所支出的利息不允许减除。
8. 第4栏“应税营业额”系指税法规定的营业税征收范围内的应税营业额。即应税全部收入减去应税减除项目额的收入额，如果减去的结果为负值，本栏按0填写。
9. 第5栏“免税全部收入”系指税法规定的营业税征收范围内的允许免税的项目的全部收入，包括该免税项目中的减除项目。
10. 第6栏“免税减除项目额”系指税法规定的可以从免税全部收入中减除的部分。
11. 第7栏“免税营业额”系指税法规定的营业税征收范围内的允许免税的项目的营业额。即免税全部收入减去免税减除项目额的收入额。
12. 第8栏“税率”根据申报税务机关的不同（国税和地税）填写相应的税率。如地税应填5%；国税原则上应填1%（2002年）。但如有税法规定减税的，如政策性银行，税率减按5%执行，则国税在税率栏填写0%。
13. 本表中的“保险业务”均不含储金类保险业务的保费收入。

附表 9-2　营业税纳税申报表(适用于查账征收的营业税纳税人)

纳税人识别号：　　　　　　　　　　税款所属时间：
纳税人名称(公章)　　　　　　　　　填表日期：　　　　　　　　　金额单位：元(列至角分)

税目	营业额				税率	本期税款计算			税款缴纳								
	应税收入	应税减除项目金额	应税营业额	免税收入		小计	本期应纳税额	免(减)税额	期初欠缴税额	前期多缴税额	本期已缴税额				本期应缴税额计算		
											小计	已缴本期应纳税额	本期已被扣缴税额	本期已缴欠缴税额	小计	本期期末应缴税额	本期期末应缴欠缴税额
1	2	3	4 = 2 - 3	5	6	7 = 8 + 9	8 = (4 - 5) × 7	9 = 5 × 7	10	11	12 = 13 + 14 + 15	13	14	15	16 = 17 + 18	17 = 8 - 13 - 14	18 = 10 - 11 - 15
交通运输业																	
建筑业																	
邮电通讯业																	
服务业																	
娱乐业																	
金融保险业																	
文化体育业																	
销售不动产																	
转让无形资产																	
合计																	

（续表）

税目	营业额				税率	本期税款计算			税款缴纳								
	应税收入	应税减除项目金额	应税营业额	免税收入		小计	本期应纳税额	免(减)税额	期初欠缴税额	前期多缴税额	本期已缴税额				本期应缴税额计算		
											小计	已缴本期应纳税额	本期已被扣缴税额	本期已缴欠缴税额	小计	本期期末应缴税额	本期期末应缴欠缴税额
1	2	3	4 = 2 − 3	5	6	7 = 8 + 9	8 = (4 − 5) × 7	9 = 5 × 7	10	11	12 = 13 + 14 + 15	13	14	15	16 = 17 + 18	17 = 8 − 13 − 14	18 = 10 − 11 − 15
代扣代缴项目																	
总计																	

<table>
<tr><td rowspan="5">纳税人或代理人声明：
此纳税申报表是根据国家税收法律的规定填报的，我确定它是真实的、可靠的、完整的。</td><td colspan="4">如纳税人填报，由纳税人填写以下各栏：</td></tr>
<tr><td>办税人员（签章）</td><td colspan="2">财务负责人（签章）</td><td>法定代表人（签章）</td></tr>
<tr><td colspan="4">如委托代理人填报，由代理人填写以下各栏：</td></tr>
<tr><td>代理人名称：</td><td>经办人（签章）：</td><td>联系电话</td><td>代理人（公章）</td></tr>
</table>

以下由税务机关填写：

受理人：　　　　年　月　日　　　　受理税务机关（签章）：

本表为 A3 横式一式三份，一份纳税人留存，一份主管税务机关留存，一份征收部门留存。

填表说明

1. 根据《中华人民共和国税收征收管理法》及其实施细则、《中华人民共和国营业税暂行条例》的有关规定，制定本表。
2. 本表适用于除经主管税务机关核准实行简易申报方式以外的所有营业税纳税人（以下简称纳税人）。
3. 本表“纳税人识别号”栏，填写税务机关为纳税人确定的识别号，即：税务登记证号码。
4. 本表“纳税人名称”栏，填写纳税人单位名称全称，并加盖公章，不得填写简称。
5. 本表“税款所属期”填写纳税人申报的营业税应纳税额的所属时间，应填写具体的起止年、月、日。
6. 本表“填表日期”填写纳税人填写本表的具体日期。

7. 本表“娱乐业”行应区分不同的娱乐业税率填报申报事项。

8. 本表“代扣代缴项目”行应填报纳税人本期按照现行规定发生代扣代缴行为所应申报的事项，分不同税率填报。

9. 本表所有栏次数据均不包括本期纳税人经税务机关、财政、审计部门检查以及纳税人自查发生的相关数据。

10. 本表第2栏“应税收入”填写纳税人本期因提供营业税应税劳务、转让无形资产或者销售不动产所取得的全部价款和价外费用（包括免税收入），分营业税税目填报，该栏数据为各相应税目营业税纳税申报表中“应税收入”栏的“合计”数。纳税人提供营业税应税劳务、转让无形资产或者销售不动产发生退款或因财务会计核算办法改变冲减营业额时，不在本栏次调减，在第11栏“前期多缴税额”栏次内直接调减税额。

11. 本表第3栏“应税减除项目金额”应填写纳税人本期提供营业税应税劳务、转让无形资产或者销售不动产所取得的应税收入中按规定可扣除的项目金额，分营业税税目填报，该栏数据为相应税目营业税纳税申报表中“应税减除项目金额”栏（或“应税减除项目金额”栏中“小计”项）的“合计”数。

12. 本表第5栏“免税收入”应填写纳税人本期提供营业税应税劳务、转让无形资产或者销售不动产所取得的应税收入中不需税务机关审批可直接免缴税款的应税收入或已经税务机关批准的免税项目应税收入，分营业税税目填报，该栏数据为相应税目营业税纳税申报表中“免税收入”栏的“合计”数。

13. 本表第10栏“期初欠缴税额”填写截至本期（不含本期），纳税人经过纳税申报或报告、批准延期缴纳、税务机关核定等确定应纳税额后，超过法律、行政法规规定或者税务机关依照法律、行政法规规定确定的税款缴纳期限未缴纳的税款，分营业税税目填报，该栏数据为相应税目营业税纳税申报表中“期初欠缴税额”栏的“合计”数。

14. 本表第11栏“前期多缴税额”填写纳税人截至本期（不含本期）多缴纳的营业税税额分营业税税目填报，该栏数据为相应税目营业税纳税申报表中“前期多缴税额”栏的“合计”数。

15. 本表第13栏“已缴本期应纳税额”填写纳税人已缴的本期应纳营业税税额。该栏数据为相应税目营业税纳税申报表中“已缴本期应纳税额”栏的“合计”数。

16. 本表第14栏“本期已被扣缴税额”填写纳税人本期发生纳税义务，按现行税法规定被扣缴义务人扣缴的营业税税额。该栏数据为相应税目营业税纳税申报表中“本期已被扣缴税额”栏的“合计”数。

17. 本表第15栏“本期已缴欠缴税额”填写纳税人本期缴纳的前期欠税，包括本期缴纳的前期经过纳税申报或报告、批准延期缴纳、税务机关核定等确定应纳税额后，超过法律、行政法规规定或者税务机关依照法律、行政法规规定确定的税款缴纳期限未缴纳的税款。该栏数据为相应税目营业税纳税申报表中“本期已缴欠缴税额”栏的“合计”数。

第十章

企业所得税代理实务

学习目标

通过本章的学习,读者应该能够:

■ 掌握企业所得税纳税审查的程序、环节、内容和方法;

■ 熟悉企业所得税申报代理的流程;

■ 掌握企业所得税预缴申报表和年度纳税申报表的填报方法;

■ 掌握企业所得税汇算清缴纳税申报鉴证的具体操作方法。

第一节 企业所得税纳税审查代理实务

一、企业所得税的账务处理

企业所得税税款的账务处理，有两种方法。

（一）应付税款法

企业在选择应付税款法时，通过“所得税费用”和“应缴税费——应交所得税”科目核算。企业按照应税所得额计算应缴所得税，会计分录如下：

借：所得税费用

贷：应缴税费——应交所得税

（二）纳税影响会计法

采用纳税影响会计法时，应分步处理如下：

1. 反映每期所得税时：

借：所得税费用（计入本期损益的所得税费用）

递延所得税资产（对所得税的影响额，以本期暂时性差异额乘以所得税税率或上述借贷金额之差额）

贷：应缴税费——应交所得税（本期应税所得额乘以所得税率）

或贷：递延所得税负债（对所得税的影响额，以本期暂时性差异额乘以所得税税率或上述借贷金额之差额）

2. 递延税款转回时，分录如下：

借：所得税费用

贷：递延所得税资产

或借：递延所得税负债

贷：所得税费用

3. 实际缴纳税款时，分录如下：

借：应缴税费——应交所得税

贷：银行存款

二、利润总额的审查

企业所得税代理纳税审查，应对所有可能影响应纳税额计算结果的因素进行审查。从企业确定应纳税额的过程或层次来看，分为利润总额的计算、应纳税所得额的计算和应纳税额的计算三大部分。实际上包括了企业会计核算结果的审查、纳税调整项目的审查以及有关税额减免和抵免项目的审查。

利润是确定应纳税所得额的基础,因此应首先审查企业的利润总额。利润总额的审查,要求对所有与利润形成有关的会计事项予以审查,看企业是否按照会计准则或会计制度的要求进行确认和计量。也就是说,利润总额的审查依据是企业采用的会计制度或者会计准则。

（一）营业收入的审查

营业收入包括企业的主营业务收入和其他业务收入两部分。主营业务收入包括销售货物收入、提供劳务收入、让渡资产使用权收入和建造合同收入;其他业务收入包括材料销售收入、代购代销手续费收入、包装物出租收入及其他收入。一般情况下,企业主营业务收入和其他业务收入都属于增值税、消费税和营业税的征税范围,因此,可参考流转税纳税审查的有关方法进行。

（二）营业成本的审查

营业成本包括纳税人经营主要业务和其他业务发生的实际成本总额。主营业务成本在确认销售商品、提供劳务等收入确认的期末计算结转,其他业务成本在发生时或期(月)末计算结转。与收入项目对应,主营业务成本包括销售货物成本、提供劳务成本、让渡资产使用权成本和建造合同成本;其他业务成本包括材料销售成本、代购代销费用、包装物出租成本和其他成本。

成本的计算结转直接影响当期利润额的大小,与应纳税所得额和应纳税额的结果关系密切,因此,企业营业成本的审查应当是企业所得税代理审查业务的关键环节之一。

营业成本的审查,也就是审查企业对成本项目的确认和计量是否准确:一方面是项目内容的审查,有没有多计、重计和错计成本的情况;另一方面是金额的审查,在成本计算结转的方法、时间上是否准确合理。该层次的审查依据是企业会计准则或会计制度的规定。以工业企业为例,其营业成本中的主营业务成本就是当期结转的销售货物成本,从企业生产和核算的流程来看,需要经过材料成本、人工成本和其他费用的正确核算,形成生产成本,生产成本在产品和产成品之间合理分配,才形成准确的销售货物成本。相关几个环节都需要进行审查。

1. 外购材料的审查

主要审查外购材料的采购成本,包括材料的买价、发生的运杂费、包装费、保险费、保管费等附带费用以及有关税金,其中税金包括购买或委托加工材料发生的消费税、关税、资源税和不能从销项税额中抵扣的增值税进项税额。企业采用实际成本进行材料日常核算的,材料采购成本在“材料采购”科目核算;采用实际成本进行核算的,在“在途物资”科目核算;委托外单位加工材料、商品的加工成本,在“委托加工物资”科目核算。

审查时,根据相关账户明细账和对应科目(包括“银行存款”、“库存现金”、“其他货币资金”、“应付账款”、“应付票据”、“预付账款”等)的内容和金额,对照审查有关原始凭证、有关清单、汇总表,着重审查如下内容:一是有没有不属于存货采购成本支出的项目混入其中,比如将固定资产作为存货核算,再比如将进项税额重复计入材料成本;二是有没有具体核算错误,比如有关折扣项目的账务处理,可结合销售货物有关折扣(销售折扣、折扣销售、销售折让)的有关政策精神审查;三是有没有采购不合理的问题,比如从关联企业高价购入材料、采购部门或人员收取“回扣”高价采购材料的情况,对这些问题的审查需要了解企业购入材料的平均市场价格,仅从账簿凭证难以发现问题。

2. 材料入库的审查

(1) 采用实际成本法核算的

购入材料验收入库,企业应将采购成本加上入库前的加工、整理及挑选费用等项目计价;自制材料入库,按照制造过程实际发生的支出计价;委托加工的,按照实际耗用的材料、辅料、加工费、运输装卸费等计价。材料验收入库,根据上述金额和内容登记“原材料”。“原材料”核算企业库存的各种材料,包括原料及主要材料、辅助材料、外购半成品(外购件)、修理用备件(备品备件)、包装材料、燃料等项目。

审查时,根据相关账户明细账和对应科目(包括“在途物资”、“生产成本”、“委托加工物资”等)的内容和金额,对照审查有关原始凭证、有关清单、汇总表、备查簿、燃料动力制造费用分配表等,着重审查如下内容:一是有没有不属于原材料、周转材料的项目计入其中,比如应计入资本性支出的项目;二是应审查自制材料,有没有将相关的直接人工和应负担的制造费用计入当月完工产品或销售产品成本中,从而影响当月利润(审查“生产成本”科目以及费用分摊计算的计算是否正确);三是对委托加工的材料,审查有无提高拨付原材料实际成本的情况,有没有将加工费、运杂费等直接计入当期生产成本的情况。

(2) 采用计划成本法核算的

采用计划成本法的,通过“材料成本差异”账户核算材料计划成本与实际成本的差额,应根据当月材料采购明细账、购入材料的原始凭证(付款凭证以及取得的增值税专用发票等)内容着重检查材料成本差异的计算和处理。同时还应审查有没有内容错计的情况,比如原材料的盘盈计入“材料成本差异”;或者将差异计入其他账户,比如接受投资转来的材料成本差异计入“其他应付款”等情况。

3. 发出材料的审查

材料发出的去向,包括生产加工领用、委托外单位加工、对外销售、抵偿债务、交换以及用于在建工程或用于职工福利等方面。发出材料的同时应按照实际成本登记相关科目,采用计划成本法的,需用材料成本差异调整有关科目的发生额。

发出材料的审查,应根据“原材料”等明细账和对应科目(包括“生产成本”、“制造费用”、“管理费用”、“在建工程”、“应付职工薪酬”、“其他业务成本”等)的项目和金额,根据“领料单”、“领料登记表”、“发出材料汇总表”、“材料费用分配表”等自制凭证核对,审查发出材料的项目、金额、去向和用途。审查重点包括:一是审查材料发出的项目和数量,有无非生产部门、在建工程领用材料计入生产用料的;二是审查材料发出的计价,采用实际成本法的,根据材料的明细账,结合企业实际采用的计价方法(先进先出法、加权平均法、个别认定法等)对照其材料领用存的具体记录检查发出材料计价是否正确;采用计划成本核算的,应审查材料成本差异是否按月分摊,使用的差异率是否为当月的实际差异率,差异的分配是否正确;对各月的材料成本差异变动幅度较大的,应进一步分析。

企业购入、自制、委托外单位加工完成并已验收入库的周转材料等,可参照以上方法审查。对低值易耗品,还应对应企业采用的摊销方法,审查有无缩短摊销期限、提高摊销限额、加速摊销的问题;对包装物,审核有无将租金收入长期挂账、隐瞒收入的问题。

4. 生产成本的审查

(1) 直接材料的审查

直接材料包括企业在生产过程中实际耗用的原材料、辅助材料、备品配件、外购半成品、燃料、动力、包装物以及其他直接材料。直接材料是生产成本的主要构成部分。直接材料的审查与上述发出材料的审查一致,但要注意对多种产品共用的直接材料的分配,应审查分配依据是否合理,计算是否正确。对燃料动力的审查要划分生产耗用与非生产耗用。

(2) 直接人工的审查

直接人工主要是指直接从事生产人员的工资、奖金和津贴。直接人工的审查,可通过抽查记账凭证、工资计算表、工资分配表、职工名册等资料以及“应付职工薪酬”账户进行,了解企业机构设置和人员配备情况,核查企业有无虚增生产工人人数情况,看计入生产成本的工资口径是否准确,有无基建工程工作人员工资计入生产成本的情况,同时可判断生产工人的工资幅度是否合理。

(3) 制造费用的审查

制造费用是企业各生产单位为组织和管理生产而发生的各项间接费用。制造费用包括生产车间发生的机物料消耗、生产车间管理工人的职工薪酬、生产车间计提的固定资产折旧以及支付的办公费、水电费、修理费等。对制造费用的审查，结合上述材料和人工费的审查方法，对照制造费用明细账户，结合制造费用分配表、生产工时、定额工时以及产品直接人员工资记录等资料进行审查。一要注意口径的审查，有无不属于在制造费用里归集的支出，比如资本性支出或者其他部门的间接费用，计入了制造费用；二要注意制造费用计入不同产品成本的分配是否正确。

其中固定资产折旧的审查，重点在几个方面：一是固定资产的范围，严格按照税法规定来界定；二是固定资产的计税基础，审查企业有无扩大计税基础，或者将应记入资产价值的运输保险安装等费用直接计入当期损益的情况；对盘盈、盘亏、报废、毁损的固定资产的核算是否正确，有无少计收入、多计当期支出的情况；三是计提折旧的范围，有无将不得计提折旧的项目计提折旧；四是折旧的计提方法，有无缩短折旧年限、擅自加速折旧、随意变更计入损益的折旧额的情况；五是根据资产的部门和用途确定折旧的归集趋向。固定资产的审查，对照固定资产登记簿审查“固定资产”、“累计折旧”、“固定资产清理”等明细账户的发生额等资料。

无形资产、长期待摊费用的审查可参照固定资产的审查重点进行。

（4）产品成本的审查

产品成本的审查实际包括两个步骤：一是在产品收发结存的审查；二是完工产品与在产品的成本分配的审查。

对在产品结存的审查，重点可放在对期初、期末结存数量的审查上，可根据日常企业在产品收发结存的明细账或台账登记的内容，以及实际盘点的资料（必要时可进行抽查盘点）进行确定；对同一产品期初期末结存数量可按月或季进行对比，数量变化剧烈的应着重审查。

对完工产品与在产品的成本分配的审查，应结合企业实际采取的分配方法，对照相关明细账（“生产成本”、“产成品”、“原材料”、“在建工程”等）登记的内容，根据企业生产过程的有关技术资料，如定额工时等，审查企业分配成本的计算是否正确，有无人为调节和控制当期产品成本的情况。

例 10-1　某企业 2008 年度“材料成本差异”账户贷方余额 30 万元，无借方发生额。该企业 2008 年度制造部门共耗用各种材料 500 万元，库存材料 100 万元。企业的期末在产品、库存产品、已出售产成品成本分别为 80 万元、320 万元和 600 万元。企业成本核算是否准确？

解析　根据企业“材料成本差异”账户核算情况可以判断出，企业没有按规定计算和结转发出材料应负担的材料成本差异，从而影响到成本和利润的正确核算。

该企业的材料成本差异率 =（−30）÷（500 + 100）×100% = −5%

本期耗用材料应分摊材料成本差异 = 500 ×（−5%）= −25（万元）

此 25 万元是企业实际成本低于计划成本的节约差异。

应该按照比例分摊上述成本差异：

分摊率 = 25 ÷（80 + 320 + 600）× 100% = 2.5%

期末在产品应分摊差异额 = 80 × 2.5% = 2（万元）

期末产成品应分摊差异额 = 320 × 2.5% = 8（万元）

本期销售产成品成本应分摊差异额 = 600 × 2.5% = 15（万元）

也就是说，企业当期多计成本 15 万元，虚增利润 15 万元。在计缴企业所得税时须作纳税调整。

（三）营业税金及附加的审查

可在营业收入中扣除的营业税金及附加包括纳税人经营业务应负担的营业税、消费税、城市维护建设税、资源税、土地增值税和教育费附加等（房产税、车船税、土地使用税、印花税一般在“管理费用”科目核算，但与投资性房地产相关的房产税、土地使用税也在“营业税金及附加”中核算）。

应根据“营业税金及附加”明细账与其对应的“主营业务收入”、“其他业务收入”、“应交税费”、“其他应付款”等账户进行核对，检查企业税金计算及扣除是否正确。

（四）期间费用的审查

期间费用是指计入当期损益的销售费用、管理费用和财务费用。有关项目的核算内容、方法按照会计制度或会计准则规定执行。期间费用的审查主要包括两个方面：一是计入相关费用的项目是否正确，口径归属是否有问题；二是具体金额是否准确，有无多计、多提、多摊的情况。下面对不同项目的审查重点作一介绍。

1. 销售费用

主要审查“销售费用”明细账及有关凭证，可着重审查广告费、运输费等项目，有无将非广告性质的赞助支出或者摊派支出计入广告费，将应计入存货成本的运输费用计入销售费用中等情况。

2. 管理费用

主要审查“管理费用”明细账，根据摘要栏内容核对有关凭证和对应账户内容，可着重审查有关资产项目的摊销、公司经费、董事会费、业务招待费、差旅费、修理费等项目的处理。审查资产项目与内容归属是否正确、资产计价和摊销的方法有无问题；企业开办费的摊销是否正确；应由企业统一负担的公司经费开支是否正确；有无将非行政管理部门的人员经费、物料消耗、低值易耗品支出计入公司经费;董事会费中是否包含非董事会成员的费用;企业的业务招待费、差旅费内容是否真实,有无企业领导个人消费项目混入其中的情况;企业发生的修理费支出,有无大修理支出一次性进损益的情况等。

3. 财务费用

主要审查“财务费用”明细账,审查利息支出、利息收入、汇兑损益等项目。对利息的审查,首先审查有无应予资本化的借款费用,计入了财务费用;其次,对来自非金融机构的借款利息,应审查利息计付的标准是否超过我国央行规定的利率标准;另外,还应审查企业发生的利息收入以及在日常购销行为中发生的现金折扣,核对有关合同协议以及收付款凭证,审查对财务费用的冲减项目和金额是否正确。

(五) 资产减值损失的审查

应根据企业资产减值损失的明细账,对应“坏账准备”、“存货跌价准备”、“长期股权投资减值准备”、“持有至到期投资减值准备”、“固定资产减值准备”、“无形资产减值准备” 、“贷款损失准备”等科目发生额,分项目审查资产减值的核算是否正确,企业是否有滥用谨慎性原则的情况,相关资产价值得以恢复的是否及时足额进行账务处理。

(六) 公允价值变动损益的审查

应根据企业公允价值变动损益的明细账,对应“交易性金融资产”、“交易性金融负债”“、投资性房地产”等项目核算的内容,审查公允价值变动损益是否在资产负债表日进行了正确的核算,在出售资产或处置负债等项目时,是否将变动金额转出,并结合“投资收益”科目发生额审查其金额是否准确。

(七) 投资收益的审查

投资收益是企业按照会计准则或者会计制度有关规定确认的投资收益或投资损失。对投资收益的审查,应该结合企业的投资项目、根据企业采取的核算方法,对照被投资单位宣告发放的现金股利或利润中属于企业的部分,对照收到被投资人的股息、根据债券票面利率计提的债券利息以及债券转让收入与账面金额的差额等内容、金额,审查计入当期投资收益的项目和金额是否准确。注意结合企业有关资产贷方发生额的会计记录进行审查,资产贷方发生额往往对应企业资产的出售、转让等事项。

例 10-2　某企业将购入的债券以 22 万元价格出售,已知 5 日前购入时公允价值 20 万元,企业会计处理为:

借:银行存款	220 000	
贷:交易性金融资产——××债券——成本		200 000
其他应收款		20 000

企业核算是否准确?

解析 企业出售交易性金融资产,应将实际收到的金额与资产账面余额的差额计入投资收益。此处企业将应确认的投资收益2万元计入其他应收款,实际上减少了当期利润,也影响了应纳税所得额。企业正确的会计处理应该是:

借:银行存款 220 000

贷:交易性金融资产——××债券——成本 200 000

投资收益 20 000

(八) 营业外收支的审查

应根据营业外收入和营业外支出的明细账及摘要记录,对应"固定资产清理"、"无形资产"、"原材料"、"库存商品"、"应付账款"、"盈余公积"、"待处理财产损益"等科目的发生额和具体内容,审查营业外收入和支出的确认是否及时、全面,有无在往来账户长期挂账、隐匿收入的情况,有无将盘盈利得、捐赠利得不记入本年利润的情况,有无不正确确认损失或人为扩大损失金额的情况。

三、应纳税所得额的审查

企业所得税的应纳税所得额,是在会计利润的基础上,根据税法有关规定对有关项目和金额进行纳税调整后而确定的计税依据。对应纳税所得额的代理审查,应该在对企业会计核算过的经营成果——利润总额的审查的基础上,根据税法规定,分类分项地对有关内容进行审查,这个过程是企业所得税代理审查的核心内容。

(一) 收入类调整项目的审查

企业所得税法规定的收入总额是个宽口径的收入总额,从形式上看,包括企业以货币形式和非货币形式从各种来源取得的收入。其中,非货币形式包括固定资产、生物资产、无形资产、股权投资、存货、不准备持有至到期的债券投资、劳务以及有关权益等;企业以非货币形式取得的收入,应当按公允价值确定收入额。

从内容上看,收入总额包括销售货物收入、提供劳务收入、转让财产收入、股息、红利等权益性投资收益、利息收入、租金收入、特许权使用费收入、接受捐赠收入和其他收入。

收入总额审查的关键在于,企业是否将上述所有收入纳入收入总额,有无遗漏;审查的重点在于,企业会计核算与税法规定有差异的地方,是否按照税法的规定进行了纳税调整。

1. 视同销售收入

视同销售收入是指会计上不作为销售核算、而在税收上应作为应税收入缴纳企业所得税的收入。税法规定,企业发生非货币性资产交换,以及将货物、财产、劳务用于捐赠、偿债、赞助、集资、广告、样品、职工福利或者利润分配等用途的,应当视同销售货物、转让财产或者提供劳务,在计算企业所得税时调增应纳税所得额。

对视同销售收入的审查,应根据有关资产、存货等项目(在建工程、固定资产、原材料、产成品、库存商品等)的明细账及摘要栏记录的内容,对应"营业外收入"、"应付账款"、"营业外支出"、"应付职工薪酬"、"长期股权投资"、"应付股利"等科目核算内容,参考具体原始凭证,对业务内容、性质进行判断。

2. 接受捐赠收入

对执行企业会计制度的纳税人,对其纳入资本公积核算的接受捐赠项目应予以纳税调整,直接审查"资本公积"的明细账户即可。对于执行会计准则的纳税人,接受捐赠收入已在利润总额中体现。

3. 销售折扣和折让

企业为促进商品销售而在商品价格上给予的价格扣除属于商业折扣,应当按照扣除商业折扣后的金额确定销售商品收入金额;企业因售出商品的质量不合格等原因而在售价上给的减让属于销售折让,企业已经确认销售收入的售出商品发生销售折让,应当在发生当期冲减当期销售商品收入。不符合上述规定的其他销售折让和折扣项目,如果企业在会计核算上扣减了收入,应予调整。审查时着重审查"主营业务收入"的核算,尤其关注红字发生额。

4. 未按权责发生制原则确认的收入

是指在会计上按照权责发生制原则确认收入、计税时按照收付实现制确认的收入,由财务会计处理方法与税收规定不一致而产生的时间性差异应予纳税调整的项目、金额。着重审查的项目包括:

(1) 对分期收款方式销售货物的,税法规定按照合同约定的收款日期确认收入的实现。

(2) 利息、租金、特许权使用费收入,税法按照合同约定的收款日期确认收入的实现。

(3) 企业受托加工制造大型机械设备、船舶、飞机,以及从事建筑、安装、装配工程业务或者提供其他劳务等,持续时间超过12个月的,税法规定按照纳税年度内完工进度或者完成的工作量确认收入的实现。企业应按照从接受劳务方已收或应收的合同或协议价款确定劳务收入总额,根据纳税期末提供劳务收入总额乘以完工进度扣除以前纳税年度累计已确认提供劳务收入后的金额,确认为当期劳务收入。

(4) 采取产品分成方式取得收入的,税法规定按照企业分得产品的日期确认收入的实现。

（5）接受捐赠收入，税法规定按照实际收到捐赠资产的日期确认收入的实现。

审查时根据企业的会计处理对照上述规定，如有差异，按照税法规定进行纳税调整。

5. 按照权益法核算的长期股权投资收益

企业的长期股权投资采取权益法核算的，需要在持有期间根据长期投资项目的公允价值调整账面价值并确认损益。根据税法规定，权益性投资资产按照历史成本计价，持有期间不调整计税基础；通过支付现金方式取得的投资资产，以购买价款为成本；通过支付现金以外的方式取得的投资资产，以该资产的公允价值和支付的相关税费为成本。因此企业对初始投资成本调整确认的收益需要做纳税调减。另外，在持有期间，除了被投资人作利润分配的情况下，纳税人确认的投资损失或投资收益需要做纳税调增或纳税调减。

对长期股权投资收益的审查，应根据“长期股权投资”明细账及摘要栏的内容，结合有关原始凭证，以及被投资企业的利润分配说明、股利分配计划，还有纳税人与被投资方关于股权的协议、章程或者备忘录等内容进行审查。

6. 企业重组收益

关于企业重组业务，目前财政部、国家税务总局规定了一个原则，即企业在重组过程中，应当在交易发生时确认有关资产的转让所得或者损失，相关资产应当按照交易价格重新确定计税基础。企业会计处理与此不符的，按照此精神进行纳税调整。

7. 公允价值变动净收益

公允价值变动收益是企业交易性金融资产、交易性金融负债，以及采用公允价值模式计量的投资性房地产、衍生工具、套期保值业务等公允价值变动形成的应计入当期损益的所得或损失。

税法规定，企业持有各项资产期间资产增值或者减值，除国务院财政、税务主管部门规定可以确认损益外，不得调整该资产的计税基础。只有在企业转让或者处置投资资产时，确认投资收入并扣除投资成本，也就是只有在转让或处置时才确认投资净收益。因此，企业在持有投资资产期间的每个资产负债表日确认的有关项目的公允价值变动收益，在年末转入“本年利润”的金额，应该进行纳税调整。

对此项目的审查，应根据企业“公允价值变动损益”明细账记录，对应企业“交易性金融资产”、“交易性金融负债”、“衍生工具”、“投资性房地产”等具体项目的内容、金额进行审查，需要核对有关项目购入时的成本，并核对资产负债表日公允价值变动的记录,在持有期间确认的收益或损失,应予纳税调整。

8. 确认为递延收益的政府补助

企业取得的政府补助,除了属于财政拨款和国务院明确规定的不征税收入的项目以外,均须纳入收入总额课税。应审查企业的“递延收益”明细账,根据内容和分配的期限,对会计上计入递延收益但应在当期计入应纳税所得额的予以纳税调整。

9. 不征税收入

税法规定,收入总额中的下列收入为不征税收入:财政拨款;依法收取并纳入财政管理的行政事业性收费、政府性基金;国务院规定的其他不征税收入。事业单位、社会团体、民办非企业单位的符合规定的相关内容,应予调减应纳税所得额。对于企业,应审查“营业外收入”账户,有属于不征税收入计入收入总额的,予以纳税调减。

10. 免税收入

税法规定,企业的下列收入为免税收入:国债利息收入;符合条件的居民企业之间的股息、红利等权益性投资收益;在中国境内设立机构、场所的非居民企业从居民企业取得与该机构、场所有实际联系的股息、红利等权益性投资收益;符合条件的非营利组织的收入。

应着重审查企业“投资收益”明细账,对应计入当期损益项目的有关收入,判断其内容有没有属于免税收入的,如果有,应予纳税调减。需要说明的是,“符合条件的居民企业之间的股息、红利等权益性投资收益”,是指居民企业直接投资于另一居民企业所取得的投资收益,不包括连续持有居民企业公开发行并上市流通的股票不足12个月取得的投资收益。“符合条件的非营利组织的收入”,不包括非营利组织从事营利性活动所取得的收入。

11. 减计收入

税法规定,企业以《资源综合利用企业所得税优惠目录》规定的资源作为主要原材料,生产国家非限制和禁止并符合国家和行业相关标准的产品取得的收入,减按90%计入收入总额。符合上述减计收入条件的企业,原材料占生产产品材料的比例不得低于《资源综合利用企业所得税优惠目录》规定的标准。

企业收入符合规定的,可将其10%的金额作纳税调减。

12. 减免税项目所得

税法规定的减免税项目:

(1) 企业从事下列项目的所得,免征企业所得税:蔬菜、谷物、薯类、油料、豆类、棉花、麻类、糖料、水果、坚果的种植;农作物新品种的选育;中药材的种植;林木的培育和种植;牲畜、家禽的饲养;林产品的采集;灌溉、农产品初加工、兽医、农技推广、农机作业和维修等农、林、牧、渔服务业项目；远洋捕捞。

(2) 企业从事下列项目的所得，减半征收企业所得税：花卉、茶以及其他饮料作物和香料作物的种植；海水养殖、内陆养殖。

(3) 企业从事国家重点扶持的公共基础设施项目的投资经营的所得，自项目取得第一笔生产经营收入所属纳税年度起，第一年至第三年免征企业所得税，第四年至第六年减半征收企业所得税。所称国家重点扶持的公共基础设施项目，是指《公共基础设施项目企业所得税优惠目录》规定的港口码头、机场、铁路、公路、城市公共交通、电力、水利等项目。企业承包经营、承包建设和内部自建自用的，不享受上述优惠。

(4) 企业从事符合条件的环境保护、节能节水项目的所得，自项目取得第一笔生产经营收入所属纳税年度起，第一年至第三年免征企业所得税，第四年至第六年减半征收企业所得税。所称符合条件的环境保护、节能节水项目，包括公共污水处理、公共垃圾处理、沼气综合开发利用、节能减排技术改造、海水淡化等。

(5) 一个纳税年度内，居民企业技术转让所得不超过500万元的部分，免征企业所得税；超过500万元的部分，减半征收企业所得税。

对上述减免税项目，应严格按照国务院即将颁布的具体操作办法和规定准确核算，并履行相关审批手续。在审查时，首先看项目是否符合减免税的条件，其次看所得的计算是否准确，有无将应税项目的收入和支出与免税项目混淆的情况；在准确核算的情况下，根据免税、减半征收等规定进行纳税调减。

13. 抵扣应纳税所得额

税法规定，创业投资企业采取股权投资方式投资于未上市的中小高新技术企业2年以上的，可以按照其投资额的70%在股权持有满2年的当年抵扣该创业投资企业的应纳税所得额；当年不足抵扣的，可以在以后纳税年度结转抵扣。

符合条件的，可将其投资额70%的金额作纳税调减。

(二) 扣除类调整项目的审查

1. 视同销售成本

结合上述视同销售收入的审查，按照配比原则，确定视同销售成本，予以纳税调减。

2. 工资薪金支出

对工资薪金支出的审查，主要是对其"合理性"的判断。"合理工资薪金"，是指企业按照股东大会、董事会、薪酬委员会或相关管理机构制订的工资薪金制度规定实际发放给员工的工资薪金。

税务机关在对工资薪金进行合理性确认时，掌握的原则包括：① 企业制订了较为规范的员工工资薪金制度;② 企业所制订的工资薪金制度符合行业及地区水平;③ 企业在一定时期所发放的工资薪金是相对固定的,工资薪金的调整是有序进行的;④ 企业对实际发放的工资薪金,已依法履行了代扣代缴个人所得税义务;⑤ 有关工资薪金的安排,不以减少或逃避税款为目的。

对工资薪金支出的审查可以参照上述原则来执行。

3. 职工福利费、职工教育经费、职工工会经费

税法规定,企业发生的职工福利费支出和企业拨缴的工会经费,不超过工资薪金总额 14%、2% 的部分,准予扣除;企业发生的职工教育经费支出,不超过工资薪金总额 2.5% 的部分,准予扣除;超过部分,准予在以后纳税年度结转扣除。

“工资薪金总额”,是指企业按照有关规定实际发放的工资薪金总和,不包括企业的职工福利费、职工教育经费、工会经费以及养老保险费、医疗保险费、失业保险费、工伤保险费、生育保险费等社会保险费和住房公积金。属于国有性质的企业,其工资薪金,不得超过政府有关部门给予的限定数额;超过部分,不得计入企业工资薪金总额,也不得在计算企业应纳税所得额时扣除。

审查企业“应付职工薪酬”明细账,根据准予税前扣除的工资薪金总额的规定比例,按照“据实开支、限度控制”的原则,对超出限度的部分进行纳税调整。

上述企业职工福利费,包括以下内容:① 尚未实行分离办社会职能的企业,其内设福利部门所发生的设备、设施和人员费用,包括职工食堂、职工浴室、理发室、医务所、托儿所、疗养院等集体福利部门的设备、设施及维修保养费用和福利部门工作人员的工资薪金、社会保险费、住房公积金、劳务费等。② 为职工卫生保健、生活、住房、交通等所发放的各项补贴和非货币性福利,包括企业向职工发放的因公外地就医费用、未实行医疗统筹企业职工医疗费用、职工供养直系亲属医疗补贴、供暖费补贴、职工防暑降温费、职工困难补贴、救济费、职工食堂经费补贴、职工交通补贴等。③ 按照其他规定发生的其他职工福利费,包括丧葬补助费、抚恤费、安家费、探亲假路费等。

4. 业务招待费支出

税法规定,企业发生的与生产经营活动有关的业务招待费支出,按照发生额的 60% 扣除,但最高不得超过当年销售(营业)收入的 5‰。也就是说,符合规定的业务招待费支出额的 60% 和按照当年企业销售(营业)收入的 5‰的金额比较,二者之小者为可以税前扣除的金额,实际发生额减去可以税前扣除金额,应作纳税调增。

审查业务招待费时须注意,作为计算基数之一的销售(营业)收入,不仅包括会计核算的“主营业务收入”和“其他业务收入”,还包括视同销售收入,但是

不包括营业外收入。广告费、业务宣传费的计算扣除基数也是这个口径。

5. 广告费、业务宣传费和赞助费

税法规定,企业发生的符合条件的广告费和业务宣传费支出,不超过当年销售(营业)收入15%的部分,准予扣除;超过部分,准予在以后纳税年度结转扣除。审查时需要注意,首先,应审查企业在广告费和宣传费中列支的内容,须将不符合规定的支出(如不符合广告支出条件的广告费、非广告性质的赞助支出、摊派支出)剔除,作纳税调整;其次,对符合条件的部分,再按照规定标准计算扣除,超出部分需作纳税调整,其计算的基数"销售收入"的口径同业务招待费;最后,根据实际发生数和扣除限额,确定是否需要纳税调整,同时核准上年结转扣除的和结转下年扣除的数字。

6. 捐赠支出

税法规定,企业发生的公益性捐赠支出,在年度利润总额12%以内的部分,准予在计算应纳税所得额时扣除。审查企业的捐赠支出,主要看支出发生是否通过公益性社会团体或者县级以上人民政府及其部门,支出用途是否用于《中华人民共和国公益事业捐赠法》规定的公益事业的捐赠。不同时符合上述条件的捐赠支出,如直接向受赠人的捐赠等,需作纳税调增;符合条件的公益性捐赠支出,再按照年度利润总额12%的标准计算扣除,超出部分作纳税调增。

在对捐赠支出审核时,可根据财政部、国家税务总局、民政部《关于公益性捐赠税前扣除有关问题的通知》(财税[2008]160号)的具体规定执行。

7. 利息支出

审查企业的利息支出,主要审查企业在"财务费用"账户中列支的向非金融机构的借款利息支出,是否超过按照金融企业同期同类贷款利率计算的数额,超过部分需作纳税调整。

8. 社会保障性缴款及住房公积金

税法规定,企业依照国务院有关主管部门或者省级人民政府规定的范围和标准为职工缴纳的基本养老保险费、基本医疗保险费、失业保险费、工伤保险费、生育保险费等基本社会保险费和住房公积金,准予扣除;企业为投资者或者职工支付的补充养老保险费、补充医疗保险费,在国务院财政、税务主管部门规定的范围和标准内,准予扣除。审查此类支出,主要是看企业支付相关款项的计提基数和比例是否符合有关标准,必要时要查阅当地省级政府的有关文件及统计数字,作为计算扣除的依据。超出税法规定标准的要进行纳税调整。

9. 罚金、罚款和被没收财物损失以及税收滞纳金

除了按照经济合同支付的违约金(包括银行罚息)、罚款和诉讼费以外,其他所有罚金、罚款和被没收财物损失以及税收滞纳金,不允许税前扣除,应按照

实际发生额作纳税调整。

10. 与未实现融资收益相关的在当期确认的财务费用

纳税人采取分期收款销售商品时，按会计准则规定，对合同协议价款与商品公允价值之间的差额，分期摊销冲减财务费用金额；但按照税法确认收入的精神，应按照合同或协议价格确认销售收入，并根据约定付款时间确认收入实现。因此对会计上冲减的财务费用，应予纳税调整。具体审查时，应根据企业销售合同或者协议，对照企业“主营业务收入”、“未实现融资收益”以及“财务费用”明细账户发生额及摘要栏记录，对初次销售时确认的未实现融资收益，应予纳税调增应纳税所得额，对以后在每次收款时分期摊销的金额，应予纳税调减。

11. 加计扣除

税法规定，企业为开发新技术、新产品、新工艺发生的研究开发费用，未形成无形资产计入当期损益的，在按照规定据实扣除的基础上，按照研究开发费用的50%加计扣除；形成无形资产的，按照无形资产成本的150%摊销。企业安置残疾人员的，在按照支付给残疾职工工资据实扣除的基础上，按照支付给残疾职工工资的100%加计扣除。残疾人员的范围适用《中华人民共和国残疾人保障法》的有关规定。

在审查时应注意，首先看企业的有关支出是否真实合法，其次在确定了当期发生额的基础上，按照规定额外调减相当于加计扣除比例的金额。

12. 其他

在对扣除类调整项目进行审查时，除了上述内容以外，还须根据配比原则，将与取得收入无关的支出、不征税收入用于支出所形成的费用等，调增应纳税所得额。

（三）资产类调整项目的审查

1. 财产损失

这里的财产损失是只需经税务机关审批的财产损失，以及固定资产、无形资产和金融资产转让、处置损失。审查损失项目，需要将企业确认的相关损失，与税务机关审核确认的可以税前扣除的损失对比，超出税务机关审核批准的部分，须作纳税调整。目前关于财产损失税前扣除的审核确认，尚未出台操作办法。待有关办法出台后，根据规定，在应由税务机关审核确认的项目的范围之内，按照税务机关确认的数字进行税前扣除。对无须审批的项目，则按照税收的有关规定确认税前扣除额，与会计核算结果不同的，进行纳税调整。

税法规定，企业转让资产，该项资产的净值，准予在计算应纳税所得额时扣除。可以扣除的净值，是指有关资产、财产的计税基础减除已经按照规定扣除的折旧、折耗、摊销、准备金等后的余额。进行审查，主要是对这个净值的确认。要根据有关资产的明细账记录，根据上述规定确认其可以扣除的项目，与企业计入损失的扣除项目进行比较和调整。

2. 固定资产折旧

税法规定，固定资产按照历史成本确定计税基础，发生增值减值的，一般情况下不调整固定资产的计税基础。固定资产按照直线法计算的折旧，准予扣除。同时，税法还对不同固定资产的最低折旧年限作了具体规定。如果企业自行采纳年数总和法、双倍余额递减法等，以及自行确定的折旧年限短于税法规定的最低年限的话，当期扣除的折旧额会与税法规定产生差异。需要进行相应的纳税调整。审查时，应对照企业“固定资产”、“累计折旧”明细账以及固定资产登记簿、累计折旧分类汇总表等资料，对比企业计提折旧的金额与按照税法规定计算的折旧额，进行纳税调整。

3. 生产性生物资产折旧

税法对生产性生物资产的范围、计税基础、折旧方法(直线法)、最低折旧年限作了明确规定。应审查企业按照会计准则规定计入当期损益的生产性生物资产折旧的金额，如与按照税法规定计算的数额不符，应予纳税调整。

4. 长期待摊费用的摊销

税法规定，企业发生的下列支出作为长期待摊费用，按照规定摊销：已足额提取折旧的固定资产的改建支出；租入固定资产的改建支出；固定资产的大修理支出；其他应当作为长期待摊费用的支出。审查企业长期待摊费用，一是审查内容，看企业是否有将应计入长期待摊费用分期摊销的支出一次性扣除；二是审查金额，主要看摊销期限的确定是否符合税法规定。

从内容上看，固定资产的改建支出，是指改变房屋或者建筑物结构、延长使用年限等发生的支出。固定资产的大修理支出，是指同时符合下列条件的支出：修理支出达到取得固定资产时的计税基础50%以上；修理后固定资产的使用年限延长2年以上。

从摊销期限来看，已足额提取折旧的固定资产的改建支出，按照固定资产预计尚可使用年限分期摊销。租入固定资产的改建支出，按照合同约定的剩余租赁期限分期摊销。固定资产大修理支出，按照固定资产尚可使用年限分期摊销。除上述内容以外的其他应当作为长期待摊费用的支出，自支出发生月份的次月起，分期摊销，摊销年限不得低于3年。

在审查时应根据上述规定，结合前文对成本、费用项目审核的方法，审查企业计入当期损益的长期待摊费用的内容和金额，与税法规定有抵触的，予以纳税调整。

5. 无形资产摊销

税法规定，下列无形资产不得计算摊销费用扣除：自行开发的支出已在计算应纳税所得额时扣除的无形资产；自创商誉（外购商誉的支出，在企业整体转让或者清算时，准予扣除）；与经营活动无关的无形资产。另外，无形资产的摊销年限不得低于10年；作为投资或者受让的无形资产，有关法律规定或者合同约定了使用年限的，可以按照规定或者约定的使用年限分期摊销。

此外，税法还对无形资产的具体范围、计税基础作出了具体规定。应根据这些规定，结合前文对成本、费用项目审核的方法，审查企业计入当期损益的无形资产摊销的内容和金额，与税法规定有抵触的，予以纳税调整。

6. 长期股权投资所得（损失）

长期股权投资所得（损失）包括持有和转让分别产生的所得和损失。对持有长期股权投资的审查，参照前文"收入类调整项目的审查"中"按照权益法核算的长期股权投资收益"的方法进行。

对投资转让所得（损失）的确认，关键在于对投资成本的金额确认上。税法遵循历史成本原则，并按照以下方法确定成本：通过支付现金方式取得的投资资产，以购买价款为成本；通过支付现金以外的方式取得的投资资产，以该资产的公允价值和支付的相关税费为成本。持有期间资产发生的增值或者减值，一般不得调整该资产的计税基础；只有在企业转让或者处置投资资产时，投资资产的成本才准予扣除。由于企业会计核算可能调整了持有期间的成本，因此在转让时确认的所得和损失与税法规定的确认金额会产生差异，所以应该进行相应的纳税调整。审查的方法亦可参考前文中"按照权益法核算的长期股权投资收益"的方法进行。

另外，纳税人因收回、转让或清算处置股权投资发生的股权投资损失，按照税法规定确认的金额，可税前扣除；但在每一纳税年度扣除的股权投资损失，不得超过当年实现的股权投资收益和投资转让所得，超过部分可按规定向以后年度结转。因此对于有投资损失的企业，需要根据上述原则和方法首先确定企业投资收益额，然后确认当年发生的投资损失额，结合以前年度的投资损益状况（看有无上年结转本年度扣除数），确定企业当年可以税前扣除的损失金额和结转以后年度扣除的损失金额。

7. 其他

上述以外的资产类项目，根据会计核算结果和税法精神及有关规定，审查并进行相应纳税调整。

（四）准备金调整项目的审查

税法规定，未经核准的准备金不得扣除，包括不符合国务院财政、税务主管部门规定的各项资产减值准备、风险准备等准备金支出。根据会计准则和会计制度规定，企业根据资产状况确认减值损失并计提有关减值准备，据以调整资产价值。因此，两者存在差异，需要进行纳税调整。具体说来，应审查企业的有关资产明细账，并核对企业“坏（呆）账损失”、“存货跌价损失”、“持有至到期投资减值准备”、“可供出售金融资产减值”、“长期股权投资减值准备”、“固定资产减值准备”、“在建工程（工程物资）减值准备”、“生产性生物资产减值准备”、“无形资产减值准备”、“商誉减值准备”、“贷款损失减值准备”、“矿区权益减值”等科目的发生额，并审查因价值恢复、资产转让等原因转回的准备金本期金额是否计量全面、准确。会计确认的准备金项目原则上应根据发生额进行纳税调整，税法一般在企业有关资产转让、处置、收回时确认损失并准予扣除。

（五）房地产企业预售收入计算的预计利润的审查

根据“国家税务总局关于房地产开发业务征收企业所得税问题的通知”（国税发[2006]31号）精神，房地产企业取得的预售收入，先按预计计税毛利率分季（或月）计算出当期毛利额，扣除相关的期间费用、营业税金及附加后再计入当期应纳税所得额，待开发产品结算计税成本后再行调整。因此，审查房地产企业的预售收入，并按上述文件中规定的预计计税毛利率和扣除口径，计算出预计利润，计入当期应税所得额。在企业将预售收入转为销售收入并结算实际利润期间，需将前期已经计入所得额的预计利润额的金额予以纳税调减。

（六）其他项目的审查

对于有关联企业业务往来的，以及其他非商业目的经营或财务安排的，按照税法“特别纳税调整”的精神对相关业务进行判断，必要时根据税法有关规定，予以纳税调整。

（七）亏损弥补的审查

如果按照上述顺序，审查调整后的应纳税所得额（即利润总额加纳税调整增加额再减去纳税调整减少额后的余额）如果为负数，同时企业有境外应税所得的，在计税时，境外所得可以弥补境内营业机构的亏损。可以弥补的金额，最大不超过企业当年全部境外应税所得；如果企业有以前年度亏损，亦可以境外应税所得弥补，弥补的金额，最大不超过企业当年全部境外应税所得。

按照此规定，利润总额加减纳税调整额后的余额，再加上境外应税所得弥补境内亏损额之后，称为纳税调整后所得。纳税调整后所得如果为负数，就是可结转以后年度弥补的亏损额;如果为正数,再减去弥补以前年度亏损金额,余额为正数,即为企业当年的应纳税所得额。

企业纳税调整后所得额为正数,并且存在以前年度亏损额的,需要根据企业以前年度的纳税申报表和税务机关对可弥补亏损额审核认定的资料,确认可供弥补的以前年度亏损的金额。纳税调整后所得大于可供弥补的以前年度亏损的金额,两者之差为企业当年应纳税所得额;如果小于可供弥补的以前年度亏损的金额,当年应纳税所得额为零。

四、应纳税额的审查

(一) 减免税额的审查

由于企业的免税收入、减计收入、加计扣除和免税所得项目,以及减税所得、抵扣应纳税所得额等税收优惠已经在纳税调整过程进行了审查,此处仅对小型微利企业、高新技术企业以及享受减免税优惠过渡政策的企业实际享受的减免税额优惠。

小型微利企业,减按20%的税率征收企业所得税。其条件是:工业企业,年度应纳税所得额不超过30万元,从业人数不超过100人,资产总额不超过3 000万元;其他企业,年度应纳税所得额不超过30万元,从业人数不超过80人,资产总额不超过1 000万元。

高新技术企业,减按15%的税率征收企业所得税。高新技术企业是指拥有核心自主知识产权,并同时符合下列条件的企业:产品(服务)属于《国家重点支持的高新技术领域》规定的范围;研究开发费用占销售收入的比例不低于规定比例;高新技术产品(服务)收入占企业总收入的比例不低于规定比例;科技人员占企业职工总数的比例不低于规定比例;高新技术企业认定管理办法规定的其他条件。其中,《国家重点支持的高新技术领域》和高新技术企业认定管理办法,根据国务院规定执行。

享受减免税优惠过渡政策的企业,按照以下规定,对其享受减免税进行审核:

(1) 自2008年1月1日起,原享受低税率优惠政策的企业,在新税法施行后5年内逐步过渡到法定税率。其中:享受企业所得税15%税率的企业,2008年按18%税率执行,2009年按20%税率执行,2010年按22%税率执行,2011年按24%税率执行,2012年按25%税率执行;原执行24%税率的企业,2008年起按25%税率执行。

(2) 自2008年1月1日起,原享受企业所得税“两免三减半”、“五免五减半”等定期减免税优惠的企业，新税法施行后继续按原税收法律、行政法规及相关文件规定的优惠办法及年限享受至期满为止，但因未获利而尚未享受税收优惠的，其优惠期限从2008年度起计算。

(3) 享受上述过渡优惠政策的企业，是指2007年3月16日以前经工商等登记管理机关登记设立的企业；实施过渡优惠政策的项目和范围按《实施企业所得税过渡优惠政策表》执行。

(4)《财政部、国家税务总局、海关总署关于西部大开发税收优惠政策问题的通知》(财税[2001]202号)中规定的西部大开发企业所得税优惠政策继续执行。

(5) 享受企业所得税过渡优惠政策的企业，应按照新税法和实施条例中有关收入和扣除的规定计算应纳税所得额。

(6) 企业所得税过渡优惠政策与新税法及实施条例规定的优惠政策存在交叉的，由企业选择最优惠的政策执行，不得叠加享受，且一经选择，不得改变。

(7) 对经济特区和上海浦东新区内在2008年1月1日(含)之后的新设高新技术企业，在区内取得的所得，自取得第一笔生产经营收入所属纳税年度起，第一年至第二年免征企业所得税，第三年至第五年按照25%的法定税率减半征收企业所得税。

(8) 经济特区和上海浦东新区内新设高新技术企业同时在区以外的地区从事生产经营的，应当单独计算其在区内取得的所得，并合理分摊企业的期间费用；没有单独计算的，不得享受企业所得税优惠。

(二) 抵免税额的审查

税法规定，企业购置并实际使用《环境保护专用设备企业所得税优惠目录》、《节能节水专用设备企业所得税优惠目录》和《安全生产专用设备企业所得税优惠目录》规定的环境保护、节能节水、安全生产等专用设备的，该专用设备的投资额的10%可以从企业当年的应纳税额中抵免；当年不足抵免的，可以在以后5个纳税年度结转抵免。

对抵免税额的审查，应看企业是否是实际购置并自身实际投入使用符合规定的专用设备；如果企业购置上述专用设备在5年内转让、出租的，应当停止享受企业所得税优惠，并补缴已经抵免的企业所得税税款。有关优惠目录，根据国务院规定执行。

按照法定税率计算出应纳所得税额，减去上述的减免所得税额和抵免所得税额，为企业的应纳税额。对于有来自境外所得的企业，还需要进一步审查。

(三) 境外所得抵免税额的审查

税法规定，居民企业来源于中国境外的应税所得，以及非居民企业在中国境内设立机构、场所，取得发生在中国境外但与该机构、场所有实际联系的应税所得，已在境外缴纳的所得税税额，可以从其当期应纳税额中抵免。

境外所得抵免额的审查，可分为几个步骤：

(1) 确认来自境外的收入总额和根据税法可以扣除的境外发生的相关的成本费用，即确认境外所得金额的真实准确。

(2) 确认境外应纳税所得额。将境外所得金额换算成税前所得，如果有确切可靠的境外可弥补亏损和免税项目，可将税前所得实行弥补亏损之后，再扣除免税所得，其余额即为境外应纳税所得额。

(3) 确认境外所得应纳税额。境外应纳税所得额可首先用来弥补境内亏损额，之后乘以法定税率，为境外所得应纳税额。

(4) 确认境外所得可抵免税额，即从境外子公司取得的所得在所在国家或地区缴纳的企业所得税额。

(5) 计算境外所得税款抵免限额。抵免限额 = 中国境内、境外所得依照企业所得税法和本条例的规定计算的应纳税总额 × 来源于某国(地区)的应纳税所得额 ÷ 中国境内、境外应纳税所得总额。

(6) 境外所得可抵免税额与抵免限额相比，二者中小者为本年可抵免的境外所得税款。

(7) 境外所得可抵免税额大于抵免限额的，可以在以后五个年度内，用每年度抵免限额抵免当年应抵税额后的余额进行抵补。

例 10-3 某企业 2008 年度境内所得 80 万元人民币，有来自 A 国经营所得和特许权所得，A 国政府对其经营所得征税折合人民币 6 万元，对其特许权征税折合人民币 1 万元。税后分回我国所得折合人民币共计 18 万元，其中经营所得 14 万元、特许权所得 4 万元。该企业 2009 年境内所得 100 万元，来自 A 国税后的特许权所得折合人民币 20 万元，已知 A 国政府对该项所得按照 20% 税率征税。

该企业 2008、2009 年应在我国汇总缴纳多少企业所得税？

解析 应分步计算如下：

(1) 2008 年来自境内外所得总额 = 14 + 4 + 6 + 1 = 25(万元)

注意，境外所得应还原或者换算为税前所得。

境内外所得总额 = 25 + 80 = 105(万元)

(2) 2008 年境外已纳税款抵免限额 = 105 × 25% × 25/105 = 25 × 25% = 6.25(万元)

实际已缴 7 万元，在我国汇总纳税时可抵免 6.25 万元，超限额的 0.75 万元已纳税款可结转下年抵免。

(3) 2008 年应在我国汇总缴纳企业所得税 = 105 × 25% − 6.25 = 20(万元)

(4) 2009 年境外所得总额 = 20 ÷ (1 − 20%) = 25(万元)

境内外所得总额 = 25 + 100 = 125(万元)

(5) 2009 年境外已纳税款抵免限额 = 125 × 25% × 25/125 = 25 × 25% = 6.25(万元)

实际在境外已缴纳税额 = 25 × 20% = 5(万元)

应抵免 5 万元,并在余额内抵免上年超限额 0.75 万元,合计可抵免 5.75 万元。

(6) 2009 年应在我国汇总缴纳所得税 = 125 × 25% − 5.75 = 25.5(万元)

计算出的企业应纳税额,加上境外所得应纳所得税额,减去境外所得抵免税额,之后再减去企业当年累计实际已经预缴的所得税额,即为企业当年应该补交(退)的所得税额。

≺案例 10-1≻

A 企业 2002 年在某市登记注册,主营机电产品的生产、加工,增值税一般纳税人。该企业委托某税务师事务所对 2008 年度企业所得税进行纳税审查。

(一) 2008 年度企业自行计算的企业所得税情况如表 10-1 所示。

表 10-1　A 企业自行填制的企业所得税纳税申报表

类别	行次	项目	金额(元)
利润总额计算	1	一、营业收入	55 000 000
	2	减:营业成本	30 000 000
	3	营业税金及附加	4 900 000
	4	销售费用	8 100 000
	5	管理费用	4 200 000
	6	财务费用	950 000
	7	资产减值损失	300 000
	8	加:公允价值变动收益	−1 000 000
	9	投资收益	1 450 000
	10	二、营业利润	7 000 000
	11	加:营业外收入	1 500 000
	12	减:营业外支出	1 100 000
	13	三、利润总额	7 400 000

（续表）

类别	行次	项目	金额（元）
应纳税所得额计算	14	加：纳税调整增加额	120 000
	15	减：纳税调整减少额	550 000
	16	其中：不征税收入	
	17	免税收入	550 000
	18	减计收入	
	19	减、免税项目所得	
	20	加计扣除	
	21	抵扣应纳税所得额	
	22	纳税调整后所得	6 970 000
	23	减：弥补以前年度亏损	
	24	应纳税所得额	6 970 000
应纳税额计算	25	税率	25%
	26	应纳所得税额	1 742 500
	27	减：减免所得税额	
	28	减：抵免所得税额	
	29	应纳税额	1 742 500
	30	减：本年累计实际已预缴的所得税额	1 245 000
	31	本年应补的所得税额	497 500

（二）注册税务师在审查中取得企业部分财务会计核算资料如下。

1. 2008 年 3 月 25#凭证显示一笔业务，会计处理如下：

借：营业外支出　　100 000

　贷：库存商品　　100 000

经了解为企业将自产产品一批赠送给某农场，产品成本 100 000 元。已知该企业同类产品当月售价 140 000 元。

2. 2008 年 12 月 37#凭证显示一笔业务，会计处理如下：

借：应付职工薪酬　　350 000

　贷：库存商品　　350 000

经了解为企业以其自产产品一批发放给职工，产品成本 350 000 元，已知该企业同类产品当月售价 510 000 元。

3. 2008 年 10 月 16#凭证显示一笔业务，会计处理如下：

借：长期股权投资——投资成本　　3 600 000

　贷：银行存款　　3 000 000

　　营业外收入　　600 000

经了解，企业取得 B 公司 30% 的股权，支付价款 3 000 000 元；取得股权后，能够对B公司施加重大影响，企业采取权益法核算此项长期投资。由于取得投资时被投资单位可辨认净资产的公允价值为12 000 000元。按照持股比例，企业应确认的投资成本为3 600 000元。

4. 2008年12月31日，企业44#凭证记录如下：

借：公允价值变动损益　　　　1 000 000

　贷：交易性金融资产——公允价值变动　　　　1 000 000

经了解，为企业持有的当年从二级市场购入的某公司债券的公允价值，比购买时下跌1 000 000元。企业因而确认的公允价值变动损益。

5. 企业2008年度在管理费用中列支业务招待费共计550 000元。

6. 企业2008年度在销售费用中列支广告费共计6 550 000元，其中10月份有一笔为向政府主办的歌舞晚会的赞助支出350 000元，企业会计处理为（23#凭证）：

借：销售费用　　　　350 000

　贷：银行存款　　　　350 000

7. 企业的投资收益中反映有国债持有利息收入300 000元，在二级市场上的交易收益250 000元（未持有不足一年的国债）。企业作为免税的国债利息收入填入免税收入中。

8. 企业2008年6月在管理费用中列支保险费支出360 000元，经核实为企业为部分管理人员购买的健康保险(41#凭证)。

9. 企业2008年12月财务费用列支向员工集资的利息支出550 000元(35#凭证)，经核实，此笔利息支出若按照金融机构同期同类贷款利息标准，最高可支付利息300 000元。

10. 企业2008年4月因库房失火造成一批材料毁损，企业会计处理如下(16#凭证)：

借：待处理财产损溢　　　　347 600

　贷：原材料　　　　300 000

　　应交税费——应交增值税（进项税额转出）　　　　47 600

后经企业经理办公会批准，确认损失（无残料收入和责任人赔款），企业会计处理如下(42#凭证)：

借：营业外支出　　　　347 600

　贷：待处理财产损溢　　　　347 600

（三）案例分析

1. 3月份25#凭证记载业务处理错误。企业将自产产品捐赠，应视同销售确认收入，同时计缴应纳增值税额。

应按照企业同类产品当月售价 140 000 元确认销售收入。

$$应补缴增值税 = 140\,000 \times 17\% = 23\,800(元)$$

应做以下账务处理：

借：以前年度损益调整　　23 800

　贷：应交税费——应交增值税(销项税额)　　23 800

视同销售部分应调整增加应纳税所得额 = 140 000 - 100 000 = 40 000(元)。

同时捐赠不允许扣除部分应调整增加应纳税所得额 = 100 000 元

2. 12 月 37#凭证处理错误。企业以自产产品发放给职工，应视同销售确认收入，同时计缴增值税。

$$应补缴增值税 = 510\,000 \times 17\% = 86\,700(元)$$

应做以下账务处理：

借：应付职工薪酬　　246 700

　贷：应交税费——应交增值税(销项税额)　　86 700

　　以前年度损益调整　　160 000

3. 10 月 16#凭证记录的业务内容，与税法规定相抵触：按照税法规定，该项投资应该按照实际支付的价款确认成本，会计上确认的营业外收入，应予纳税调减，调减应纳税所得额为 600 000 元。

4. 12 月 44#凭证记录的业务内容，与税法规定相抵触：按照税法规定，企业持有的交易性金融资产，持有期间因价值变动确认的损失，不得税前扣除，应予纳税调整，调增应纳税所得额为 1 000 000 元。

5. 企业当年列支业务招待费共计 550 000 元，按照税法规定，业务招待费按照发生额的 60% 扣除，但最高不得超过当年销售收入的 5‰。计算扣除比例的销售收入为主营业务收入、其他业务收入和视同销售收入。

$$计算基数 = 55\,000\,000 + 140\,000 + 510\,000 = 55\,650\,000(元)$$

$$55\,650\,000 \times 5‰ = 278\,250(元)$$

$$实际发生额的 60\% = 550\,000 \times 60\% = 330\,000(元)$$

可税前扣除的业务招待费金额为 278 250 元；应调增应纳税所得额 = 550 000 - 278 250 = 271 750(元)。

6. 10 月 23#凭证所列赞助支出 350 000 元记录错误，应在“营业外支出”中列支，并不得在税前扣除。

企业发生的符合规定的广告费支出为 6 550 000 - 350 000 = 6 200 000(元)。按照税法规定可以税前扣除的金额 = 55 650 000 × 15% = 8 347 500(元)。企业发生额不超过比例，可以全额扣除。但对赞助支出 350 000 元应做纳税调增所得额。

7. 企业国债利息收入中，在二级市场上交易收益250 000元不应作为免税收入，应予纳税调增。

8. 6月41#凭证记载的保险费不允许税前扣除。应予调增应纳税所得额360 000元。

9. 12月35#凭证显示的利息支出550 000元，根据税法规定可以税前扣除的金额为300 000元，应予调增应纳税所得额250 000元。

10. 4月16#、42#凭证记录内容，由于未经税务机关审核批准，不得税前扣除，应予纳税调整，调增应纳税所得额为347 600元。

（四）应补缴税额及账务处理

1. 应补缴增值税 = 23 800 + 86 700 = 110 500（元）

应补缴城建税 = 110 500 × 7% = 7 735（元）

应补缴教育费附加 = 110 500 × 3% = 3 315（元）

借：应交税费——应交增值税（转出未交增值税）　　110 500

　贷：应交税费——未交增值税　　110 500

借：以前年度损益调整　　11 050

　贷：应交税费——应交城建税　　7 735

　　　　　　——应交教育费附加　　3 315

2. 应补缴企业所得税汇总

（1）以前年度损益调整汇总 = −23 800 + 160 000 − 11 050 = 125 150（元）

（2）直接调整应纳税所得额汇总 = 40 000 + 100 000 − 600 000 + 1 000 000 + 271 750 + 350 000 + 250 000 + 360 000 + 250 000 + 347 600 = 2 369 350（元）

（3）应补缴企业所得税 =（125 150 + 2 369 350）× 25% = 2 494 500 × 25% = 623 625（元）

应作账务处理：

借：以前年度损益调整　　623 625

　贷：应缴税费——应缴所得税　　623 625

（4）以前年度损益调整差额应转入“利润分配”，金额为 623 625 − 125 150 = 498 475（元），应作账务处理：

借：利润分配——未分配利润　　498 475

　贷：以前年度损益调整　　498 475

（五）根据上述分析出具代理审查报告，具体内容略。

第二节 企业所得税纳税申报代理实务

一、企业所得税代理申报的流程

企业所得税按年计算,分月或分季度预缴。因此其代理申报业务包括两个部分:一是预缴申报,二是年度申报。

预缴有两种方式:一种是按照月度或者季度的实际利润额预缴;按照月度或者季度的实际利润额预缴有困难的,可以采取另一种方式,即按照上一纳税年度应纳税所得额的月度或者季度平均额预缴,或者按照经税务机关认可的其他方法预缴。后一种情况的代理申报相对简单,按照既定方法提交申报表并办理税款缴纳手续即可。

按照月度或季度的实际利润额预缴的代理申报,与年度申报的代理业务的流程基本一致,需要经过填制报表、报送报表和有关资料、办理税款缴纳手续几个步骤。核心环节是代理填制预缴申报表和年度申报表。

二、办理时限

预缴申报的代理,应当自月份或者季度终了之日起 15 日内办理;年度纳税申报的代理,应当自年度终了之日起 5 个月内办理。由于企业所得税的计算相对复杂,代理申报必须考虑根据企业会计核算结果计算应纳税额需要的时间,在法定期限内完成有关业务。

三、报送资料

企业在纳税年度内无论盈利或者亏损,都应当依照税法规定的期限,向税务机关报送预缴企业所得税纳税申报表、年度企业所得税纳税申报表,并同时报送财务会计报告和税务机关规定应当报送的其他有关资料。

(一) 预缴申报

企业所得税预缴申报表分为 A、B 两类。A 类表适用于实行查账征收方式申报企业所得税的居民纳税人及在中国境内设立机构的非居民纳税人在月(季)度预缴企业所得税时使用;B 类表为按照核定征收管理办法(包括核定应税所得率和核定税额征收方式)缴纳企业所得税的纳税人在月(季)度申报缴纳企业所得税时使用。扣缴义务人还须填报《中华人民共和国企业所得税扣缴报告表》。

(二) 年度申报

对实行查账征收的企业所得税居民纳税人,年度申报时须填报《中华人民共和国企业所得税年度纳税申报表(A 类)》。该申报表由一个主表和十一个附表构成。纳税人行业性质不同，使用附表略有差异，主要体现在附表一和附表二上。

附表一(1)《收入明细表》适用于执行《企业会计制度》、《小企业会计制度》、《企业会计准则》的企业；附表一(2)《金融企业收入明细表》适用于执行《金融企业会计制度》、《企业会计准则》的商业银行、政策银行、保险公司、证券公司、信托投资公司、租赁公司、担保公司、财务公司、典当公司等金融企业；附表一(3)《事业单位、社会团体、民办非企业单位收入明细表》适用于执行《事业单位会计准则》、《民间非营利组织会计制度》的事业单位、社会团体、民办非企业单位填报。与之相对应，不同企业分别填报附表二的(1)(2)(3)类表。

按照企业所得税核定征收办法缴纳企业所得税的纳税人在年度申报缴纳企业所得税时，使用《中华人民共和国企业所得税月(季)度预缴纳税申报表(B类)》。

(三) 总分支机构

对于在中国境内跨省、自治区、直辖市设立不具有法人资格的营业机构，并实行"统一计算、分级管理、就地预缴、汇总清算、财政调节"汇总纳税办法的居民企业，还需在预缴和年度申报时填报《中华人民共和国企业所得税汇总纳税分支机构分配表》。

该表报送的时间有具体要求：对于总机构，应在季度终了之日起十日内，随同预缴申报表报送；对于分支机构，应在季度终了之日起十五日内，随同预缴申报表报送总机构申报后加盖有主管税务机关受理专用章的《中华人民共和国汇总纳税分支机构企业所得税分配表》(复印件)。

年度终了之日起五个月内，由实行汇总纳税的总机构随同年度纳税申报表报送分配表。

代理纳税申报业务，首先应对应身份选择相关表格，之后才能准确填报。

四、纳税申报表及填报说明

(一) 预缴申报

代理企业预缴申报，在准确选择表类的基础上，根据纳税人预缴方式的不同，分别填报表格的不同部分和内容。对于填报A表(见附表10-1)的纳税人，分为据实预缴、按上一年度应纳税所得额的月度或季度平均额预缴以及经税务机关认可的其他方法预缴三类；对于填报B表(见附表10-2)的纳税人，分为按收入总额核定应纳税所得额、按成本费用核定应纳税所得额和按经费支出换算应纳税所得额三类。

在中国境内跨省、自治区、直辖市设立不具有法人资格的营业机构，并实行"统一计算、分级管理、就地预缴、汇总清算、财政调节"汇总纳税办法的居民企业还须填报《中华人民共和国企业所得税汇总纳税分支机构分配表》。具体表样及填报说明见附表10-3。

税法规定负有扣缴义务的纳税人,还须向主管税务机关填报《中华人民共和国企业所得税扣缴报告》。具体表样及填报说明见附表10-4。

(二) 年度申报

代理企业进行年度纳税申报,需要根据税法和会计准则或会计制度的双重要求,按照特定的程序和方法对企业的会计核算结果进行审核、调整,最终确定应纳税额。

根据企业所得税纳税申报表(A类)的格式,企业应纳税额的计算依次经过利润总额的计算、应纳税所得额的计算和应纳税额的计算三个层次。由于主附表之间存在逻辑关系,需要先填写附表、再填主表(具体表样见附表10-5)。具体来说,根据企业会计核算结果和税法有关规定,填写附表一、二,完成主表中利润总额计算的部分;再填写附表五、六、七、八、九、十、十一,据以填写附表三;填写附表四,根据附表三、四,完成应纳税所得额计算部分;最后完成应纳税额的计算。

代理纳税申报时,需要对每个层次认真分析、计算填报。一方面,根据纳税申报表填报说明的要求填写,确保项目口径、金额的准确;另一方面,需要根据会计准则、会计制度和税法的有关规定,对企业核算结果进行审核和调整,最终产生代理申报的结果。具体审核和调整的内容、程序和方法,可参考本章第一节“企业所得税纳税审查代理实务”的有关内容。

五、企业所得税纳税申报鉴证业务

2007年2月,国家税务总局印发了《企业所得税汇算清缴纳税申报鉴证业务准则(试行)》(国税发[2007]10号),规范企业所得税汇算清缴纳税申报的鉴证业务。

所得税汇算鉴证是指,税务师事务所接受委托对企业所得税汇算清缴纳税申报的信息实施必要审核程序,并出具鉴证报告,以增强税务机关对该项信息信任程度的一种业务。

汇算鉴证的审核内容、方法,鉴证报告的内容、分类、文本格式、附报资料和表格,该业务准则都有明确规定。在办理汇算鉴证业务时,可参照前文关于企业所得税纳税审查和纳税申报代理的内容,结合总局的业务准则来执行。

本章小结

本章着重介绍了企业所得税纳税审查和纳税申报的代理实务。企业所得税代理纳税审查,应对所有可能影响应纳税额计算结果的因素进行审查。从企业确定应纳税额的过程或层次来看，分为利润总额的计算、应纳税所得额的计算和应纳税额的计算三大部分。实际上包括了企业会计核算结果的审查、纳税调整项目的审查以及有关税额减免和抵免项目的审查。审查的基本方法是，企业是否按照会计准则或者会计制度的规定进行核算；会计核算规定与税法不符的，是否按照税法、条例或者有关征税规定进行纳税调整。企业所得税纳税申报代理包括预缴申报和年度申报的代理，应在规定的期限内根据企业会计核算资料分析填报预缴申报表和年度纳税申报表。还有汇算清缴纳税申报签证业务，可根据总局的业务准则来实施。

本章重要术语

视同销售收入；减计收入；创业投资企业抵扣应纳税所得额；加计扣除；计税基础；预缴申报；企业所得税汇算鉴证

思考练习题

1. 从企业确定应纳税额的过程来看，企业所得税纳税审查包括哪些基本环节或内容？

2. 对应纳税所得额进行审查时，收入类调整项目审查主要包括哪些内容？

3. 现行税法对扣除类项目规定了限额扣除的项目有哪些？应如何进行纳税审查？

4. 资产类调整项目的纳税审查的内容包括哪些？

5. 境外所得抵免额的审查可分为哪几个步骤？

6. 对于跨省设立不具有法人资格的营业机构，并实行汇总纳税办法的居民企业，在预缴和年度申报时有何特殊要求？

7. 顺华公司（工业企业，增值税一般纳税人）2008 年度生产经营情况如下：

（1）销售收入 4 800 万元；销售成本 1 900 万元；增值税 670 万元，销售税金及附加 70 万元。

（2）其他业务收入 450 万元。

（3）销售费用 1 600 万元，其中含广告费 820 万元、业务宣传费 30 万元。

（4）管理费用 500 万元，其中含业务招待费 50 万元、新产品研究费用 40 万元。

（5）财务费用 98 万元，其中含向非金融机构借款利息 50 万元，年息 10%（银行同期同类贷款利率 6%）。

（6）营业外支出 32 万元，其中含向供货商支付违约金 5 万元，接受技术监督局罚款 5 万元，通过政府部门向灾区捐赠 15 万元。

(7) 投资收益18万元,系从直接投资外地居民公司而分回税后利润17万元(该居民公司适用税率15%)和国债利息1万元。

(8) 该企业账面会计利润1 068万元,已预交企业所得税180万元。

要求计算顺华公司2008年度应纳企业所得税额。

附表 10-1　企业所得税月(季)度预缴纳税申报表(A 类)

税款所属期间：　　年　月　日至　　年　月　日

纳税人识别号：□□□□□□□□□□□□□□□□□□□□

纳税人名称：　　　　　　　　　　　　　　　　　　金额单位：人民币元(列至角分)

<table>
<tr><th>行次</th><th colspan="2">项目</th><th>本期金额</th><th>累计金额</th></tr>
<tr><td>1</td><td colspan="2">一、据实预缴</td><td></td><td></td></tr>
<tr><td>2</td><td colspan="2">营业收入</td><td></td><td></td></tr>
<tr><td>3</td><td colspan="2">营业成本</td><td></td><td></td></tr>
<tr><td>4</td><td colspan="2">利润总额</td><td></td><td></td></tr>
<tr><td>5</td><td colspan="2">税率(25%)</td><td></td><td></td></tr>
<tr><td>6</td><td colspan="2">应纳所得税额(4 行 ×5 行)</td><td></td><td></td></tr>
<tr><td>7</td><td colspan="2">减免所得税额</td><td></td><td></td></tr>
<tr><td>8</td><td colspan="2">实际已缴所得税额</td><td>—</td><td></td></tr>
<tr><td>9</td><td colspan="2">应补(退)的所得税额(6 行 -7 行 -8 行)</td><td>—</td><td></td></tr>
<tr><td>10</td><td colspan="2">二、按照上一纳税年度应纳税所得额的平均额预缴</td><td></td><td></td></tr>
<tr><td>11</td><td colspan="2">上一纳税年度应纳税所得额</td><td>—</td><td></td></tr>
<tr><td>12</td><td colspan="2">本月(季)应纳税所得额(11 行 ÷12 或 11 行 ÷4)</td><td></td><td></td></tr>
<tr><td>13</td><td colspan="2">税率(25%)</td><td>—</td><td>—</td></tr>
<tr><td>14</td><td colspan="2">本月(季)应纳所得税额(12 行 ×13 行)</td><td></td><td></td></tr>
<tr><td>15</td><td colspan="2">三、按照税务机关确定的其他方法预缴</td><td></td><td></td></tr>
<tr><td>16</td><td colspan="2">本月(季)确定预缴的所得税额</td><td></td><td></td></tr>
<tr><td>17</td><td colspan="4">总分机构纳税人</td></tr>
<tr><td>18</td><td rowspan="3">总机构</td><td>总机构应分摊的所得税额(9 行或 14 行或 16 行 ×25%)</td><td></td><td></td></tr>
<tr><td>19</td><td>中央财政集中分配的所得税额(9 行或 14 行或 16 行 ×25%)</td><td></td><td></td></tr>
<tr><td>20</td><td>分支机构分摊的所得税额(9 行或 14 行或 16 行 ×50%)</td><td></td><td></td></tr>
<tr><td>21</td><td rowspan="2">分支机构</td><td>分配比例</td><td rowspan="2"></td><td rowspan="2"></td></tr>
<tr><td>22</td><td>分配的所得税额(20 行 ×21 行)</td></tr>
</table>

谨声明：此纳税申报表是根据《中华人民共和国企业所得税法》、《中华人民共和国企业所得税法实施条例》和国家有关税收规定填报的，是真实的、可靠的、完整的。

法定代表人(签字)：　　　　年　月　日

纳税人公章：	代理申报中介机构公章：	主管税务机关受理专用章：
会计主管：	经办人： 经办人执业证件号码：	受理人：
填表日期：　年　月　日	代理申报日期：　　年　月　日	受理日期：　　年　月　日

国家税务总局监制

《企业所得税月(季)度预缴纳税申报表(A类)》填报说明

一、本表适用于实行查账征收方式申报企业所得税的居民纳税人及在中国境内设立机构的非居民纳税人在月(季)度预缴企业所得税时使用。

二、本表表头项目：

1. "税款所属期间"：纳税人填写的"税款所属期间"为公历1月1日至所属月(季)度最后一日。

企业年度中间开业的纳税人填写的"税款所属期间"为当月(季)开始经营之日至所属季度的最后一日，自次月(季)度起按正常情况填报。

2. "纳税人识别号"：填报税务机关核发的税务登记证号码(15位)。

3. "纳税人名称"：填报税务登记证中的纳税人全称。

三、各列的填报

1. "据实预缴"的纳税人第2行至第9行：填报"本期金额"列，数据为所属月(季)度第一日至最后一日；填报"累计金额"列，数据为纳税人所属年度1月1日至所属季度(或月份)最后一日的累计数。纳税人当期应补(退)所得税额为"累计金额"列第9行"应补(退)所得税额"的数据。

2. "按照上一纳税年度应纳税所得额平均额预缴"的纳税人第11行至14行及"按照税务机关确定的其他方法预缴"的纳税人第16行：填报表内第11行至第14行、第16行"本期金额"列，数据为所属月(季)度第一日至最后一日。

四、各行的填报

本表结构分为两部分：

1. 第一部分为第1行至第16行，纳税人根据自身的预缴申报方式分别填报，包括非居民企业设立的分支机构：实行据实预缴的纳税人填报第2至9行；实行按上一年度应纳税所得额的月度或季度平均额预缴的纳税人填报第11至14行；实行经税务机关认可的其他方法预缴的纳税人填报第16行。

2. 第二部分为第17行至第22行，由实行汇总纳税的总机构在填报第一部分的基础上填报第18行至20行；分支机构填报第21行至22行。

五、具体项目填报说明：

1. 第2行"营业收入"：填报会计制度核算的营业收入，事业单位、社会团体、民办非企业单位按其会计制度核算的收入填报。

2. 第3行"营业成本"：填报会计制度核算的营业成本，事业单位、社会团体、民办非企业单位按其会计制度核算的成本(费用)填报。

3. 第4行"利润总额"：填报会计制度核算的利润总额，其中包括从事房地产开发企业可以在本行填写按本期取得预售收入计算出的预计利润等。事业单位、社会团体、民办非企业单位比照填报。

4. 第5行"税率(25%)"：按照《企业所得税法》第四条规定的25%税率计算应纳所得税额。

5. 第6行"应纳所得税额"：填报计算出的当期应纳所得税额。第6行＝第4行×第5行，且第6行≥0。

6. 第7行"减免所得税额"：填报当期实际享受的减免所得税额，包括享受减免税优惠过渡期的税收优惠、小型微利企业优惠、高新技术企业优惠及经税务机关审批或备案的其他减免税优惠。第7行≤第6行。

7. 第8行"实际已预缴的所得税额"：填报累计已预缴的企业所得税税额，"本期金额"列不填。

8. 第9行"应补(退)所得税额"：填报按照税法规定计算的本次应补(退)预缴所得税税

额。第 9 行 = 第 6 行 - 第 7 行 - 第 8 行，且第 9 行 <0 时，填 0，“本期金额”列不填。

9. 第 11 行“上一纳税年度应纳税所得额”：填报上一纳税年度申报的应纳税所得额。本行不包括纳税人的境外所得。

10. 第 12 行“本月（季）应纳税所得额”：填报纳税人依据上一纳税年度申报的应纳税所得额计算的当期应纳税所得额。

按季预缴企业：第 12 行 = 第 11 行 ×1/4

按月预缴企业：第 12 行 = 第 11 行 ×1/12

11. 第 13 行“税率（25%）”：按照《企业所得税法》第四条规定的 25% 税率计算应纳所得税额。

12. 第 14 行“本月（季）应纳所得税额”：填报计算的本月（季）应纳所得税税额。第 14 行 = 第 12 行 × 第 13 行

13. 第 16 行“本月（季）确定预缴的所得税额”：填报依据税务机关认定的应纳税所得额计算出的本月（季）应缴纳所得税额。

14. 第 18 行“总机构应分摊的所得税额”：填报汇总纳税总机构以本表第一部分（第 1—16 行）本月或本季预缴所得税额为基数，按总机构应分摊的预缴比例计算出的本期预缴所得税额。

（1）据实预缴的汇总纳税企业总机构：第 9 行 × 总机构应分摊的预缴比例 25%；

（2）按上一纳税年度应纳税所得额的月度或季度平均额预缴的汇总纳税企业总机构：第 14 行 × 总机构应分摊的预缴比例 25%；

（3）经税务机关认可的其他方法预缴的汇总纳税企业总机构：第 16 行 × 总机构应分摊的预缴比例 25%。

15. 第 19 行“中央财政集中分配税款的所得税额”：填报汇总纳税总机构以本表第一部分（第 1—16 行）本月或本季预缴所得税额为基数，按中央财政集中分配税款的预缴比例计算出的本期预缴所得税额。

（1）据实预缴的汇总纳税企业总机构：第 9 行 × 中央财政集中分配税款的预缴比例 25%；

（2）按上一纳税年度应纳税所得额的月度或季度平均额预缴的汇总纳税企业总机构：第 14 行 × 中央财政集中分配税款的预缴比例 25%；

（3）经税务机关认可的其他方法预缴的汇总纳税企业总机构：第 16 行 × 中央财政集中分配税款的预缴比例 25%。

16. 第 20 行“分支机构分摊的所得税额”：填报汇总纳税总机构以本表第一部分（第 1—16 行）本月或本季预缴所得税额为基数，按分支机构分摊的预缴比例计算出的本期预缴所得税额。

（1）据实预缴的汇总纳税企业总机构：第 9 行 × 分支机构分摊的预缴比例 50%；

（2）按上一纳税年度应纳税所得额的月度或季度平均额预缴的汇总纳税企业总机构：第 14 行 × 分支机构分摊的预缴比例 50%；

（3）经税务机关认可的其他方法预缴的汇总纳税企业总机构：第 16 行 × 分支机构分摊的预缴比例 50%。

（分支机构本行填报总机构申报的第 20 行“分支机构分摊的所得税额”。）

17. 第 21 行“分配比例”：填报汇总纳税分支机构依据《汇总纳税企业所得税分配表》中确定的分配比例。

18. 第 22 行“分配的所得税额”：填报汇总纳税分支机构依据当期总机构申报表中第 20 行“分支机构分摊的所得税额” × 本表第 21 行“分配比例”的数额。

附表10-2 企业所得税月(季)度预缴纳税申报表(B类)

税款所属期间: 年 月 日至 年 月 日

纳税人识别号:□□□□□□□□□□□□□□□□□□□□

纳税人名称: 金额单位:人民币元(列至角分)

<table>
<tr><th colspan="3">项目</th><th>行次</th><th>累计金额</th></tr>
<tr><td rowspan="10">应纳税所得额的计算</td><td rowspan="3">按收入总额核定应纳税所得额</td><td>收入总额</td><td>1</td><td></td></tr>
<tr><td>税务机关核定的应税所得率(%)</td><td>2</td><td></td></tr>
<tr><td>应纳税所得额(1行×2行)</td><td>3</td><td></td></tr>
<tr><td rowspan="3">按成本费用核定应纳税所得额</td><td>成本费用总额</td><td>4</td><td></td></tr>
<tr><td>税务机关核定的应税所得率(%)</td><td>5</td><td></td></tr>
<tr><td>应纳税所得额[4行÷(1-5行)×5行]</td><td>6</td><td></td></tr>
<tr><td rowspan="4">按经费支出换算应纳税所得额</td><td>经费支出总额</td><td>7</td><td></td></tr>
<tr><td>税务机关核定的应税所得率(%)</td><td>8</td><td></td></tr>
<tr><td>换算的收入额[7行÷(1-8行)]</td><td>9</td><td></td></tr>
<tr><td>应纳税所得额(8行×9行)</td><td>10</td><td></td></tr>
<tr><td colspan="2" rowspan="3">应纳所得税额的计算</td><td>税率(25%)</td><td>11</td><td></td></tr>
<tr><td>应纳所得税额(3行×11行或6行×11行或10行×11行)</td><td>12</td><td></td></tr>
<tr><td>减免所得税额</td><td>13</td><td></td></tr>
<tr><td colspan="2" rowspan="2">应补(退)所得税额的计算</td><td>已预缴所得税额</td><td>14</td><td></td></tr>
<tr><td>应补(退)所得税额(12行-13行-14行)</td><td>15</td><td></td></tr>
<tr><td colspan="5">谨声明:此纳税申报表是根据《中华人民共和国企业所得税法》、《中华人民共和国企业所得税法实施条例》和国家有关税收规定填报的,是真实的、可靠的、完整的。

法定代表人(签字): 年 月 日</td></tr>
<tr><td colspan="2">纳税人公章:
会计主管:
填表日期: 年 月 日</td><td>代理申报中介机构公章:
经办人:
经办人执业证件号码:
代理申报日期: 年 月 日</td><td colspan="2">主管税务机关受理专用章:
受理人:
受理日期: 年 月 日</td></tr>
</table>

《企业所得税月(季)度预缴纳税申报表(B类)》填报说明

一、本表为按照核定征收管理办法(包括核定应税所得率和核定税额征收方式)缴纳企业所得税的纳税人在月(季)度申报缴纳企业所得税时使用,包括依法被税务机关指定的扣缴义务人。其中:核定应税所得率的纳税人按收入总额核定、按成本费用核定、按经费支出换算分别填写。

二、本表表头项目:

1. "税款所属期间":纳税人填报的"税款所属期间"为公历1月1日至所属季(月)度最后一日。

企业年度中间开业的纳税人填报的"税款所属期间"为当月(季)度第一日至所属月(季)度的最后一日,自次月(季)度起按正常情况填报。

2．“纳税人识别号”：填报税务机关核发的税务登记证号码(15位)。

3．“纳税人名称”：填报税务登记证中的纳税人全称。

三、具体项目填报说明

1．第1行“收入总额”：按照收入总额核定应税所得率的纳税人填报此行。填写本年度累计取得的各项收入金额。

2．第2行“税务机关核定的应税所得率”：填报主管税务机关核定的应税所得率。

3．第3行“应纳税所得额”：填报计算结果。计算公式：应纳税所得额 = 第1行“收入总额”×第2行“税务机关核定的应税所得率”。

4．第4行“成本费用总额”：按照成本费用核定应税所得率的纳税人填报此行。填写本年度累计发生的各项成本费用金额。

5．第5行“税务机关核定的应税所得率”：填报主管税务机关核定的应税所得率。

6．第6行“应纳税所得额”：填报计算结果。计算公式：应纳税所得额 = 第4行“成本费用总额”÷(1 - 第5行“税务机关核定的应税所得率”) ×第5行“税务机关核定的应税所得率”。

7．第7行“经费支出总额”：按照经费支出换算收入方式缴纳所得税的纳税人填报此行。填报累计发生的各项经费支出金额。

8．第8行“经税务机关核定的应税所得率”：填报主管税务机关核定的应税所得率。

9．第9行“换算的收入额”：填报计算结果。计算公式：换算的收入额 = 第7行“经费支出总额”÷(1 - 第8行“税务机关核定的应税所得率”)。

10．第10行“应纳税所得额”：填报计算结果。计算公式：应纳税所得额 = 第8行“税务机关核定的应税所得率”×第9行“换算的收入额”。

11．第11行“税率”：填写《企业所得税法》第四条规定的25%税率。

12．第12行“应纳所得税额”

(1) 核定应税所得率的纳税人填报计算结果：

按照收入总额核定应税所得率的纳税人，应纳所得税额 = 第3行“应纳税所得额” ×第11行“税率”；

按照成本费用核定应税所得率的纳税人，应纳所得税额 = 第6行“应纳税所得额” ×第11行“税率”；

按照经费支出换算应纳税所得额的纳税人，应纳所得税额 = 第10行“应纳税所得额”×第11行“税率”。

(2) 实行核定税额征收的纳税人，填报税务机关核定的应纳所得税额。

13．第13行“减免所得税额”：填报当期实际享受的减免所得税额，第13行≤第12行。包括享受减免税优惠过渡期的税收优惠、小型微利企业优惠、高新技术企业优惠及经税务机关审批或备案的其他减免税优惠。

14．第14行“已预缴的所得税额”：填报当年累计已预缴的企业所得税额。

15．第15行“应补(退)所得税额”：填报计算结果。计算公式：应补(退)所得税额 = 第12行“应纳所得税额” - 第13行“减免所得税额” - 第14行“已预缴的所得税额”；当第15行≤0时，本行填0。

附表 10-3 企业所得税汇总纳税分支机构分配表

税款所属期间： 年 月 日至 年 月 日

分配比例有效期： 年 月 日至 年 月 日 金额单位：人民币元（列至角分）

<table>
<tr><td rowspan="3">总机构情况</td><td rowspan="2">纳税人识别号</td><td rowspan="2">总机构名称</td><td colspan="4">三项因素</td><td colspan="2" rowspan="2">分支机构分摊的所得税额</td></tr>
<tr><td>收入总额</td><td>工资总额</td><td>资产总额</td><td>合计</td></tr>
<tr><td></td><td></td><td></td><td></td><td></td><td></td><td colspan="2"></td></tr>
<tr><td rowspan="17">分支机构情况</td><td rowspan="2">纳税人识别号</td><td rowspan="2">分支机构名称</td><td colspan="4">三项因素</td><td rowspan="2">分配比例</td><td rowspan="2">分配税额</td></tr>
<tr><td>收入总额</td><td>工资总额</td><td>资产总额</td><td>合计</td></tr>
<tr><td></td><td></td><td></td><td></td><td></td><td></td><td></td><td></td></tr>
<tr><td></td><td></td><td></td><td></td><td></td><td></td><td></td><td></td></tr>
<tr><td></td><td></td><td></td><td></td><td></td><td></td><td></td><td></td></tr>
<tr><td></td><td></td><td></td><td></td><td></td><td></td><td></td><td></td></tr>
<tr><td></td><td></td><td></td><td></td><td></td><td></td><td></td><td></td></tr>
<tr><td></td><td></td><td></td><td></td><td></td><td></td><td></td><td></td></tr>
<tr><td></td><td></td><td></td><td></td><td></td><td></td><td></td><td></td></tr>
<tr><td></td><td></td><td></td><td></td><td></td><td></td><td></td><td></td></tr>
<tr><td></td><td></td><td></td><td></td><td></td><td></td><td></td><td></td></tr>
<tr><td></td><td></td><td></td><td></td><td></td><td></td><td></td><td></td></tr>
<tr><td></td><td></td><td></td><td></td><td></td><td></td><td></td><td></td></tr>
<tr><td></td><td></td><td></td><td></td><td></td><td></td><td></td><td></td></tr>
<tr><td></td><td></td><td></td><td></td><td></td><td></td><td></td><td></td></tr>
<tr><td></td><td></td><td></td><td></td><td></td><td></td><td></td><td></td></tr>
<tr><td></td><td></td><td></td><td></td><td></td><td></td><td></td><td></td></tr>
<tr><td colspan="4">纳税人公章：
会计主管：
填表日期： 年 月 日</td><td colspan="5">主管税务机关受理专用章：
受理人：
受理日期： 年 月 日</td></tr>
</table>

《企业所得税汇总纳税分支机构分配表》填报说明

一、使用对象及报送时间

1. 使用对象

本表适用于在中国境内跨省、自治区、直辖市设立不具有法人资格的营业机构，并实行“统一计算、分级管理、就地预缴、汇总清算、财政调节”汇总纳税办法的居民企业填报。

2. 报送要求

季度终了之日起10日内，由实行汇总纳税的总机构随同《中华人民共和国企业所得税月（季）度纳税申报表（A类）》报送；

季度终了之日起15日内，由实行汇总纳税，具有主体生产经营职能的分支机构随同《中华人民共和国企业所得税月（季）度纳税申报表（A类）》报送总机构申报后加盖有主管税务机关受理专用章的《中华人民共和国汇总纳税分支机构企业所得税分配表》（复印件）。

年度终了之日起5个月内，由实行汇总纳税的总机构随同《中华人民共和国企业所得税年度纳税申报表（A类）》报送。

二、分配表项目填报说明

1. “税款所属时期”：季度申报填写季度起始日期至所属季度的最后一日。年度申报填写公历1月1日至12月31日。

2. “分配比例有效期”：填写经企业总机构所在地主管税务机关审批确认的分配比例有效期起及有效期止。

3. “纳税人识别号”：填写税务机关统一核发的税务登记证号码。

4. “纳税人名称”：填写税务登记证所载纳税人的全称。

5. “收入总额”：填写基期年度总机构、各分支机构的经营收入总额。

6. “工资总额”：填写基期年度总机构、各分支机构的工资总额。

7. “资产总额”：填写基期年度总机构、各分支机构的资产总额，不包括无形资产。

8. “合计”：填写基期年度总机构、各分支机构的经营收入总额、工资总额和资产总额三项因素的合计数。

9. “分支机构分摊的所得税额”：填写本所属时期总机构根据税务机关确定的分摊方法计算，由各分支机构进行分摊的所得税额。

10. “分配比例”：填写经企业总机构所在地主管税务机关审批确认的各分支机构分配比例。

各分支机构分配比例 =（基期年各分支机构的经营收入总额、工资总额和资产总额三项因素合计数 ÷ 总机构的经营收入总额、工资总额和资产总额三项因素合计数）× 100%。

11. “分配税额”：填写本所属时期根据税务机关确定的分摊方法计算，分配给各分支机构缴纳的所得税额。

附表 10-4　中华人民共和国企业所得税扣缴报告表

税款所属期间：　　年　月　日至　　年　月　日

扣缴义务人识别号：□□□□□□□□□□□□□□□　　　　金额单位：人民币元（列至角分）

扣缴义务人名称															
纳税人识别号	纳税人名称	国家（地区）	所得项目	合同号	合同名称	取得所得日期	收入额					扣除额	应纳税所得额	税率	扣缴所得税额
							人民币金额	外币额			人民币金额合计				
								外币名称金额	汇率	折人民币					

谨声明：此扣缴所得税报告表是根据《中华人民共和国企业所得税法》、《中华人民共和国企业所得税法实施条例》和国家有关税收规定填报的，是真实的、可靠的、完整的。

法定代表人（签字）：　　年　月　日

扣缴义务人公章：	代理申报中介机构公章：	主管税务机关受理专用章：
会计主管：	经办人： 经办人执业证件号码：	受理人：
填表日期：　年　月　日	代理申报日期：　年　月　日	受理日期：　年　月　日

《中华人民共和国企业所得税扣缴报告表》填表说明

一、本表适用于扣缴义务人按照《中华人民共和国企业所得税法》及其实施条例的规定，对下列所得，按次或按期扣缴所得税税款的报告。

1. 非居民企业在中国境内未设立机构、场所的，应当就其来源于中国境内的所得缴纳企业所得税。

2. 非居民企业虽设立机构、场所但取得的所得与其所设机构、场所没有实际联系的，应当就其来源于中国境内的所得缴纳企业所得税。

二、扣缴义务人应当于签订合同或协议后二十日内将合同或协议副本，报送主管税务机关备案，并办理有关扣缴手续。

三、签订合同或协议后，合同或协议规定的支付款额如有变动，应于变动后十日内，将变动情况书面报告税务机构。

四、扣缴义务人不能按规定期限报送本表时，应当在规定的报送期限内提出申请，经当地税务机构批准，可以适当延长期。

五、扣缴人义务人不按规定期限将已扣税款缴入国库以及不履行税法规定的扣缴义务，将分别按《中华人民共和国税收征收管理法》第六十八条、第六十九条的规定，予以处罚。

六、本表填写要用中、外两种文字填写。

七、本表各栏填写如下：

1. 扣缴义务人识别号：填写办理税务登记时，由主管税务机构所确定的扣缴义务人的税务编码。

2. 扣缴义务人名称：填写实际支付外国企业款项的单位和个人名称。

3. 纳税人识别号：填写非居民企业在其居民国的纳税识别代码。

4. 所得项目：填写转让财产所得、股息红利等权益性投资所得、利息所得、租金所得、特许权使用费所得、其他所得。

附表 10-5　中华人民共和国企业所得税年度纳税申报表(A 类)

税款所属期间：　　年　月　日至　　年　月　日

纳税人名称：

纳税人识别号：□□□□□□□□□□□□□□□□□□□□　　金额单位:元(列至角分)

类别	行次	项目	金额
利润总额计算	1	一、营业收入(填附表一)	
	2	减:营业成本(填附表二)	
	3	营业税金及附加	
	4	销售费用(填附表二)	
	5	管理费用(填附表二)	
	6	财务费用(填附表二)	
	7	资产减值损失	
	8	加:公允价值变动收益	
	9	投资收益	
	10	二、营业利润	
	11	加:营业外收入(填附表一)	
	12	减:营业外支出(填附表二)	
	13	三、利润总额(10+11-12)	
应纳税所得额计算	14	加:纳税调整增加额(填附表三)	
	15	减:纳税调整减少额(填附表三)	
	16	其中:不征税收入	
	17	免税收入	
	18	减计收入	
	19	减、免税项目所得	
	20	加计扣除	
	21	抵扣应纳税所得额	
	22	加:境外应税所得弥补境内亏损	
	23	纳税调整后所得(13+14-15+22)	
	24	减:弥补以前年度亏损(填附表四)	
	25	应纳税所得额(23-24)	
应纳税额计算	26	税率(25%)	
	27	应纳所得税额(25×26)	
	28	减:减免所得税额(填附表五)	
	29	减:抵免所得税额(填附表五)	
	30	应纳税额(27-28-29)	
	31	加:境外所得应纳所得税额(填附表六)	
	32	减:境外所得抵免所得税额(填附表六)	

（续表）

类别	行次	项目	金额
应纳税额计算	33	实际应纳所得税额(30+31-32)	
	34	减:本年累计实际已预缴的所得税额	
	35	其中:汇总纳税的总机构分摊预缴的税额	
	36	汇总纳税的总机构财政调库预缴的税额	
	37	汇总纳税的总机构所属分支机构分摊的预缴税额	
	38	合并纳税(母子体制)成员企业就地预缴比例	
	39	合并纳税企业就地预缴的所得税额	
	40	本年应补(退)的所得税额(33-34)	
附列资料	41	以前年度多缴的所得税额在本年抵减额	
	42	以前年度应缴未缴在本年入库所得税额	
纳税人公章: 经办人: 申报日期:　　年　月　日		代理申报中介机构公章: 经办人及执业证件号码: 代理申报日期:　　年　月　日	主管税务机关受理专用章: 受理人: 受理日期: 年　月　日

《企业所得税年度纳税申报表(A类)》填报说明①

一、适用范围

本表适用于实行查账征收企业所得税的居民纳税人(以下简称纳税人)填报。

二、填报依据及内容

根据《中华人民共和国企业所得税法》及其实施条例、相关税收政策,以及国家统一会计制度(企业会计制度、企业会计准则、小企业会计制度、分行业会计制度、事业单位会计制度和民间非营利组织会计制度)的规定,填报计算纳税人利润总额、应纳税所得额、应纳税额和附列资料等有关项目。

三、有关项目填报说明

(一)表头项目

1．“税款所属期间”:正常经营的纳税人,填报公历当年1月1日至12月31日;纳税人年度中间开业的,填报实际生产经营之日的当月1日至同年12月31日;纳税人年度中间发生合并、分立、破产、停业等情况的,填报公历当年1月1日至实际停业或法院裁定并宣告破产之日的当月月末;纳税人年度中间开业且年度中间又发生合并、分立、破产、停业等情况的,填报实际生产经营之日的当月1日至实际停业或法院裁定并宣告破产之日的当月月末。

2．“纳税人识别号”:填报税务机关统一核发的税务登记证号码。

3．“纳税人名称”:填报税务登记证所载纳税人的全称。

(二)表体项目

本表是在纳税人会计利润总额的基础上,加减纳税调整额后计算出“纳税调整后所得”

① 由于《中华人民共和国企业所得税年度纳税申报表(A类)》的填报说明篇幅过大,本书将各附表中的填报说明予以简略处理。具体内容可参阅国家税务总局《关于〈中华人民共和国企业所得税年度纳税申报表〉的补充通知》(国税函[2008]1081号)一文及其附件。

(应纳税所得额)。会计与税法的差异(包括收入类、扣除类、资产类等差异)通过纳税调整项目明细表(附表三)集中体现。

本表包括利润总额计算、应纳税所得额计算、应纳税额计算和附列资料四个部分。

1. “利润总额计算”中的项目,按照国家统一会计制度口径计算填报。实行企业会计准则的纳税人,其数据直接取自损益表;实行其他国家统一会计制度的纳税人,与本表不一致的项目,按照其利润表项目进行分析填报。

利润总额部分的收入、成本、费用明细项目,一般工商企业纳税人,通过附表一(1)《收入明细表》和附表二(1)《成本费用明细表》相应栏次填报;金融企业纳税人,通过附表一(2)《金融企业收入明细表》、附表二(2)《金融企业成本费用明细表》相应栏次填报;事业单位、社会团体、民办非企业单位、非营利组织等纳税人,通过附表一(3)《事业单位、社会团体、民办非企业单位收入明细表》和附表二(3)《事业单位、社会团体、民办非企业单位支出明细表》相应栏次填报。

2. “应纳税所得额计算”和“应纳税额计算”中的项目,除根据主表逻辑关系计算的外,通过附表相应栏次填报。

3. “附列资料”填报用于税源统计分析的上一纳税年度税款在本纳税年度抵减或入库金额。

(三) 行次说明

1. 第1行“营业收入”:填报纳税人主要经营业务和其他经营业务取得的收入总额。本行根据“主营业务收入”和“其他业务收入”科目的数额计算填报。一般工商企业纳税人,通过附表一(1)《收入明细表》计算填报;金融企业纳税人,通过附表一(2)《金融企业收入明细表》计算填报;事业单位、社会团体、民办非企业单位、非营利组织等纳税人,通过附表一(3)《事业单位、社会团体、民办非企业单位收入明细表》计算填报。

2. 第2行“营业成本”项目:填报纳税人主要经营业务和其他经营业务发生的成本总额。本行根据“主营业务成本”和“其他业务成本”科目的数额计算填报。一般工商企业纳税人,通过附表二(1)《成本费用明细表》计算填报;金融企业纳税人,通过附表二(2)《金融企业成本费用明细表》计算填报;事业单位、社会团体、民办非企业单位、非营利组织等纳税人,通过附表二(3)《事业单位、社会团体、民办非企业单位支出明细表》计算填报。

3. 第3行“营业税金及附加”:填报纳税人经营活动发生的营业税、消费税、城市维护建设税、资源税、土地增值税和教育费附加等相关税费。本行根据“营业税金及附加”科目的数额计算填报。

4. 第4行“销售费用”:填报纳税人在销售商品和材料、提供劳务的过程中发生的各种费用。本行根据“销售费用”科目的数额计算填报。

5. 第5行“管理费用”:填报纳税人为组织和管理企业生产经营发生的管理费用。本行根据“管理费用”科目的数额计算填报。

6. 第6行“财务费用”:填报纳税人为筹集生产经营所需资金等发生的筹资费用。本行根据“财务费用”科目的数额计算填报。

7. 第7行“资产减值损失”:填报纳税人计提各项资产准备发生的减值损失。本行根据“资产减值损失”科目的数额计算填报。

8. 第8行“公允价值变动收益”:填报纳税人交易性金融资产、交易性金融负债,以及采用公允价值模式计量的投资性房地产、衍生工具、套期保值业务等公允价值变动形成的应计入当期损益的利得或损失。本行根据“公允价值变动损益”科目的数额计算填报。

9. 第9行“投资收益”:填报纳税人以各种方式对外投资确认所取得的收益或发生的损失。本行根据“投资收益”科目的数额计算填报。

10. 第10行“营业利润”:填报纳税人当期的营业利润。根据上述项目计算填列。

11. 第11行"营业外收入":填报纳税人发生的与其经营活动无直接关系的各项收入。本行根据"营业外收入"科目的数额计算填报。一般工商企业纳税人,通过附表一(1)《收入明细表》相关项目计算填报;金融企业纳税人,通过附表一(2)《金融企业收入明细表》相关项目计算填报;事业单位、社会团体、民办非企业单位、非营利组织等纳税人,通过附表一(3)《事业单位、社会团体、民办非企业单位收入明细表》计算填报。

12. 第12行"营业外支出":填报纳税人发生的与其经营活动无直接关系的各项支出。本行根据"营业外支出"科目的数额计算填报。一般工商企业纳税人,通过附表二(1)《成本费用明细表》相关项目计算填报;金融企业纳税人,通过附表二(2)《金融企业成本费用明细表》相关项目计算填报;事业单位、社会团体、民办非企业单位、非营利组织等纳税人,通过附表一(3)《事业单位、社会团体、民办非企业单位支出明细表》计算填报。

13. 第13行"利润总额":填报纳税人当期的利润总额。

14. 第14行"纳税调整增加额":填报纳税人会计处理与税收规定不一致,进行纳税调整增加的金额。本行通过附表三《纳税调整项目明细表》"调增金额"列计算填报。

15. 第15行"纳税调整减少额":填报纳税人会计处理与税收规定不一致,进行纳税调整减少的金额。本行通过附表三《纳税调整项目明细表》"调减金额"列计算填报。

16. 第16行"不征税收入":填报纳税人计入利润总额但属于税收规定不征税的财政拨款、依法收取并纳入财政管理的行政事业性收费、政府性基金以及国务院规定的其他不征税收入。本行通过附表一(3)《事业单位、社会团体、民办非企业单位收入明细表》计算填报。

17. 第17行"免税收入":填报纳税人计入利润总额但属于税收规定免税的收入或收益,包括国债利息收入;符合条件的居民企业之间的股息、红利等权益性投资收益;从居民企业取得与该机构、场所有实际联系的股息、红利等权益性投资收益;符合条件的非营利组织的收入。本行通过附表五《税收优惠明细表》第1行计算填报。

18. 第18行"减计收入":填报纳税人以《资源综合利用企业所得税优惠目录》规定的资源作为主要原材料,生产国家非限制和禁止并符合国家和行业相关标准的产品取得收入10%的数额。本行通过附表五《税收优惠明细表》第6行计算填报。

19. 第19行"减、免税项目所得":填报纳税人按照税收规定减征、免征企业所得税的所得额。本行通过附表五《税收优惠明细表》第14行计算填报。

20. 第20行"加计扣除":填报纳税人开发新技术、新产品、新工艺发生的研究开发费用,以及安置残疾人员及国家鼓励安置的其他就业人员所支付的工资,符合税收规定条件的准予按照支出额一定比例,在计算应纳税所得额时加计扣除的金额。本行通过附表五《税收优惠明细表》第9行计算填报。

21. 第21行"抵扣应纳税所得额":填报创业投资企业采取股权投资方式投资于未上市的中小高新技术企业2年以上的,可以按照其投资额的70%在股权持有满2年的当年抵扣该创业投资企业的应纳税所得额。当年不足抵扣的,可以在以后纳税年度结转抵扣。本行通过附表五《税收优惠明细表》第39行计算填报。

22. 第22行"境外应税所得弥补境内亏损":填报纳税人根据税收规定,境外所得可以弥补境内亏损的数额。

23. 第23行"纳税调整后所得":填报纳税人经过纳税调整计算后的所得额。

当本表第23行<0时,即为可结转以后年度弥补的亏损额;如本表第23行>0时,继续计算应纳税所得额。

24. 第24行"弥补以前年度亏损":填报纳税人按照税收规定可在税前弥补的以前年度亏损的数额。

本行通过附表四《企业所得税弥补亏损明细表》第6行第10列填报。但不得超过本表第 23 行“纳税调整后所得”。

25. 第 25 行“应纳税所得额”：金额等于本表第 23－24 行。

本行不得为负数。本表第 23 行或者按照上述行次顺序计算结果本行为负数，本行金额填零。

26. 第 26 行“税率”：填报税法规定的税率 25%。

27. 第 27 行“应纳所得税额”：金额等于本表第 25×26 行。

28. 第 28 行“减免所得税额”：填报纳税人按税收规定实际减免的企业所得税额，包括小型微利企业、国家需要重点扶持的高新技术企业、享受减免税优惠过渡政策的企业，其法定税率与实际执行税率的差额，以及其他享受企业所得税减免税的数额。本行通过附表五《税收优惠明细表》第 33 行计算填报。

29. 第 29 行“抵免所得税额”：填报纳税人购置用于环境保护、节能节水、安全生产等专用设备的投资额，其设备投资额的 10% 可以从企业当年的应纳所得税额中抵免的金额；当年不足抵免的，可以在以后 5 个纳税年度结转抵免。本行通过附表五《税收优惠明细表》第 40 行计算填报。

30. 第 30 行“应纳税额”：金额等于本表第 27－28－29 行。

31. 第 31 行“境外所得应纳所得税额”：填报纳税人来源于中国境外的所得，按照企业所得税法及其实施条例以及相关税收规定计算的应纳所得税额。

32. 第 32 行“境外所得抵免所得税额”：填报纳税人来源于中国境外所得依照中国境外税收法律以及相关规定应缴纳并实际缴纳的企业所得税性质的税款，准予抵免的数额。

企业已在境外缴纳的所得税额，小于抵免限额的，“境外所得抵免所得税额”按其在境外实际缴纳的所得税额填报；大于抵免限额的，按抵免限额填报，超过抵免限额的部分，可以在以后五个年度内，用每年度抵免限额抵免当年应抵税额后的余额进行抵补。

33. 第 33 行“实际应纳所得税额”：填报纳税人当期的实际应纳所得税额。

34. 第 34 行“本年累计实际已预缴的所得税额”：填报纳税人按照税收规定本纳税年度已在月（季）度累计预缴的所得税款。

35. 第 35 行“汇总纳税的总机构分摊预缴的税额”：填报汇总纳税的总机构按照税收规定已在月（季）度在总机构所在地累计预缴的所得税款。

附报《中华人民共和国企业所得税汇总纳税分支机构企业所得税分配表》。

36. 第 36 行“汇总纳税的总机构财政调库预缴的税额”：填报汇总纳税的总机构按照税收规定已在月（季）度在总机构所在地累计预缴在财政调节专户的所得税款。

附报《中华人民共和国企业所得税汇总纳税分支机构企业所得税分配表》。

37. 第 37 行“汇总纳税的总机构所属分支机构分摊的预缴税额”：填报汇总纳税的分支机构已在月（季）度在分支机构所在地累计分摊预缴的所得税款。

附报《中华人民共和国企业所得税汇总纳税分支机构企业所得税分配表》。

38. 第 38 行“合并纳税（母子体制）成员企业就地预缴比例”：填报经国务院批准的实行合并纳税（母子体制）的成员企业按照税收规定就地预缴税款的比例。

39. 第 39 行“合并纳税企业就地预缴的所得税额”：填报合并纳税的成员企业已在月（季）度累计预缴的所得税款。

40. 第 40 行“本年应补（退）的所得税额”：填报纳税人当期应补（退）的所得税额。

41. 第 41 行“以前年度多缴的所得税在本年抵减额”：填报纳税人以前纳税年度汇算清缴多缴的税款尚未办理退税、并在本纳税年度抵缴的所得税额。

42. 第 42 行“以前年度应缴未缴在本年入库所得额”：填报纳税人以前纳税年度损益调整税款、上一纳税年度第四季度预缴税款和汇算清缴的税款，在本纳税年度入库所得税额。

四、表内及表间关系

1. 第 1 行 = 附表一(1)第 2 行或附表一(2)第 1 行或附表一(3)第 2 行至 7 行合计。

2. 第 2 行 = 附表二(1)第 2 + 7 行或附表二(2)第 1 行或附表二(3)第 2 至 9 行合计。

3. 第 10 行 = 本表第 1 - 2 - 3 - 4 - 5 - 6 - 7 + 8 + 9 行。

4. 第 11 行 = 附表一(1)第 17 行或附表一(2)第 42 行或附表一(3)第 9 行

5. 第 12 行 = 附表二(1)第 16 行或附表二(2)第 45 行或附表二(3)第 10 行。

6. 第 13 行 = 本表第 10 + 11 - 12 行。

7. 第 14 行 = 附表三第 55 行第 3 列合计。

8. 第 15 行 = 附表三第 55 行第 4 列合计。

9. 第 16 行 = 附表一(3) 10 行或附表三第 14 行第 4 列。

10. 第 17 行 = 附表五第 1 行。

11. 第 18 行 = 附表五第 6 行。

12. 第 19 行 = 附表五第 14 行。

13. 第 20 行 = 附表五第 9 行。

14. 第 21 行 = 附表五第 39 行。

15. 第 22 行 = 附表六第 7 列合计(当本表第 13 + 14 - 15 行 ≥ 0 时,本行 = 0)。

16. 第 23 行 = 本表第 13 + 14 - 15 + 22 行。

17. 第 24 行 = 附表四第 6 行第 10 列。

18. 第 25 行 = 本表第 23 - 24 行(当本行 < 0 时,则先调整 21 行的数据,使其本行 ≥ 0;当 21 行 = 0 时,23 - 24 行 ≥ 0)。

19. 第 26 行填报 25%。

20. 第 27 行 = 本表第 25 × 26 行。

21. 第 28 行 = 附表五第 33 行。

22. 第 29 行 = 附表五第 40 行。

23. 第 30 行 = 本表第 27 - 28 - 29 行。

24. 第 31 行 = 附表六第 10 列合计。

25. 第 32 行 = 附表六第 13 列合计 + 第 15 列合计或附表六第 17 列合计。

26. 第 33 行 = 本表第 30 + 31 - 32 行。

27. 第 40 行 = 本表第 33 - 34 行。

附表10-5之企业所得税年度纳税申报表附表一(1)

收入明细表

填报时间： 年 月 日 金额单位:元(列至角分)

行次	项目	金额
1	一、销售(营业)收入合计(2+13)	
2	(一)营业收入合计(3+8)	
3	1. 主营业务收入(4+5+6+7)	
4	(1)销售货物	
5	(2)提供劳务	
6	(3)让渡资产使用权	
7	(4)建造合同	
8	2. 其他业务收入(9+10+11+12)	
9	(1)材料销售收入	
10	(2)代购代销手续费收入	
11	(3)包装物出租收入	
12	(4)其他	
13	(二)视同销售收入(14+15+16)	
14	(1)非货币性交易视同销售收入	
15	(2)货物、财产、劳务视同销售收入	
16	(3)其他视同销售收入	
17	二、营业外收入(18+19+20+21+22+23+24+25+26)	
18	1. 固定资产盘盈	
19	2. 处置固定资产净收益	
20	3. 非货币性资产交易收益	
21	4. 出售无形资产收益	
22	5. 罚款净收入	
23	6. 债务重组收益	
24	7. 政府补助收入	
25	8. 捐赠收入	
26	9. 其他	

经办人(签章)： 法定代表人(签章)：

附表一(1) 《收入明细表》表内、表间关系

(一)表内关系

1. 第1行=本表第2+13行。
2. 第2行=本表第3+8行。
3. 第3行=本表第4+5+6+7行。
4. 第8行=本表第9+10+11+12行。
5. 第13行=本表第14+15+16行。
6. 第17行=本表第18至26行合计。

(二)表间关系

1. 第1行=附表八第4行。
2. 第2行=主表第1行。
3. 第13行=附表三第2行第3列。
4. 第17行=主表第11行。

附表 10-5 之企业所得税年度纳税申报表附表一(2)

金融企业收入明细表

填报时间：　　年　月　日　　　金额单位:元(列至角分)

行次	项目	金额
1	一、营业收入(2+19+25+35)	
2	(一)银行业务收入(3+10+18)	
3	1. 银行业利息收入(4+5+6+7+8+9)	
4	(1) 存放同业	
5	(2) 存放中央银行	
6	(3) 拆出资金	
7	(4) 发放贷款及垫款	
8	(5) 买入返售金融资产	
9	(6) 其他	
10	2. 银行业手续费及佣金收入(11+12+13+14+15+16+17)	
11	(1) 结算与清算手续费	
12	(2) 代理业务手续费	
13	(3) 信用承诺手续费及佣金	
14	(4) 银行卡手续费	
15	(5) 顾问和咨询费	
16	(6) 托管及其他受托业务佣金	
17	(7) 其他	
18	3. 其他业务收入	
19	(二)保险业务收入(20+24)	
20	1. 已赚保费(21-22-23)	
21	保费收入	
22	减:分出保费	
23	提取未到期责任准备金	
24	2. 其他业务收入	
25	(三)证券业务收入(26+33+34)	
26	1. 手续费及佣金收入(27+28+29+30+31+32)	
27	(1) 证券承销业务收入	
28	(2) 证券经纪业务收入	
29	(3) 受托客户资产管理业务收入	
30	(4) 代理兑付证券业务收入	
31	(5) 代理保管证券业务收入	
32	(6) 其他	
33	2. 利息净收入	
34	3. 其他业务收入	
35	(四)其他金融业务收入(36+37)	

（续表）

行次	项目	金额
36	1. 业务收入	
37	2. 其他业务收入	
38	二、视同销售收入(39 +40 +41)	
39	1. 非货币性资产交换	
40	2. 货物、财产、劳务视同销售收入	
41	3. 其他视同销售收入	
42	三、营业外收入(43 +44 +45 +46 +47 +48)	
43	1. 固定资产盘盈	
44	2. 处置固定资产净收益	
45	3. 非货币性资产交易收益	
46	4. 出售无形资产收益	
47	5. 罚款净收入	
48	6. 其他	

经办人(签章)：　　　　　　　　　　　　　　法定代表人(签章)：

附表一(2)　《金融企业收入明细表》表内、表间关系

(一) 表内关系

1. 第 1 行 = 本表第 2 + 19 + 25 + 35 行。
2. 第 2 行 = 本表第 3 + 10 + 18 行。
3. 第 3 行 = 本表第 4 至 9 行合计。
4. 第 10 行 = 本表第 11 至 17 行合计。
5. 第 19 行 = 本表第 20 + 24 行。
6. 第 20 行 = 本表第 21 — 22 — 23 行。
7. 第 25 行 = 本表第 26 + 33 + 34 行。
8. 第 26 行 = 本表第 27 + 28 + 29 + 30 + 31 + 32 行。
9. 第 35 行 = 本表第 36 + 37 行。
10. 第 38 行 = 本表第 39 + 40 + 41 行。
11. 第 42 行 = 本表第 43 至 48 行合计。

(二) 表间关系

1. 第 1 行 = 主表第 1 行。
2. 第 1 + 38 行 = 附表八第 4 行。
3. 第 38 行 = 附表三第 2 行第 3 列。
4. 第 42 行 = 主表第 11 行。

附表10-5之企业所得税年度纳税申报表附表一(3)
事业单位、社会团体、民办非企业单位收入明细表

填报时间：　　年　月　日　　　金额单位：元(列至角分)

行次	项目	金额
1	一、收入总额(2+3+…+9)	
2	财政补助收入	
3	上级补助收入	
4	拨入专款	
5	事业收入	
6	经营收入	
7	附属单位缴款	
8	投资收益	
9	其他收入	
10	二、不征税收入总额(11+12+13+14)	
11	财政拨款	
12	行政事业性收费	
13	政府性基金	
14	其他	
15	三、应纳税收入总额(1-10)	
16	四、应纳税收入总额占全部收入总额比重(15÷1)	

经办人(签章)：　　　　　　　　法定代表人(签章)：

附表一(3)《事业单位、社会团体、民办非企业单位收入明细表》表内、表间关系

(一)表内关系

1. 第1行=本表第2行至9行合计。
2. 第10行=本表第11至14行合计。
3. 第15行=本表第1-10行。
4. 第16行=本表第15÷1行。

(二)表间关系

1. 第2+3+4+5+6+7行=主表第1行。
2. 第8行=主表第9行。
3. 第9行=主表第11行。
4. 第10行=主表第16行=附表三第14行第4列。

附表10-5之企业所得税年度纳税申报表附表二(1)

成本费用明细表

填报时间：　　年　月　日　　　金额单位:元(列至角分)

行次	项目	金额
1	一、销售(营业)成本合计(2+7+12)	
2	(一)主营业务成本(3+4+5+6)	
3	(1)销售货物成本	
4	(2)提供劳务成本	
5	(3)让渡资产使用权成本	
6	(4)建造合同成本	
7	(二)其他业务成本(8+9+10+11)	
8	(1)材料销售成本	
9	(2)代购代销费用	
10	(3)包装物出租成本	
11	(4)其他	
12	(三)视同销售成本(13+14+15)	
13	(1)非货币性交易视同销售成本	
14	(2)货物、财产、劳务视同销售成本	
15	(3)其他视同销售成本	
16	二、营业外支出(17+18+…+24)	
17	1. 固定资产盘亏	
18	2. 处置固定资产净损失	
19	3. 出售无形资产损失	
20	4. 债务重组损失	
21	5. 罚款支出	
22	6. 非常损失	
23	7. 捐赠支出	
24	8. 其他	
25	三、期间费用(26+27+28)	
26	1. 销售(营业)费用	
27	2. 管理费用	
28	3. 财务费用	

经办人(签章)：　　　　　　　　　　法定代表人(签章)：

附表二(1)《成本费用明细表》表内、表间关系

（一）表内关系

1. 第1行=本表第2+7+12行。
2. 第2行=本表第3行至6行合计
3. 第7行=本表第8行至11行合计。
4. 第12行=本表第13+14+15行。
5. 第16行=本表第17至24行合计。
6. 第25行=本表第26+27+28行。

（二）表间关系

1. 第2+7行=主表第2行。
2. 第12行=附表三第21行第4列。
3. 第16行=主表第12行。
4. 第26行=主表第4行。
5. 第27行=主表第5行。
6. 第28行=主表第6行。

附表10-5之企业所得税年度纳税申报表附表二(2)

金融企业成本费用明细表

填报时间：　　年　月　日　　　金额单位:元(列至角分)

行次	项目	金额
1	一、营业成本(2 +17 +31 +38)	
2	(一) 银行业务成本(3 +11 +15 +16)	
3	1. 银行利息支出(4 +5 +… +10)	
4	(1) 同业存放	
5	(2) 向中央银行借款	
6	(3) 拆入资金	
7	(4) 吸收存款	
8	(5) 卖出回购金融资产	
9	(6) 发行债券	
10	(7) 其他	
11	2. 银行手续费及佣金支出(12 +13 +14)	
12	(1) 手续费支出	
13	(2) 佣金支出	
14	(3) 其他	
15	3. 业务及管理费	
16	4. 其他业务成本	
17	(二) 保险业务支出(18 +30)	
18	1. 业务支出(19 +20 −21 +22 −23 +24 +25 +26 +27 −28 +29)	
19	(1) 退保金	
20	(2) 赔付支出	
21	减:摊回赔付支出	
22	(3) 提取保险责任准备金	
23	减:摊回保险责任准备金	
24	(4) 保单红利支出	
25	(5) 分保费用	
26	(6) 手续费及佣金支出	
27	(7) 业务及管理费	
28	减:摊回分保费用	
29	(8) 其他	
30	2. 其他业务成本	
31	(三) 证券业务支出(32 +36 +37)	
32	1. 证券手续费支出(33 +34 +35)	
33	(1) 证券经纪业务支出	
34	(2) 佣金	
35	(3) 其他	

（续表）

行次	项目	金额
36	2．业务及管理费	
37	3．其他业务成本	
38	（四）其他金融业务支出（39+40）	
39	1．业务支出	
40	2．其他业务成本	
41	二、视同销售应确认成本（42+43+44）	
42	1．非货币性资产交换成本	
43	2．货物、财产、劳务视同销售成本	
44	3．其他视同销售成本	
45	三、营业外支出（46+47+48+49+50）	
46	1．固定资产盘亏	
47	2．处置固定资产净损失	
48	3．非货币性资产交易损失	
49	4．出售无形资产损失	
50	5．其他	

经办人（签章）：　　　　　　　　　　　　　　法定代表人（签章）：

附表二（2）《金融企业成本费用明细表》表内、表间关系

（一）表内关系

1．第1行=本表第2+17+31+38行。

2．第2行=本表第3+11+15+16行。

3．第3行=本表第4至10行合计。

4．第11行=本表第12+13+14行。

5．第17行=本表第18+30行。

6．第18行=本表第19+20－21+22－23+24+25+26+27－28+29行。

7．第31行=本表第32+36+37行。

8．第32行=本表第33+34+35行。

9．第38行=本表第39+40行。

10．第41行=本表第42+43+44行。

11：第45行=本表第46至50行合计。

（二）表间关系

1．第1行=主表第2行。

2．第41行=附表三第21行第4列。

3．第45行=主表第12行。

附表 10-5 之企业所得税年度纳税申报表附表二(3)

事业单位、社会团体、民办非企业单位支出明细表

填报时间：　　年　月　日　　　金额单位:元(列至角分)

行次	项目	金额
1	一、支出总额(2 + 3 + ⋯ + 10)	
2	拨出经费	
3	上缴上级支出	
4	拨出专款	
5	专款支出	
6	事业支出	
7	经营支出	
8	对附属单位补助	
9	结转自筹基建	
10	其他支出	
11	二、不准扣除的支出总额	
12	(1) 税收规定不允许扣除的支出项目金额	
13	(2) 按分摊比例计算的支出项目金额	
14	三、准予扣除的支出总额	

经办人(签章)：　　　　　　　　法定代表人(签章)：

附表二(3) 《事业单位、社会团体、民办非企业单位支出明细表》表内、表间关系

(一) 表内关系

1. 第 1 行 = 本表第 2 行至 10 行合计。
2. 第 14 行 = 本表第 1 - 11 行。

(二) 表间关系

1. 第 2 至 9 行合计 = 主表第 2 行。
2. 第 10 行 = 主表第 12 行。

附表10-5之企业所得税年度纳税申报表附表三
纳税调整项目明细表

填报时间：　　年　月　日　　　金额单位:元(列至角分)

	行次	项目	账载金额	税收金额	调增金额	调减金额
			1	2	3	4
	1	一、收入类调整项目	*	*		
	2	1. 视同销售收入(填写附表一)	*	*		*
#	3	2. 接受捐赠收入	*			*
	4	3. 不符合税收规定的销售折扣和折让				*
*	5	4. 未按权责发生制原则确认的收入				
*	6	5. 按权益法核算长期股权投资对初始投资成本调整确认收益	*	*	*	
	7	6. 按权益法核算的长期股权投资持有期间的投资损益	*	*		
*	8	7. 特殊重组				
*	9	8. 一般重组				
*	10	9. 公允价值变动净收益(填写附表七)	*	*		
	11	10. 确认为递延收益的政府补助				
	12	11. 境外应税所得(填写附表六)	*	*	*	
	13	12. 不允许扣除的境外投资损失	*	*		*
	14	13. 不征税收入(填附表一[3])	*	*	*	
	15	14. 免税收入(填附表五)	*	*	*	
	16	15. 减计收入(填附表五)	*	*	*	
	17	16. 减、免税项目所得(填附表五)	*	*	*	
	18	17. 抵扣应纳税所得额(填附表五)	*	*	*	
	19	18. 其他				
	20	二、扣除类调整项目	*	*		
	21	1. 视同销售成本(填写附表二)	*	*	*	
	22	2. 工资薪金支出				
	23	3. 职工福利费支出				
	24	4. 职工教育经费支出				
	25	5. 工会经费支出				
	26	6. 业务招待费支出				*
	27	7. 广告费和业务宣传费支出(填写附表八)	*	*		
	28	8. 捐赠支出				*
	29	9. 利息支出				
	30	10. 住房公积金				*
	31	11. 罚金、罚款和被没收财物的损失		*		*

（续表）

	行次	项目	账载金额	税收金额	调增金额	调减金额
			1	2	3	4
	32	12. 税收滞纳金		*		*
	33	13. 赞助支出		*		*
	34	14. 各类基本社会保障性缴款				
	35	15. 补充养老保险、补充医疗保险				
	36	16. 与未实现融资收益相关在当期确认的财务费用				
	37	17. 与取得收入无关的支出		*		*
	38	18. 不征税收入用于支出所形成的费用		*		*
	39	19. 加计扣除（填附表五）	*	*	*	
	40	20. 其他				
	41	三、资产类调整项目	*	*		
	42	1. 财产损失				
	43	2. 固定资产折旧（填写附表九）	*	*		
	44	3. 生产性生物资产折旧（填写附表九）	*	*		
	45	4. 长期待摊费用的摊销（填写附表九）	*	*		
	46	5. 无形资产摊销（填写附表九）	*	*		
	47	6. 投资转让、处置所得（填写附表十一）	*	*		
	48	7. 油气勘探投资（填写附表九）				
	49	8. 油气开发投资（填写附表九）				
	50	9. 其他				
	51	四、准备金调整项目（填写附表十）	*	*		
	52	五、房地产企业预售收入计算的预计利润	*	*		
	53	六、特别纳税调整应税所得	*	*		*
	54	七、其他	*	*		
	55	合计	*	*		

注:1. 标有 * 或#的行次,纳税人分别按照适用的国家统一会计制度填报。

2. 没有标注的行次,无论执行何种会计核算办法,有差异就填报相应行次,填 * 号不可填列。

3. 有二级附表的项目只填调增、调减金额,账载金额、税收金额不再填写。

经办人（签章）:　　　　　　　　　　　　　法定代表人（签章）:

附表三 《纳税调整项目明细表》表内、表间关系

（一）表内关系

1. 第1行=本表第2+3+…+19行。

2. 第20行=本表第21+22+…+40行。

3. 第41行=本表第42+43+…+50行。

（二）表间关系

1. 一般工商企业:第2行第3列=附表一(1)第13行。

金融企业:第2行第3列=附表一(2)第38行。

2. 第6行第4列=附表十一第5列“合计”行的绝对值。

3. 当附表七第10行第5列为正数时:第10行第3列=附表七第10行第5列;附表七第10行第5列为负数时:第10行第4列=附表七第10行第5列负数的绝对值。

4. 第14行第4列=附表一(3)第10行。

5. 第15行第4列=附表五第1行。

6. 第16行第4列=附表五第6行。

7. 第17行第4列=附表五第14行。

8. 第18行第4列=附表五第39行。

9. 一般工商企业:第21行第4列=附表二(1)第12行。

金融企业:第21行第4列=附表二(2)第41行。

10. 第27行第3列=附表八第7行。27行第4列=附表八第10行。

11. 第39行第4列=附表五第9行。

12. 附表九第1行第7列为正数时:第43行第3列=附表九第1行第7列;附表九第1行第7列为负数时:第43行第4列=附表九第1行第7列负数的绝对值。

13. 附表九第7行第7列为正数时:第44行第3列=附表九第7行第7列;附表九第7行第7列为负数时:第44行第4列=附表九第7行第7列负数的绝对值。

14. 附表九第10行第7列为正数时:第45行第3列=附表九第10行第7列;附表九第10行第7列为负数时:第45行第4列=附表九第10行第7列负数的绝对值。

15. 附表九第15行第7列为正数时:第46行第3列=附表九第15行第7列;附表九第15行第7列为负数时:第46行第4列=附表九第15行第7列负数的绝对值。

16. 附表九第16行第7列为正数时:第48行第3列=附表九第16行第7列;附表九第16行第7列为负数时:第48行第4列=附表九第16行第7列负数的绝对值。

17. 附表九第17行第7列为正数时:第49行第3列=附表九第17行第7列;附表九第17行第7列为负数时:第49行第4列=附表九第17行第7列负数的绝对值。

18. 附表十第17行第5列合计数为正数时:第51行第3列=附表十第17行第5列;附表十第17行第5列合计数为负数时:第51行第4列=附表十第17行第5列的绝对值。

19. 第55行第3列=主表第14行。

20. 第55行第4列=主表第15行。

附表 10-5 之企业所得税年度纳税申报表附表四

企业所得税弥补亏损明细表

填报时间：　　年　月　日　　　　金额单位：元（列至角分）

行次	项目	年度	盈利额或亏损额	合并分立企业转入可弥补亏损额	当年可弥补的所得额	以前年度亏损弥补额					本年度实际弥补的以前年度亏损额	可结转以后年度弥补的亏损额
						前四年度	前三年度	前二年度	前一年度	合计		
		1	2	3	4	5	6	7	8	9	10	11
1	第一年											*
2	第二年					*						
3	第三年					*	*					
4	第四年					*	*	*				
5	第五年					*	*	*	*			
6	本年					*	*	*	*	*		
7	可结转以后年度弥补的亏损额合计											

经办人（签章）：　　　　法定代表人（签章）

附表四　《税前弥补亏损明细表》表间关系

第 6 行第 10 列 = 主表第 24 行。

附表10-5之企业所得税年度纳税申报表附表五

税收优惠明细表

填报时间：　　年　月　日　　　金额单位:元(列至角分)

行次	项目	金额
1	一、免税收入(2+3+4+5)	
2	1. 国债利息收入	
3	2. 符合条件的居民企业之间的股息、红利等权益性投资收益	
4	3. 符合条件的非营利组织的收入	
5	4. 其他	
6	二、减计收入(7+8)	
7	1. 企业综合利用资源,生产符合国家产业政策规定的产品所取得的收入	
8	2. 其他	
9	三、加计扣除额合计(10+11+12+13)	
10	1. 开发新技术、新产品、新工艺发生的研究开发费用	
11	2. 安置残疾人员所支付的工资	
12	3. 国家鼓励安置的其他就业人员支付的工资	
13	4. 其他	
14	四、减免所得额合计(15+25+29+30+31+32)	
15	(一)免税所得(16+17+…+24)	
16	1. 蔬菜、谷物、薯类、油料、豆类、棉花、麻类、糖料、水果、坚果的种植	
17	2. 农作物新品种的选育	
18	3. 中药材的种植	
19	4. 林木的培育和种植	
20	5. 牲畜、家禽的饲养	
21	6. 林产品的采集	
22	7. 灌溉、农产品初加工、兽医、农技推广、农机作业和维修等农、林、牧、渔服务业项目	
23	8. 远洋捕捞	
24	9. 其他	
25	(二)减税所得(26+27+28)	
26	1. 花卉、茶以及其他饮料作物和香料作物的种植	
27	2. 海水养殖、内陆养殖	
28	3. 其他	
29	(三)从事国家重点扶持的公共基础设施项目投资经营的所得	
30	(四)从事符合条件的环境保护、节能节水项目的所得	
31	(五)符合条件的技术转让所得	
32	(六)其他	

（续表）

行次	项目	金额
33	五、减免税合计(34 + 35 + 36 + 37 + 38)	
34	（一）符合条件的小型微利企业	
35	（二）国家需要重点扶持的高新技术企业	
36	（三）民族自治地方的企业应缴纳的企业所得税中属于地方分享的部分	
37	（四）过渡期税收优惠	
38	（五）其他	
39	六、创业投资企业抵扣的应纳税所得额	
40	七、抵免所得税额合计(41 + 42 + 43 + 44)	
41	（一）企业购置用于环境保护专用设备的投资额抵免的税额	
42	（二）企业购置用于节能节水专用设备的投资额抵免的税额	
43	（三）企业购置用于安全生产专用设备的投资额抵免的税额	
44	（四）其他	
45	企业从业人数(全年平均人数)	
46	资产总额(全年平均数)	
47	所属行业(工业企业　其他企业)	

经办人(签章)：　　　　　　　　　　　　　　法定代表人(签章)：

附表五　《税收优惠明细表》表内、表间关系

（一）表内关系

1. 第 1 行 = 本表第 2 + 3 + 4 + 5 行。
2. 第 6 行 = 本表第 7 + 8 行。
3. 第 9 行 = 本表第 10 + 11 + 12 + 13 行。
4. 第 14 行 = 本表第 15 + 25 + 29 + 30 + 31 + 32 行。
5. 第 15 行 = 本表第 16 至 24 行合计。
6. 第 25 行 = 本表第 26 + 27 + 28 行。
7. 第 33 行 = 本表第 34 + 35 + 36 + 37 + 38 行。
8. 第 40 行 = 本表第 41 + 42 + 43 + 44 行。

（二）表间关系

1. 第 1 行 = 附表三第 15 行第 4 列 = 主表第 17 行。
2. 第 6 行 = 附表三第 16 行第 4 列 = 主表第 18 行。
3. 第 9 行 = 附表三第 39 行第 4 列 = 主表第 20 行。
4. 第 14 行 = 附表三第 17 行第 4 列 = 主表第 19 行。
5. 第 39 行 = 附表三第 18 行第 4 列。
6. 第 33 行 = 主表第 28 行。
7. 第 40 行 = 主表第 29 行。

附表 10-5 之企业所得税年度纳税申报表附表六

境外所得税抵免计算明细表

填报时间：　　年　月　日　　　　　　　　金额单位：元(列至角分)

抵免方式	国家或地区	境外所得	境外所得换算含税所得	弥补以前年度亏损	免税所得	弥补亏损前境外应税所得额	可弥补境内亏损	境外应纳税所得额	税率	境外所得应纳税额	境外所得可抵免税额	境外所得税款抵免限额	本年可抵免的境外所得税款	未超过境外所得税款抵免限额的余额	本年可抵免以前年度所得税额	前五年境外所得已缴税款未抵免余额	定率抵免
	1	2	3	4	5	6(3－4－5)	7	8(6－7)	9	10(8×9)	11	12	13	14(12－13)	15	16	17
直接抵免																	
间接抵免				*	*									*	*	*	
				*	*									*	*	*	
				*	*									*	*	*	
				*	*									*	*	*	
	合计																

经办人(签章)：　　　　　　　　　　　　　法定代表人(签章)：

附表六 《境外所得税抵免计算明细表》表内、表间关系

（一）表内关系

1. 第 6 列 = 本表第 3 − 4 − 5 列。
2. 第 8 列 = 本表第 6 − 7 列。
3. 第 10 列 = 本表第 8 × 9 列。
4. 第 14 列 = 本表第 12 − 13 列。
5. 第 13 列“本年可抵免的境外所得税款”。第 12 列某行 ≤ 同一行次的第 11 列，第 13 列 = 第 12 列；当第 12 列某行 ≥ 同一行次的第 11 列，第 13 列 = 第 11 列。
6. 第 14 列“未超过境外所得税款抵免限额的余额”各行 = 同一行的第 12 − 13 列，当计算出的值 ≤0 时，本列该行为 0；当计算出的值 ≥0 时，第 14 列 = 第 15 列。
7. 第 15 列“本年可抵免以前年度所得税额”各行 ≤ 同一行次的第 14 列；第 13 列合计行 + 第 15 列合计行 = 主表第 32 行。

（二）表间关系

1. 第 10 列合计数 = 主表第 31 行。
2. 第 13 列合计行 + 第 15 列合计行 = 主表第 32 行。
3. 第 17 列合计行 = 主表第 32 行。

附表 10-5 之企业所得税年度纳税申报表附表七

以公允价值计量资产纳税调整表

填报时间：　　年　月　日　　　　　　　　　　金额单位：元（列至角分）

行次	资产种类	期初金额		期末金额		纳税调整额（纳税调减以“-”表示）
		账载金额（公允价值）	计税基础	账载金额（公允价值）	计税基础	
		1	2	3	4	5
1	一、公允价值计量且其变动计入当期损益的金融资产					
2	1. 交易性金融资产					
3	2. 衍生金融工具					
4	3. 其他以公允价值计量的金融资产					
5	二、公允价值计量且其变动计入当期损益的金融负债					
6	1. 交易性金融负债					
7	2. 衍生金融工具					
8	3. 其他以公允价值计量的金融负债					
9	三、投资性房地产					
10	合计					

经办人：　　　　　　　经办人（签章）：　　　　　　　法定代表人（签章）：

附表七　《以公允价值计量资产纳税调整表》表间关系

第 10 行第 5 列为正数时：第 10 行第 5 列 = 附表三第 10 行第 3 列；第 10 行第 5 列为负数时：第 10 行第 5 列负数的绝对值 = 附表三第 10 行第 4 列。

附表 10-5 之企业所得税年度纳税申报表附表八

广告费和业务宣传费跨年度纳税调整表

填报时间：　　年　月　日　　　金额单位：元(列至角分)

行次	项目	金额
1	本年度广告费和业务宣传费支出	
2	其中：不允许扣除的广告费和业务宣传费支出	
3	本年度符合条件的广告费和业务宣传费支出(1－2)	
4	本年计算广告费和业务宣传费扣除限额的销售(营业)收入	
5	税收规定的扣除率	
6	本年广告费和业务宣传费扣除限额(4×5)	
7	本年广告费和业务宣传费支出纳税调整额(3≤6，本行＝2行；3＞6，本行＝1－6)	
8	本年结转以后年度扣除额(3＞6，本行＝3－6；3≤6，本行＝0)	
9	加：以前年度累计结转扣除额	
10	减：本年扣除的以前年度结转额	
11	累计结转以后年度扣除额(8＋9－10)	

经办人(签章)：　　　　　　　　法定代表人(签章)：

附表八　《广告费和业务宣传费跨年度纳税调整表》表间关系

第 7 行＝附表三第 27 行第 3 列。

第 10 行＝附表三第 27 行第 4 列。

附表 10-5 之企业所得税年度纳税申报表附表九

资产折旧、摊销纳税调整明细表

填报日期：　　年　月　日　　　　金额单位：元（列至角分）

行次	资产类别	资产原值		折旧、摊销年限		本期折旧、摊销额		纳税调整额
		账载金额	计税基础	会计	税收	会计	税收	
		1	2	3	4	5	6	7
1	一、固定资产			*	*			
2	1. 房屋建筑物							
3	2. 飞机、火车、轮船、机器、机械和其他生产设备							
4	3. 与生产经营有关的器具工具家具							
5	4. 飞机、火车、轮船以外的运输工具							
6	5. 电子设备							
7	二、生产性生物资产			*	*			
8	1. 林木类							
9	2. 畜类							
10	三、长期待摊费用			*	*			
11	1. 已足额提取折旧的固定资产的改建支出							
12	2. 租入固定资产的的改建支出							
13	3. 固定资产大修理支出							
14	4. 其他长期待摊费用							
15	四、无形资产							
16	五、油气勘探投资							
17	六、油气开发投资							
18	合计			*	*			

经办人（签章）：　　　　法定代表人（签章）

附表九 《资产折旧、摊销纳税调整表》表间关系

1. 第1行第7列>0时：第1行第7列=附表三第43行第3列；第1行第7列<0时：第1行第7列负数的绝对值=附表三第43行第4列。

2. 第7行第7列>0时：第7行第7列=附表三第44行第3列；第7行第7列<0时：第7行第7列负数的绝对值=附表三第44行第4列。

3. 第10行第7列>0时：第10行第7列=附表三第45行第3列；第10行第7列<0时：第10行第7列负数的绝对值=附表三第45行第4列。

4. 第15行第7列>0时：第15行第7列=附表三第46行第3列；第15行第7列为<0时：第15行第7列负数的绝对值=附表三第46行第4列。

5. 第16行第7列>0时：第16行第7列=附表三第48行第3列；第16行第7列<0时：第16行第7列负数的绝对值=附表三第48行第4列。

6. 第17行第7列>0时：第17行第7列=附表三第49行第3列；第17行第7列<0时：第17行第7列负数的绝对值=附表三第49行第4列。

附表 10-5 之企业所得税年度纳税申报表附表十

资产减值准备项目调整明细表

填报日期：　　年　月　日　　　　金额单位:元(列至角分)

行次	准备金类别	期初余额	本期转回额	本期计提额	期末余额	纳税调整额
		1	2	3	4	5
1	坏(呆)账准备					
2	存货跌价准备					
3	* 其中:消耗性生物资产减值准备					
4	* 持有至到期投资减值准备					
5	* 可供出售金融资产减值		—			
6	#短期投资跌价准备					
7	长期股权投资减值准备					
8	* 投资性房地产减值准备					
9	固定资产减值准备					
10	在建工程(工程物资)减值准备					
11	* 生产性生物资产减值准备					
12	无形资产减值准备					
13	商誉减值准备					
14	贷款损失准备					
15	矿区权益减值					
16	其他					
17	合计					

注:表中 * 项目为执行新会计准则企业专用;表中加 # 项目为执行企业会计制度、小企业会计制度的企业专用。

经办人(签章):

法定代表人(签章):

附表十　《资产减值准备项目调整明细表》表间关系

第 17 行第 5 列 >0 时,第 17 行第 5 列 = 附表三第 51 行第 3 列;第 17 行第 5 列 <0 时,第 17 行第 5 列 = 附表三第 51 行第 4 列。

附表 10-5 之企业所得税年度纳税申报表附表十一

长期股权投资所得(损失)明细表

填报时间：　　年　月　日　　　　　　　　　　金额单位:元(列至角分)

行次	被投资企业	期初投资额	本年度增(减)投资额	投资成本		股息红利					投资转让所得(损失)					
				初始投资成本	权益法核算对初始投资成本调整产生的收益	会计核算投资收益	会计投资损益	税收确认的股息红利		会计与税收的差异	投资转让净收入	投资转让的会计成本	投资转让的税收成本	会计上确认的转让所得或损失	按税收计算的投资转让所得或损失	会计与税收的差异
								免税收入	全额征税收入							
	1	2	3	4	5	6(7+14)	7	8	9	10(7-8-9)	11	12	13	14(11-12)	15(11-13)	16(14-15)
1																
2																
3																
4																
5																
合计																

投资损失补充资料

行次	项目	年度	当年度结转金额	已弥补金额	本年度弥补金额	结转以后年度待弥补金额	备注：
1	第一年						
2	第二年						
3	第三年						
4	第四年						
5	第五年						
以前年度结转在本年度税前扣除的股权投资转让损失							

经办人(签章)：　　　　　　　　　　法定代表人(签章)：

附表十一《长期股权投资所得(损失)明细表》表间关系

第 5 列“合计”行 = 附表三第 6 行第 4 列。

第十一章

个人所得税代理实务

学习目标

通过本章的学习,读者应该能够:

■ 掌握个人所得税纳税审查的程序、环节、内容和方法;

■ 熟悉个人所得税申报代理的流程;

■ 掌握不同情况下个人所得税自行申报的纳税申报表的填报方法。

我国个人所得税采用分类计征模式,对不同性质的所得采用不同的计税方法,一般由支付所得者代扣代缴税款,同时税法规定对个人所得超过国务院规定数额的,在两处以上取得工资、薪金所得或者没有扣缴义务人的,以及具有国务院规定的其他情形的,纳税义务人应当按照国家规定办理纳税申报。因此,个人所得税的纳税审查代理和纳税申报代理,都可以根据服务对象再分成两部分,一是针对扣缴义务人的代理业务,二是针对纳税人本身的代理业务。

第一节 个人所得税纳税审查代理实务

一、个人所得税的账务处理

1. 支付工资薪金单位代扣个人所得税时,会计分录如下:

借:应付职工薪酬

　　贷:应缴税费——代扣代缴个人所得税

2. 支付给个人的劳务报酬、特许权使用费、稿费、财产租赁费、股息、红利等,支付时企业代扣代缴税款,并随同有关支出计入相关期间费用账户。分录如下:

借:管理费用/销售费用等

　　贷:应缴税费——代扣代缴个人所得税

　　　　现金/银行存款

3. 非法人企业(个体工商户、个人独资、合伙企业)缴纳个人所得税时:

借:本年应税所得——本年经营所得

　　贷:留存利润

借:留存利润

　　贷:应缴税费——应交个人所得税

二、工资、薪金所得的审查

个人所得税纳税审查的代理,包括对扣缴义务人扣缴税款情况的审查,也包括对纳税人自行申报情况的审查。纳税审查的核心,是应纳的个人所得税税额的准确性。无论是对扣缴义务人,还是对纳税人,都需要按法律规定计算应纳税额,既不能不扣、少扣或者少缴,也不能多扣、多缴。审核的关键,就是不同性质的所得,是否按照税法规定的不同政策和方法计算了应纳税款。

工资、薪金所得应纳个人所得税的纳税审查,重点包括以下几个方面:一是计入应税收入总额的范围是否全面、无遗漏,金额是否准确;二是有关扣除的内容、金额是否正确；三是税率的确定以及有关计税方法的采用是否准确。

（一）应税收入范围和金额的审查

1. 应税收入范围

税法规定可以不征税或免税的项目包括：

（1）省级人民政府、国务院部委和中国人民解放军军以上单位，以及外国组织、国际组织颁发的科学、教育、技术、文化、卫生、体育、环境保护等方面的奖金。

（2）按照国家统一规定发给的补贴、津贴，是指按照国务院规定发给的政府特殊津贴、院士津贴、资深院士津贴，以及国务院规定免纳个人所得税的其他补贴、津贴。

（3）福利费、抚恤金、救济金。其中：福利费是指根据国家有关规定，从企业、事业单位、国家机关、社会团体提留的福利费或者工会经费中支付给个人的生活补助费；救济金是指各级人民政府民政部门支付给个人的生活困难补助费。

（4）按照国家统一规定发给干部、职工的安家费、退职费、退休工资、离休工资、离休生活补助费；不包括离退休人员除按规定领取离退休工资或养老金外，另从原任职单位取得的各类补贴、奖金、实物。

（5）独生子女补贴、托儿补助费。

（6）差旅费津贴、误餐补助。误餐补助是指，按财政部门规定，个人因公在城区、郊区工作，不能在工作单位或返回就餐，确实需要在外就餐的，根据实际误餐顿数，按规定的标准领取的误餐费。一些单位以误餐补助名义发给职工的补贴、津贴，应当并入当月工资、薪金所得计征个人所得税。

（7）执行公务员工资制度未纳入基本工资总额的补贴、津贴差额和家属成员的副食品补贴。

（8）生育妇女按照县级以上人民政府根据国家有关规定制定的生育保险办法，取得的生育津贴、生育医疗费或其他属于生育保险性质的津贴、补贴。

（9）凡符合下列条件之一的外籍专家取得的工资、薪金所得可免征个人所得税：根据世界银行专项贷款协议由世界银行直接派往我国工作的外国专家；联合国组织直接派往我国工作的专家；为联合国援助项目来华工作的专家；援助国派往我国专为该国无偿援助项目工作的专家；根据两国政府签订文化交流项目来华工作两年以内的文教专家，其工资、薪金所得由该国负担的；根据我国大专院校国际交流项目来华工作两年以内的文教专家，其工资、薪金所得由该国负担的；通过民间科研协定来华工作的专家，其工资、薪金所得由该国政府机构负担的。

除国家明文规定的免税项目或不征税项目以外，个人因任职或者受雇而取得的工资、薪金、奖金、年终加薪、劳动分红、津贴、补贴以及与任职或者受雇有关的其他所得,无论是现金,还是实物、有价证券和其他形式的经济利益,均应纳入工资薪金所得总额计税。

2. 应税收入金额

所得为实物的,应当按照取得的凭证上所注明的价格计算应纳税所得额;无凭证的实物或者凭证上所注明的价格明显偏低的,参照市场价格核定应纳税所得额。所得为有价证券的,根据票面价格和市场价格核定应纳税所得额。所得为其他形式的经济利益的,参照市场价格核定应纳税所得额。

3. 审查方法

(1) 审查扣缴义务人"应付职工薪酬"、"应付工资"(采用企业会计制度核算的企业)明细账,根据每月的记账凭证所附的工资单,结合企业的代扣代缴个人所得税计算表和扣缴个人所得税申报表,审核发给的工资薪金有无达到应税标准却没有扣缴税款的情况;核对企业人事部门的人员信息记录、名册,对照支付给个人的应税的工资薪金所得,看有无虚增职工人数的情况;对"应付职工薪酬——职工福利"账户中发放的非现金的各种支出,应并入个人的工资、薪金所得。

(2) 审查扣缴义务人"盈余公积"、"利润分配"明细账即对应科目及原始凭证的内容,看有无直接提取奖金发放的情况。

(3) 审查扣缴义务人"管理费用"、"销售费用"明细账即对应科目及原始凭证的内容,看有无直接给相关人员发放现金或实物奖金的情况,有无以报销费用形式给相关人员支付津贴或奖金的情况。

(4) 对纳税人代理审查的,其工资薪金所得主要审查纳税人的工资单和银行对账单,结合扣缴税款的凭证和金额,对照上述有关规定进行审查,看扣缴税款的计算是否正确;了解纳税人有无因任职、受雇而从单位取得的实物所得,有无参加单位组织的免费旅游以及个人认购股票等有价证券时从其雇主处取得的折扣或者补贴,有无因公务用车和通信制度改革而取得的公务用车、通信补贴收入(可扣除一定标准的公务费用),有无以低于购置或者建造成本的价格从所在单位购买住房取得的差价,有无单位支付的个人商业保险金等情况。

(二) 减除费用和有关扣除项目的审查

2008 年 3 月 1 日起,工资、薪金所得,以每月收入额减除费用 2 000 元后的余额,为应纳税所得额。之前为每月减除 1 600 元。

对以下人员的工资薪金所得适用附加减除标准,即在减除费用 2 000 元后再减除 2 800 元,也就是每月收入额减除 4 800 元后的余额,为应纳税所得额:在中国境内的外商投资企业和外国企业中工作的外籍人员;应聘在中国境内的企业、事业单位、社会团体、国家机关中工作的外籍专家;在中国境内有住所而在中国境外任职或者受雇取得工资、薪金所得的个人。

按照国家规定,单位为个人缴付和个人缴付的基本养老保险费、基本医疗保险费、失业保险费、住房公积金,从纳税义务人的应纳税所得额中扣除。具体来说,是指企事业单位按照国家或省(自治区、直辖市)人民政府规定的缴费比例或办法实际缴付的基本养老保险费、基本医疗保险费和失业保险费;个人按照国家或省(自治区、直辖市)人民政府规定的缴费比例或办法实际缴付的基本养老保险费、基本医疗保险费和失业保险费,允许在个人应纳税所得额中扣除。单位和个人分别在不超过职工本人上一年度月平均工资12%的幅度内,其实际缴存的住房公积金,允许在个人应纳税所得额中扣除。单位和职工个人缴存住房公积金的月平均工资不得超过职工工作地所在社区城市上一年度职工月平均工资的3倍,具体标准按照各地有关规定执行。

对减除费用和扣除的审查,主要是看扣缴义务人或者纳税人有无扩大减除费用标准或重复减除的情况,有无超过国家规定标准进行扣除的情况。

(三)计税方法的审查

工资薪金所得的计税,以收入额减除费用后的余额,对照工资、薪金所得适用的九级超额累进税率表计税即可。但对于一些相对特殊的情况,计税方法有专门的规定。在代理个人所得税纳税审查时,对有下列情况的,要严格依照有关规定,审查应纳税额的计算是否正确。

1. 企业为个人负担税款

对企业为个人负担税款的,即企业与员工按照双方事先约定的税后工资薪金发放和领取的,计算税额时不能直接套用税法中的税率表,而须将不含税(税后)工资薪金换算成含税的应纳税所得来对照计算纳税,具体可参照表11-1计算税额。

表11-1 工资薪金所得税率表

级数	应纳税所得额(含税级距)	应纳税所得额(不含税级距)	税率	速算扣除数
1	不超过500元的部分	不超过475元的部分	5%	0
2	超过500至2 000元的部分	超过475至1 825元的部分	10%	25
3	超过2 000至5 000元的部分	超过1 825至4 375元的部分	15%	125
4	超过5 000至20 000元的部分	超过4 375至16 375元的部分	20%	375
5	超过20 000至40 000元的部分	超过16 375至31 375元的部分	25%	1 375
6	超过40 000至60 000元的部分	超过31 375至45 375元的部分	30%	3 375
7	超过60 000至80 000元的部分	超过45 375至58 375元的部分	35%	6 375
8	超过80 000至100 000元的部分	超过58 375至70 375元的部分	40%	10 375
9	超过100 000元的部分	超过70 375元的部分	45%	15 375

例 11-1　工程师王某(中国公民)2008 年 8 月从单位取得不含税工资 7 500 元,已知税款由单位代付。王某应纳税额为多少?

解析　可分为两步计算:

第一步,先将王某的不含税工资换算为应纳税所得额:

应纳税所得额 = (不含税工资薪金收入额 - 费用扣除标准 - 速算扣除数)

÷ (1 - 适用税率)

= (7 500 - 2 000 - 375) ÷ (1 - 20%) = 6 406.25(元)

第二步,计算企业应代付的个人所得税:

应代付的个人所得税 = 应纳税所得额 × 适用税率 - 速算扣除数

= 6 406.25 × 20% - 375 = 906.25(元)

王某取得的税前工资应为 8 406.25 元(7 500 + 906.25),对照税率表计算应纳税额为 906.25 元。

应注意第一步的换算公式。其中的速算扣除数和适用税率对照表 11-1 确定。

2. 年终一次性奖金

年终一次性奖金是指行政机关、企事业单位等根据全年效益和对雇员全年工作业绩的综合考核情况,向雇员发放一次性奖金。一次性奖金也包括年终加薪、实行年薪制和绩效工资办法的单位根据考核情况兑现的年薪和绩效工资。纳税人获得全年一次性奖金时,计税方法如下:

若当月除了年终一次性奖金以外的工资薪金所得高于 2 000 元,则工资薪金和年终奖各自计税后加总;年终一次性奖金计税时,除以 12 个月,按其商数对应的税率和速算扣除数计税,不再扣除费用。

若当月除了年终一次性奖金以外的工资薪金所得低于 2 000 元,将工资薪金和年终奖合并计税:按合并后减除 2 000 元的余额,除以 12 个月,按其商数找出对应的税率和速算扣除数;然后按合并后减除 2 000 元的余额,根据上述税率和速算扣除数计税。

例 11-2　中国公民王某 2009 年 1 月当月取得工资收入 3 200 元,并取得 2008 年度的年终奖金 4 800 元。则其 2009 年 1 月应纳个人所得税为多少?

解析　当月工资和年终奖金分别计税后加总。

1 月份工资应纳税额 = (3 200 - 2 000) × 10% - 25 = 95(元)

确定年终奖金适用税率:4 800 ÷ 12 = 400,对应税率表中 5% 税率且速算扣除数为 0。

年终奖金应纳税额 = 4 800 × 5% = 240(元)

当月王某应纳税额 = 95 + 240 = 335(元)

假如另一种情况:王某取得2008年度的年终奖金4 800元的当月工资收入为1 800元,须用另一种方法——合并计算应纳税额。

首先,合并收入后除以12判断适用税率:(4 800 + 1 800 − 2 000) ÷ 12 = 383.33,对应税率表中5%税率且速算扣除数为0。

当月王某应纳税额 = (4 800 + 1 800 − 2 000) × 5% = 230(元)

需要强调的是,在一个纳税年度内,对每一个纳税人,该办法只允许采用一次。因此,其他各种名目的奖金,如半年奖、季度奖、加班奖、年度先进奖、年度考勤奖等,均应并入发放当月工资、薪金所得中按照规定计税。

3. 从两处以上取得工资薪金

在外商投资企业、外国企业和外国驻华机构工作的中方人员,凡是工资由雇佣单位和派遣单位分别支付的情况下,计税时由支付者中的一方减除费用,一般由雇佣单位按税法规定计税,派遣单位不扣减费用直接对照税率表计税;此后,纳税人应持两处以上的支付单位提供的原始明细工资、薪金单和完税凭证原件,选择并固定在一处税务机关申报每月工资、薪金收入,汇算清缴,多退少补。

例 11-3 中国公民李某2008年12月起同时在两个单位任职,从派遣单位甲公司每月取得工薪收入1 800元,从合资企业乙公司每月取得工薪收入4 600元。其个人所得税应如何计缴?

解析 按照上述规定,先分别扣税,后合并计算并申报办理清算。

甲公司应代扣税款(不扣减费用) = 1 800 × 10% − 25 = 155(元)

乙公司应代扣税款 = (4 600 − 2 000) × 15% − 125 = 265(元)

李某实际应纳税额 = (1 800 + 4 600 − 2 000) × 15% − 125 = 535(元)

李某应补缴税款 = 535 − 155 − 265 = 115(元)

李某还应选择甲公司或乙公司主管税务机关进行纳税申报,并补缴税款。

4. 特定行业职工取得的工资薪金

对采掘业、远洋运输业、远洋捕捞业职工的工资薪金,可按月预缴,年度终了后30日内,合计全年所得,再按12个月平均计算实际应纳税款,多退少补。

年应纳所得税额 = [(全年工资薪金收入 ÷ 12 − 费用扣除标准) × 适用税率 − 速算扣除数] × 12

例 11-4 某远洋捕捞公司职工赵某,2008年1、2、3、4、11、12月份每月工资1 000元,5至9月每月工资4 500元,10月工资12 000元。其个人所得税应如何计缴?

解析 公司在支付赵某工资时应按规定扣缴税款:

5至9月每月应扣缴税款 = (4 500 − 2 000) × 15% − 125 = 250(元)

10 月应扣缴税款 = (12 000 - 2 000) × 20% - 375 = 1 625(元)

共计应扣缴税款 = 250 × 5 + 1 625 = 2 875(元)

年度终了后合并计算,多退少补。

全年工资薪金收入 = 1 000 × 6 + 4 500 × 5 + 12 000 = 40 500(元)

月均工薪收入 = 40 500 ÷ 12 = 3 375(元)

应纳税额 = [(3 375 - 1 600) × 10% - 25] × 2
　　+ [(3 375 - 2 000) × 10% - 25] × 10
　= 305 + 1 125 = 1 430(元)

故年末赵某可申报全年应纳税款并办理退税 1 445 元(2 875 - 1 430)。

5. 个人股票期权

实施股票期权计划企业授予该企业员工的股票期权所得,按照以下方法计税:

员工接受股票期权时,不征税;员工行权时,其施权价(实际购买价)低于购买日(行权日)该股票收盘价的差额,确认为应税所得额计税;另外,股票期权所得与其行权当月工资薪金所得各自计税。

行权所得应纳税额 =(行权的应纳税所得额 / 规定月份数 × 适用税率
　　- 速算扣除数) × 规定月份数

月份数长于 12 个月的,按 12 个月计算。

6. 在中国境内无住所的个人取得工资薪金所得

在中国境内无住所的个人,我国对其实施税收管辖权的范围,随着其居住时间的增长而扩大。从不足 90 天(协定期间 183 天),到 1 年,再到 5 年,随时间段的增长,应税所得来源的范围不断扩大。具体规定如下:

(1) 在中国境内无住所而在一个纳税年度中在中国境内连续或者累计工作不超过 90 日或者在税收协定规定的期间中在中国境内连续或累计居住不超过 183 日的个人,仅就其实际在中国境内工作期间由中国境内企业或个人雇主支付或者由中国境内机构负担的工资薪金所得申报纳税。

自 2004 年 7 月 1 日起,按以下公式计税:

应纳税额 = (当月境内外工资薪金应纳税所得额 × 适用税率 - 速算扣除数)
　× (当月境内支付工资 ÷ 当月境内外支付工资总额)
　× (当月境内工作天数 ÷ 当月天数)

(2) 在中国境内无住所而在一个纳税年度中在中国境内连续或累计工作超过 90 日或在税收协定规定的期间中在中国境内连续或累计居住超过 183 日但不满 1 年的个人,其实际在中国境内工作期间取得的工资薪金所得,均应申报缴纳个人所得税;其在中国境外工作期间取得的工资薪金所得,除属于下面

(4)规定的情况外,不予征收个人所得税。

自2004年7月1日起,在中国境内无住所而在一个纳税年度中在中国境内连续或累计工作超过90日或在税收协定规定的期间中在中国境内连续或累计居住超过183日但不满1年的个人,在计税时应适用下述公式:

应纳税额 = (当月境内外工资薪金应纳税所得额 × 适用税率 - 速算扣除数) × (当月境内工作天数 ÷ 当月天数)

(3) 2004年7月1日起,在中国境内无住所但在中国境内居住满1年而不超过5年的个人,其在中国境内工作期间取得的由中国境内企业或个人雇主支付和由中国境外企业或个人雇主支付的工资薪金,均应申报缴纳个人所得税;但临时离境工作期间的工资薪金所得,仅就其由中国境内企业或个人雇主支付的部分申报纳税。

上述个人在一个月中既有在中国境内工作期间的工资薪金所得,也有在临时离境期间由境内企业或个人雇主支付的工资薪金所得的,应合并计算当月应纳税款。在计税时应适用下述公式:

应纳税额 = (当月境内外工资薪金应纳税所得额 × 适用税率 - 速算扣除数) × [1 - (当月境外支付工资 ÷ 当月境内外支付工资总额) × (当月境外工作天数 ÷ 当月天数)]

如果上款所述各类个人所取得的是日工资薪金或者不满一个月工资薪金,仍应以日工资薪金所得乘以当月天数换算为月工资后,按上述公式计算其应纳税额。

(4) 担任中国境内企业董事或高层管理职务的个人(指公司正、副(总)经理、各职能总师、总监及其他类似公司管理层的职务),其取得的由该中国境内企业支付的董事费或工资薪金,不适用上述的第1条、第2条的规定,而应自其担任该中国境内企业董事或高层管理职务起,至其解除上述职务止的期间,不论其是否在中国境外履行职务,均应申报缴纳个人所得税;其取得的由中国境外企业支付的工资薪金,应依照上述的第1、2、3条的规定确定纳税义务。

(5) 不满一个月的工资薪金所得应纳税额的计算如下:

应纳税额 = (当月工资薪金应纳税所得额 × 适用税率 - 速算扣除数) × (当月实际在中国的天数 ÷ 当月天数)

三、个体工商户、个人独资企业和合伙企业生产经营所得的审查

个体工商户的生产、经营所得,是指个体工商户从事工业、手工业、建筑业、交通运输业、商业、饮食业、服务业、修理业以及其他行业生产、经营取得的所

得;个人经政府有关部门批准,取得执照,从事办学、医疗、咨询以及其他有偿服务活动取得的所得;其他个人从事个体工商业生产、经营取得的所得;上述个体工商户和个人取得的与生产、经营有关的各项应纳税所得。

个体工商户的生产、经营所得,以每一纳税年度的收入总额,减除成本、费用以及损失后的余额,为应纳税所得额。

个人独资企业和合伙企业每一纳税年度的收入总额减除成本、费用以及损失后的余额,作为投资者个人的生产经营所得;个人独资企业的投资者以全部生产经营所得为应纳税所得额;合伙企业的投资者按照合伙企业的全部生产经营所得和合伙协议约定的分配比例确定应纳税所得额,合伙协议没有约定分配比例的,以全部生产经营所得和合伙人数量平均计算每个投资者的应纳税所得额。此处的生产经营所得,包括企业分配给投资者个人的所得和企业当年留存的所得(利润)。

以上两类生产经营所得均适用五级超额累进税率表。

现实中,个体工商户生产经营所得,以及个人独资企业、合伙企业的生产经营所得,计税方法相同,都包括核定征收和查账征收两种情况。

对核定征收方式的纳税人,纳税审查主要是针对税务机关核定税额的程序、方法是否合法;定额征收的,其依据和税收负担是否合理;应税所得率征收的,审查其应税所得率的确定是否合理,以及收入或成本费用支出额的确定是否准确。

对查账征收的,其计税方法与企业所得税相似。即收入总额减去成本费用和损失后的余额为应纳税所得额,然后根据应纳税所得额确定税率表中适用税率和速算扣除数。有关涉税项目的具体规定如下:

1. 收入总额

个体户的收入总额是指个体户从事生产经营以及与生产经营有关的活动所取得的各项收入,包括商品(产品)销售收入、营运收入、劳务服务收入、工程价款收入、财产出租或转让收入、利息收入、其他业务收入和营业外收入。个体户的各项收入应当按权责发生制原则确定。

个人独资企业和合伙企业生产经营所得的收入总额,是指企业从事生产经营以及与生产经营有关的活动所取得的各项收入,包括商品(产品)销售收入、营运收入、劳务服务收入、工程价款收入、财产出租或转让收入、利息收入、其他业务收入和营业外收入。

2. 扣除项目

成本、费用是指个体户从事生产经营所发生的各项直接支出和分配计入成本的间接费用以及销售费用、管理费用、财务费用;损失是指个体户在生产经营过程中发生的各项营业外支出。

个人独资企业和合伙企业生产经营所得的计算可以比照个体工商户个人所得税计税办法的规定确定。

有关具体扣除项目规定如下：

(1) 对个体工商户业主、个人独资企业和合伙企业投资者的生产经营所得依法计征个人所得税时，个体工商户业主、个人独资企业和合伙企业投资者本人的费用扣除标准统一确定为 24 000 元/年(2 000 元/月)。

(2) 个体工商户、个人独资企业和合伙企业向其从业人员实际支付的合理的工资、薪金支出，允许在税前据实扣除。

(3) 个体工商户、个人独资企业和合伙企业拨缴的工会经费、发生的职工福利费、职工教育经费支出分别在工资薪金总额 2%、14%、2.5% 的标准内据实扣除。

(4) 个体工商户、个人独资企业和合伙企业每一纳税年度发生的广告费和业务宣传费用不超过当年销售(营业)收入 15% 的部分，可据实扣除；超过部分，准予在以后纳税年度结转扣除。

(5) 个体工商户、个人独资企业和合伙企业每一纳税年度发生的与其生产经营业务直接相关的业务招待费支出，按照发生额的 60% 扣除，但最高不得超过当年销售(营业)收入的 5‰。

(6) 上述第(1)条规定自 2008 年 3 月 1 日起执行，第(2)、(3)、(4)、(5)条规定自 2008 年 1 月 1 日起执行。

(7) 个人独资企业、合伙企业的个人投资者以企业资本为本人、家庭成员及其相关人员支付与企业生产经营无关的消费性支出及购买汽车、住房等财产性支出，视为企业对个人投资者的利润分配，并入投资者个人的生产经营所得，依照“个体工商户的生产经营所得”项目计征个人所得税。而且企业的上述支出不允许在税前扣除。

例 11-5　刘某在某市区注册一家个人独资的酒店，主营餐饮服务，2008 年年终决算前账面销售收入 160 万元，利润总额为 15 000 元。在其账面显示的成本费用中包括以下项目：

(1) 支出刘某每月工资 12 000 元；

(2) 业务招待费 220 000 元，其中列支其子女学校的学杂费支出 38 000 元。

(3) 计提存货跌价准备 8 000 元。

另外，企业在年终决算时发现漏计餐饮服务收入 28 000 元，进行了账务调整。假设企业会计核算不存在其他问题，计算刘某应纳的个人所得税额。

解析

（1）调整收入补缴营业税 $=28\,000\times5\%=1\,400$（元）。

（2）补缴城建税和教育费附加 $=1\,400\times(7\%+3\%)=140$（元）。

（3）张某工资不得税前扣除，只能扣除生计费，则计税调增应纳税所得额为 $12\,000\times12-(1\,600\times2+2\,000\times10)=144\,000-23\,200=120\,800$（元）。

（4）子女的学杂费支出属于生活费用，应从业务招待费中剔除，并作纳税调增所得额。

（5）业务招待费超支调增应税所得额为：

扣除标准：$(220\,000-38\,000)\times60\%=109\,200$（元）

限度：$(1\,600\,000+28\,000)\times5‰=8\,140$（元）

超支应调整 $=(220\,000-38\,000)-8\,140=173\,860$（元）

（6）存货跌价准备不得税前扣除，应作纳税调增所得额。

（7）应纳税所得额 $=15\,000+28\,000-1\,400-140+120\,800+38\,000+173\,860+8\,000=382\,120$（元）

应缴个人所得税 $=382\,120\times35\%-6\,750=126\,992$（元）

3．汇算清缴

投资者兴办两个或两个以上企业的（包括参与兴办，下同），年度终了时，应汇总从所有企业取得的应纳税所得额，据此确定适用税率并计算缴纳应纳税款。计算公式如下：

$$应纳税所得额=\sum 各个企业的经营所得$$

$$应纳税额=应纳税所得额\times税率-速算扣除数$$

$$本企业应纳税额=应纳税额\times本企业经营所得\div\sum 各个企业的经营所得$$

$$本企业应纳税款=本企业应纳税额-本企业预缴税款$$

代理对个体工商户生产经营所得，以及个人独资企业、合伙企业的生产经营所得的纳税审查，可根据上述规定，参照前文企业所得税的纳税审查来进行。

四、企事业单位承包、承租经营所得的审查

对企事业单位的承包经营、承租经营所得，是指个人承包经营、承租经营以及转包、转租取得的所得，包括个人按月或者按次取得的工资、薪金性质的所得。

对企事业单位的承包经营、承租经营所得，以每一纳税年度的收入总额，减除必要费用后的余额，为应纳税所得额。每一纳税年度的收入总额，是指纳税

人按照承包经营、承租经营合同规定分得的经营利润和工资、薪金性质的所得之和。必要费用的减除在 2008 年 3 月 1 日以后扣减 2 000 元(之前为 1 600 元)。

对企事业单位的承包经营、承租经营所得,适用五级超额累进税率表,同"个体工商户生产经营所得"。

对企事业单位的承包承租经营所得的审查,首先要对所得性质进行判断;其次是对收入总额的审查。

1. 对所得性质的审查

对所得性质进行判断,就是按照法律实质来界定,纳税人取得的所得,是否属于承包承租经营所得。可分以下两种情况进行:

(1) 承包承租经营后变更了工商登记

承包承租后,承包人或承租人将工商登记变更为个体工商户的,承包承租人应当依照个体工商户的生产经营所得计缴个人所得税。

(2) 承包承租经营后未变更工商登记

包括两种情况:其一是,个人承包承租经营后,对企业经营成果不拥有所有权,仅按照承包合同、协议约定的金额取得一定所得,此种情况下,取得的所得按照工资、薪金所得计缴个人所得税。

其二是,个人承包承租经营后,按照合同、协议规定向发包、出租方交纳一定费用(承包费、租赁费),企业经营成果归承包人、承租人所有。只有这种情况,取得所得才属于对企事业单位承包、承租经营所得。

2. 对收入总额的审查

对企事业单位承包、承租经营所得的收入总额,包括承包人按照合同协议约定取得的生产经营成果,即分得的经营利润,也包括按月或者按次取得的工资、薪金性质的所得。

对于经营成果,需要审查企业的账簿凭证,看企业的会计核算以及企业所得税的计缴是否正确,由此判断企业税后利润即所得来源的"经营成果"是否准确,对照承包承租的合同和协议,审查分得的承包承租经营所得。

对承包人从企业取得的工资薪金性质的所得,需要对照承包承租合同协议的内容,同时查看企业的有关账簿凭证,审查纳税人从企业税前取得的工资、薪金、奖金、津贴以及各种实物或者非现金福利,均应按照规定并入收入总额中计税。

五、劳务报酬所得的审查

劳务报酬所得,是指个人从事设计、装潢、安装、制图、化验、测试、医疗、法律、会计、咨询、讲学、新闻、广播、翻译、审稿、书画、雕刻、影视、录音、录像、演出、表演、广告、展览、技术服务、介绍服务、经纪服务、代办服务以及其他劳务取得的所得。

劳务报酬每次收入不超过4 000元的，减除费用800元；4 000元以上的，减除20%的费用，其余额为应纳税所得额；劳务报酬所得，适用20%比例税率。

对劳务报酬所得一次收入畸高的，可以实行加成征收，具体规定为：应纳税所得额超过2万元至5万元的部分，依照税法规定计算应纳税额后再按照应纳税额加征五成；超过5万元的部分，加征十成。

劳务报酬所得按次计税。

劳务报酬所得的审查重点，包括以下几个方面：

1. 对所得性质的判断

劳务报酬所得从性质上讲是个人独立使用各种技艺、提供各项劳务而取得的报酬；取得所得与任职、受雇无关，或者说与所得支付方没有建立长期稳定连续的人事劳动雇佣关系。否则，属于工资薪金所得，计税方法不同。

2. 对所得金额和税额的审查

很多支付报酬单位为提供劳务者代付税款，双方约定的劳务报酬为税后所得。对这种情况，需要将不含税收入换算成含税收入计缴税款。计算公式如下：

（1）不含税收入为3 360元以下的

$$应纳税所得额 = (不含税收入额 - 800) \div (1 - 20\%)$$

$$应纳税额 = 应纳税所得额 \times 20\%$$

（2）不含税收入在3 360元以上的

$$应纳税所得额 = [(不含税收入额 - 速算扣除数) \times (1 - 20\%)] \div [1 - 税率 \times (1 - 20\%)]$$

$$应纳税额 = 应纳税所得额 \times 税率 - 速算扣除数$$

适用税率和速算扣除数参见表11-2。

表11-2　劳务报酬所得计税简表

级数	应纳税所得额	税率	速算扣除数
1	不超过20 000元的部分	20%	0
2	超过20 000至50 000元的部分	30%	2 000
3	超过50 000元的部分	40%	7 000

例11-6　某单位请张教授给中层以上干部做时事分析报告，时间为半天，约定支付税后报酬4 500元。该单位应代付税款多少？

解析 按照上述公式计算：

应纳税所得额 = [4 500 × (1 − 20%)] ÷ [1 − 20% × (1 − 20%)]
= 4 285.71(元)

应代付税额 = 4 285.71 × 20% = 857.14(元)

3. 计税方法的审查

(1) 对“次”的审查

劳务报酬所得按次计税，属于一次性收入的，以取得该项收入为一次；属于同一项目连续性收入的，以一个月内取得的收入为一次。

在审查时，看有无将同一项目连续性收入分次、分别计税的情况，或者没有按月份累加计税的情况；同时看有无将不同性质的一次性收入合并计税的情况。

对属于一次性收入分次计税并扣缴税款的，纳税人可以自行到税务机关办理合并申报，汇算清缴。

(2) 多人共同取得同一项收入的审查

2 人或 2 人以上的个人共同取得同一项目收入的，按照“先分、后扣、再税”的办法计税，即按照个人实际取得收入分别按照规定方法扣除费用后，分别计算应纳税额。审查时注意方法的采用，避免多缴税款。

(3) 加成征收的审查

对一次收入畸高的，适用加成征收。实际计算时可参照表 11-2 进行。

注意上述划分税率级距的标准是应纳税所得额，是收入扣除费用后的余额。

六、稿酬所得的审查

稿酬所得，是指个人因其作品以图书、报刊形式出版、发表而取得的所得。

稿酬所得，每次收入不超过 4 000 元的，减除费用 800 元；4 000 元以上的，减除 20% 的费用，其余额为应纳税所得额。

稿酬所得适用 20% 比例税率，并按应纳税额减征 30%。

稿酬所得按次纳税，以每次出版、发表取得的收入为一次。

稿酬所得的审查，关键在于对取得收入“次”数的判断。具体规定如下：

(1) 个人每次以图书、报刊方式出版、发表同一作品(文字作品、书画作品、摄影作品以及其他作品)，不论出版单位是预付还是分笔支付稿酬，或者加印该作品后再付稿酬，均应合并其稿酬所得按一次计征个人所得税。

(2) 在两处或两处以上出版、发表或再版同一作品而取得稿酬所得，则可分别各处取得的所得或再版所得按分次所得计征个人所得税。

(3) 个人的同一作品在报刊上连载，应合并其因连载而取得的所有稿酬所得为按税法规定计征个人所得税。在其连载之后又出书取得稿酬所得,或先出书后连载取得稿酬所得,应视同再版稿酬分次计征个人所得税。同一作品再版取得的所得,应视为另一次稿酬所得计征个人所得税。

(4) 同一作品出版、发表后,因添加印数而追加稿酬的,应与以前出版、发表时取得的稿酬合并计算为一次,计征个人所得税。

审查时严格按照上述规定,分次计税。

例 11-7　业余作家小王出版中篇小说一部,取得稿酬收入 60 000 元,后因加印和报刊连载,分别取得出版社稿酬 20 000 元和报社稿酬 3 800 元。计算小王稿酬所得应纳税额。

解析　出版小说和加印取得稿酬应合并为一次,

应纳税额 = (60 000 + 20 000) × (1 - 20%) × 20% × (1 - 30%)
= 8 960(元)

小说连载应纳税额 = (3 800 - 800) × 20% × (1 - 30%) = 420(元)

小王稿酬所得应纳个人所得税共计 9 380 元。

七、特许权使用费所得的审查

特许权使用费所得,是指个人提供专利权、商标权、著作权、非专利技术以及其他特许权的使用权取得的所得;提供著作权的使用权取得的所得,不包括稿酬所得。

特许权使用费所得,每次收入不超过 4 000 元的,减除费用 800 元;4 000 元以上的,减除 20% 的费用,其余额为应纳税所得额。

特许权使用费所得适用 20% 比例税率,没有加成和减征规定。

特许权使用费所得,以一项特许权的一次许可使用所取得的收入为一次。

对特许权使用费所得的审查,可根据上述规定参考其他项目所得的审查方法进行。

八、利息、股息、红利所得、偶然所得和其他所得的审查

利息、股息、红利所得,是指个人拥有债权、股权而取得的利息、股息、红利所得。偶然所得,是指个人得奖、中奖、中彩以及其他偶然性质的所得。

利息、股息、红利所得,偶然所得和其他所得,以每次收入额为应纳税所得额,即不允许扣除任何支出项目,都适用 20% 的比例税率,都是按次纳税。

利息、股息、红利所得、偶然所得和其他所得的审查,重点包括:

1. 应税收入范围的审查

(1) 税法规定,国债和国家发行的金融债券利息免税。其中,国债利息,是

指个人持有中华人民共和国财政部发行的债券而取得的利息；国家发行的金融债券利息，是指个人持有经国务院批准发行的金融债券而取得的利息。

注意以上免税利息都是持有债券产生的利息，对于在二手市场上的买卖收入，不属于免税利息所得的范畴，应计入财产转让所得计税。

(2) 教育储蓄存款利息所得，按规定比例缴付的住房公积金和社会保障交款存入银行个人账户的利息所得免税。

(3) 个人投资者和证券投资基金从上市公司取得的股息红利，暂减按50%计入应纳税所得额。

(4) 个人购买福利彩票和体育彩票，一次中奖所得不超过1万元的，暂免征税。

2. 取得收入的"次"的审查

利息、股息、红利所得，以支付利息、股息、红利时取得的收入为一次；偶然所得，以每次取得该项收入为一次。

3. 储蓄存款利息税率的审查

我国对个人储蓄存款利息课税的政策历经几次变动，因此对储蓄存款利息个人所得税，应该分段审查其税率税额的计算：1999年10月31日前孳生的利息，不征税；1999年11月1日至2007年8月14日，按20%税率计税；2007年8月15日至2008年10月8日，按5%税率计税；2008年10月9日后，暂免征税。

九、财产租赁所得的审查

财产租赁所得，是指个人出租建筑物、土地使用权、机器设备、车船以及其他财产取得的所得。财产租赁所得适用20%的比例税率。注意出租居民住用房适用10%的税率。

财产租赁所得审查重点在于其扣除项目上。税法规定，财产租赁收入可依次扣除如下费用：

(1) 财产租赁过程中缴纳的税费。包括营业税、房产税、城建税、教育费附加、印花税等。注意相关税金计算是否正确。

(2) 纳税人负担的出租财产的实际开支的修缮费用，800元以内的，凭合法凭证据实扣除，超过800元的，每次扣除已800元为限，超过部分可结转下次扣除，直至扣完为止。

(3) 税法规定的费用扣除标准(每次收入不超过4 000元的，减除费用800元；4 000元以上的，减除20%的费用)。

另外，财产租赁所得以一个月内取得的收入为一次。审查时注意有无将月内收入分次计税或者将多月收入合并计税的情况，避免少纳、多纳税款。

十、财产转让所得的审查

财产转让所得,是指个人转让有价证券、股权、建筑物、土地使用权、机器设备、车船以及其他财产取得的所得。

财产转让所得,以转让财产的收入额减除财产原值和合理费用后的余额,为应纳税所得额。财产转让所得,适用20%的比例税率。

(一) 对财产原值和合理费用金额的审查

财产转让所得审查重点是准予扣除的财产原值和合理费用的项目金额。

税法对财产原值作了原则规定:

(1) 有价证券,为买入价及买入时按照规定交纳的有关费用;

(2) 建筑物,为建造费或者购进价格以及其他有关费用;

(3) 土地使用权,为取得土地使用权所支付的金额、开发土地的费用以及其他有关费用;

(4) 机器设备、车船,为购进价格、运输费、安装费以及其他有关费用;

(5) 其他财产,参照以上方法确定。

纳税人未提供完整准确的财产原值凭证,不能正确地计算财产原值的,由主管税务机关核定其财产原值。

合理费用是指卖出财产时按照规定支付的有关费用。

(二) 对房产转让所得的审查

1. 转让收入

转让收入为实际成交价格。纳税人申报的住房成交价格明显低于市场价格且无正当理由的,征收机关依法有权根据有关信息核定其转让收入。

2. 房屋原值

(1) 商品房:购置该房屋时实际支付的房价款及交纳的相关税费。

(2) 自建住房:实际发生的建造费用及建造和取得产权时实际交纳的相关税费。

(3) 经济适用房(含集资合作建房、安居工程住房):原购房人实际支付的房价款及相关税费,以及按规定交纳的土地出让金。

(4) 已购公有住房:原购公有住房标准面积按当地经济适用房价格计算的房价款,加上原购公有住房超标准面积实际支付的房价款以及按规定向财政部门(或原产权单位)交纳的所得收益及相关税费。已购公有住房是指城镇职工根据国家和县级(含县级)以上人民政府有关城镇住房制度改革政策规定,按照成本价(或标准价)购买的公有住房。经济适用房价格按县级(含县级)以上地方人民政府规定的标准确定。

（5）城镇拆迁安置住房：根据《城市房屋拆迁管理条例》（国务院令第305号）和《建设部关于印发〈城市房屋拆迁估价指导意见〉的通知》（建住房［2003］234号）等有关规定，其原值分别为：

① 房屋拆迁取得货币补偿后购置房屋的，为购置该房屋实际支付的房价款及交纳的相关税费；

② 房屋拆迁采取产权调换方式的，所调换房屋原值为《房屋拆迁补偿安置协议》注明的价款及交纳的相关税费；

③ 房屋拆迁采取产权调换方式，被拆迁人除取得所调换房屋，又取得部分货币补偿的，所调换房屋原值为《房屋拆迁补偿安置协议》注明的价款和交纳的相关税费，减去货币补偿后的余额；

④ 房屋拆迁采取产权调换方式，被拆迁人取得所调换房屋，又支付部分货币的，所调换房屋原值为《房屋拆迁补偿安置协议》注明的价款，加上所支付的货币及交纳的相关税费。

3．税金

转让住房过程中缴纳的税金包括纳税人在转让住房时实际缴纳的营业税、城市维护建设税、教育费附加、土地增值税、印花税等税金，可以扣除。

4．合理费用

合理费用是指纳税人按照规定实际支付的住房装修费用、住房贷款利息、手续费、公证费等费用。

（1）支付的住房装修费用。纳税人能提供实际支付装修费用的税务统一发票，并且发票上所列付款人姓名与转让房屋产权人一致的，经税务机关审核，其转让的住房在转让前实际发生的装修费用，可在以下规定比例内扣除：已购公有住房、经济适用房：最高扣除限额为房屋原值的15%；商品房及其他住房：最高扣除限额为房屋原值的10%。

纳税人原购房为装修房，即合同注明房价款中含有装修费（铺装了地板，装配了洁具、厨具等）的，不得再重复扣除装修费用。

（2）支付的住房贷款利息。纳税人出售以按揭贷款方式购置的住房的，其向贷款银行实际支付的住房贷款利息，凭贷款银行出具的有效证明据实扣除。

（3）纳税人按照有关规定实际支付的手续费、公证费等，凭有关部门出具的有效证明据实扣除。

对房产转让所得计税，除了上述方法外，在原始凭证不全的情况下，按住房转让收入的1%—3%的幅度内征收。

对个人转让自用5年以上并且是家庭唯一生活用房的，免征个人所得税。

十一、公益性捐赠的审查

审核捐赠扣除额时，注意如下规定：

（1）捐赠的性质——公益性。公益性捐赠是指纳税人通过中国境内非营利的社会团体、国家机关向教育、民政等公益事业和遭受自然灾害地区、贫困地区的捐赠。捐赠方式和捐赠对象不符合条件的，不允许扣除。

（2）金额扣除的比例——应纳税所得额的30%。个人符合公益性质的捐赠，捐赠额不超过其应纳税所得额的30%且取得正式票据的部分可以据实扣除。

自2006年1月1日起，对企业、事业单位、社会团体和个人等社会力量通过中国金融教育发展基金会、中国国际民间组织合作促进会、中国社会工作协会孤残儿童救助基金管理委员会、中国发展研究基金会、陈嘉庚科学奖基金会、中国友好和平发展基金会、中华文学基金会、中华农业科教基金会、中国少年儿童文化艺术基金会和中国公安英烈基金会用于公益救济捐赠，企业在年度应纳税所得额3%以内的部分，个人在申报应纳税所得额30%以内的部分，准予在计算缴纳企业所得税和个人所得税税前扣除。

自2007年1月1日起，对企业、事业单位、社会团体和个人等社会力量通过中国青少年社会教育基金会、中国职工发展基金会、中国西部人才开发基金会、中远慈善基金会、张学良基金会、周培源基金会、中国孔子基金会、中华思源工程扶贫基金会、中国交响乐发展基金会、中国肝炎防治基金会、中国电影基金会、中华环保联合会、中国社会工作协会、中国麻风防治协会、中国扶贫开发协会和中国国际战略研究基金会等16家单位用于公益救济性的捐赠，个人在申报应纳税所得额30%以内的部分，准予在计算缴纳个人所得税税前扣除。

（3）符合特定条件的捐赠可以全额扣除。我国规定自2006年1月1日起，对企业、事业单位、社会团体和个人等社会力量通过中国老龄事业发展基金会、中国华文教育基金会、中国绿化基金会、中国妇女发展基金会、中国关心下一代健康体育基金会、中国生物多样性保护基金会、中国儿童少年基金会、中国光彩事业基金会、中国医药卫生事业发展基金会、中国教育发展基金会用于公益救济性捐赠，准予在缴纳企业所得税和个人所得税税前全额扣除。

另外，对2008年向汶川及其他地震灾区的捐赠，符合公益性捐赠条件的可以全额扣除。

（4）计算可以扣除的公益性捐赠时依据的应纳税所得额，是没有扣除捐赠额的应纳税所得额；计算出扣除标准后，纳税人实际捐赠额小于扣除限额的，按实际发生额扣除。根据应纳税所得额减除可以扣除的捐赠额后的余额确定适用税率和速算扣除数。实际捐赠额大于扣除限额的，超过部分不得扣除。

十二、境外缴纳税额抵免的审查

税法规定,纳税人来源于我国境外的所得,准予从其应纳税额中扣除已经在境外实际缴纳的个人所得税。审查境外缴纳税额的抵免,可按以下步骤和方法进行:

(1) 审查境外所得的金额。根据纳税人的账面资料,或者银行、邮局等有关部门的汇款凭证,了解其来源于境外所得情况。

(2) 对于税后所得,在计算扣除限额时,需要还原为税前所得。

(3) 审查纳税人在境外缴纳税款的凭证,确认其在境外实缴的税额。注意有无减免税优惠或者得到补偿、返还的情况。

(4) 按照规定的分国限额计算法计算抵免限额以及应缴纳的税额,审查纳税人有无不分国计算或分国计算后将抵免限额相加的问题。

(5) 纳税人在境外已缴纳的所得税税款超过扣除限额的,应按计算出的扣除限额进行扣除,其超过部分,当年不能扣除,但可以在以后年度来自于该国扣除限额的余额补扣,补扣期最长不得超过五年。注意对期限和国度的审查,来源于不同国家的所得不能横向合并。

第二节　个人所得税纳税申报代理实务

个人所得税纳税申报,包括代扣代缴税款的申报和纳税人自行申报两种情况。

一、代扣代缴税款申报代理

税法规定,个人所得税以所得人为纳税义务人,以支付所得的单位或者个人为扣缴义务人。扣缴义务人应当按照国家规定办理全员全额扣缴申报。

个人所得税全员全额扣缴申报,是指扣缴义务人向个人支付应税所得时,不论其是否属于本单位人员、支付的应税所得是否达到纳税标准,扣缴义务人应当在代扣税款的次月内,向主管税务机关报送其支付应税所得个人(以下简称个人)的基本信息、支付所得项目和数额、扣缴税款数额以及其他相关涉税信息。

1. 扣缴税款的法律责任

我国征管法规定,扣缴税款是法定义务,扣缴义务人应该及时足额扣缴税款,否则承担相应的法律责任。扣缴义务人的违法行为有两类:一是应扣未扣、应收未收税款;二是未按规定期限申报和缴纳代扣税款,也就是截留或占用国家税款。征管法对上述行为都规定了法律处罚形式和标准。

扣缴义务人扣缴税款时,如果纳税人拒绝的,应立即报告主管税务机关,由税务机关负责追缴税款;对于有计算错误、少扣、多扣税款情况的,应向税务机关说明,并进行相应的调整,补扣或者退还相应税款。

扣缴义务人应设立扣缴税款账簿,并向纳税人开具由税务机关统一印制的代扣代收税款凭证。

2．代理扣缴申报的一般步骤

(1) 在代理扣缴申报业务时,对企业有对个人支付款项的情况的,包括现金支付、汇拨支付、转账支付和以有价证券、实物以及其他形式的支付,一定要查明其内容,看是否属于个人所得税的征税范围,如果属于,就需要界定属于哪一类所得。

(2) 根据前文中关于不同所得纳税审查中列举的计税规定和方法,准确计算应扣缴税款,辅导企业完成扣缴义务。

(3) 根据扣缴情况填制《扣缴个人所得税报告表》(附表 11-1)和其他资料,并在规定时限内办理申报和缴纳税款手续。

3．扣缴的具体规定

扣缴义务人每月所扣的税款,应当在次月 7 日内缴入国库,并向税务机关办理全员全额扣缴申报。所谓全员全额扣缴申报,是指扣缴义务人在代扣税款的次月内,向主管税务机关报送其支付所得个人的基本信息、支付所得数额、扣缴税款的具体数额和总额以及其他相关涉税信息。

(1) 代理扣缴义务人扣缴申报,可采用以下申报方式:

① 网上电子申报方式。扣缴义务人利用全员全额申报软件将纳税义务人的有关扣缴信息通过电子申报网络,向主管税务机关办理个人所得税扣缴申报。

② 上门自助申报方式。由税务机关征收管理部门提供装有全员全额申报软件的终端设备,扣缴义务人可通过磁盘导入或手工输入扣缴信息,实施个人所得税扣缴申报。

(2) 代理扣缴义务人在进行初次扣缴申报前应记录以下个人基础信息:姓名、身份证照类型及号码、职务、户籍所在地、有效联系电话、有效通信地址及邮政编码等。个人及基础信息发生变化时,应及时变更。

(3) 代理扣缴申报应在税法规定的期限内解缴代扣税款,同时向主管税务机关报送或上传《扣缴个人所得税报告表》和个人基础信息。但同时报送有困难的,应向主管税务机关说明原因,并最迟在扣缴税款的次月底前报送。代理扣缴申报时,不论支付的应税所得是否达到纳税标准,均按每个人逐栏逐项填写或录入《扣缴个人所得税报告表》。

二、纳税人自行申报代理

我国从2006年1月1日起,对部分纳税人规定了自行申报的义务。未在规定期限内进行申报,申报不实,或者不申报造成不缴或少缴税款的,都将承担相应的法律责任。因此,代理纳税人自行申报,必须严格按照税法规定,按期、如实进行。

(一) 自行申报的范围

纳税义务人有下列情形之一的,应当按照规定到主管税务机关办理纳税申报:年所得12万元以上的(不包括非居民纳税人);从中国境内两处或者两处以上取得工资、薪金所得的;从中国境外取得所得的(居民纳税人);取得应纳税所得,没有扣缴义务人的;国务院规定的其他情形。

需要说明的是,年所得12万元以上需要自行申报的纳税人,在确定这个“年所得”额时,除了个体工商户的生产、经营所得和财产转让所得,按照应纳税所得额计算,即允许计算扣除相关支出外,其余各类所得,按照收入总额来统计,是否达到12万元标准,而不是扣除费用后的口径。对股票转让所得,以一个纳税年度内,个人股票转让所得与损失盈亏相抵后的正数为申报所得数额,盈亏相抵为负数的,按“零”填写。

(二) 自行申报的期限

(1) 年所得12万元以上的纳税人,在纳税年度终了后3个月内向主管税务机关办理纳税申报。

(2) 纳税人从中国境内两处或者两处以上取得工资、薪金所得的,应于取得所得的次月7日内办理纳税申报。

(3) 个体工商户和个人独资、合伙企业投资者取得的生产、经营所得应纳的税款,分月预缴的,纳税人在每月终了后7日内办理纳税申报;分季预缴的,纳税人在每个季度终了后7日内办理纳税申报。纳税年度终了后,纳税人在3个月内进行汇算清缴。

(4) 纳税人年终一次性取得对企事业单位的承包经营、承租经营所得的,自取得所得之日起30日内办理纳税申报;在1个纳税年度内分次取得承包经营、承租经营所得的,在每次取得所得后的次月7日内申报预缴,纳税年度终了后3个月内汇算清缴。

(5) 从中国境外取得所得的纳税人,在纳税年度终了后30日内向中国境内主管税务机关办理纳税申报。

(6) 纳税人取得其他各项所得须申报纳税的,在取得所得的次月7日内向主管税务机关办理纳税申报。

(7) 纳税人不能按照规定的期限办理纳税申报,需要延期的,按照税收征管法和实施细则的有关规定办理。

（三）自行申报的地点

（1）年所得12万元以上的纳税人，纳税申报地点分别为：

① 在中国境内有任职、受雇单位的，向任职、受雇单位所在地主管税务机关申报。

② 在中国境内有两处或者两处以上任职、受雇单位的，选择并固定向其中一处单位所在地主管税务机关申报。

③ 在中国境内无任职、受雇单位，年所得项目中有个体工商户的生产、经营所得或者对企事业单位的承包经营、承租经营所得（以下统称生产、经营所得）的，向其中一处实际经营所在地主管税务机关申报。

④ 在中国境内无任职、受雇单位，年所得项目中无生产、经营所得的，向户籍所在地主管税务机关申报。在中国境内有户籍，但户籍所在地与中国境内经常居住地不一致的，选择并固定向其中一地主管税务机关申报。在中国境内没有户籍的，向中国境内经常居住地主管税务机关申报。

（2）从两处或者两处以上取得工资、薪金所得的，选择并固定向其中一处单位所在地主管税务机关申报。

（3）从中国境外取得所得的，向中国境内户籍所在地主管税务机关申报。在中国境内有户籍，但户籍所在地与中国境内经常居住地不一致的，选择并固定向其中一地主管税务机关申报。在中国境内没有户籍的，向中国境内经常居住地主管税务机关申报。

（4）个体工商户向实际经营所在地主管税务机关申报。

（5）个人独资、合伙企业投资者兴办两个或两个以上企业的，区分不同情形确定纳税申报地点：

① 兴办的企业全部是个人独资性质的，分别向各企业的实际经营管理所在地主管税务机关申报。

② 兴办的企业中含有合伙性质的，向经常居住地主管税务机关申报。

③ 兴办的企业中含有合伙性质，个人投资者经常居住地与其兴办企业的经营管理所在地不一致的，选择并固定向其参与兴办的某一合伙企业的经营管理所在地主管税务机关申报。

除以上情形外，纳税人应当向取得所得所在地主管税务机关申报。纳税人不得随意变更纳税申报地点，因特殊情况变更纳税申报地点的，须报原主管税务机关备案。

（四）申报方式

代理申报时，可以采取数据电文、邮寄等方式申报，也可以直接到主管税务机关申报，或者采取符合主管税务机关规定的其他方式申报。

（五）需报送的资料

年所得 12 万元以上的纳税人，在纳税年度终了后，应当填写《个人所得税纳税申报表（适用于年所得 12 万元以上的纳税人申报）》（具体表样及填写说明见附表 11-2）。

纳税人从中国境内两处或者两处以上取得工资、薪金所得的，应于取得所得的次月 7 日内，报送《个人所得税月份申报表》（见附表 11-3），以及税务机关要求报送的其他相关资料。

从中国境外取得所得的纳税人，应当在纳税年度终了后 30 日内，报送《个人所得税年度申报表》（见附表 11-4），以及税务机关要求报送的其他相关资料。

个体工商户在日常应填报《个体工商户所得税月份申报表》，进行预缴申报；年终报送《个体工商户所得税年度申报表》，汇算清缴。

纳税人年终一次性取得对企事业单位的承包经营、承租经营所得的，自取得所得之日起 30 日内办理纳税申报，填报《个人承包承租经营所得税年度申报表》；在 1 个纳税年度内分次取得承包经营、承租经营所得的，在每次取得所得后的次月 7 日内申报预缴，报送《个人承包承租经营所得税月份（或分次）申报表》；纳税年度终了后 3 个月内汇算清缴，报送《个人承包承租经营所得税年度申报表》。

个人独资企业和合伙企业投资者年度申报纳税及月、季度申报纳税，应报送《个人独资企业和合伙企业投资者个人所得税申报表》。

投资兴办两个或两个以上企业，并且其中含有合伙企业的投资者的年度汇总申报纳税，还应报送《合伙企业投资者个人所得税汇总申报表》。

代理纳税人个人所得税自行纳税申报时，还须附报与纳税人签订的委托协议（合同）。

≺案例 11-1≻

王先生在北京工作生活，2008 年 1 月 1 日起与某税务师事务所签订代理协议，委托对其 2008 年度全年所得进行个人所得税代理纳税申报。

（一）全年收入基本情况

2008 年度王先生在两家设计公司任职，并取得了多项收入如下：

1. 在北京市的甲、乙两家公司任职并领取工资，这两家公司分别位于海淀区和西城区，每月支付给王先生的工资情况如表 11-3 所示。

表 11-3　王先生工资所得及扣缴情况表　单位:元

	月份	1月	2月	3月	4月	5月	6月	7月	8月	9月	10月	11月	12月	合计
甲公司	应发工资	12 000	12 000	12 000	12 000	12 000	12 000	12 000	12 000	12 000	12 000	12 000	12 000	144 000
	三费一金	2 400	2 400	2 400	2 400	2 400	2 400	2 400	2 400	2 400	2 400	2 400	2 400	28 800
	扣缴税款	1 225	1 225	1 145	1 145	1 145	1 145	1 145	1 145	1 145	1 145	1 145	1 145	13 900
乙公司	应发工资	4 200	4 200	4 200	4 200	4 200	4 200	4 200	4 200	4 200	4 200	4 200	4 200	50 400
	扣缴税款	265	265	205	205	205	205	205	205	205	205	205	205	2 580

王先生收到了甲公司发放的年终奖 60 000 元,已由甲公司代扣代缴 8 875 元。

2. 按国务院规定发放的政府特殊津贴 100 元/月。

3. 王先生为市内某企业进行规划设计,取得劳务收入 70 000 元,从中拿出 20 000 元,通过社会团体向灾区进行捐赠。支付单位根据王先生取得收入和捐赠情况扣缴税款 9 760 元。

4. 王先生出版了一本设计类著作,取得收入 40 000 元,出版社已代扣税款 4 480 元;该著作被 12 家部委联合评选为××大奖赛特等奖,奖金 20 000 元;又被某市(地级市)评选得奖,奖金 10 000 元,已代扣税款 2 000 元。

5. 王先生转让了一所住房收入 800 000 元,由于缺乏完整、准确的房屋原值凭证,税务机关按 1% 的比例核定征收个人所得税。

6. 位于海淀区的家中被盗,保险公司根据王先生所购买的财产险,赔偿 30 000 元。

7. 王先生从 A 国取得特许权使用费 10 000 元,并按 A 国税法规定缴纳了个人所得税 1 500 元。

(二) 各项所得应纳税款的计缴解析

王先生全年的收入来源比较多,适用的应税项目包括"工资、薪金所得"、"劳务报酬所得"、"稿酬所得"、"偶然所得"、"财产转让所得"和"特许权使用费"六类。

1. 工资、薪金所得

甲、乙两公司虽然都代扣代缴了王先生的个人所得税,但是按照规定,从中国境内二处或二处以上取得工资、薪金所得的个人,应当将两处收入合并计税,并在取得收入的次月 7 日内自行到主管税务机关办理纳税申报。

(1) 应纳税款的计算

应纳税所得额 = 甲公司应发工资 + 乙公司应发工资 −“三费一金”− 扣除费用

应纳税额 = 应纳税所得额 × 税率 − 速算扣除数

2008 年 1 月与 2 月每月：

应纳税所得额 = 12 000 + 4 200 − 2 400 − 1 600 = 12 200(元)

应纳税额 = 12 200 × 20% − 375 = 2 065(元)

甲、乙两公司已扣缴王先生个人所得税 = 1 225 + 265 = 1 490(元)

因此，王先生应补税款 = 2 065 − 1 490 = 575(元)

自 2008 年 3 月 1 日起工资、薪金的扣除费用提高到 2 000 元。

2008 年 3 月—12 月每月：

应纳税所得额 = 12 000 + 4 200 − 2 400 − 2 000 = 11 800(元)

应纳税额 = 11 800 × 20% − 375 = 1 985(元)

甲、乙两公司已扣缴王先生个人所得税 = 1 145 + 205 = 1 350(元)

因此，王先生应补税款 = 1 985 − 1 350 = 635(元)

(2) 全年一次性奖金的计算

王先生在一个纳税年度内，只有一笔一次性的年终奖金，因此适用于国家税务总局关于调整个人取得全年一次性奖金等计算征收个人所得税方法问题的通知。

确定适用税率和速算扣除数：60 000/12 = 5 000(元)

因为王先生当月工资薪金所得高于税法规定的费用扣除额，所以适用税率为 15%，速算扣除数为 125 元。

应纳税额 = 雇员当月取得全年一次性奖金 × 适用税率 − 速算扣除数

应纳税额 = 60 000 × 15% − 125 = 8 875(元)

因此王先生不用补缴税额。

以上工资薪金所得，已由税务师事务所在日常按规定代为办理了纳税申报，并补缴了相应的税款。

2. 按国务院规定发放的政府特殊津贴

根据《个人所得税法实施条例》第十三条的规定，这部分收入免征个人所得税。

3. 劳务报酬所得

王先生提供的规划设计所得属于劳务报酬项目，通过社会团体进行捐赠的捐赠额未超过纳税义务人申报的应纳税所得额 30% 的部分，可以从其应纳税所得额中扣除。

应纳税所得额 = 70 000 × (1 − 20%) = 56 000(元)

捐赠扣除标准 = 56 000 × 30% = 16 800(元)

实际捐赠额大于扣除标准,因此只能扣除16 800元。

$$应纳税额=(56\,000-16\,800)\times30\%-2\,000=9\,760(元)$$

支付单位已按规定进行扣缴,金额无误。

4. 稿酬所得

出版专著所得,属于“稿酬所得”项目,由出版社支付收入时代扣代缴个人所得税。

$$应纳税所得额=40\,000\times(1-20\%)=32\,000(元)$$

$$应纳税额=32\,000\times20\%\times(1-30\%)=4\,480(元)$$

应纳税额已由支付单位代扣代缴。

5. 偶然所得

王先生参加××大奖赛取得的奖金,符合《个人所得税法》的免税规定,因此免征个人所得税。但是,某市发放的奖金,由于是地级市不符合免税规定,应按“偶然所得”项目缴纳个人所得税。

应纳税所得额为10 000元,应纳税额$=10\,000\times20\%=2\,000$(元)

税款已由奖金发放单位代扣代缴。

6. 财产转让所得

王先生由于缺乏完整、准确的房屋原值凭证,税务机关按1%的比例核定征收个人所得税。

$$应纳税额=800\,000\times1\%=8\,000(元)$$

7. 王先生取得的保险赔款,根据个人所得税法第四条第五项的规定,免征个人所得税。

8. 特许权转让所得

特许权使用费所得按我国税法计算的可抵扣限额为:

$$应纳税所得额=10\,000\times(1-20\%)=8\,000(元)$$

$$应纳税额=8\,000\times20\%=1\,600(元)$$

$$可抵扣限额=1\,600(元)$$

因此,王先生在A国已缴纳的个人所得税1 500元可全额抵扣。

$$应补税额=1\,600-1\,500=100(元)$$

王先生从境外取得了特许权转让所得,按照《个人所得税法》第九条的规定,从中国境外取得所得的纳税义务人,应当在年度终了后30日内,将应纳的税款缴入国库,并向税务机关报送纳税申报表。注册税务师已按规定代理王先生到主管地税机关办理了纳税申报。

(三) 对全年所得的汇总和申报解析

年所得在12万元以上的纳税人应进行纳税申报,但是判断年所得是否超过12万元的所得的具体口径有不同规定。

1. 年所得的计算

(1) 工资、薪金所得,按照未减除法定费用及附加减除费用的收入额计算。同时,按照《办法》第七条第三项的规定,个人所得税法实施条例第二十五条规定的按照国家规定单位为个人缴付和个人缴付的“三费一金”不包含在年所得之内,由于王先生缴付的“三费一金”均在税法规定的允许扣除的额度内,因此,在计算年所得时,这部分收入可全额剔除。

$$\text{年工资、薪金所得} = 144\,000 + 60\,000 + 50\,400 - 28\,800 = 225\,600(\text{元})$$

(2) 100元/月的政府特殊津贴,按照《办法》第七条第一项的规定,不包含在年所得的范围内。

(3) 劳务报酬所得,按照未减除费用的收入额计算。金额为70 000元。

(4) 出版著作的稿酬所得,按照未减除费用的收入额计算。金额为40 000元。

(5) 获得大奖赛的20 000元奖金,按照《办法》第七条第一项的规定,不包含在年所得范围之内。但是,所获某地级市评比的奖金,按偶然所得计税。偶然所得,按照未减除费用的收入额计算。金额为10 000元。

(6) 转让房产的所得,由于按照《国家税务总局关于明确年所得12万元以上自行纳税申报口径的通知》(国税函[2006]1200号)第一条第三项的规定,采取核定征收个人所得税的,按照实际征收率(1%、2%、3%)分别换算为应税所得率(5%、10%、15%),据此计算年所得。则财产转让所得项目年所得 $= 800\,000 \times 5\% = 40\,000$ 元。

(7) 保险赔款,按照《办法》第七条第一项的规定,不包含在年所得范围之内。

(8) 特许权使用费所得,按照未减除费用的收入额计算。金额为10 000元。

合计上述所得,2008年度王先生的年所得 $= 225\,600 + 70\,000 + 40\,000 + 10\,000 + 40\,000 + 10\,000 = 395\,600$ 元 $> 120\,000$ 元。

故王先生应该进行自行纳税申报。

2. 代理填报纳税申报表

王先生委托税务师事务所代理年所得12万元以上的纳税申报。事务所应在2009年1月1日—3月31日之间向主管税务机关报送《个人所得税纳税申报表(适用于年所得12万元以上的纳税人申报)》和身份证复印件,以及王先生与税务师事务所签订的委托代理协议书等资料。申报表有关项目计算方法如下:

(1) 全年工资薪金应纳税额的计算

工资薪金年所得应纳税所得额

$$= 12\,200 \times 2 + 11\,800 \times 10 + 60\,000 = 202\,400(\text{元})$$

全年应纳税额 $= 2\,065 \times 2 + 1\,985 \times 10 + 8\,875 = 32\,855(\text{元})$

(2) 全年劳务报酬所得应纳税款的计算

应纳税所得额 $= 70\,000 \times (1 - 20\%) - 16\,800 = 39\,200(\text{元})$

应纳税额 $= 39\,200 \times 30\% - 2\,000 = 9\,760(\text{元})$

(3) 出版著作稿酬所得应纳税款的计算：

应纳税所得额 $= 40\,000 \times (1 - 20\%) = 32\,000(\text{元})$

应纳税额 $= 32\,000 \times 20\% \times (1 - 30\%) = 4\,480(\text{元})$

(4) 出版专著所获某地级市奖金偶然所得应纳税款的计算

应纳税所得额 $= 10\,000(\text{元})$

应纳税额 $= 10\,000 \times 20\% = 2\,000(\text{元})$

(5) 财产转让项目应纳税款的计算

应纳税额 $= 800\,000 \times 1\% = 8\,000(\text{元})$

(6) 特许权使用费应纳税款的计算：

应纳税所得额 $= 10\,000 \times (1 - 20\%) = 8\,000(\text{元})$

应纳税额 $= 8\,000 \times 20\% = 1\,600(\text{元})$

可抵扣限额 $= 1\,600(\text{元})$

应补税额 $= 1\,600 - 1\,500 = 100(\text{元})$

本章小结

本章着重介绍了个人所得税纳税审查和纳税申报的代理实务，包括针对扣缴义务人的代理业务和针对纳税人本身的代理业务。个人所得税代理纳税审查，应对不同性质的所得、按照不同的计税规定和方法进行审查。个人所得税纳税申报代理包括扣缴税款的申报和纳税人自行申报的代理。扣缴税款是法定义务，国家税务总局制定的全员全额扣缴申报的管理制度可以作为代理扣缴申报的操作依据；纳税人自行申报是今后个人所得税征管的重点，代理人应根据有关规定，及时、如实办理代理申报。

本章重要术语

减除费用；年终一次性奖金；个人股票期权；核定征收；加成征收；储蓄存款利息的分段计算；公益性捐赠；全员全额扣缴申报

思考练习题

1．个人所得税税收政策规定的可以不征税或免税的项目包括哪些？

2．工资薪金所得和劳务报酬所得的实质区别是什么？

3．个体工商户、个人独资企业和合伙企业生产经营所得的应纳税所得额如何确定？

4．个人所得税法中的“对企事业单位的承包经营、承租经营所得”，具体是指什么形式和内容的承包承租经营行为？

5．个人所得税计税时，采用定率加定额扣除方法的有哪几类所得？

6．稿酬所得如何按次纳税？

7．哪些纳税人须自行申报个人所得税？

8．符合自行申报条件的年所得在12万元以上的纳税人，其年所得的统计口径是什么？

9．赵某为某企业财务总监，业余爱好电脑和写作，2008年收入情况如下：

(1) 每月取得工资4 500元，其中10月通过红十字会向农村义务教育捐款3 000元；12月取得年终奖金60 000元。

(2) 业余为某单位编写财务软件，取得设计收入29 000元。

(3) 出版小说一本，出版社向其预付稿酬4 000元，作品出版后再付稿酬31 000元；当年某晚报连续3个月连载该小说，每个月支付稿酬3 000元，赵某共获得连载稿酬9 000元。

(4) 取得从上市公司分配的股息、红利所得10 000元。

(5) 3月份购入一批债券，买入价18 000元，支付相关税费共计120元。年底将该批债券一次性卖出，卖出价23 000元，另支付卖出债券的税费共计200元。

请问：赵某的上述所得应该如何计缴个人所得税？赵某是否需要在次年初向税务机关办理个人所得税纳税申报？

附表 11-1 扣缴个人所得税报告表

扣缴义务人编码:□□□□□□□□□□□□□□□□□□□□□□□□□□□□□□□

扣缴义务人名称(公章):

金额单位:元(列至角分)

填表日期: 年 月 日

序号	纳税人姓名	身份证照类型	身份证照号码	国籍	所得项目	所得期间	收入额	免税收入额	允许扣除的税费	费用扣除标准	准予扣除的捐赠额	应纳税所得额	税率%	速算扣除数	应扣税额	已扣税额	备注
1	2	3	4	5	6	7	8	9	10	11	12	13	14	15	16	17	18
合计											—	—	—	—	—		

扣缴义务人声明　我声明:此扣缴报告表是根据国家税收法律、法规的规定填报的,我确定它是真实的、可靠的、完整的。

声明人签字:

会计主管签字:　负责人签字:　扣缴单位(或法定代表人)(签章):

受理人(签章):　受理日期: 年 月 日　受理税务机关(章):

国家税务总局监制

本表一式二份,一份扣缴义务人留存,一份报主管税务机关。

填表说明

一、本表根据《中华人民共和国税收征收管理法》(以下简称征管法)及其实施细则、《中华人民共和国个人所得税法》(以下简称税法)及其实施条例制定。

二、本表适用于扣缴义务人申报扣缴的所得税额。扣缴义务人必须区分纳税人、所得项目逐人逐项明细填写本表。

三、扣缴义务人不能按规定期限报送本表时，应当在规定的报送期限内提出申请，经当地税务机关批准，可以适当延长期限。

四、扣缴义务人未按规定期限向税务机关报送本表的，依照征管法第六十二条的规定，予以处罚。

五、填写本表要用中文，也可用中、外两种文字填写。

六、表头项目的填写说明如下：

1. 扣缴义务人编码：填写税务机关为扣缴义务人确定的税务识别号。

2. 扣缴义务人名称：填写扣缴义务人单位名称全称并加盖公章，不得填写简称。

3. 填表日期：是指扣缴义务人填制本表的具体日期。

七、本表各栏的填写如下：

1. 纳税人姓名：纳税义务人如在中国境内无住所，其姓名应当用中文和外文两种文字填写。

2. 身份证照类型：填写纳税人的有效证件（身份证、户口簿、护照、回乡证等）名称。

3. 所得项目：按照税法规定项目填写。同一纳税义务人有多项所得时，应分别填写。

4. 所得期间：填写扣缴义务人支付所得的时间。

5. 收入额：如支付外币的，应折算成人民币。外币折合人民币时，如为美元、日元和港币，应当按照缴款上一月最后一日中国人民银行公布的人民币基准汇价折算；如为美元、日元和港币以外的其他外币的，应当按照缴款上一月最后一日中国银行公布的人民币外汇汇率中的现钞买入价折算。

6. 免税收入额：指按照国家规定，单位为个人缴付和个人缴付的基本养老保险费、基本医疗保险费、失业保险费、住房公积金，按照国务院规定发给的政府特殊津贴、院士津贴、资深院士津贴和其他经国务院批准免税的补贴、津贴等按照税法及其实施条例和国家有关政策规定免于纳税的所得。

此栏只适用于工资薪金所得项目，其他所得项目不得填列。

7. 允许扣除的税费：只适用劳务报酬所得、特许权使用费所得、财产租赁所得和财产转让所得项目。

（1）劳务报酬所得允许扣除的税费是指劳务发生过程中实际缴纳的税费；

（2）特许权使用费允许扣除的税费是指提供特许权过程中发生的中介费和相关税费；

（3）适用财产租赁所得时，允许扣除的税费是指修缮费和出租财产过程中发生的相关税费；

（4）适用财产转让所得时，允许扣除的税费是指财产原值和转让财产过程中发生的合理税费。

8. 除法律法规另有规定的外，准予扣除的捐赠额不得超过应纳税所得额的30%。

9. 已扣税额：是指扣缴义务人当期实际扣缴的个人所得税税款及减免税额。

10. 扣缴非本单位职工的税款，须在备注栏反映。

11. 表间关系：

（1）应纳税额 = 应纳税所得额 × 税率 − 速算扣除数

（2）应纳税所得额 = 收入额（人民币合计）− 免税收入额 − 允许扣除的税费 − 费用扣除标准 − 准予扣除的捐赠额

注：全年一次性奖金等特殊政策的应纳税所得额计算除外。

（3）收入额（人民币合计）= 收入额（人民币）+ 收入额（外币折合人民币）

12. 声明人：填写扣缴义务人名称。

八、本表为A4横式。

附表 11-2　个人所得税纳税申报表

（适用于年所得 12 万元以上的纳税人申报）

所得年份：　　年　　　　填表日期：　　年　　月　　日　　　　金额单位：人民币元（列至角分）

纳税人姓名		国籍（地区）		身份证照类型		身份证照号码		
任职、受雇单位		任职受雇单位税务代码		任职受雇单位所属行业		职务		职业
在华天数		境内有效联系地址		境内有效联系地址邮编		联系电话		
此行由取得经营所得的纳税人填写	经营单位纳税人识别号					经营单位纳税人名称		

所得项目	年所得额			应纳税所得额	应纳税额	已缴（扣）税额	抵扣税额	减免税额	应补税额	应退税额	备注
	境内	境外	合计								
1. 工资、薪金所得											
2. 个体工商户的生产、经营所得											
3. 对企事业单位的承包经营、承租经营所得											
4. 劳务报酬所得											
5. 稿酬所得											
6. 特许权使用费所得											
7. 利息、股息、红利所得											
8. 财产租赁所得											
9. 财产转让所得											
其中：股票转让所得					—	—	—	—	—	—	—
个人房屋转让所得											
10. 偶然所得											
11. 其他所得											
合计											

我声明，此纳税申报表是根据《中华人民共和国个人所得税法》及有关法律、法规的规定填报的，我保证它是真实的、可靠的、完整的。

纳税人（签字）

代理人（签章）：　　　　联系电话：

税务机关受理人（签字）：　　　　税务机关受理时间：　　年　　月　　日　　　　受理申报税务机关名称（盖章）：

填表须知

一、本表根据《中华人民共和国个人所得税法》及其实施条例和《个人所得税自行纳税申报办法(试行)》制定,适用于年所得12万元以上纳税人的年度自行申报。

二、负有纳税义务的个人,可以由本人或者委托他人于纳税年度终了后3个月以内向主管税务机关报送本表。不能按照规定期限报送本表时,应当在规定的报送期限内提出申请,经当地税务机关批准,可以适当延期。

三、填写本表应当使用中文,也可以同时用中、外两种文字填写。

四、本表各栏的填写说明如下:

1. 所得年份和填表日期:申报所得年份,填写纳税人实际取得所得的年度;填表日期,填写纳税人办理纳税申报的实际日期。

2. 身份证照类型:填写纳税人的有效身份证照(居民身份证、军人身份证件、护照、回乡证等)名称。

3. 身份证照号码:填写中国居民纳税人的有效身份证照上的号码。

4. 任职、受雇单位:填写纳税人的任职、受雇单位名称。纳税人有多个任职、受雇单位时,填写受理申报的税务机关主管的任职、受雇单位。

5. 任职、受雇单位税务代码:填写受理申报的任职、受雇单位在税务机关办理税务登记或者扣缴登记的编码。

6. 任职、受雇单位所属行业:填写受理申报的任职、受雇单位所属的行业。其中,行业应按国民经济行业分类标准填写,一般填至大类。

7. 职务:填写纳税人在受理申报的任职、受雇单位所担任的职务。

8. 职业:填写纳税人的主要职业。

9. 在华天数:由中国境内无住所的纳税人填写在税款所属期内在华实际停留的总天数。

10. 中国境内有效联系地址:填写纳税人的住址或者有效联系地址。其中,中国有住所的纳税人应填写其经常居住地址。中国境内无住所居民住在公寓、宾馆、饭店的,应当填写公寓、宾馆、饭店名称和房间号码。经常居住地,是指纳税人离开户籍所在地最后连续居住一年以上的地方。

11. 经营单位纳税人识别码、纳税人名称:纳税人取得的年所得中含个体工商户的生产、经营所得和对企事业单位的承包经营、承租经营所得时填写本栏。纳税人识别码:填写税务登记证号码。纳税人名称:填写个体工商户、个人独资企业、合伙企业名称,或者承包承租经营的企事业单位名称。

12. 年所得额:填写在纳税年度内取得相应所得项目的收入总额。年所得额按《个人所得税自行纳税申报办法》的规定计算。各项所得的计算,以人民币为单位。所得以非人民币计算的,按照税法实施条例第四十三条的规定折合成人民币。

13. 应纳税所得额:填写按照个人所得税有关规定计算的应当缴纳个人所得税的所得额。

14. 已缴(扣)税额:填写取得该项目所得在中国境内已经缴纳或者扣缴义务人已经扣缴的税款。

15. 抵扣税额:填写个人所得税法允许抵扣的在中国境外已经缴纳的个人所得税税额。

16. 减免税额:填写个人所得税法允许减征或免征的个人所得税税额。

17. 本表为A4横式,一式两联,第一联报税务机关,第二联纳税人留存。

附表 11-3　个人所得税月份申报表

纳税月份：自　　年　月　日至　　年　月　日　　　填表日期：　年　月　日

Taxable month：From ________ date ________ month ________ year　　Date of filling ________ date ________ month ________ year

to ________ date ________ month ________ year　　金额单位：人民币元

Monetary unit：RMB Yuan

纳税人编码 Tax payer's file number	

根据《中华人民共和国个人所得税法》第九条的规定制定本表，纳税人应在次月 7 日内将税款缴入国库，并向当地税务机关报送本表。

This return is designed in accordance with the provisions of Article 9 of INDIVIDUAL INCOME TAX LAW OF THE PEOPLE'S REPUBLIC OF CHINA. The tax payers should turn tax over to the State Treasury, and file the return with the local tax authorities within seven days after the end of the taxable month.

纳税人姓名 Tax payer's name		国籍 Nationality		抵华日期 Date arrived in China	
在中国境内住址 Address in China	省、市、县、街道及号数（包括公寓号码）Street name and number（including number of apartment） ________公寓 Apartment ________街道 Street 县/市 County/City　省 Province				
在中国境内通讯地址（如非上述住址）（Mailing address in China（if not the same as adove）		邮编 Post code		电话 Tel. number	
职业 Profession		服务单位 Employer		服务地点 Working location	

所得项目 Categaries of income	所得期间 Income period	收入额 Receipts						减费用额 Deductions	应纳税所得额 Taxable income	税率 Tax rate	速算扣除数 Quick calculation deduction	应纳税额 Income tax	已扣缴税款 Tax withheld	应补（退）税款 Amount of income tax due or over paid
		人民币 RMB	外币 Foreign currency				人民币合计 Total							
			货币名称 Name of currency	金额 Amount	外汇牌价 Exchange rate	折合人民币 RMB converted into								

（续表）

授权代理人 Authorized agent	（如果你已委托代理人，请填写下列资料） 为代理一切税务事宜，现授权______（地址）______为本人代理申报人，任何与本申报表有关的来往文件都可寄与此人。 授权人签字：______ （Fill out the following if you have appointed an agent）For purposes of handling the tax affairs，I hereby authorize ______（address）______ to act on behalf of myself. All documents concerned with this return may be posted to the agent. Signature ______	声明： Declaration	我声明：此纳税申报表是根据《中华人民共和国个人所得税法》的规定填报的，我确信它是真实的，可靠的，完整的。 声明人签字： I declare that this return has been completed according to INDIVIDUAL INCOME TAX LAW OF THE PEOPLE'S REPUBLIC OF CHINA. I believe that all statements contained in this return are true，correct，and complete. Signature ______

代理申报人签字：
Agent（Signature）

纳税人（签字或盖章）：
Tax payer（Signature or seal）

本表适用于个人取得工资、薪金等项所得月份自行申报。凡由扣缴义务人扣缴个人工资薪金所得税款的，不填报此表。

填表须知

一、本表适用于个人取得工资、薪金等项所得月份自行申报。凡由扣缴义务人扣缴个人工资薪金所得税款的，不填报此表。

二、负有纳税义务的个人不能按规定期限报送本表时，应当在规定的报送期限内提出申请，经当地税务机关批准，可以适当延长期限。

三、未按规定期限向税务机关报送本表的，依照税收征管法第三十九条的规定，予以处罚。

四、填写本表要用中文，也可用中、外两种文字填写。

五、本表各栏的填写如下：

1. 纳税月份：填写取得所得的所属月份。

2. 纳税人编码：填写办理税务登记时，由主管税务机关所确定的税务编码。

3. 填表日期：填写办理纳税申报表的实际日期。

4. 抵华日期：在中国境内无住所的纳税人填写此栏。

5. 在中国境内住址：在中国境内无住所的纳税人填写此栏。住在公寓、宾馆、饭店的，应填写公寓、宾馆、饭店名称和房间号码。

6. 在中国境内通讯地址：在中国境内无住所的纳税人填写此栏。

7. 邮编、电话：住址和通讯地址不一致时，邮编和电话号码应分别填写。

8. 所得项目：按照税法第二条规定的所得项目分别填写。同一所得项目取得时间不相同的，仍填入一行，并在“所得期间”栏内分别注明。

9. 减除费用额：按照税法第六条的规定应减除的费用额填入本栏。不减除费用的，不填写。

10. 已扣缴税款：如纳税义务人在同一所得期间取得所得已被扣缴的税款，填写此栏。

11. 速算扣除数：超额累进速算扣除数是依据税法规定的级距和每一级距的税率，预先计算出来的。只要级距和税率不变，速算扣除数也不变。计算公式为：

速算扣除数 = 前一级的最高所得额 ×（本级税率 − 前一级税率）+ 前级速算扣除数

即应纳税额 = 课税所得额 × 适用税率 − 速算扣除数。

12. 声明人：填写纳税人本人姓名。如纳税人不在时，也可填写代理申报人姓名。

附表 11-4　个人所得税年度申报表

纳税年度：自　　年　月　日至　　年　月　日　　　填表日期：　年　月　日

纳税人编码

金额单位：人民币元

根据《中华人民共和国个人所得税法》第七条和第九条规定，制定本表。纳税人应在年度终了三十日内将税款缴入国库，并向当地税务机关报送本表。

<table>
<tr><td colspan="4">纳税人姓名</td><td colspan="4">国籍</td><td colspan="5">抵华日期</td></tr>
<tr><td colspan="2">中国境内住址</td><td colspan="11">省、市、县、街道及号数（包括公寓号码）
＿＿＿＿公寓＿＿＿＿街道
＿＿＿＿县/市＿＿＿＿省</td></tr>
<tr><td colspan="7">中国境内通讯地址（如非上述地址）</td><td colspan="3">邮编</td><td colspan="3">电话</td></tr>
<tr><td colspan="2">职业</td><td colspan="5">服务单位</td><td colspan="6">服务地点</td></tr>
<tr><td colspan="5">中国境内所得已纳税额</td><td colspan="8">境外所得应纳税额</td></tr>
<tr><td>所得项目</td><td>所得期间</td><td>应纳税所得额</td><td>已纳所得税额</td><td>自缴或扣缴</td><td>所得项目</td><td>收入额</td><td>减费用额</td><td>应纳税所得额</td><td>税率</td><td>速算扣除数</td><td>应纳所得税款</td><td>境外已缴税款</td></tr>
<tr><td>1</td><td>2</td><td>3</td><td>4</td><td>5</td><td>6</td><td>7</td><td>8</td><td>9</td><td>10</td><td>11</td><td>12</td><td>13</td></tr>
<tr><td></td><td></td><td></td><td></td><td></td><td></td><td></td><td></td><td></td><td></td><td></td><td></td><td></td></tr>
<tr><td></td><td></td><td></td><td></td><td></td><td></td><td></td><td></td><td></td><td></td><td></td><td></td><td></td></tr>
<tr><td></td><td></td><td></td><td></td><td></td><td></td><td></td><td></td><td></td><td></td><td></td><td></td><td></td></tr>
<tr><td></td><td></td><td></td><td></td><td></td><td></td><td></td><td></td><td></td><td></td><td></td><td></td><td></td></tr>
<tr><td></td><td></td><td></td><td></td><td></td><td></td><td></td><td></td><td></td><td></td><td></td><td></td><td></td></tr>
<tr><td>授权代理人</td><td colspan="5">（如果你已委托代理人，请填写下列资料）
为代理一切税务事宜，现授权＿＿＿＿＿＿
＿＿（地址）＿＿＿＿为本人代理申报人，任何与本申报有关的来往文件都可寄与此人。
授权人签字</td><td>声明</td><td colspan="6">我声明：此纳税申报表是根据《中华人民共和国个人所得税法》的规定填报的，我确信它是真实的、可靠的、完整的。
声明人签字</td></tr>
</table>

（续表）

<table>
<tr><td colspan="3">代理申报人（签字）</td><td colspan="2">纳税人（签字或盖章）</td></tr>
<tr><td colspan="5">以下由税务机关填写</td></tr>
<tr><td colspan="2">收到日期</td><td colspan="2">接收人　　　　审核日期</td><td rowspan="5">主管税务机关盖章
主管税务官员签字</td></tr>
<tr><td rowspan="4">境外税额的扣除计算</td><td>扣除限额</td><td rowspan="4">审核记录</td><td></td></tr>
<tr><td>实际扣除额</td><td></td></tr>
<tr><td>上年抵免的或结转的税额</td><td></td></tr>
<tr><td>应补缴的税额</td><td></td></tr>
</table>

本表适用于在中国境内有住所，或者无住所而在境内居住满一年的个人，从中国境外取得的所得年度申报。

第十二章

其他税种的代理实务

学习目标

通过本章的学习,读者应该能够:

- 熟悉土地增值税纳税审查的程序和方法;
- 掌握土地增值税代理申报和清算鉴证业务的操作规范;
- 熟悉印花税、房产税、城镇土地使用税、资源税的政策规定;
- 掌握各税种纳税审查的方法;
- 掌握各税种纳税申报表的填写方法。

第一节　土地增值税代理实务

一、土地增值税的账务处理

主营房地产业务的企业，土地增值税与营业税的会计处理相同，借记“营业税金及附加”，贷记“应交税费——应交土地增值税”；实际缴纳或者预缴土地增值税时，借记“应交税费——应交土地增值税”，贷记“银行存款”等科目。

兼营房地产业务的企业，当期应缴纳的土地增值税，借记“其他业务成本”，贷记“应交税费——应交土地增值税”。

企业转让国有土地使用权连同地上建筑物及其附着物，通过“固定资产清理”科目核算，取得的转让收入记入“固定资产清理”账户贷方，应缴纳的土地增值税，借记“固定资产清理”，贷记“应交税费——应交土地增值税”。

二、土地增值税纳税审查的代理

土地增值税纳税审查重点，包括以下内容：

1. 征税范围的审查

土地增值税的征税范围是转让国有土地使用权行为，地上的建筑物及其附着物连同国有土地使用权一并转让的行为。一方面产权发生转让，另一方面取得收入。

房地产的继承、赠与（仅限于对直系亲属或承担直接赡养人的赠与和公益性的捐赠）、出租、抵押、重新评估和房地产的代建房行为，不属于征税范围。

个人之间互换自有居住用房地产的，可免征土地增值税。其他交换行为应按规定计税。

以房地产作价入股进行投资、联营的，暂免征收。

企业兼并行为涉及的房地产转让，暂免征收。

2. 收入总额的审查

纳税人转让房地产取得的应税收入，应包括转让房地产的全部价款及有关的经济利益。从形式上看，包括货币收入、实物收入和其他收入。

（1）审查企业收入明细账，查找能够反映应税收入的会计账簿凭证，如“主营业务收入”、“其他业务收入”、“经营收入”、“固定资产清理”等账户，以及相关的房地产转让合同、土地使用权转让合同、发票等原始凭证，看企业有无漏计、不计应税收入的情况。

（2）审查有关往来账户，如“应付账款”、“预付账款”、“预收账款”、“分期收款开发产品”、“其他应付款”等账户，并与有关转让合同、凭证相核对，看企业有无长期挂账不计收入的情况。

（3）审查成交价格是否正常合理。审查企业有无非货币收入没有核算、申报的。

3. 扣除项目的审查

计算土地增值税时，可以从收入中扣除的项目包括：取得土地使用权所支付的金额，房地产开发成本，房地产开发费用，旧房及建筑物的评估价格，与转让房地产有关的税金。

房地产开发费用是指与房地产开发项目有关的销售费用、管理费用和财务费用，不过在计算土地增值税时，房地产开发费用是根据财务费用中利息支出的情况计算扣除的：

对于能够按照房地产项目计算分摊并提供金融机构证明的，利息支出允许据实扣除（最高不能超过按商业银行同类同期贷款利率计算的金额），其他房地产开发费用，如销售费用、管理费用等，按照取得土地使用权所支付的金额以及房地产开发成本之和的5%以内计算扣除。

凡不能按转让房地产项目计算分摊利息支出或不能提供金融机构证明的，房地产开发费用按照取得土地使用权所支付的金额以及房地产开发成本之和的10%以内计算扣除。

具体扣除比例，由各省、自治区、直辖市人民政府规定。

具体来说，房地产开发费用按以下公式计算的金额内扣除：

允许扣除的房地产开发费用 = 利息 +（取得土地使用权支付的金额 + 房地产开发成本）×5%；

或者，允许扣除的房地产开发费用 =（取得土地使用权支付的金额 + 房地产开发成本）×10%（凡不能按转让房地产项目计算分摊利息支出或不能提供金融机构证明的）。

对从事房地产开发的纳税人可按取得土地使用权所支付的金额以及房地产开发成本之和，加计20%的扣除。

对扣除项目的审查，按照上述准予扣除项目的内容、顺序逐一审查。主要审查企业允许扣除项目的会计账簿和相关凭证、单据，比如审查“开发成本”、“开发产品”、“无形资产”（企业取得土地使用权所支付的金额应在其中核算）、“主营业务成本”、“销售费用”、“管理费用”、“财务费用”、“应缴税费”、“营业税金及附加”、“其他应交款”等明细账的内容和金额，审查扣除项目是否真实、准确，成本结转是否正确，有无虚列、多列现象。

4. 税款计缴的审查

计税时可采用速算法,公式为:

应纳税额 = 增值额 × 适用税率 - 扣除项目金额 × 速算扣除系数

增值额 = 转让房地产收入 - 扣除项目金额

适用税率和速算扣除系数见表 12-1。

表 12-1 土地增值税税率表

级次	增值额占扣除项目金额比例	税率	速算扣除系数
1	不超过 50% 的部分	30%	0
2	超过 50% 至 100% 的部分	40%	5%
3	超过 100% 至 200% 的部分	50%	15%
4	超过 200% 的部分	60%	35%

例 12-1 某房地产开发公司出售写字楼,取得收入总额为 12 800 万元。有关支出项目包括:支付地价款和相关税费共计 1 500 万元;房地产开发成本共计 2 970 万元;财务费用中的利息支出为 600 万元,利息可按转让项目计算分摊并能够提供银行证明;转让该写字楼发生的税费 740 万元。假设当地政府规定的其他房地产开发费用的扣除比例为 5%,请计算该房地产开发公司应纳土地增值税额。

解析 首先确定扣除项目金额。根据规定,可以从收入中扣除的项目包括:取得土地使用权所支付的金额,房地产开发成本,房地产开发费用,与转让房地产有关的税金。其他各项都已知,只有房地产开发费用需要计算。

由于企业的利息可按转让项目计算分摊并能够提供银行证明,

允许扣除的房地产开发费用 = 利息 + (取得土地使用权支付的金额 + 房地产开发成本) × 5%

= 600 + (1 500 + 2 970) × 5% = 823.5(万元)

另外,对从事房地产开发的纳税人可按取得土地使用权所支付的金额以及房地产开发成本之和,加计 20% 的扣除。

加计扣除 = (1 500 + 2 970) × 20% = 894(万元)

允许扣除项目金额合计

= 1 500 + 2 970 + 823.5 + 740 + 800 = 6 833.5(万元)

增值额 = 12 800 - 6 833.5 = 5 966.5(万元)

增值率 = 5 966.5 ÷ 6 833.5 × 100% = 87.31%

对照表 12-1,

应纳税额 = 5 966.5 × 40% - 6 833.5 × 5% = 2 044.925(万元)

三、土地增值税纳税申报和清算代理

（一）代理申报

土地增值税纳税申报，房地产开发企业和非房地产开发企业适用不同的纳税申报表和填报方法。比如，北京市从事房地产开发业务的土地增值税纳税人应在取得销售（预售）许可证起每季度终了后 15 日内到开发企业核算地地方税务局办理纳税申报手续（含零申报）。同时填报《土地增值税缴款书》（票表合一）和《土地增值税缴款书附表》、《土地增值税纳税申报表（一）》、《土地增值税纳税申报表（一）附表》（表样及填写说明略，下同）。非房地产开发企业适用《土地增值税纳税申报表（二）》。

代理纳税申报，应根据税法和税务机关的有关规定，在规定时间内计算填写纳税申报表，向税务机关办理申报和税款入库手续，同时附报税务机关要求的有关资料。

（二）清算与鉴证

针对房地产开发企业的特点，国家规定了土地增值税清算制度。

1. 清算的范围

符合下列情况之一的，纳税人应到主管地方税务机关办理土地增值税清算手续：全部竣工并销售完毕的房地产开发项目，整体转让未竣工的房地产开发项目，直接转让土地使用权的项目，纳税人申请注销税务登记的房地产开发项目。

符合下列情况之一的，主管地方税务机关可要求纳税人进行土地增值税清算：纳税人开发的房地产开发项目已通过竣工验收，已转让的房地产建筑面积占整个项目可售建筑面积的比例在 85% 以上，或该比例虽未超过 85%，但剩余的可售建筑面积已经出租或自用一年以上的；取得销售（预售）许可证满三年仍未销售完毕的；经主管地方税务机关进行纳税评估发现问题后，认为需要办理土地增值税清算的房地产开发项目。

房地产开发企业建造的商品房，已自用或出租使用年限在一年以上再出售的，应按照转让旧房及建筑物的政策规定缴纳土地增值税，不再列入土地增值税清算的范围。

2. 清算需报送资料

纳税人在办理土地增值税清算申报手续时，应向主管税务机关提交有关清税项目资料，并填写《土地增值税清算材料清单》。须提交的有关资料中包括《土地增值税清算鉴证报告》和《土地增值税纳税申报表（一）》等。

3. 有关规定

税务中介机构对清算项目的总体基本情况、不同用途的面积划分情况、销售收入、成本及费用等情况进行鉴证。税务中介机构应按税务机关规定的《鉴证报告》范本和内容对鉴证情况出具《鉴证报告》,供税务部门参考,并接受税务机关要求提供清算项目鉴证工作底稿的查验核实工作。

4. 清算鉴证报告

为企业出具鉴证报告时,需要按照规定时限办理相关事宜,报送有关资料,核心工作还是对涉税项目的计算和审查。可根据税法规定和前文所述审查方法出具报告,注意附报材料的项目要齐全,填写要准确。

土地增值税清算鉴证报告的格式和内容附后。

土地增值税清算鉴证报告

(200)土增鉴字 号

__________公司:

我们接受委托,于××年××月××日至××年××月××日,对贵单位__________(项目)土地增值税清算税款申报进行鉴证审核。贵单位的责任,对所提供的与土地增值税清算税款相关的会计资料及证明材料的真实性、合法性和完整性负责。我们的责任是,按照国家法律法规及有关规定,对所鉴证的土地增值税纳税申报表及其有关资料的真实性和准确性,在进行职业判断和必要的审核程序的基础上,出具真实、合法的鉴证报告。

在审核过程中,我们本着独立、客观、公正的原则,依据《中华人民共和国土地增值税暂行条例》及其实施细则、有关政策规定,按照《土地增值税清算鉴证业务准则》的要求,实施了包括抽查会计记录等必要的审核程序。现将鉴证结果报告如下:

一、土地增值税清算税款申报的审核过程及主要实施情况

(主要披露以下内容)

(一)简要评述与土地增值税清算税款有关的内部控制及其有效性。

(二)简要评述与土地增值税清算税款有关的各项内部证据和外部证据的相关性和可靠性。

(三)简要陈述对纳税人提供的会计资料及纳税资料等进行审核、验证、计算和进行职业推断的情况。

二、鉴证结论

经对贵公司__________(项目)土地增值税清算税款申报进行审核,我们确

认:

1. 收入总额:__________元;

2. 扣除项目金额:__________元;

3. 增值额:__________元;

4. 增值率(增值额与扣除金额之比):__________%;

5. 适用税率:__________%;

6. 应缴土地增值税税额:__________元;

7. 已缴土地增值税税额:__________元;

8. 应补(退)缴土地增值税税额:__________元。

清算事项的具体情况详见附件。

本鉴证报告仅供贵公司报送的主管税务机关受理土地增值税清算审核之用,不得作为其他用途。非法律、行政法规规定,鉴证报告的全部内容不得提供给其他任何单位和个人。

税务师事务所所长(签名或盖章):
中国注册税务师(签名或盖章):
地址:

税务师事务所(盖章)
年 月 日

附件:

1. 税务师事务所和注册税务师执业证书、北京市注册税务师协会备案证明复印件

2. 涉税鉴证业务约定书

3. 企业基本情况和土地增值税清算税款申报审核事项说明

4. 土地增值税纳税鉴证有关附表

(1)《土地增值税清算税款鉴证主表》

(2)《土地增值税清算税款鉴证明细表一:普通住宅》

(3)《土地增值税清算税款鉴证明细表二:其他商品房》

(4)《房地产转让收入鉴证表》

(5)《清算中面积审核调整明细表》

(6)《扣除项目汇总表》

(7)《取得土地使用权所支付的金额鉴证表》

(8)《土地征用及拆迁补偿费鉴证表》
(9)《前期工程费鉴证表》
(10)《建筑安装工程费鉴证表》
(11)《基础设施费鉴证表》
(12)《开发间接费用鉴证表》
(13)《公共配套设施费鉴证表》
(14)《利息支出鉴证表》
(15)《与转让房地产有关的税金鉴证表》
(16)《土地增值税缴款情况汇总表》
5. 土地增值税清算税款申报审核事项有关证明材料(复印件)

第二节 印花税代理实务

一、印花税的账务处理

印花税一般不通过"应交税费"账户核算,直接记入相关资产或费用科目。若是固定资产、无形资产购销、转让、租赁业务,购买方、承受方、承租方应缴纳的印花税,借记"固定资产"、"无形资产"、"管理费用"等;销售方或者转让方、出租方应缴纳的印花税,借记"固定资产清理"、"其他业务支出"等;其他情况下,借记"销售费用"、"管理费用"等;贷方记"银行存款"等科目。

二、印花税纳税审查的代理

印花税是对经济活动和经济交往中书立、使用、领受应税凭证的单位和个人征收的一种税。代理印花税审查,实际就是对纳税人所有涉税凭证进行全面检查。

1. 应税凭证范围的审查

印花税的应税凭证包括四大类,即合同、产权转移书据、账簿和权力、许可证照。其中合同包括购销合同、加工承揽合同、建设工程勘察设计合同、建筑安装工程承包合同、财产租赁合同、货物运输合同、仓储保管合同、借款合同、财产保险合同、技术合同;产权转移书据包括财产所有权和版权、商标专用权、专利权、专有技术使用权等;账簿包括生产经营用账册;权利、许可证照包括政府部门发给的房屋产权证、工商营业执照、商标注册证、专利证、土地使用证等。

在审查时除了根据上述明确范围进行外,还应注意:

（1）对合同的界定，应基于对其经济实质的判断，合同性质的凭证、单据，即使名称不是合同，也应按照应税合同对待。

（2）各类电子应税凭证，亦属征税范围。因此，应超出有形凭证、传统凭证的范畴进行审查。

（3）根据税收政策减免税的范围，严格界定可以享受减免税的应税凭证。

（4）企业采取分级核算的，设置在二级核算单位和车间的明细账亦应按规定贴花；另外，除了总分类账以外的账簿，包括日记账和各明细分类账亦应贴花。

（5）审查纳税人在日常活动中都书立了哪些产权转移书据，领受了哪些权利和许可证照；对书立产权转移书据的，应审核其应税项目和金额。

（6）审查平时"以表代账"的纳税人，在按月、按季或按年装订成册后，是否及时足额贴花。

2．应税凭证的计税依据

（1）合同所载金额有多项内容的，是否分别按照规定计税；合同中既有应税项目，又有免税项目的，是否正确计算纳税。

（2）已税合同修订后增加金额的，是否补贴印花。

（3）未注明应税金额或暂时无法确定金额的合同，在签订时是否按规定贴花；在结算时是否按规定补贴印花。

3．应税合同的适用税率

（1）纳税人有无将按比例税率和定额税率计征的凭证相互混淆。如将营业账簿中记载有"实收资本"和"资本公积"的账簿等同于其他账簿，错按5元定额贴花。

（2）纳税人有无将载有多项不同性质经济业务的经济合同误用税目税率的情况。如将记载有"加工承揽合同"和"购销合同"的经济合同，没有分别计税。审查时应注意对合同经济内容和实质的界定。

（3）纳税人有无将名称相似的合同错用税目税率的情况。如将建设工程勘察设计合同与建设工程承包合同混淆。

4．应纳税额的审查

（1）审查纳税人应纳税额的计算是否准确，审查纳税人减免税项目的界定是否准确，审查纳税人自行作为免税处理的应税凭证是否符合税收减免税范围和标准。

（2）审查纳税人贴花情况，是否及时足额自行贴花，是否全部按规定自行划销。

三、印花税纳税申报的代理

（一）纳税申报有关规定

1. 印花税纳税义务发生的时间

印花税纳税义务发生时间为应税凭证书立或领受的当时，即纳税人书立和领受了应税凭证，就应当履行纳税义务贴花完税，具体可采用自贴自缴或按期汇总缴纳的方法。

2. 印花税的计算方法

印花税实行从价定率和从量定额两种征收办法。

$$应纳税额 = 计价金额 \times 税率$$
$$或 = 固定税额 \times 应税凭证件数$$

应纳税额不足1角的不征税。应纳税额在1角以上，其尾数按四舍五入方法计算贴花。

企业应税凭证所记载的金额为外币的，应按凭证书立、领受当日国家外汇管理局公布的外汇牌价折合为人民币，计算应纳税额。

例12-2　某企业2008年12月开业，当月领受房屋产权证、工商营业执照和土地使用证各一件；签订购销合同一份，金额10万元；签订借款合同一份，金额20万元；企业“实收资本”和“资本公积”分别为80万元和5万元，其他营业账簿15本。请计算该企业应纳印花税额。

解析　应区别不同应税凭证分别计税：

（1）领受权利、许可证照应纳税额 $=3\times5=15$（元）

（2）购销合同应纳税额 $=100\,000\times0.3‰=30$（元）

（3）借款合同应纳税额 $=200\,000\times0.05‰=10$（元）

（4）记载资金账簿应纳税额 $=850\,000\times0.5‰=425$（元）

（5）其他营业账簿应纳税额 $=15\times5=75$（元）

该企业共计应纳印花税额 $=15+30+10+425+75=555$（元）

（二）印花税纳税申报代理操作规范

（1）了解企业生产经营所属的行业以及生产经营项目的特点，确定应税凭证可能发生的主要范围。

（2）核查企业当期书立的购销合同、加工承揽合同、货物运输合同、技术合同、营业账簿、权利许可证照等，按合同金额和适用的税率计算应纳税额。

（3）核查企业具有合同性质的票据、单据。如运输费用发票，购销单位相互之间开出的订单、要货单、传真函件等，均应视为应税凭证按规定贴花。

（4）核查企业可能发生应税凭证业务的核算账户，如“实收资本”、“资本公积”、“固定资产”、“制造费用”、“管理费用”等，以防止漏缴税款。

（5）对于加工承揽合同、货物运输合同等在计税时可作一定金额扣除的应税凭证，还应核查计税金额与扣除金额，确定计税依据。

（6）将本期各应税凭证印花税税额汇总计算后，如税额较小可到税务机关购买印花税票贴花完税并在每枚税票的骑缝处画销；税额较大的（如税法规定为超过500元）可用税收缴款书缴纳税款。如果企业应税凭证种类多，纳税次数发生频繁，且金额较大，可向主管税务机关申请采取汇总缴纳的方法。

第三节　房产税代理实务

一、房产税的账务处理

企业计提应缴纳的房产税时，借记“管理费用”，贷记“应交税费——应交房产税”；缴纳房产税时，借记“应交税费——应交房产税”，贷记“银行存款”。

二、房产税纳税审查的代理

房产税以房屋为征税对象，按照房屋的计税余值或出租房屋的租金为计税依据，向产权所有人征收。代理房产税纳税审查时，重点应放在房屋原值和租金收入上。

（一）自用房产审查要点

审核房产的原值是否真实，有无少报、瞒报的现象。审核“固定资产”账簿中房屋的造价或原价是否真实、完整，有无分解记账的情况。同时，要注意纳税人对原有房屋进行改建、扩建的，是否按规定增加其房屋原值，有无将其改建、扩建支出列入大修理范围处理的情况。审查纳税人“在建工程”明细账，看有无已完工交付使用的房产继续挂账，未及时办理转账手续、少计房产原值的情况。必要时要深入实地查看，看企业是否有账外房产。

（二）出租房产审查要点

审查“其他业务收入”等账户和房屋租赁合同及租赁费用结算凭证，核实房产租金收入，有无出租房屋不申报纳税的问题。

审查有无签订经营合同隐瞒租金收入，或以物抵租少报租金收入，或将房租收入计入营业收入未缴房产税的问题。

（三）应纳税额审查要点

审查征免界限的划分，各免税单位的自用房产与生产、经营用房产以及出租房产的划分，以及免税单位房产与下属单位房产的划分是否明确，其划分方法是否正确，以及免税房产在改变用途转为应税房产后是否按规定申报纳税。在需要时，检查其申报的房产使用情况与其实际用途是否相符。

审查房产税计算纳税的期限。对于新建、改造、翻建的房屋，已办理验收手续或未办理验收手续已经使用的，是否按规定期限申报纳税，有无拖延纳税期限而少计税额的问题。

审查房产税纳税申报表，核实计税依据和适用税率的计算是否正确，对于固定资产账户未记载的房产原值，或房产原值明显不合理的应提议纳税人按有关程序进行评估，以保证计税依据的准确完整。

例 12-3　某注册税务师受托审查企业房产税纳税情况，通过实地查看并与企业固定资产明细账记录核对，认定企业房产原值和余值计算正确。审查企业“其他业务收入”明细账，有一笔固定资产出租收入 80 000 元，核查原始凭证并与企业经办人员了解，是企业将一间临街房产出租的收入，没有计缴房产税。

解析　该笔收入应按照房租收入计算应纳税额：

$$应纳税额 = 80\,000 \times 12\% = 9\,600（元）$$

三、房产税纳税申报的代理

（一）房产税的计税规定

房产税应纳税额的计算分为两种情况：

1. 以房产原值为计税依据的，计算公式为：

$$应纳税额 = 房产余值 \times 税率(1.2\%)$$

$$房产余值 = 应税房产原值 \times (1 - 扣除比例)$$

“扣除比例”为 10%—30%，具体比例由省级人民政府根据当地实际情况确定。

代理申报的，须明确了解当地人民政府确定的扣除比例，作为计税的依据。

2. 以房产租金收入为计税依据的，计算公式为：

$$应纳税额 = 房产租金收入 \times 税率(12\%)$$

（二）房产税纳税申报代理的操作规范

房产税征税对象单一，但有关纳税义务人的确认、计税依据的计算、减税免税的规定却较为复杂。为能准确把握应纳税额的计算，维护委托方应享有的税收权益，代理申报应按下述规范要领操作：

（1）核查应税房屋及与房屋不可分割的各种附属设施，或一般不单独计算价值的配套设施，确认产权所属关系，以此判定纳税义务人。

（2）核查应税房产投入使用或竣工、验收的时间，确认纳税义务发生的时间。

（3）核查“固定资产”、“预提费用”、“待摊费用”、“在建工程”、“其他业务收入”等核算账户，确认应税房产的净值或租金收入，确定房产税的计税依据。

（4）核查在征税范围内按现行政策应予以减税免税的房产。如危房、险房、停止使用、企业停产闲置不用的房产，因大修理停用在半年以上的房产等，报请税务机关核查同意可暂免征收房产税。

第四节　城镇土地使用税代理实务

一、城镇土地使用税的账务处理

企业计提应缴纳的城镇土地使用税时，借记“管理费用”，贷记“应交税费——应交城镇土地使用税”；缴纳城镇土地使用税时，借记“应交税费——应交城镇土地使用税”，贷记“银行存款”。

二、城镇土地使用税纳税审查的代理

土地使用税以纳税人实际占用土地面积为计税依据，按照当地政府根据国务院制定颁布的条例和省、自治区、直辖市人民政府规定的年纳税额幅度确定的适用税额计算征收。在审核时，应重点审核纳税人实际占用土地的面积、减免税土地面积、适用单位税额以及税款计算缴纳等问题。

（一）应税土地面积审核要点

税法规定，应税土地面积是纳税人实际占用土地的面积，它是计算土地使用税的直接依据。凡已由省、自治区、直辖市人民政府指定的单位组织测定的，以实际测定的土地面积为应税土地面积；凡未经省、自治区、直辖市人民政府指定的单位组织测定的，以政府部门核发的土地使用证书确认的土地面积为应税土地面积；对尚未核发土地使用证书的，暂以纳税人据实申报的土地面积为应税土地面积。

检查时，应将“土地使用税纳税申报表”中填报的应税土地面积与实际测定的土地面积、土地使用证书确认的土地面积、“固定资产”明细账中记载的土地面积相核对，看其是否相符。

（二）减免税土地面积审核要点

在审核过程中，应严格掌握土地使用税的减免税规定，对纳税人新征用的土地面积，可依据土地管理机关批准征地的文件来确定；对开山填海整治的土地和改造的废弃土地，可依据土地管理机关出具的证明文件来确定。另外，要审核是否将免税土地用于出租，或者多报免税土地面积的问题。

（三）应纳税额审核要点

根据土地位置和用途，对照当地人民政府对本地区土地划分的等级及单位税额，审核纳税人适用税率是否正确。在此基础上，进一步复核土地使用税纳

税申报表和有关完税凭证,审核纳税人应纳税款的计算正确与否,税款是否及时申报缴纳入库。

三、城镇土地使用税纳税申报的代理

城镇土地使用税计税方法简单直观。但是,由于界定土地使用权、计税地面积和类别、使用的定额税率情况各异,使代理申报工作也具有一定的难度。

(一) 城镇土地使用税的计缴规定

(1) 城镇土地使用税实行定额征收办法,其应纳税额公式为:

$$年应纳税额 = 单位税额 \times 实际占用土地面积$$

土地使用税暂行条例规定了大中小城市和县城、建制镇、工矿区的单位税额幅度,同时规定,省、自治区、直辖市人民政府,应当在条例规定的税额幅度内,根据市政建设状况、经济繁荣程度等条件,确定所辖地区的适用税额幅度;市、县人民政府应当根据实际情况,将本地区土地划分为若干等级,在省、自治区、直辖市人民政府确定的税额幅度内,制定相应的适用税额标准,报省、自治区、直辖市人民政府批准执行。

(2) 土地增值税按年计算、分期缴纳,具体纳税期限由省级人民政府确定。

(3) 纳税人购置新建商品房,自房屋交付使用的次月起,缴纳土地使用税;纳税人购置存量房,自办理房屋权属转移、变更登记手续、房屋产权登记机关签发权属证书之次月起缴纳土地使用税;纳税人出租出借房产,自交付出租、出借房产的次月起,缴纳土地使用税;房地产开发企业自用、出租、出借本企业建造的商品房,自房屋使用或交付的次月起,缴纳土地使用税;新征用的土地,凡属耕地的自批准之日起满一年时开始缴纳土地使用税;纳税人新征用费耕地的,自批准征用次月起纳税。

(二) 城镇土地使用税纳税申报代理操作规范

城镇土地使用税计税方法直观简单,代理申报操作的重点环节是确定纳税义务人和计税土地面积及适用税额。

(1) 核查企业土地使用证标示的土地面积和实际占用的土地面积,在此基础上核查土地实际所处的类区和用途,以确定征税土地面积的数量和适用的单位税额。

(2) 核查拥有土地使用权的实际情况,确认纳税义务人。

(3) 核查企业实际占用的减税免税土地面积及核批手续,确认减免税土地面积。

(4) 根据当地市、县人民政府制定的税额标准计算应纳税额,按年计算分期缴纳。

第五节　资源税纳税代理实务

一、资源税的账务处理

不同情况下资源税的会计核算如下：

（1）对外销售应税产品计算应缴纳资源税：

借：营业税金及附加

　贷：应交税费——应交资源税

实际缴纳时：

借：应交税费——应交资源税

　贷：银行存款

（2）计算出自产自用的应税产品应纳资源税时：

借：生产成本（或制造费用）

　贷：应交税费——应交资源税

（3）收购未税款产品应代扣代缴的资源税：

借：材料采购

　贷：应交税费——应交资源税（按代扣代缴数）

（4）外购液体盐加工成固体盐，资源税允许抵扣。购进时：

借：材料采购

　应交税费——应交资源税

　应交税费——应交增值税（进项税额）

　贷：银行存款

用自产盐加工成精盐出售时，应缴纳的资源税：

借：生产成本

　贷：应交税费——应交资源税

二、资源税纳税审查的代理

资源税是对在我国境内从事开采应税矿产品和生产盐的单位和个人课征的税。代理资源税纳税审查，主要审查以下几个方面内容。

（一）销售应税产品的审查

纳税人开采或者生产应税产品销售的，以销售数量为课税数量。应审查“营业税金及附加”、“应交税费——应交资源税”等账户，对照销售发票存根联等原始凭证，确认课税数量是否正确。对不能确认的，应以应税产品产量或主管税务机关确定的折损比换算成的数量为课税数量。

（二）自用应税产品的审查

纳税人开采或者生产应税产品自用的，以自用数量为课税数量。自产自用包括生产和非生产自用。应审核“生产成本”、“制造费用”、“应交税费——应交资源税”等账户，对照领料单等原始凭证，确认自产自用数量是否正确。对不能确认的，应以应税产品产量或主管税务机关确定的折算比换算成的数量为课税数量。例如，对于连续加工而无法正确计算原煤移送使用量的煤炭，可按加工产品的综合回收率，将加工产品实际销量和自用量折算成原煤数量作为课税数量。对于无法准确掌握纳税人移送使用原矿数量的金属和非金属矿产品原矿，可将其精矿按选矿比折算成原矿数量作为课税数量。

（三）收购应税产品的审查

（1）独立矿山、联合企业收购的未税矿产品，是否按本单位适用的资源税单位税额，依据收购数量在收购地代扣代缴资源税。

（2）其他收购未税矿产品的单位，是否按税法规定的单位税额，依据收购数量在收购地代扣代缴资源税。

扣缴义务人属商品流通企业的，应审核“库存商品”明细账的借方发生额，并结合审核原始凭证，如“商品入库单”、“购货发票”等凭证，核实购进未税产品的数量。扣缴义务人属工矿企业的，应审核其“原材料”账户，结合“材料入库单”、“发货票”的审核，查实购进未税产品的数量，再与企业申报纳税的计税数量相核对，若申报数量小于核实的数量，说明企业少缴了税款，应予及时补缴少扣税款。

（四）适用税目、税率的审查

资源税的税目共有原油、天然气、煤炭等7个税目及若干个子目。其适用税额分为两个层次：一是原则性的幅度税额，二是具体的明细税额。应重点注意审查纳税人是否存在以下问题：

（1）降低或混淆应税产品的等级，使用低等级的单位税额，少纳资源税。

（2）液体盐加工成固体盐销售，但仍按液体盐的单位税额申报纳税。

（3）将稀油计入稠油、高凝油之中，降低单位税额，少纳资源税。

（4）未按照财政部、国家税务总局确定的单位使用税额及等级计税，或不按省、自治区、直辖市人民政府规定的单位税额计算纳税。

（5）因业务不熟导致错用单位税额。

资源税的单位税额由于按开采条件、质量等级而设置，因此，不但不同产地的单位税额不同，而且同一地点、同一矿山的应税产品，因等级不同其单位税额也不尽相同。审查时一般应根据《资源税税目税额明细表》、《几个主要品种的矿山资源等级表》,以及最新的财政部、国家税务总局关于调整有关资源税税目税率或某地区资源税单位税额标准的文件规定来执行,对照审核企业的“生产成本”、“库存商品”、“主营业务收入”、“应交税费”明细账,以及“资源税税金计算表”。一看企业有无混淆等级,故意将高等级的产品记入等级低的明细账中,使单位税额降低的情况;二看企业在计算税金时有无错用单位税额,税金的计算缴纳是否正确,注意按核实的计税数量和单位税额计算的应纳税额,与企业“应交税费——应交资源税”账户的贷方发生额以及纳税申报表上的应纳税额是否一致,如不一致则说明企业或适用税率有误,或申报缴纳不实。

(五)减免税项目的审核

应审查纳税人的减税、免税项目,是否单独核算课税数量,未单独核算或不能准确核算数量的按规定不能享受减税和免税。目前,具体的减税、免税规定为:

(1)开采原油过程中用于加热、修井的原油,免税。

(2)纳税人开采或者生产应税产品过程中,因意外事故或者自然灾害等原因遭受重大损失的,由省、自治区、直辖市人民政府酌情决定减税或者免税。

(3)国务院规定的其他减税、免税项目。

三、资源税纳税申报的代理

资源税具有特定的征税范围,根据资源地区级差或等级收入设置幅度税额和明细税额,实行从量定额征收。代理资源税的纳税申报,应在了解企业应税资源品目和特点的基础上,正确划分征免范围,确定适用的税目税率。

(一)资源税应纳税额的计算方法

资源税的应纳税额,按照应税产品的课税数量和适用的单位税额计算。其计算公式为:

$$应纳税额=课税数量\times单位税额$$

(二)资源税代理申报操作规范

代理资源税纳税申报主要涉及两个方面:纳税单位应税资源纳税申报,收购应税资源单位代扣代缴申报。

1. 代理资源税纳税申报

(1)核查应税资源项目,确定课税数量,对于应税与非应税资源混同的企业,应具体加以区分。

(2)核查应税项目中按税法规定享受减免税政策的应税资源数量。

(3)根据资源税的明细税额和本地区的具体规定确定适用税率,计算填报纳税申报表。

2．代理资源税扣缴申报

资源税扣缴义务人主要有两个方面：第一，收购应税而未税矿产品的独立矿山或联合企业；第二，其他收购未税矿产品的单位。代理资源税扣缴申报操作要点如下：

（1）核查收购未税矿产品原始凭证和付款凭证，确定课税数量。

（2）根据资源税明细税额计算应扣缴的税额。

（3）指导收购单位在向纳税人支付收购款项前扣缴税款，并按照主管税务机关规定的期限办理扣缴税款报告。

本章小结

本章简要介绍了土地增值税、印花税、房产税、城镇土地使用税和资源税的纳税审查和纳税申报的代理实务。纳税审查和申报代理的核心都是计税依据的确定，比如土地增值税的扣除项目和金额，印花税的应税凭证种类、计税金额及对应税率，房产税的房屋原值和房屋的租金收入，城镇土地使用税的实际占用土地面积，以及资源税中应税资源的课税数量的确定。注册税务师必须按照有关税收法律规定，结合当地政府和主管税务机关的具体政策和操作规程开展业务。

本章重要术语

土地增值税清算；房产余值；印花税的汇总缴纳

思考练习题

1．土地增值税的扣除项目包括哪些内容？

2．土地增值税的扣除项目中，房地产开发费用如何扣除？

3．印花税的应税凭证包括哪些？

4．房产税如何计算应纳税额？

5．资源税的课税数量如何确定？

第十三章

税务行政复议代理实务

学习目标

通过本章的学习，读者应该能够：

- 熟悉税务行政复议的有关规定；
- 掌握税务行政复议代理的操作规范。

税务行政复议是指纳税人、扣缴义务人、纳税担保人或其他税务行政相对人不服税务机关做出的具体行政行为，向法定税务行政复议机关提出申请，税务行政复议机关依法对原税务具体行政行为的合法性和适当性进行审查后，做出裁决的一种行政司法活动。行政复议法规定，复议申请人可以委托代理人代为参加行政复议。

第一节　税务行政复议的有关规定

从实质上看，税务行政复议是法律赋予税务行政管理对象的一项权利，而且是一种行政司法活动。因此，税务行政复议的范围、管辖、申请、程序都有严格的法律规定。国家税务总局在《中华人民共和国行政复议法》的指导下，制定了《税务行政复议规则（暂行）》（国家税务总局令第 8 号），来规范和约束有关事项。

一、税务行政复议范围

复议机关受理申请人对下列具体行政行为不服提出的行政复议申请：

（1）税务机关作出的征税行为，包括确认纳税主体、征税对象、征税范围、减税、免税及退税、适用税率、计税依据、纳税环节、纳税期限、纳税地点以及税款征收方式等具体行政行为和征收税款、加收滞纳金及扣缴义务人、受税务机关委托征收的单位作出的代扣代缴、代收代缴行为。

（2）税务机关作出的税收保全措施：书面通知银行或者其他金融机构冻结存款；扣押、查封商品、货物或者其他财产。

（3）税务机关未及时解除保全措施，使纳税人及其他当事人合法权益遭受损失的行为。

（4）税务机关作出的强制执行措施：书面通知银行或者其他金融机构从其存款中扣缴税款；变卖、拍卖扣押、查封的商品、货物或者其他财产。

（5）税务机关作出的行政处罚行为：罚款；没收财物和违法所得；停止出口退税权。

（6）税务机关不予依法办理或者答复的行为：① 不予审批减免税或者出口退税；② 不予抵扣税款；③ 不予退还税款；④ 不予颁发税务登记证、发售发票；⑤ 不予开具完税凭证和出具票据；⑥ 不予认定为增值税一般纳税人；⑦ 不予核准延期申报、批准延期缴纳税款。

（7）税务机关作出的取消增值税一般纳税人资格的行为。

（8）收缴发票、停止发售发票。

（9）税务机关责令纳税人提供纳税担保或者不依法确认纳税担保有效的行为。

(10) 税务机关不依法给予举报奖励的行为。

(11) 税务机关作出的通知出境管理机关阻止出境行为。

(12) 税务机关作出的其他具体行政行为。

二、税务行政复议管辖

(一) 一般规定

(1) 对各级税务机关作出的具体行政行为不服的,向其上一级税务机关申请行政复议。

(2) 对省、自治区、直辖市地方税务局作出的具体行政行为不服的,可以向国家税务总局或者省、自治区、直辖市人民政府申请行政复议。

(3) 对国家税务总局作出的具体行政行为不服的,向国家税务总局申请行政复议。对行政复议决定不服,申请人可以向人民法院提起行政诉讼,也可以向国务院申请裁决,国务院的裁决为终局裁决。

(二) 特殊规定

(1) 对计划单列市税务局作出的具体行政行为不服的,向省税务局申请行政复议。

(2) 对税务所、各级税务局的稽查局作出的具体行政行为不服的,向其主管税务局申请行政复议。

(3) 对扣缴义务人作出的扣缴税款行为不服的,向主管该扣缴义务人的税务机关的上一级税务机关申请行政复议;对受税务机关委托的单位作出的代征税款行为不服的,向委托税务机关的上一级税务机关申请行政复议。

(4) 对国税局(稽查局、税务所)与地税局(稽查局、税务所)共同作出的具体行政行为不服的,向国家税务总局申请行政复议;对税务机关与其他行政机关共同作出的具体行政行为不服的,向其共同上一级行政机关申请行政复议。

(5) 对被撤销的税务机关在撤销前所作出的具体行政行为不服的,向继续行使其职权的税务机关的上一级税务机关申请行政复议。

三、税务行政复议申请

(一) 申请人

依法提起行政复议的纳税人及其他当事人为税务行政复议申请人,具体是指纳税义务人、扣缴义务人、纳税担保人和其他当事人。与申请行政复议的具体行政行为有利害关系的其他公民、法人或者其他组织,可以作为第三人参加行政复议。

申请人、第三人可以委托代理人代为参加行政复议。

（二）申请时限

申请人可以在知道税务机关作出具体行政行为之日起 60 日内提出行政复议申请。

对前文“一、税务行政复议范围”中第(1)项和第(6)项第①、②、③目行为不服的，应当先向复议机关申请行政复议，对行政复议决定不服，可以再向人民法院提起行政诉讼。此种情况下，又称为“复议前置”或“必经复议”事项，必须先依照税务机关根据法律、行政法规确定的税额、期限，缴纳或者解缴税款及滞纳金或者提供相应的担保，方可在实际缴清税款和滞纳金后或者所提供的担保得到作出具体行政行为的税务机关确认之日起 60 日内提出行政复议申请。

四、复议过程

复议机关法制工作机构应当自受理行政复议申请之日起 7 日内，将行政复议申请书副本或者行政复议申请笔录复印件发送被申请人。

被申请人应当自收到申请书副本或者申请笔录复印件之日起 10 日内，提出书面答复，并提交当初作出具体行政行为的证据、依据和其他有关材料。

复议机关对被申请人作出的具体行政行为进行合法性与适当性审查，并做出相应的复议决定。

复议过程可参考图 13-1。

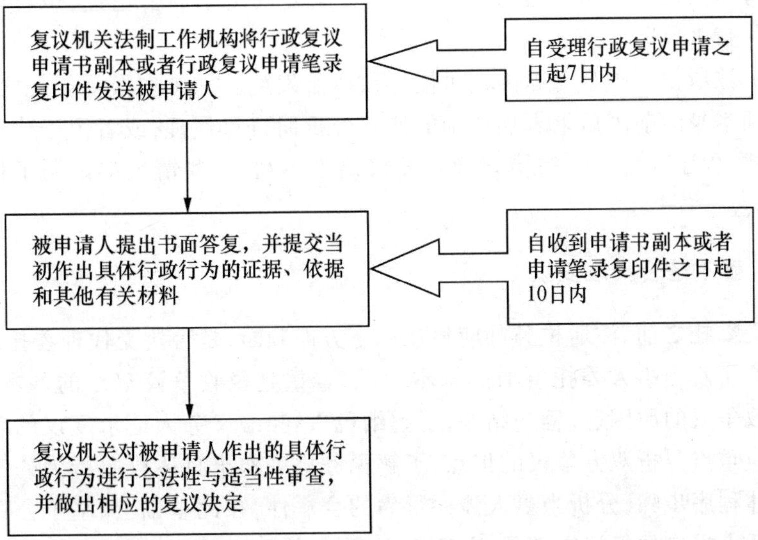

图 13-1　税务行政复议过程

第二节　税务行政复议代理的操作规范

税务行政复议是一种司法行政活动，代理当事人进行税务行政复议的，一定要注意各个环节和步骤应该注意的问题，在帮助当事人维护其合法权益的同时，将自身的代理行为的风险降到最低。

一、客观分析代理复议风险

在代理复议事项之前，注册税务师必须客观分析和认识到代理复议的风险，这是开展业务的前提之一。即使注册税务师以完全独立、客观的立场来分析判断税收争议，仍存在一定的代理风险，主要来自以下方面：

（1）纳税人、扣缴义务人提供有关税收争议资料的合法性与可信程度可能产生风险。如果纳税人、扣缴义务人单从自己的税收利益考虑，不能正视国家的税收法律法规和专管税务机关的征管规定，就会影响自身判断，甚至有意隐瞒不利于自己一方的证据资料，或者捏造假的证据资料，都会给代理人的工作带来风险。

（2）税务机关由于主观原因可能给代理业务带来风险。有些税务机关作出的具体行政行为有明显的缺陷和不足，而主管税务机关的领导和具体执行人员不能客观分析其中存在的问题，不能接受自身行政行为错误的判断，就会从维护自身执法权威的角度进行复议，势必影响复议结果的公正性，也会给代理人的工作带来风险。

（3）注册税务师自身原因也可能导致风险发生。如果在接受委托之前，对复议事项本身的前因后果未加详细的调查分析而盲目代理，或者由于代理过程中的方式、程序或者策略的错误导致复议结果不利，这些情况都说明了代理工作的风险。

二、确定是否代理复议

接受委托之前，注册税务师应该从以下方面判断，是否接受代理委托：

（1）了解当事人委托事项的基本情况，着重是税收争议双方的基本情况，产生税收争议的原因、过程与结果，了解纳税人、扣缴义务人请求复议的理由与要求。应重点分析双方争议的焦点，了解税务机关作出具体行政行为的法律依据和具体程序步骤，分析当事人涉税行为的合法性，在此基础上、基于公正立场判断委托人提出的复议申请是否正当；如果当事人的要求不当，注册税务师应拒绝代理。

(2) 审核当事人申请复议的条件是否具备,如申请复议的内容是否超出了复议范围,申请是否可在法定时限内提出,如果是复议前置事项,是否按照税务机关的要求缴纳了税款和滞纳金,或者提供了纳税担保。

(3) 如果确定接受代理复议的委托,首先要磋商代理事项、价格和收费方法,签订《税务代理协议书》,注明代理的内容、双方的权利义务关系以及有关法律责任的承担。一般情况下,代理事项的技术难度、风险程度,以及当事人通过代理可能获得的税收权益,都与代理费用成正比。由于代理税务行政复议属于技术系数较高的业务项目,代理事项的结果也有很强的不可预见性,在签订合同时,应按照商定代理价格的 30%—40% 预收费用,以预防代理中可能发生的过高成本与风险损失。

三、代理复议申请

(1) 代理制作《复议申请书》一式两份(正本、副本),简单清晰地表达申请复议的要求和理由,针对税务机关的具体行政行为,提出持有异议的论据并进行充分论证。

(2) 在规定的期限内,向有管辖权的税务机关提交复议申请书和由申请人签名或盖章的授权委托书。在正式提交申请之前,需要落实纳税人申请条件的满足情况,即对复议前置的事项,必须先按照税务机关的要求缴纳了税款和滞纳金,或者提供有效的纳税担保。

(3) 提交申请书后,复议机关决定受理复议申请的,应做好参加审理的准备;复议机关要求补正资料的,应在规定的时间内补正;复议机关不予受理的,如果申请人不服,可在收到不予受理裁决书之日起 15 日内,就复议机关不予受理的裁决向人民法院起诉。

图 13-2 显示了税务行政复议代理的操作规范。

四、代理参加复议审理

(1) 申请人和第三人可以查阅被申请人提出的书面答复、作出具体行政行为的证据、依据和其他有关材料,除涉及国家秘密、商业秘密或者个人隐私外,复议机关不得拒绝。因此,代理人应密切关注复议机关审查进度,积极配合复议机关调查,针对被申请人的答复及证据,充分表达意见。另外,按规定被申请人应当自收到申请书副本或者申请笔录复印件之日起 10 日内,提出书面答复,超过时限的,可视为被申请人证据不足的理由之一。

(2) 在案件审理过程中,代理人应提醒当事人,被申请人不得自行向申请人和其他有关组织或者个人收集证据。另外,可针对被申请人的证据的真实

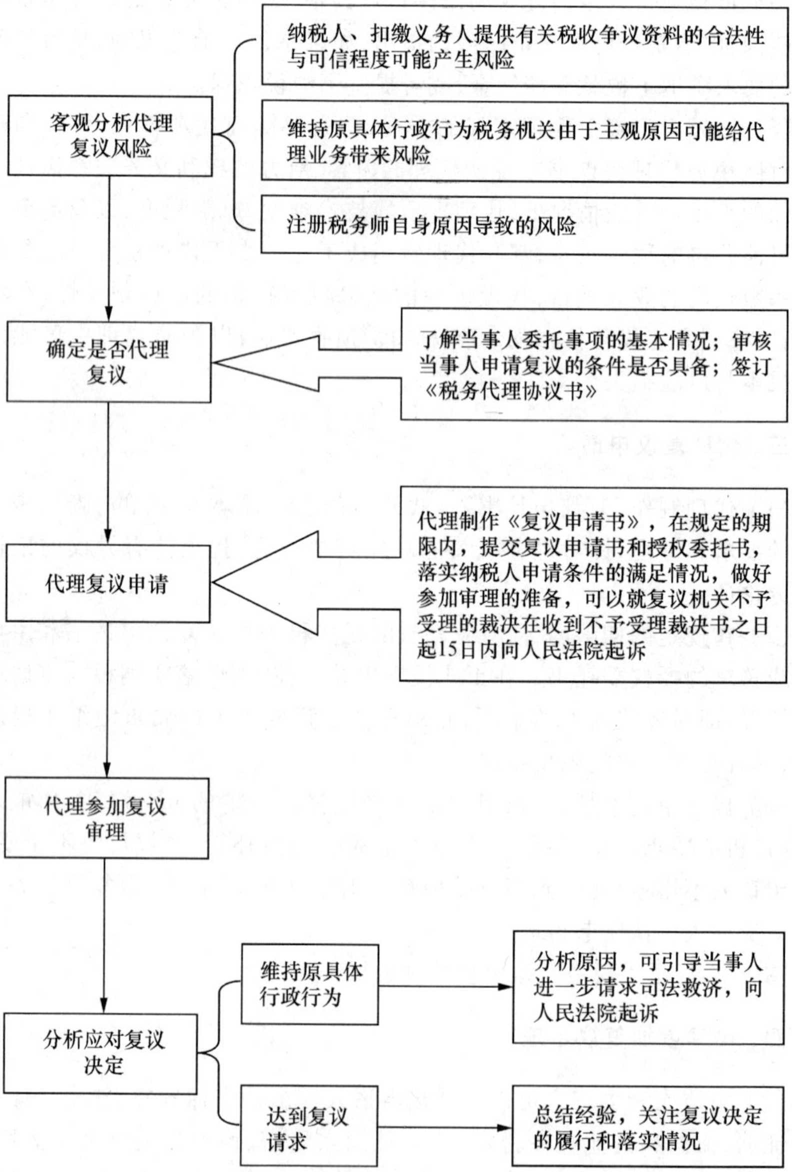

图 13-2　税务行政复议代理的操作规范

性、合法性向复议机关提出反对意见，佐证自己复议请求的合理性。

五、分析应对复议决定

复议机关作出维持原具体行政行为的决定的，代理人应根据复议决定的依据认真分析原因，如果认为复议结果有问题，可引导当事人进一步请求司法救济，向人民法院起诉，以求公正裁决；如果确实由于当事人捏造事实、隐瞒真相，误导代理人做出错误判断，则代理人应以庶民形式通知委托方和税务机关，终止代理关系并由委托方承担复议结果和法律责任。

对达到复议请求的复议决定，代理人应当总结经验，同时应关注复议决定的履行和落实情况。

本章小结

税务行政复议是税务行政相对人不服税务机关做出的具体行政行为时拥有的一项行政救济的权利。代理复议之前，首先要对代理事项存在的风险客观分析，并着重分析征纳双方争议的焦点，基于公正立场判断委托人提出的复议申请是否正当，确定是否代理复议；代理复议时，要按照税务行政复议规则规定的时间、步骤、程序办理相关事项，在复议申请中应该全面罗列支持委托人的证据或资料并进行充分论证，在复议过程中应力求向复议机关充分表达意见。

本章重要术语

复议前置；复议管辖

思考练习题

1. 税务行政复议的范围有哪些？
2. 代理税务行政复议申请时，应在什么时间内提出？
3. 代理税务行政复议的风险有哪些？
4. 注册税务师在确定是否接受税务行政复议代理时，应考虑哪些因素？

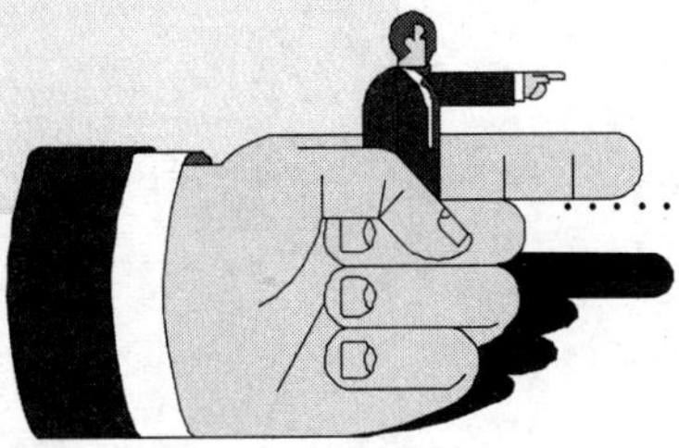

第十四章

税收筹划

学习目标

通过本章的学习，读者应该能够：

- 了解税收筹划的概念，并区分税收筹划与避税、偷税；
- 了解税收筹划的特征、分类及原则；
- 了解税收筹划的基本方法。

第一节 税收筹划概述

在我国税务代理产生、发展的近二十年中,税收筹划作为主体内容,始终伴随其中,对其发展变化起着举足轻重的作用。在市场经济迅猛发展的新历史时期,税收筹划更成为税务代理业的重要支撑,成为其发展的原动力。

一、税收筹划的概念

税收筹划目前并无权威性的定义。按照中国人的说法,税收筹划,简言之就是对自身的涉税经济事项作决策、谋利益。古人云:“运筹于帷幄之中,决胜于千里之外。”税收筹划正是如此,是在办公室里作的纳税决策。市场经济利益机制促使每个经济行为主体都会对自身涉税经济行为进行运筹与谋划,以最大限度地规避税收负担,获取最大的经济利益,这便是税收筹划。

国际上对税收筹划概念的描述不尽一致。印度税务专家 N. J. 雅萨斯威在《个人投资和税务筹划》中认为:“税收筹划是纳税人通过财务活动的安排,以充分利用税务法规提供的包括减免在内的一切优惠,从而享得最大的税收利益。”印度税务专家 E. A. 史林瓦斯在《公司税收筹划手册》中认为:“税收筹划是经营管理整体中的一个组成部分……税务已成为重要的环境要素之一,对企业既是机遇,也是威胁。”荷兰国际财政文献局(LBFD)《国际税收辞典》对税收筹划定义为:“税收筹划是指通过纳税人经营活动或个人事务活动的安排,实现缴纳最低的税收。”美国 W. B. 梅格斯博士认为:“在纳税发生以前,有系统地对企业经营或投资行为作出事先的安排,以达到尽量地少缴税,此过程即为税收筹划。”

上述定义虽然在表述形式上有所不同,但其基本意义却是一致的。根据上述解释,可以给“税收筹划”下一个定义:税收筹划是纳税人(法人、自然人)依据所涉及的现行税法,在遵守税法、尊重税法的前提下,运用纳税人的权利,根据税法中的项目、内容等,对经营、投资、筹资等活动进行旨在减轻税负的谋划和对策。

二、税收筹划与避税、偷税

税收筹划的目的同避税、偷税一样,都是为了规避或减少税款支出。从经济影响方面看,税收筹划也同避税、偷税一样,都会导致有关国家税收的减少和丧失,因而成为各国政府和有关国际组织日益关注的问题。

(一) 偷税、避税与税收筹划的共同点

(1) 主体相同。偷税、漏税、避税与税收筹划都是纳税人的主观经济行为。

(2) 目的相同。纳税人无论是偷税、避税还是进行税收筹划,都是为了减少纳税义务,达到不交税或少交税的目的。

(3) 外部环境相同。都处在同一税收征管环境和同一个税收法规环境中。

(4) 具有一定的可转化性。偷税、避税与税收筹划三者之间往往可以互相转化,有时界限不明,不仅税收筹划与避税在现实中很难分清,而且逃税与避税也很难区别。不同的国家对同一项经济活动内容有不同标准,同一项纳税活动,在一国是合法的税收筹划,在另一个国家有可能就是非违法的避税,在第三个国家也许是违法的偷税行为。即使在同一个国家有时随着时间的不同,三者之间也可能相互转化。因此对偷税、漏税、避税与税收筹划三者的划分离不开一定的时间和一定的空间构成的时空尺度。

(二) 避税与偷税的区别

(1) 本质上的差别。避税是合法的,它只是纳税人对税法中"不违法"内容的合理运用,而偷税则不合法。偷税主观上是故意的,客观上使用了欺骗、隐瞒等非法手段、行为产生的后果是"不缴或者少缴应纳税款"。由于偷税的不合法性,各国税务当局都会对这些行为进行处罚。

(2) 发生时间的差别。纳税人抱有"少纳税"的目的,既可以采取偷税手段,也可以采取避税手段。但是偷税是一种"事后控制",是在应纳税额已经确定的情况下,采取不正当的手段,逃避纳税义务;而避税是一种"事先控制",是在应纳税额没有确定的情况下,采取合法的手段,使其应纳税额最小。

(3) 纳税人的素质及影响差别。偷税是纳税人缺乏专业知识,缺乏从业道德的表现,是低级的手段,它的发生公然践踏税法。避税则是建立在对税法非常熟悉的基础上,寻找法律条文中对自己有利的因素,减轻应纳税额,它是"高智商人的游戏",这种行为有利于税法的不断完善。

(三) 避税与税收筹划之比较

税收筹划与避税是两个既有联系又相区别的概念。税收筹划应该是比避税更高一个层次的经济行为,它是在经济活动中事先作出的谋划和安排以减少预期税负的行为,比避税更胜一筹。税收筹划和避税两者在实施范围上有一定的交叉,这种交叉就是顺法避税。税收筹划以顺法避税为立足点,通过有计划地对生产经营活动作出安排,达到规避税收负担的目的,其结果是利国、利民、利己。

避税与税收筹划相比,二者主要的区别是:

(1) 政策导向的符合程度不同。避税虽然不违法,但其中有些行为属于钻税法的空子，有悖于国家的税收政策导向；税收筹划是完全合法的、正当的，甚至是税收政策予以引导和鼓励的，是法治社会中企业减轻税负的理性选择。

（2）执法部门的态度不同。对于避税行为，政府要防范；而对于税收筹划行为，政府要加以鼓励和支持。一方面，防范避税关系到维护国家税收利益，以及法律漏洞的堵塞和税制的完善；另一方面，利用好"税收筹划"这个重要的利益驱动器，则是政府运用税收杠杆进行宏观调控的重要手段。

第二节　税收筹划的原则、特征和分类

一、税收筹划的原则

税收筹划可以采用不同的手段和方法，既可以减少纳税人纳税义务，又可以贯彻国家政策的税收筹划应该遵循一定的原则。这些原则可以归纳为以下四类八项。

（一）法律原则

1. 合法性原则

在税收筹划中，首先必须要严格遵循筹划的合法性原则。

税收法律是国家以征税方式取得财政收入的法律规范，税法调整税收征纳双方的征纳关系，形成征纳双方各自的权利与义务，征纳双方都必须遵守。税收筹划只有在遵守合法性原则的条件下，才可以考虑纳税人少缴纳税的各种方式。

2. 合理性原则

税收筹划要符合包括税收政策在内的各项国家政策精神，那些不符合国家政策或立法精神的行为，如钻税法漏洞的行为等，不符合税收筹划的合理性原则。

3. 规范性原则

税收筹划不单单是税务方面的问题，还涉及许多其他方面的问题，包括财务、会计等各领域，金融、制造业等各行业，东南西北各地区等各方面的问题。税收筹划要遵循各领域、各行业、各地区约定俗成或明文规定的各种制度和标准。比如，在财务、会计筹划上要遵循会计准则、会计制度等的规范制度，在行业筹划上要遵循各行业制定的规范制度，在地区筹划上要遵循地区规范，以规范的行为方式和方法，来制定相应的节减税收的方式和方法。

（二）财务原则

1. 财务利益最大化原则

税收筹划的最主要的目的，归根结底是要使纳税人的可支配财务利益最大化，即税后财务利益最大化。纳税人财务利益最大化除了要考虑节减税收外，还要考虑纳税人的综合经济利益最大化：不仅要考虑纳税人现在的财务利益，还要考虑纳税人未来的财务利益；不仅要考虑纳税人的短期利益，还要考虑纳税人的长期利益；不仅要考虑纳税人的所得增加，还要考虑纳税人的资本增值。

2. 稳健性原则

税收筹划在追求纳税人财务利益最大化时，还必须注意筹划的稳健性原则。一般来说，纳税人的节税收益越大，风险也越大。各种节减税收的方式和方法都有一定的风险，节税收益与税制变化风险、市场风险、利率风险、债务风险、汇率风险、通货膨胀风险等是紧密联系在一起的。税收筹划要尽量使风险最小化，要在节税收益与节税风险之间进行必要的权衡，以保证能够真正取得财务利益。

（三）社会责任原则

纳税人不管是个人还是企业，都是社会成员，因此都应承担一定的社会责任。私人的经营行为要产生外部效应，这种外部效应有时是外部效益，如增加社会就业机会、为社会提供更多的消费品、向社会提供更多的税收等，这时私人的社会责任与其财务利益总的来说是一致的；但私人经营行为的外部效应有时是外部成本，如污染环境、浪费自然资源等，此时私人的社会责任与其财务利益存在着矛盾。承担过多的社会责任要影响纳税人的财务利益，但是，在税收筹划时必须考虑作为一个社会成员的纳税人所应该承担的社会责任。

（四）筹划管理原则

1. 便利性原则

纳税人可选择的节减税收的方式和方法很多，税收筹划中在选择各种节税方案时，选择的方案应是越容易操作的越好，越简单的越好，这就是税收筹划的便利性原则。

2. 节约性原则

税收筹划可以使纳税人获得利益，但无论由自己内部筹划，还是由外部筹划，都要耗费一定的人力、物力和财力，比如，企业税收筹划，不论是在企业内设立专门部门，还是聘请外部专业税收筹划顾问，都要发生额外费用。税收筹划要尽量使筹划成本费用降低到最小程度，使筹划效益达到最大程度。

二、税收筹划的特征

税收筹划的实质是依法合理纳税，最大程度地降低纳税风险。税收筹划具有合法性、超前性、目的性、综合性和风险性等特征。

1. 合法性

合法性是指税收筹划只能在法律许可的范围内进行，违反法律规定，逃避税收负担，应承担相应的法律责任。纳税人发生纳税义务后，应按照税法的规定及时、足额缴纳税款，任何不纳、少纳或推迟缴纳税款的行为都是违法的。纳税人为规避和减轻税负而置法律于不顾的偷逃税行为显然应受到法律制裁，这是无可非议的。但当纳税人进行经营或投资活动，面临两个或两个以上的纳税方案时，纳税人可以为实现最小合理纳税而进行设计和筹划，选择低税负方案。这也正是税收政策引导经济，调节纳税人经营行为的重要作用之一。

2. 超前性

超前性表示事先规划、设计、安排的意思。纳税行为相对于经济行为而言，具有滞后性的特点。企业交易行为发生之后，才有缴纳增值税或销售税的义务；收益实现或分配之后，才计缴所得税；财产取得之后，才缴纳财产税。这在客观上为纳税人提供了纳税前作出事先筹划或安排的机会。另外，纳税人和征税对象的性质不同，税收待遇也往往不同。这样纳税人可以针对税法及税收制度的有关具体规定，结合自身的实际情况以作出投资、经营和财务决策。

3. 目的性

目的性是指纳税人进行税收筹划，其目的在于减少纳税，谋求最大的税收利益。

4. 综合性

综合性是指税收筹划应着眼于纳税人资本总收益的长期稳定的增长，而不是着眼于个别税种税负的高低或纳税人整体税负的轻重。这是因为，一种税少纳了，另一种税有可能要多缴，整体税负不一定减轻。另外，纳税支出最小化的方案不一定等于资本收益最大化方案。进行投资、经营决策时，除了考虑税收因素外，还必须考虑其他多种因素综合决策，以达到总体收益最大化的目的。

5. 风险性

风险性是税收筹划活动因各种原因失败而付出的代价。税收筹划过程中的操作风险是客观存在的。这主要包括：一是由于对有关税收政策的精神把握不准，造成事实上的偷税，而面临税务处罚的风险；二是对有关税收优惠政策的运用和执行不到位，面临税务处罚的风险；三是在系统性税收筹划过程中对税收政策的整体性把握不够形成的风险；四是对企业的情况没有全面比较和分析，导致筹划成本大于筹划成果，或者筹划方向与企业的总体目标不一致，表面上看有成果，而实际上企业并未从中得到实惠。

上述特征的存在，决定了税收筹划是一门综合性学科，涉及税收、会计、财务、企业管理、经营管理等多方面知识，其专业性相当强，需要很强的专业技能来进行操作，以规避风险。

三、税收筹划的分类

按照不同标准，税收筹划可以划分为不同的类别。

1. 按税收筹划服务对象是企业还是个人分类

按税收筹划服务对象是企业还是个人分类，税收筹划可以分为企业税收筹划与个人税收筹划两类。

2. 按税收筹划地区是否跨国分类

按税收筹划地区是否跨越国境分类，税收筹划可以分为国内税收筹划与国际税收筹划。凡一国范围之内的税收筹划为国内税收筹划，凡全球范围税收的税收筹划为国际税收筹划。

3. 按税收筹划是否仅针对特别税务事件分类

按税收筹划是否仅针对特别税务事件分类，税收筹划可分为一般税收筹划与特别税收筹划。一般税收筹划是指在一般情况下制订可以尽量少缴纳税收的纳税人投资、经营或其他活动的税务计划；特别税收筹划是指仅针对特别税务事件制订可以尽量少缴纳税收的纳税人投资、经营或其他活动的税务计划。特别税务事件是指企业合并、企业收购、企业解散、个人财产捐赠、个人财产遗赠等。

4. 按税务计划期长短分类

按税务计划期长短分类，税收筹划可分为短期税收筹划与长期税收筹划。短期税收筹划是指制订可以尽量少缴纳税收的纳税人短期（通常不超过 1 年）投资、经营或其他活动的税务计划。许多针对特别税务事件的税收筹划也可以归入这类税收筹划；长期税收筹划是指制订可以尽量少缴纳税收的纳税人长期（通常为 1 年以上）投资、经营或其他活动的税务计划。

5. 按税收筹划采用的技术方法分类

按税收筹划采用的技术方法分类，税收筹划可分为技术派和实用派。技术派税收筹划是指广泛地采用财务分析技术，包括复杂的现代财务原理和技术来制订可以尽量少缴纳税收的纳税人投资、经营或其他活动的税务计划。实用派税收筹划是指采用简单、直观、实用的方法来制订可以尽量少缴纳税收的纳税人投资、经营或其他活动的税务计划。实用派反对使用复杂的财务技术。

6. 按税收筹划采用减轻纳税人税负的手段分类

按税收筹划采用减轻纳税人税负的手段分类，税收筹划可分为政策派税收筹划与漏洞派税收筹划。漏洞派税收筹划也称为避税派税收筹划，认为利用税法漏洞不违法即“合法”，只要遵循不违法这个游戏规则，就可以通过税收筹划获取税收利益。政策派税收筹划也称为节税派税收筹划，认为税收筹划要遵循税法和合理地运用国家政策。政策派税收筹划实质上是通过节税手段减少纳税人总纳税义务。

第三节　税收筹划的基本方法

一、价格转让法

价格转上亦称转让价格、转让定价。它是指两个或两个以上有经济利益联系的经济实体为共同获取更多利润和更多地满足经济利益的需要，以内部价格进行的销售（转让）活动。这是避税实践中最基本方法。

有经济利益联系的企业之间经济往来，为确保双方或集团（公司）的最大利润，其价格会有扭曲现象，可能高于或低于成本，甚至根本不考虑成本，这种价格一般称为“非正常交易价格”、“非竞争价格”或“非独立企业价格”。

关联企业之间转让定价的机制有税务动机和非税务动机。前者如为减轻公司所得税、预提税、关税和增加外国税收抵免额等动机，后者如为打入和控制市场、调节利润、转移资金、规避外汇风险、加速成本收回和利润汇回，侵占合资方利益等动机。

在不同情况下采用转让定价法，可以实现特定目的，发挥特定作用。不论是集团公司，还是非集团公司，只要他们之间有经济利益关系，并且是非单一利润中心，也就是说它们之间有互补性、合法性，既保持独立，又进行联合，就能以转让定价方式进行避税。

二、成本（费用）调整法

成本（费用）调整法是通过对成本（费用）的合理调整或分配（摊销），抵销收益、减少利润，以达到规避纳税义务的避税方法。

成本（费用）调整法适用于各类企业、各种经济实体，在具体运用时，有发出材料、库存材料成本计算法、销售商品、库存商品计算法、折旧计算法、费用分配（摊）法以及技术改造运用法等。

三、筹资法

筹资法即利用筹资技术使企业达到最大获利水平和使税负最轻的方法。筹资是关系企业生存和发展的一项重要理财活动。企业的筹资渠道除了靠自我积累外，可以向银行或金融机构贷款、企业之间拆借、向社会或企业内部发生债券、吸收入股等。债权和股权两种筹资方式在税收待遇上不同，债权的利息可在税前扣除，得到利息免税的优待；但向股东颁发的股利则只能从企业税后留利中分配，从税收筹划角度，利用债权筹划越多越好，但债务过大，增加企业经营风险，因此，企业资本结构决策中要进行筹划。

四、租赁法

租赁可以获得双重好处，对租入方（承租方）来说，它可以避免因长期拥有机器设备而增加负担和承担风险，同时，又可以在经营活动中以支付租金的方式冲减企业的利润，减少应纳税额；对出租方来说，不必为如何使用这些设备及利用效果而操心，获得租金收入通常更比经营利润享受较优惠的税收待遇，也是一种减轻税负的行为。

五、低税区避税法

低税区包括税率较低、税收优惠政策多、税负较轻的国家和地区。我国的经济特区、国务院批准的经济技术开发区、新技术产业园区等就属于低税区，世界上有些国家或地区，如巴哈马、百慕大、巴拿马、摩纳哥等都属于低税区和自由港（避税港）。

六、投资法

在投资决策中，税收筹划日益成为重要的内容。

在长期投资决策中，分析和评价备选方案优劣的专门方法很多，大体上分为以下两大类：一类是考虑货币时间价值来决定方案取舍的，叫“贴现方法”，亦称“动态评价方法”。它将各期现金流入量和现金流出量通过换算，统一在相同的时间基础上进行比较，以决定备选方案取舍或优劣的方法。主要包括：净现值法、现值指数法、内含报酬率法。另一类是决定方案取舍不考虑货币时间价值的，叫“非贴现方法”，亦称“静态评价方法”。这类方法的基本点是把不同时期的现金流量看做等效的。主要包括：静态投资回收期法、年均报酬率法等。这类方法由于未考虑货币时间价值，其决策不够科学，结果也较粗略，一般只能起辅助作用。

在长期投资决策时，需要考虑的税收因素主要是指影响这些指标的税收政策。投资者首先要判定其投资项目按照税法规定应缴纳哪些税收，然后根据对相关指标的比较，选择最佳投资方案。

七、规避平台筹划法

在税收筹划中，人们常常把税法规定的若干临界点称为规避平台。纳税人可以根据需要来应用规避平台。规避平台的基础是临界点，所以其分类的基础依据也是以临界点为标准。临界点可分为税基临界点和优惠临界点两大类。税基临界点的规避平台主要是在税基减小上做文章；而优惠临界点规避平台则多是为了享受优惠待遇。两类临界点决定了规避平台的两大组成部分：一是税基临界点的规避；二是优惠政策临界点的规避。前者主要有起征点、税率跳跃临界点；后者主要有时间临界点、人员临界点、优惠对象临界点等。在实际运用中主要应注意四种规避平台：

(1) 比例限制。例如，企业所得税税前扣除项目中，对业务招待费、广告费和业务宣传费、公益性捐赠等均规定了一定比例的限制。对此类限制，纳税人应注意加强控制不要超标准，避免高税负。

(2) 金额限制。如起征点与免征额就属于金额限制，再如，税法规定，居民企业技术转让所得不超过500万元的部分，免征企业所得税。纳税人可以控制转让所得的金额，力争享受免征所得税优惠。

(3) 期限限制。如弥补亏损期限确定为5年；对个人购买并居住超过一年的普通住宅，销售时免征管业税等。

(4) 人数限制。税法规定，工业企业100人以下、商业企业80人以下，符合条件的可以作为微利企业享受所得税20%的优惠，纳税人为了享受这些税收优惠，应当努力不突破税法规定的人数临界点。

第四节 税收筹划与税务代理

一、不断增长的税收筹划需求推动税务代理业的发展

税收筹划产生的根本原因在于企业不断增长的趋利动机。企业为了谋取最大利益，往往会在各类涉税事务方面进行精心设计，在国家税收政策许可的范围内，通过生产经营活动等方面的安排以达到降低税收成本、提高经济效益的最终目标。因此，企业对税收筹划的需求愈加强烈，从而越来越多的企业开始委托税务代理机构为其提供税收筹划服务，所以，税收筹划逐渐成为推动税务代理业发展的主动力，成为税务代理业的主体和增长点。

二、税收筹划业务有利于完善税务代理制度

税务代理制度是一种规范的法律管理制度，而我国目前尚没有一部完整的

税务代理管理法律法规。虽然《税收征管法》中规定了“纳税人、扣缴义务人可以委托税务代理人代为办理税务事宜”,国家税务总局也颁布了一些规章制度,但这与系统、完整的税务代理制度仍有相当差距。企业进行税收筹划活动是在遵守税法的前提下进行的,是纳税人对国家税法及有关税收经济政策的反馈行为,为国家进一步完善税收政策、法律法规提供了依据。国家可以不断地根据经济社会发展及经济社会已经出现的税收筹划现象及时分析原因,了解税收法规和税收征管中的不尽合理和不完善之处,并适时地对税务代理制度进行修订、调整,所以说企业税收筹划有助于国家进一步完善税务代理制度及相关法律、法规。

三、税收筹划需求的增长有助于提高税务代理人员的素质

税收筹划是一项技术含量较高的代理业务,需要代理人员具有较高的专业素质和能力。随着企业对税收筹划需求的不断增长,税务代理行业一定会通过各种途径来加强税务代理人员的素质,提升他们的专业知识水平和执业道德水平,加强其专业教育和后续教育培训,以适应市场不断增长的高层次税务代理服务需求。

本章小结

税收筹划是纳税人(法人、自然人)依据所涉及的现行税法,在遵守税法、尊重税法的前提下,运用纳税人的权利,根据税法中的项目、内容等,对经营、投资、筹资等活动进行旨在减轻税负的谋划和对策。企业的税收筹划是企业经营管理策略的重要组成部分。

税收筹划可以采用不同的手段和方法,但是必须遵循一定的原则,包括:合法性原则、合理性原则、规范性原则、财务利益最大化原则、稳健性原则、社会责任原则、便利性原则、节约性原则等。同时。税收筹划具有合法性、超前性、目的性、综合性和风险性等特征。税收筹划的基本方法包括价格转让法、成本(费用)调整法、筹资法、租赁法、低税区避税法、投资法、规避平台筹划法等等。

本章重要术语

税收筹划;合法性原则;财务利益最大化原则;规避平台筹划法;价格转让法

思考练习题

1. 税收筹划的原则是什么?
2. 税收筹划的基本方法有哪些?
3. 税收筹划在税务代理中的作用是什么?

教师反馈及教辅申请表

北京大学出版社以“教材优先、学术为本、创建一流”为目标，主要为广大高等院校师生服务。为更有针对性地为广大教师服务，提升教学质量，在您确认将本书作为指定教材后，请您填好以下表格并经系主任签字盖章后寄回，我们将免费向您提供相应教辅资料。

书号/书名/作者			
您的姓名			
校/院/系			
您所讲授的课程名称			
每学期学生人数	______人　　_____年级	学时	
您准备何时用此书授课			
您的联系地址			
邮政编码		联系电话（必填）	
E-mail（必填）		QQ	
您对本书的建议：		系主任签字 盖章	

我们的联系方式：

北京大学出版社经济与管理图书事业部

北京市海淀区成府路 205 号，100871

联 系 人：徐　冰

电　　话：010-62767312 / 62757146

传　　真：010-62556201

电子邮件：em@pup.cn　　xubingjn@yahoo.com.cn

网　　址：http://www.pup.cn

微　　博：北大出版社经管图书，http://weibo.com/pupem